全球化与区域化研究丛书

后危机时代的中国与欧洲：机遇与挑战

HOU WEIJI SHIDAI DE ZHONGGUO YU OUZHOU
JIYU YU TIAOZHAN

宋新宁　林　甦◎主编

中国政法大学出版社

2014·北京

图书在版编目（CIP）数据

后危机时代的中国与欧洲:机遇与挑战/宋新宁,林甦主编.—北京:中国政法大学出版社，2014.9

ISBN 978-7-5620-5627-0

Ⅰ.①后…　Ⅱ.①宋…　②林…　Ⅲ.①欧洲一体化－文集②中外关系－欧洲国家联盟－文集　Ⅳ.①D85-53②D822.35-53

中国版本图书馆CIP数据核字(2014)第210900号

出 版 者　中国政法大学出版社

地　　址　北京市海淀区西土城路25号

邮寄地址　北京100088信箱8034分箱　邮编100088

网　　址　http://www.cuplpress.com（网络实名：中国政法大学出版社）

电　　话　010-58908285(总编室)　58908334(邮购部)

承　　印　固安华明印业有限公司

开　　本　880mm×1230mm　1/32

印　　张　13.5

字　　数　326千字

版　　次　2014年9月第1版

印　　次　2014年9月第1次印刷

定　　价　44.00元

《全球化与区域化研究丛书》

20世纪后期，全球化成为人们的主要关注点之一，似乎全球化代表了世界发展的主轴，能否在全球化了的世界中生存和发展，成为评判一个国家、一个政府、一个企业治理水平的主要标准。当人们讨论全球化时，更多地关注于经济层面，即经济全球化。全球化被界定为“一个以经济全球化为核心的物质和精神产品的流动冲破国界的束缚，进而影响到地球上每个角落的社会生活的历史进程”。然而，人们却很少关注全球化的政治层面，即政治全球化问题。

政治全球化与经济全球化并非完全同步。经济全球化以“依存性”和“同一性”为主要特征，即民族国家之间在全球范围内经济的相互依存性日益加深；第二次世界大战后确立的世界经济秩序演变为相对同一的世界市场经济体系，所有民族国家都成为该体系的组成部分。长期以来，国际政治体系的特征一直是一种主权—民族国家占主导的无政府状态。经典国际关系理论所阐述的民族国家体系（nation-state system）实际上在相当长的历史时期一直是一种区域性而非全球性的体系，可以说是“欧洲中心论”的产物。直到第二次世界大战之后，民族国家体系才有了成为全球体系的可能。20世纪50年代以后兴起的非殖民化运动，使这种可能成为现实。大批新独立的民族国家进入国际社会，使国际体系从局部的民族国家体系扩展为全球民族国家体系，每一个主权国家都在国际社会获得了平等的地位，尽管这种平等地位并未在现实中得到完全的体现。

冷战结束后，以集团对抗为特征的国际政治格局发生了根本性变化，经济全球化的制度基础最终确立，然而全球化的政治走向却截然不同。尽管所有民族国家都是全球体系中的合法成员，但是这个泛义的全球民族国家体系却依旧是处于无政府状态的。冷战的结束使得以强权为轴心的集团对立不复存在，然而国家间对抗和纷争的频度却在强化。一方面，经济全球化使得全世界在经济上越来越成为一个整体；另一方面，全球民族国家体系的形成又使全世界在政治上更加碎片化。这就是当今世界政治与经济相互背离的现实，也是世界局势总体稳定而在局部范围内总是动荡不安的重要原因之一。

与全球化的发展并行不悖的另外一个趋势是区域化（regionalization）。区域合作并不是20世纪才出现的新事物，“联盟”一直是近现代国际关系中的一种常态。然而，第二次世界大战后，区域化被赋予了新的内容。《联合国宪章》第53条就曾规定：“①本宪章不得认为排除区域办法或区域机关、用以应付关于维持国际和平及安全而宜于区域行动之事件者；但以此项办法或机关及其工作与联合国之宗旨及原则符合者为限。②缔结此项办法或设立此项机关之联合国会员国，将地方争端提交安全理事会以前，应依该项区域办法，或由该项区域机关，力求和平解决。③安全理事会对于依区域办法或由区域机关而求地方争端之和平解决，不论其系由关系国主动，或由安全理事会提交者，均应鼓励其发展。”当然，在冷战时期，由于大多数区域组织均控制在超级大国手中，其作用不过是超级大国推行其对外政策的工具。尽管如此，特别是冷战之后，人们仍在不断重新审视区域化和区域组织的作用。另外一个重要的原因，当然就是欧洲区域一体化的成功发展。到2007年底，世界范围的各种区域组织和区域安排已经达六十多个，而次区域和跨区域的合作框架和制度安排则更加复杂多样。

区域化被认为是指同一地理区域内多个国家之间基于共同的利益而建立超国家或跨国家联系，进而实现特定的制度性、框架型和常规化安排的发展取向。区域化（包含区域一体化、区域组织、区域合作等）的动因何在？这是一个人们一直争执不休的问题。许多欧洲人确信，世界范围内的区域化趋势源于欧洲一体化的成功经验，世界各国和各地区都愿意按照欧洲的模式来推动和发展各自地区的经济与安全事务。更多的人认为，区域化是各个主要国家和地区应对经济全球化挑战的重要举措。也有人认为，区域化是在当今经济全球化与政治全球化尚无法和谐发展场景下的自然选择。

整体观之，全球化在特定的功能领域和发展时段内往往更突出地表现为区域化的发展，区域化不仅因全球化时代的到来而获得了新的意义，而且其本身也成为全球化巨大发展的组成部分。由此而论，全球化与区域化具有联动、互嵌和套接的复杂关系，具有交错、融汇和共通的相互影响。更具体地说，各个功能领域的全球化发展往往是以区域化的相应发展为核心而得以展开的，而相邻各国间的区域化发展又往往是这些国家为应付全球化的挑战而作出的应对。因此，对于全球化问题的研究无法回避区域化问题的研究，同样，对于区域化问题的研究也无法摆脱全球化的背景。否则，全球化研究将会丢失重要的层次、过程和内涵，区域化研究也将会遗漏重要的背景、场域和维度。

在现实的发展中，全球化由经济始而绝非止于经济，区域化以欧盟为最而绝非限于欧洲；因此，相应的学术研究不仅理当考察基于全球化之上的文化现象、治理变革和社会变迁，而且应当分析欧盟以及欧盟以外世界各个地区走向区域一体化的独特路径和不同模式。

正是基于这样的考虑，中国人民大学欧洲问题研究中心、清华大学比较区域一体化研究所和联合国大学比较区域一体化研究所共同合作，组编了这套主题为“全球化与区域化研究”的丛书。在丛书的选目中，我们既重点推出有关研究欧洲一体化发展的学术著作，也突出引介了有关全球化和比较区域一体化问题的深度思考。我们以为，这样一种选择既可以使我们深化对全球化的认识，又可以使我们全面理解区域化发展的意义。我们更希望读者能够从这些著作中领会和体悟我们的用心与用意。

宋新宁
中国人民大学让·莫内终身教授
2014 年 7 月

中国—欧盟关系发展的新契机（代序）

自2003年中国与欧盟开始致力于构建全面战略伙伴关系以来，中欧关系经历了一个曲折发展的进程，包括：2004年欧盟拒绝承认中国完全市场经济地位，2005年欧盟终止讨论解除对华军售禁令，2008年因欧盟理事会轮值主席、法国总统萨科齐会见达赖导致中欧峰会推迟，全球金融危机和2010年以来的欧洲国家主权债务危机的影响，以及中欧之间围绕光伏产业和通信设备出现的种种纷争，等等。据此，一些人对中国—欧盟全面战略伙伴关系产生了质疑。

2012年以来，中欧关系出现新的发展契机。中国领导层的平稳过渡、欧元区国家主权债务问题走向和缓、中欧高级别人文交流机制作为中欧关系第三大支柱的正式启动、中国—中东欧合作机制的确立、《中欧合作2020战略规划》的出台、新的中国对欧盟政策文件的发表等，构成了当前中欧关系的新框架。

一、如何看待当前的欧洲联盟

欧洲联盟是当今世界最成功的区域一体化组织，是当今世界最大的经济体、贸易体和对外发展援助体，其在全球政治经济中的地位正逐步上升。但是，欧盟一体化的发展仍旧未能使其成为国际政治经济中的一支完全独立的力量，欧盟仍旧只是一个高度一体化的国家间集团，而非一个新型的国家（从这个意义上讲，G－20 翻译为“二十国集团”是不准确的）。

欧洲国家的主权债务危机对欧洲的负面影响是深远的，包括其发展模式、实力地位、国际影响等诸方面。但是，欧洲一体化的持续发展和欧盟作为全球政治经济中重要力量的基本发展态势并未受到根本性影响。

在国际事务中，欧盟受其制度限制，仍未成为独立的国际政治特别是国际安全力量，其成员国在国际事务中发挥着比欧盟更重要的作用。例如，欧盟在联合国只拥有观察员资格，而英国和法国则是联合国安理会常任理事国。在对外关系中，欧盟及其成员国仍旧是美国最重要的盟国，但是有其自身的追求和优先取向，并在对外行为方式上与美国有很大区别。同时，欧盟作为世界上最大的对外发展援助体，其在发展中世界中拥有广泛的影响力。

二、如何界定当前的中国—欧盟关系

2003 年以来，围绕中欧全面战略伙伴关系，国内外一直存在争论，核心问题是如何界定中国和欧盟的共同战略利益，特别是相互利益。

全面战略伙伴关系中的“全面”并非无所不包，因为欧洲联盟并不是在所有领域都有其共同政策。中国—欧盟关系的特点不在于其全面性，而在于其综合性，即不是单维度的，正如目前双方确立的“三大支柱”（政治、经济、人文）相互交融、彼此作用、缺一不可。

全面战略伙伴关系中的“战略”是核心，它既表明双方关系的重要性，更表明其对双方的利益共融性。战略关系并不意味着一成不变，其重要性不在于相互“有用”和相同关切，而在于战略利益的相互不可分性或相互依赖性。从中美之间的战略关系来看，更多表现为“负相关性”，即如果不合作，就会出现灾难性的后果，例如台海问题。而中国—欧盟之间的战略关系，则表现为“正相关性”，即只要合作就会对双方都产生积极结果，例如2008年以来的金融危机。

全面战略伙伴关系中的“伙伴”是基础，即双方首先都有加强合作的政治意愿；其次，存在合作的制度性安排；最后，能够彼此平等相待。就此而言，中国在国际上真正的伙伴关系并不多。即使中国强调与其他国家关系的平等性，仍有国家并不平等待我（例如美国），更有些国家难以真正平等地对待它自己（例如很多发展中国家）。

2013年11月20日，习近平主席在会见欧洲理事会主席范龙佩和欧盟委员会主席巴罗佐时指出，作为最大的发展中国家和最大的发达国家联合体，中欧是维护世界和平的“两大力量”；作为世界上两个重要经济体，中欧是促进共同发展的“两大市场”；作为东西方文化的重要发祥地，中欧是推动人类进步的“两大文明”。这一表述，是我们进一步准确界定中国—欧盟全面战略伙伴关系的重要依据，也体现出中国与欧盟关系的特性。

三、中国—欧盟全面战略伙伴关系的新内容

2014年4月2日，中国外交部发表了《深化互利共赢的中欧全面战略伙伴关系—中国对欧盟政策文件》。这是中国政府继2003年发表第一份对欧盟政策文件后，发表的第二份对欧盟的政策文件，目的是在总结过去十年中欧关系发展成就的基础上，结合国内外形势发展，昭示新时期对欧盟的政策目标，规划今后5~10年的合作蓝图，推动中欧关系实现更大发展。文件指出：“欧盟是中国走和平发展道路、推动世界多极化的重要战略

伙伴，是中国实现‘新四化’和‘两个一百年’奋斗目标的重要合作对象。加强与发展中欧关系是中国推动建立长期稳定健康发展的新型大国关系的重要组成部分，是中国外交政策的优先方向之一。中国政府重视欧盟的地位与作用，致力于同欧盟及其成员国一道，在中国全面深化改革和欧洲经济复苏的进程中，全面落实《中欧合作2020战略规划》，打造‘和平、增长、改革、文明’四大伙伴关系，进一步提升中欧关系的全球影响力。”

（一）中国与欧盟：和平与安全的伙伴

中国与欧盟在传统与非传统安全、全球和地区安全、双边与多边安全领域存在着广泛的共同利益，发挥着同等重要的作用。作为和平与安全的伙伴，中国与欧盟的安全合作，除了《中欧合作2020战略规划》已经确定的合作领域之外，在以下几个方面也表现出了进一步加强合作的意愿和兴趣。

首先，中国除了进一步加强和提升与欧盟在亚丁湾反海盗军事行动方面的合作以外，明确表示了维护和保障航海自由与安全的立场。李克强总理在2014年6月访问希腊时提出的共同建设“和平、合作、和谐之海”的主张，无疑对打消欧盟及其成员国在航运安全方面的疑虑，具有重要的作用。

其次，在朝鲜半岛问题上，鉴于大多数欧盟成员国与朝鲜建立了正式外交关系，鼓励欧盟更积极地参与朝鲜半岛事务，既能够增加欧盟在亚洲安全事务上的存在，也有利于增加中国在该问题上的回旋余地。

再次，鉴于中国与欧盟在能源安全领域的共同利益，中国与欧盟加强了在能源安全领域的对话与合作，特别是在清洁能源和核能领域的合作。

最后，加强中国与欧盟在救灾和应对危机以及人道主义救援送达领域的合作，并正在积极探讨建立有效制度安排的可能性。

（二）中国与欧盟：增长与发展的伙伴

中国和欧盟作为发展中国家和发达国家最大的经济体，都面临着经济增长和发展的严峻挑战。长期以来，经济领域的合作特别是贸易关系是中欧全面战略伙伴关系的最主要内容。2008年全球金融危机，特别是欧债问题所造成的欧洲经济增长乏力和近年来中国经济增长速度的放缓，已经对双方的经济增长都产生了影响。应该说，中欧经济已经形成了互为条件、同增同落的相互依赖局面。

全球金融危机和欧债问题使双方认识到，中欧经济关系除了继续发展双边贸易之外，应当更加着力于加强双边投资关系，特别是鼓励中国投资进入欧洲。双方正在进行投资协定的谈判，并同意在此基础上，首先从民间然后到官方探讨建立中国—欧盟自由贸易区的可能性。

发展问题是双方共同关注的问题，虽然双方各自关注的重点并不完全一致，但是，中国与欧盟都在致力于扩大双方在发展问题上的共识点，特别是在全球经济的发展、发展中国家的发展、区域发展和可持续发展四个方面的合作。

（三）中国与欧盟：改革与治理的伙伴

欧盟部分国家的主权债务危机，使得欧洲面临的改革问题日益凸显。没有成员国层面的经济与社会改革，就没有欧洲一体化的进一步发展，对此，已经达成共识。中国十八届三中全会明确提出，改革开放是党在新的时代条件下带领全国各族人民进行的新的伟大革命，是当代中国最鲜明的特色，并确定了全面深化改革的一系列目标和措施。中国全面深化改革的进程与欧盟自我变革和调整之路更具有紧密结合、彼此借鉴、分享红利的特性，有助于共同提高改革与治理水平。

治理问题是欧洲国家最为关注的问题之一，也是中国近年来日益强调的问题之一。习近平主席最近提出的“推进国家治理体系和治理能力现代化”充分说明了这一点。作为“治理的伙伴”，中国和欧盟在不同层次均存在广泛合作的空间。

首先，在国内治理方面，中国面临国家治理体系和治理能力现代化的艰巨任务，欧盟及其成员国也面临欧债危机冲击下的新治理课题。

其次，在区域治理方面，欧盟尽管因近年来的欧债危机而面临一系列新的挑战，但仍旧是世界范围内最成功的区域治理模式，许多经验都值得学习。同时，东亚区域合作一度进展顺利，但是近年来却遭遇了一系列难题。在区域治理方面，双方可以相互学习和借鉴，同时又都可以通过合作发挥重要的作用。

最后，在全球治理方面，中国和欧盟在全球安全、经济发展、金融稳定、气候变化等各个领域都存在着广泛的共同利益，并且已经在 G-20 框架内开始了卓有成效的合作。

（四）中国与欧盟：文明与文化的伙伴

作为推动人类进步的“两大文明”，文明与文化关系赋予中欧关系以不同于中美关系的特殊内涵。中国和欧洲不仅是东西方文明的发源地，而且在历史上就曾相互学习、相互影响、相互促进。

作为文明与文化的伙伴，中欧之间的人文交流不应当是单向，而应是双向的，更重要的应当是“合作型”的。目前中欧文明与文化交流的主要任务是相互了解、相互理解、相互学习，实现这一任务的方式则是相互合作。对外宣传作为单方的行为，其作用是有限的，以相互合作的方式进行的“相互宣传”会更加有效地增进双方的相互了解，进而达致相互理解。

无论是中国还是欧洲，公众对彼此的了解仍旧有限，因此加强在欧洲的当代中国问题研究和在中国的欧洲问题研究就显得越来越迫切。近年来，欧盟及其成员国加大了其对中国的欧洲问题研究的支持力度；中国在欧洲的孔子学院也有了数量上的发展。孔子学院的建设正在与当代中国问题研究（即当代中国政治、经济、法律、社会、外交的研究）相结合，以在促进中欧双方从相互了解到相互理解的进程中发挥更大的作用。

目前，中国的一些著名大学已经开始了在欧洲建立“中欧当代中国研究学院”的进程。2014 年 3 月 31 日，中国人民大学、四川大学、复旦大学签署了共同建立布鲁塞尔中国与欧洲研究学院的合作备忘录，中国的一些企业（例如华为技术有限公司）也开始对此提供资助。应该说，只有当中国的大学教授走上欧洲大学的讲台，中国的大学开始在欧洲招生、授课并颁发中国的学位时，中欧人文交流才算真正进入“相互交流”和“合作交流”的新时期，中欧才算真正成为“文明与文化的伙伴”。

2014 年，由于中国与欧盟及欧盟成员国之间关系的发展不断出现亮点而被人们称之为中国的“欧洲年”。欧债问题的喷发与和缓、中国新领导层的平稳过渡和一系列对欧新举措的出台，以及逐步浮出水面的欧盟新领导层，都为思考今后中国与欧洲以及中欧关系的发展提供了新的空间。

中国人民大学一直致力于欧洲问题研究，中国人民大学欧洲问题研究中心自 1994 年成立，今年恰值 20 周年。20 年来，中心在欧洲问题的教学和研究，在服务社会、决策咨询和与欧洲高等教育机构之间的交流合作等方面取得了丰硕成果。2000 年，中心成为教育部人文社会科学重点研究基地，2005 年被欧洲联盟委员会授予让·莫内最佳欧洲中心，2012 年成为教育部区域国别研究基地。

在中国人民大学欧洲问题研究中心成立 20 周年之际，中国人民大学与中国欧洲学会欧洲政治研究会于 2014 年 7 月 29 ~ 30 日共同在北京举办了《新时期的中国—欧盟关系》国际研讨会。

本书即是中国和欧洲学者为该国际研讨会撰写的部分论文的集合。

宋新宁〔1〕

2014年7月

〔1〕 宋新宁，中国人民大学欧洲问题研究中心教授，让·莫内终身教授。本书系教育部人文社会科学重点研究基地项目《中国与欧洲的国际关系理论视角：中欧学术对话》（项目批准号［13JJD810013］）和《欧债危机中的中东欧国家：中国与中东欧国家关系发展面临的机遇与挑战》（项目批准号［13JJD810014］）所完成的阶段性成果之一。

目录
CONTENTS

新葛兰西主义关于欧洲一体化的理论与经验研究评析

马　源〔1〕

国际关系理论发展至今，马克思主义国际关系理论仍处于主流理论的辩论之外。马克思主义理论在20世纪70年代以前，仍主要探讨资本主义体系的相关问题（如依附论及世界体系等），并未参与与主流理论的对话。随着70年代后期国际政治经济学（International Political Economy，IPE）的复兴，马克思主义理论才作为IPE的一个重要理论得到主流理论的重视。强调运用跨国历史唯物主义的新葛兰西学派（Neo-Gramscian School），在考克斯（Robert W. Cox）的带领下，对霸权以及世界秩序等独特的看法为国际关系理论增添了新的内容，成为很有活力的一支。他们试图继续探究葛兰西的思想，运用考克斯所建构的理论框架进一步探讨全球化和区域化等现象。

一些新葛兰西学派的学者将欧洲一体化作为研究的主要对象，他们利用新葛兰西学派的历史结构框架去探讨欧洲一体化的进程，试图寻找一体化的驱动力和特色。欧盟扩大问题、跨

〔1〕马源，阿姆斯特丹自由大学政治学与公共管理学系博士生。感谢中国人民大学国际关系学院罗天虹副教授对本文的指导。

国资本家联盟和工会对欧洲一体化的新自由主义属性的态度及它们在加入欧洲货币联盟进程中的角色，以及当前的欧元区经济危机等问题都成为他们研究的议题。这些议题在关注欧洲一体化的政治经济学效果的同时，特别关注其社会目标，弥补了主流一体化理论对于社会因素强调的缺失。然而，这种视角仍未得到应有的重视。

国外新葛兰西主义的欧洲一体化理论蓬勃发展，但国内仍鲜有学者对此进行深入的关注和评价，有关著述更是集中在介绍新葛兰西学派基本情况的层次，缺乏对新葛兰西主义视角下的欧洲一体化解释的理论分析，这显然是学术上的一个缺失。本文试图一方面对新葛兰西欧洲一体化研究的兴起、思想渊源进行梳理，总结其理论的思考路径；另一方面，通过从经验角度对新葛兰西主义学者关于欧债危机问题的介绍分析，探究新葛兰西主义理论的解释力。基于此，从理论研究和经验研究的两个方面呈现新葛兰西主义欧洲一体化研究的基本面貌，使该理论作为欧洲一体化理论解释的新视角而得到更多的关注。

一、新葛兰西主义欧洲一体化研究的形成与兴起

理论有助于对政治现象中的各种潜在解释因素进行有效归纳，欧洲一向被学者视为区域一体化的典范，因而很多理论都在试图解释或理解一体化的过程和结果以及欧洲一体化治理。随着欧洲一体化进程的发展，主流的功能主义、新功能主义以及政府间主义理论已经不能合理地解释全球化所带来的结构性变化对欧洲一体化进程的影响，批判理论在欧盟研究中越来越受重视，对社会关系的考察也在国际政治经济学的方法中逐步得到了重新地关注。社会目标和社会模式在欧洲资本主义多样性（A European Variety of Capitalism）的讨论中成为主题，厄内斯特·曼德尔（Ernst Mandel）和尼科斯·普兰查斯（Nicos Poulantzas）作为新马克思主义的代表，则将社会经济力量和劳动与资本之间的阶级妥协相联系。规制理论针对战后资本主义的福特阶段进行了一个更为详细的历史的分析。[1]新葛兰西主义作为一种批判的国际政治经济学理论，将生产领域作为分析的基点，探讨资本主义的历史特殊性，运用社会力量的概念对国家与市场的分离给出了合理的解释，并强调通过阶级斗争去理解全球化带来的结构性变化。在欧洲一体化问题上，新葛兰西学派的学者则利用该学派的历史结构框架去探讨欧洲一体化的进程，从批判的角度进行核心的理论假设以及经验分析，试图在全球化的背景下探究欧洲一体化中的社会力量的作用，进而分析欧洲一体化的社会目的，试图从另一个角度寻找一体化的驱动力和特色，以区别于主流的一体化理论解释。

因此，要理解新葛兰西主义的欧洲一体化研究，我们首先要了解什么是新葛兰西学派及其基本理论，进而了解其在欧洲一体化问题上兴起的背景。

（一）新葛兰西主义学派及其基本理论

作为西方马克思主义理论的一支重要力量，自20世纪80年代以来，新葛兰西主义成为国际关系理论、国际政治经济学的重要流派，对传统的主流国际关系理论产生了重大挑战。[2]该理论强调运用历史唯物主义的方法研究社会、国家和世界。这种方法从政治经济的基础出发，以阶级分析为中心，关注社会维度。其理论基础根源于意大利左翼思想家安东尼奥·葛兰西（Antonio Gramcsi，1891～1937年）的哲学思想和政治社会理论，加拿大约克大学的罗伯特·考克斯（Robert W. Cox）进一步将其思想运用

---

〔1〕 See Antje Wiener and Thomas Diez, *European Integration Theory*, Second Edition, Oxford University Press, 2009, pp. 221～229.

〔2〕 白云真、李开盛：《国际关系理论流派概论》，浙江人民出版社2009年版，第199页。

到国际关系领域，而后其他学者如斯蒂芬·吉尔（Stephen Gill）、安德烈亚斯·比勒（Andreas Bieler）、亚当·大卫·莫顿（Adam David Morton）、基斯·范德佩吉奥（Kees van der Pijl）、巴斯坦·范阿珀尔多伦（Bastiaan van Apeldoorn）、马克·鲁珀特（Mark Rupert）等人，也采用葛兰西的观点及考克斯的研究框架，运用跨国历史唯物主义的方法进一步探讨全球化与区域化现象。这些学者被称为新葛兰西学派（Neo-Gramscian School）或意大利学派（Italian School），或者约克学派（York School），在方法论上则是历史唯物主义（historical materialism）或跨国历史唯物主义（transnational historical materialism）[1]。

---

〔1〕 考克斯等人将葛兰西的市民社会、霸权、历史集团等概念运用到国际关系领域，用来解释全球化、区域一体化、世界秩序等现象，形成了国际关系中的"意大利学派"（Italian School）。因为考克斯在研究构架中的贡献，也有人将之称为"考克斯学派"（Coxian School）。但总体而言，"新葛兰西学派"（Neo-Gramscian School）的称法最为普遍。这里所论述的新葛兰西学派指的是国际关系研究的新葛兰西学派（这里的划分主要参见白云真："新葛兰西学派及其批评"，载《世界经济与政治》2011 年第 2 期），它有别于作为政治理论的新葛兰西主义，后者主要指以厄尼斯特·拉克劳（Ernesto Laclau）、尚塔尔·墨菲（Chantal Mouffe）为代表的政治理论家，试图突破葛兰西思想的传统哲学以及意大利政治语境的解释，认为葛兰西的一系列概念有助于政治理论的探讨，可以用来分析资本主义社会等任何历史过程以及社会主义国家战略的问题［其主要观点可以参见 Chantal Mouffe（ed.），*Gramsci and Maxist Theory*，London：Routledge & Kegan Paul，1979；Ernesto Laclau and Chantal Mouffe，*Hegemony and Socialist Stragegy：Towards a Radical Democratic Politics*，Second Edition，London and New York Verso，2001］。在国际关系研究中，新葛兰西学派的学者亚当·大卫·莫顿（Adam David Morton）则认为不应为"新葛兰西主义"（Neo-Gramscian）贴上学派（School）的标签，以避免将其标榜为一个独立的方法论"学派"，从而能够轻易地克服国际政治经济学中正统方法的弊端，而应该用"视角"（Perspectives）来扩大视野，也为未来的思考和争论留下空间［See Adam David Morton，"The Sociology of Theorising and Neo-Gamscian Perspectives：The Problems of 'School' Formation in IPE"，in Andreas Bieler and Adam David Morton（eds.），*Social Forces in the Making of the New Europe*，Palgrave，2001］。因此本文采用广义的新葛兰西主义，认为新葛兰西学派特指以考克斯为代表的国际关系理论的学派。在分析欧洲一体化的问题时，新葛兰西主义的研究角度主要有两种：一种是考克斯所倡导的从

具体而言，新葛兰西主义者主要侧重探讨生产关系、资本积累、阶级和社会集团在国际关系中的作用等议题，这些主要是以葛兰西的实践哲学和社会政治思想为基础的，葛兰西的重要概念如市民社会与国家、霸权、有机知识分子、历史集团、运动战和阵地战、积极革命和消极革命等，都成为新葛兰西主义的思想渊源。罗伯特·考克斯（Robert W. Cox）发展了葛兰西的政治思想，把葛兰西的实践哲学和社会思想运用到国际关系研究中。他从生产的社会关系与社会力量的角度出发理解与探究国际关系，提出了理解世界秩序的另一种视角，并建立起自己的理论框架，从而对新现实主义等主流国际关系理论提出了质疑与挑战。这种新葛兰西主义对于霸权、世界秩序和历史变化的不同批判理论路径成为新葛兰西学派理论形成与发展的基础。

考克斯对葛兰西的实践哲学和霸权思想的继承和发展深刻地体现在其论文《社会力量、国家与世界秩序》[1]（1981）及专著《生产、权力和世界秩序——社会力量在缔造历史中的作用》[2]（1987）中。在探讨如何纠正新现实主义的错误时，考克斯强调了作为批判理论的最重要源泉的历史唯物主义，随后他通

生产的逻辑出发探讨生产的社会关系而形成的考克斯学派；另一种是以佩吉奥为代表的从资本的逻辑出发探讨资本的国际化而形成的阿姆斯特丹学派。由于后者也运用了考克斯学派历史结构的分析框架，因此在这里，笔者从广义上将考克斯学派与阿姆斯特丹学派一起称为新葛兰西学派。

〔1〕 Robert W. Cox, “Social Forces, States and World Orders: Beyond International Relations Theory”, In *Journal of International Studies*, 10 (2), 1981, pp. 126 ~ 155. 其中文译文见［加］罗伯特·W. 考克斯：“社会力量、国家与世界秩序：超越国际关系理论”，载罗伯特·O. 基欧汉编，郭树勇译：《新现实主义及其批判》，北京大学出版社 2002 年版，第 187 ~ 231 页。

〔2〕 Robert W. Cox, *Production, Power, and World Order: Social Forces in the Making of History*, Columbia University Press, 1987. 其中文译本见［加］罗伯特·W. 考克斯著，林华译：《生产、权力和世界秩序——社会力量在缔造历史中的作用》，世界知识出版社 2004 年版。

过对霸权的讨论，建立起从生产出发的历史结构的行动框架，成为新葛兰西主义理论中的主要内容。

首先，考克斯认为要理解世界秩序构成及变动的原因，就先要考察历史结构的基本要素及其间的相互关系。为此，他从探讨一个结构中相互作用的力量范畴——物质力量、观念和制度的相互辩证关系，建立起历史结构来分析世界秩序。在考克斯看来，物质能力是生产性和摧毁性的潜能，其动态形式是技术能力和组织能力。观念包括主体间的意义（intersubjective meanings）和集体意象（collective images），前者是一般人所接受的共识、规则或惯例，后者则为特定团体的意识形态，即不同的人群对社会秩序所持有的概念。制度是特定观念和物质权力的混合物，又影响着观念和物质权力的发展。[1] 上述要素之间的关系并非是单向的决定关系，而是复杂的辩证关系，考克斯称之为行动框架，即历史结构。这些要素也成为该理论发展的基本理论框架要素。

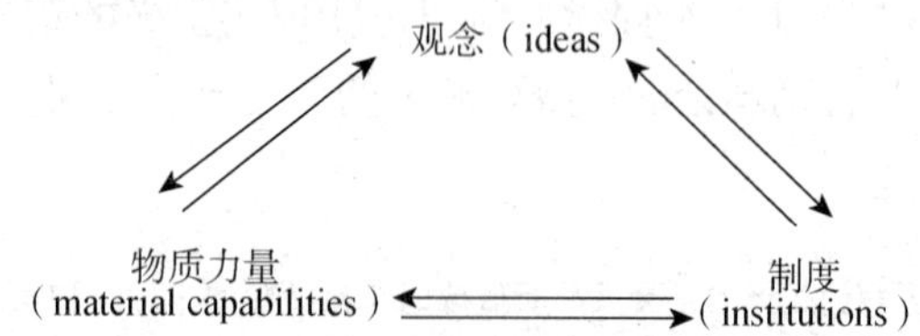

图 1　新葛兰西学派历史结构要素

资料来源：［加］罗伯特·W. 考克斯，“社会力量、国家与世界秩序：超越国际关系理论”，罗伯特·O. 基欧汉编，郭树勇译：《新现实主义及其批判》，北京大学出版社 2002 年版，第 201 页。

其次，考克斯将葛兰西的霸权概念与历史结构联结在一起，

---

〔1〕［加］罗伯特·W. 考克斯：“社会力量、国家与世界秩序：超越国际关系理论”，载罗伯特·O. 基欧汉编，郭树勇译：《新现实主义及其批判》，北京大学出版社 2002 年版，第 201～202 页。

在世界秩序中考察霸权的含义。在考克斯看来，世界秩序的霸权是物质权力的分配格局，是世界秩序的主导性集体概念（包括一定的规范）以及一组以具有某种普遍意义的方式治理世界的制度的集合[1]。因此，霸权是主导的形式，但更是一种共识下的秩序。历史结构中的霸权由三个活动领域组成：生产组织（具体指由生产过程产生的社会力量）、国家形态（指国家－社会复合体）、世界秩序（为全体国家的战争或和平问题加以持续界定的特殊的力量配置）。三个层次的相互关系是：生产结构中的变化产生了新的社会力量，新的社会力量反过来又塑造了国家结构，而普遍化了的国家结构变化又改变了世界秩序的根本问题。[2]它们三者的关系，近似地表现为物质能力、观念和制度的辩证关系。在对新现实主义的霸权稳定论的回应中，考克斯更加明确地界定了自己对霸权的理解：霸权作为一种统治结构，是由具有广泛基础的同意来维系的，这种认同性接受了与这种结构相一致的意识形态与制度。[3]因而，一个阶级取得社会的霸权，意味着它不仅拥有社会的强制力量，也得到了社会其他阶级对其意识形态的认同，在社会中建立一个历史集团[4]。简言之，霸权是权力、观念与制度的三位一体。

---

〔1〕［加］罗伯特·W. 考克斯："社会力量、国家与世界秩序：超越国际关系理论"，载罗伯特·O. 基欧汉编，郭树勇译：《新现实主义及其批判》，北京大学出版社2002年版，第206页。

〔2〕［加］罗伯特·W. 考克斯："社会力量、国家与世界秩序：超越国际关系理论"，载罗伯特·O. 基欧汉编，郭树勇译：《新现实主义及其批判》，北京大学出版社2002年版，第203～204页。

〔3〕［加］罗伯特·W. 考克斯："社会力量、国家与世界秩序：超载国际关系理论"，载罗伯特·O. 基欧汉编，郭树勇译：《新现实主义及其批判》，北京大学出版社2002年版，第206页注释。

〔4〕李滨："考克斯的批判理论：渊源与特色"，载《世界经济与政治》2005年第7期。

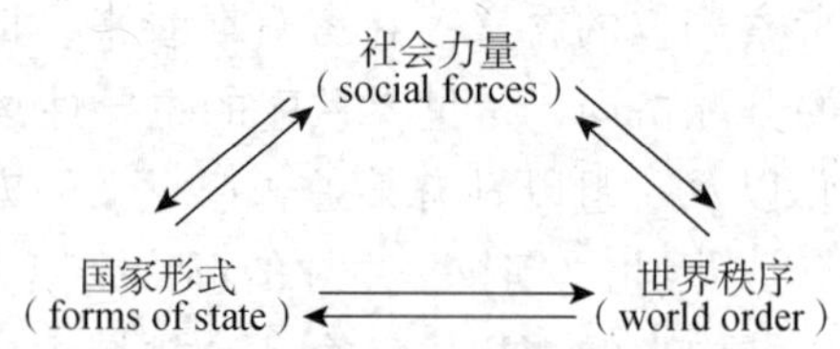

图 2　新葛兰西学派历史结构分析

资料来源：［加］罗伯特·W. 考克斯："社会力量、国家与世界秩序：超越国际关系理论"，载罗伯特·O. 基欧汉编，郭树勇译：《新现实主义及其批判》，北京大学出版社 2002 年版，第 205 页。

与主流国际关系理论的研究接受既存秩序，采取实证主义的方法论，而忽视对历史的考察不同，新葛兰西学派的历史结构分析带有道德色彩，批判或质疑现有的秩序。这深刻地体现在考克斯对理论的视角与目标的探讨之中。与实证主义的新现实主义和新自由主义的问题解决理论不同，历史结构分析作为批判理论，质疑既存世界秩序的起源和变迁。这种分析以国家-社会复合体为主要行为体，强调人在世界秩序变化中的能动作用，继承了葛兰西的实践哲学，因而在本体论上是实践本体。从认识论上，新葛兰西学派反对实证主义，关注历史结构变化及其内在的意涵。他们试图从历史经验出发，利用解释或诠释学的途径，对历史结构的变化进行分析。因而，他们的认识论更着重历史解释和解放关怀（emancipation），是一种诠释学的认识论。在方法论上，新葛兰西学派遵循历史唯物主义，因而采用历史方法、阶级分析及辩证法等研究方法。

（二）新葛兰西主义欧洲一体化研究的兴起

新葛兰西主义理论作为批判政治经济学的一支重要力量，在欧洲一体化的理论创新方面，主要是从对解释欧洲一体化的主流理论的批判开始兴起的，这也是新葛兰西理论的研究起点。尽管由厄内斯特·哈斯（Ernst Haas）发展的新功能主义理论，用"外溢"（spillover）的机制成功地解释了欧洲煤钢共同体被接受的原因，并乐观地解释了一体化过程中合作的滚雪球现象，但是却无法解释欧洲一体化的停滞现象。新葛兰西学者认为，这是由于新功能主义理论抽象地假设人类为理性的、追求效用最大化的个体，这种缺乏历史基础的理论前提，暗示外溢过程不可避免。也就是说，新功能主义从经济理性出发，强调欧洲内部政治动态一体化过程，无法理解宏观结构的变换，如全球化以及冷战结束的影响〔1〕。另外，该理论忽视了利益集团之间的权力问题，如为什么一些利益集团更有权力去影响欧盟议程。

政府间主义理论把一体化过程看作追求自身国家利益的主权国家之间一系列讨价还价的过程。虽然与新功能主义不同，政府间主义考虑到了一体化的国际环境，但是该理论只是考虑到了国家在国际舞台上的局限性及其对国家结构变化的影响，却忽略了全球化这样的结构性变化，并且以国家为主要行为体的解释仍然是决定论的〔2〕。安德鲁·莫劳夫奇克（Andrew Moravcsik）的自由政府间主义理论则从国内和国际两个层面，通过国内利益集团的偏好所影响的国家偏好来考察国家在超国家层面的博弈。这种理论虽然看到了国家内部的利益集团的作用，但仍是以国家为中心的方法，只考虑到了国内领域的利益集团的游说，却忽视了跨国行为体的重要性；只考虑到了政府

〔1〕 Andreas Bieler and Adam David Morton, "Introduction: Neo-Gramscian Perspective in International Political Economy and the Relevance to Euroepan Integration", in Andreas Bieler and Adam David Morton (eds.), *Social Forces in the Making of the New Europe*, Palgrave, 2006, pp. 13 ~14.

〔2〕 Andreas Bieler and Adam David Morton, "Introduction: Neo-Gramscian Perspective in International Political Economy and the Relevance to Euroepan Integration", in Andreas Bieler and Adam David Morton (eds.), *Social Forces in the Making of the New Europe*, Palgrave, 2006, p. 15.

间的谈判，却忽视了一体化进程中其他社会力量的作用[1]。

当然，新葛兰西学派的学者也认为多层治理理论存在一定的缺陷。尽管欧洲委员会、欧洲法院和欧洲议会在政策制定中有独立的影响力，但是政治规则不再被排除在国界之外，这种折中主义（eclecticism）缺乏分析的清晰性和简约性。相较而言，多元论在解释自由民主国家鼓励其利益集团自由组织、相互竞争以实现其自身目标的问题上是正确的，但是对于发生在政治中立的社会领域的利益竞争的解释却是错的。因为它没有系统地包含资本主义社会经济背景，也没有系统地建构正式的政治权力[2]。开放马克思主义理论继承了马克思主义的阶级分析方法，通过对阶级斗争的关注避免了经济决定论而保持其“开放性”，对生产的社会关系的关注可以解释国家与市场的分离，但是该理论也忽略了全球化的结构性变化以及跨国阶级的形成[3]。

总体而言，主流的欧洲一体化理论（如新功能主义、政府间主义和自由政府间主义）都是将国家作为主要行为体，认为国家仍是黑箱（black box），是不可捉摸的，因而这些理论忽略了生产中的社会关系，将国家与市场分离，忽略了资本主义的历史特殊性。而新葛兰西主义理论作为批判政治经济学，认识

---

〔1〕 Andreas Bieler and Adam David Morton, "Introduction: Neo-Gramscian Perspective in International Political Economy and the Relevance to Euroepan Integration", in Andreas Bieler and Adam David Morton (eds.), *Social Forces in the Making of the New Europe*, Palgrave, 2006, p. 16.

〔2〕 Bastiaan Van Apeldoorn, Henk Overbeek, and Magnus Ryner, "Theories of European Integration: A Ctitique", in Alan W. Cafruny and Magnus Ryner (eds.), *A Ruined Fortress? Neoliberal Hegemony and Transformation in Europe*, Rowman & Littlefield Publishers Inc., 2003, pp. 26 ~ 30.

〔3〕 Andreas Bieler, "Class Struggle over the EU Model of Capitalism: Neo-Gramscian Perspectives and the Analysis of European Integration", in *Critical Review of International Social and Political Philosophy*, Vol. 8, No. 4, December 2005, pp. 514 ~ 515.

到了与国家权力有关的、在市场力量和市民社会关系中的权力关系、特殊利益。

相应地，新葛兰西学派的学者提出从历史唯物主义的研究途径出发，在欧洲一体化的层面上，研究包含有更多个人的生活层面的世界市场关系的商品化与由于劳动分工和商品化的扩大所产生的更加相互依赖的社会关系的社会化之间的辩证关系。如考克斯从生产的角度去探究由于新的管理方式和生产技术所带来的社会关系改变；范德佩吉奥从资本的角度研究跨大西洋关系对欧洲一体化的影响。另外，新葛兰西学者所开启的另一个视角是跨国主义（transnationalism），即将阶级作为分析的对象，国际分工通过生产关系的扩大和阶级形成的国家化，通过跨国阶级的形成在建构国家过程中成为社会网络，从而关注国内和国外因素之间的辩证关系，因而新葛兰西主义又被称为“跨国历史唯物主义”。在比勒看来，与主流一体化理论相比，新葛兰西主义视角有四个特色：将生产过程中产生的社会力量作为最重要的共同行为体；拒绝将历史的客观规律的概念和对阶级斗争的关注作为理解结构性变化的启发模式；结合市民社会和国家两个层次并考虑到了观念的独立角色；借鉴了“历史集团”、“霸权”和“有机知识分子”等概念的含义[1]。

二、新葛兰西主义欧洲一体化研究的发展

随着欧洲一体化在80年代的快速发展，新葛兰西学派的学者开始关注跨大西洋关系中美国因素对一体化的影响，进而扩展至一体化本身，从而形成了以下几个主要的研究主题。

---

〔1〕 Andreas Bieler and Adam David Morton, “Introduction: Neo-Gramscian Perspective in International Political Economy and the Relevance to Euroepan Integration”, in Andreas Bieler and Adam David Morton (eds.), *Social Forces in the Making of the New Europe*, Palgrave, 2006, pp. 17 ~20.

（一）跨国阶级与美欧关系

基斯·范德佩吉奥（Kees Van der Pijl）在其1984年出版的专著《跨大西洋统治阶级的形成》中，从历史的角度检视了跨大西洋统治阶级形成与演变的过程，并用控制的综合性概念（comprehensive concepts of control）来理解结构即资本积累的过程与源于生产关系中的具体社会力量的行为体之间的关系，引导着跨国阶级的形成，并且将以资本分化为结构的阶级形成明确地理解为一个跨国过程[1]。范德佩吉奥从跨国阶级形成的角度去考察美欧关系及其对欧洲一体化的影响，他认为马歇尔计划和欧洲煤钢联盟是基于美国新政模式的“政治产物”而向欧洲输出福特主义的努力，并作为锻造欧洲“阶级妥协”（class compromise）的中心。在其稍后的著作《跨国阶级和国际关系》[2]（1998）中，范德佩吉奥将商品化和社会化的过程所导致的矛盾看作资本积累与阶级形成的动力，并将欧洲一体化抽象地理解为商品化和社会化的辩证关系的结果。

在美欧关系问题上，新葛兰西学派的凯福瑞尼（Alan W. Cafruny）和瑞纳（J. Magnus Ryner）则认为，虽然欧洲一体化不断向前发展，但是欧洲仍处在美国霸权阴影下[3]。美国霸权的衰落所导致的全球权力关系的变化，以及欧洲经济货币联盟的成立、欧洲单一市场的形成、欧元的流通，让很多人看到了欧洲对美国霸权的挑战。但是新老欧洲对伊拉克战争的不同态度，又凸显了欧洲在政治上的分裂。由于经济的慢速发展与大规模失业所造成的社会层面的“民主赤字”，削弱了欧洲政治

〔1〕 Kees van der Pijl, *The Making of an Atlantic Ruling Class*, London: The Thetford Press Ltd., 1984.

〔2〕 Kees van der Piji, *Transnational Classes and International Relations*, London and New York: Routledge, 1998.

〔3〕 Alan W. Cafruny and J. Magnus Ryner, *Europe at Bay: in the Shadow of US Hegemony*, Lynne Rienner Publishers, 2007.

和社会团结的传统形式。因而，凯瑞福尼和瑞纳相信，即使美国的跨大西洋经济霸权随着布雷顿森林体系的崩溃而受到重创，这种霸权体系仍会得以维持，因为那些挑战并没有触及美国结构上的金融权力和美国军事上的至高地位。而传统的西欧商业界乐于在地区层面居于主导地位，也甘愿在跨大西洋秩序中处于附属地位。新自由主义作为这个秩序的一部分，更加批评欧洲的经济低增长、高失业率、不平衡发展以及福利国家的紧缩政策，从而深化了欧盟作为集体行动的危机。由此看来，欧洲本身的政治社会问题以及在跨大西洋关系中的结构地位，使得欧洲仍无法挑战美国的霸权，因为美国仍主导着代表其特殊利益的普遍利益化的规范和规则。这种对霸权的理解以及从经济、政治和意识形态上的结构分析，深刻地体现了新葛兰西主义的方法。

（二）建构新欧洲中的社会力量

伴随着全球化的扩大和深化，跨国资本主义所产生的跨国社会力量之间的斗争推动着一体化的进程。新自由主义在20世纪80年代中期以来的重建成为一体化的重要属性，而这种属性在欧洲一体化的资本主义发展中势必触及两种社会力量的利益——资本家及劳工，在区域层面上即跨国资本家联盟和工会。

范阿珀尔多伦（Bastiaan van Apeldoorn）将欧洲企业家圆桌会议（the European Roundtable of Industrialists，简称ERT）作为跨国资本家联盟的代表，对其在欧洲一体化进程中的角色和作用做了十分详细的分析。作为历史集团，ERT协调大多数欧洲资本的跨国部分的利益和权力，在关键时刻成功地推动了欧盟政治议程的设置，并在形成欧洲治理中发挥了重要作用。同时，它还推动形成了嵌入欧洲政策制定的话语的观念和概念，推动着欧盟东扩的进程[1]。但是ERT并不是简单地代表着跨国资本，霍尔曼和范德佩吉奥分析了不同的阶级之间的政治、组织和意识形态的冲突如何作为整体去形成欧洲跨国资本的能力，影响欧洲一体化。[2]比勒（Andreas Bieler）和莫顿（Adam David Morton）则将生产过程中产生的社会力量作为最重要的集体行为体，不仅从国家层面分析资本与劳动的阶级斗争、国家资本与劳动和跨国力量的阶级斗争，也从欧洲层面考察欧洲的跨国力量与资本和劳动的全球力量，去探究社会力量在全球化和欧盟扩大进程中的选择，以及社会力量在构建新欧洲的过程中、在全球的政治经济中以及在欧洲社会关系重建中的作用。工会与欧洲货币联盟的关系是他们关注的焦点之一，他们着重解释在欧洲一体化进程中，随着内部自由市场的扩大，在资本自由流动的背景下，劳工力量对成员国加入欧盟、加入欧洲经济货币联盟以及欧盟东扩问题的选择和态度问题。总之，他们从微观的生产逻辑去观察欧洲一体化，并认为一体化的深化与扩大根源于生产的大规模跨国化及金融市场的开放化与自由化。

（三）新自由主义霸权问题

随着欧洲一体化在20世纪80年代进程的加快、欧洲单一市场的建立以及生产方式的后福特主义化，欧洲经济越来越向盎格鲁-撒克逊模式发展。新自由主义（neo-liberalism）作为经济发展方式以及一种观念，成为欧洲一体化中的重要话题。在欧

[1] Bastiaan van Apeldoorn, "Transnational class agency and European Governance: the case of the European Round Table of Industrialists", *New Political Economy*, Vol. 5, No. 2, 2000, pp. 157 ~ 181. Bastiaan van Apeldoorn, *Transnational Capitalism and the Struggle over European Integration*, London and New York: Routledge, 2002.

[2] John Holman and Kees van der Pijl, "The Capitalist Class in the European Union", in George A. Kourvetaris and Andreas Moschonas (eds.), *The Impact of European Integration: Political, Sociological and Economic Changes*, Westport: Praeger Publishers, 1996, pp. 55 ~ 74.

洲一体化的层面上和新葛兰西主义的语境中，新自由主义主要指一种（霸权）计划（Hegemonic Project）。作为解构性的计划，新自由主义的出现最有力地说明了凯恩斯主义的危机，并在一个又一个国家打败了企业自由主义及社会民主主义。作为建构的计划，新自由主义强调结构调整、自由化、放松管制以及实行私有化。它使企业自由主义不再被信任，而日益成为有效及合法的信条[1]。对于具有改良社会主义传统的欧洲，这种赤裸裸的开放经济对福利国家的威胁不言而喻，新葛兰西学者则认为，像欧洲经济货币联盟的建立、欧洲单一市场的形成这样的政策，使经济从政治问责中脱离出来，让政府集中于对市场力量的关注，而忽略了民主力量和过程。他们对于这种欧洲意识形态的选择有着不同的解读。吉尔认为，欧洲一体化是训诫新自由主义（disciplinary neo-liberialism）保护和强化资本统治的过程。内嵌入欧洲的新自由主义通过外部强制的塑造征服了国内社会力量的抵抗[2]，因而要将对新自由主义的反对变成积极主动地反对新自由主义霸权的运动。在范阿珀尔多伦看来，由于缺乏社会的共识，倡导自由资本和市场的新自由主义无法在欧洲大陆取得霸权[3]。镶嵌新自由主义[4]（embedded neo-liberialism）作为一种折中的方案，在经济发展的同时更考虑到社会的意见。

---

〔1〕 Bastiaan van Apeldoorn, Henk Overbeek and Magnus Ryner, "Theories of European Integration: A Critiqe", in Cafruny, Alan and Ryner Magnus (eds.), *A Ruined Fortress? Noeliberal Hegemoby and Transformation in Europe*, Maryland: Littlefield Publishers, 2003, p. 38.

〔2〕 Stephen Gill, "Globalization, Market Civilization and Diciplinary Neoliberalism", in *Journal of International Studies*, Vol. 24, No. 3, 1995, pp. 399 ~423.

〔3〕 Bastiaan van Apeldoorn, *Transnational Capitalism and the Struggle over European Integration*, London and New York: Routledge, 2002.

〔4〕 镶嵌新自由主义（embedded neo-liberalism）观念指重视市场自由化的资本驱动作用但又强调社会保护的需要，是莱茵资本主义的德国模式的重要内容。

三、新葛兰西主义欧洲一体化研究的思考路径

考克斯建构了历史结构的分析框架，用于理解世界秩序，安德烈亚斯·比勒（Andreas Bieler）、亚当·大卫·莫顿（Adam David Morton）和范阿珀尔多伦（Bastiaan van Apeldoorn）等学者则试图将历史结构的分析方法扩展至欧洲一体化研究之中。按照考克斯的历史结构中物质、观念和制度的定义和辩证关系，以及新葛兰西学派学者对欧洲一体化研究的不同内容，笔者从欧洲一体化中的霸权结构总结出新葛兰西学派在欧洲一体化问题上的历史结构分析框架。

在考克斯所创建的历史结构中，物质、观念和制度作为重要的要素，三者之间有着复杂的辩证关系（如图1）。考克斯在世界秩序中理解霸权，建构了霸权的历史结构，以及社会力量、国家形态和世界秩序的辩证关系（如图2）。按照新葛兰西学派的学者在欧洲一体化的研究中所涉及的以上主题，我们可以发现，他们所关注的正是欧洲一体化中霸权结构要素的各个方面。

首先，正如新葛兰西学派的学者所强调的，新葛兰西主义视角将生产过程中产生的社会力量作为最重要的集体行为体，因而，其在生产过程中的劳动和资本的各个层面将会得以展现。由于全球化所产生的结构性变化，由跨国生产和资本所产生的新的社会力量也被包含于其中，这些新生的社会力量的利益和认同影响着生产的社会关系的变化。因而，资本与劳动在生产的社会关系中被分化为来源于国内生产部门的国内资本和劳工的社会力量，以及起源于国际范围内的生产部门的跨国资本和劳工的社会力量。在欧洲一体化的研究中，比勒和范阿珀尔多伦将所关注的社会力量的重点分别放在不同的群体上，前者关注工会（trade unions），后者则关注代表跨国资本家阶级的欧洲企业家圆桌会议（European Round Table of Industrialists，ERT）。虽然范阿珀尔多伦等学者

强调 ERT 在推动一体化进程中的作用，但是工会的作用也不能忽视。因而，从生产的社会关系角度看，ERT 和工会作为欧洲一体化中的社会力量，是欧洲一体化历史结构中的一个重要因素。

其次，在观念上，新葛兰西学派的学者讨论得更多的是欧洲转型中新自由主义霸权的问题，这是由于新自由主义作为一种经济自由主义，在意识形态和实践中坚持自由市场经济以及私有化，其所强调的在世界范围内自由市场的整合以及旨在将欧洲的社会模式转变为盎格鲁－撒克逊模式，在 80 年代以来逐渐在欧洲一体化进程中得以重建。但是欧洲毕竟有着其深刻的社会主义因素，因而在意识形态方面，折中的镶嵌新自由主义的提出，使欧洲一体化的属性得以确立。因而，镶嵌新自由主义作为观念因素，成为该历史结构中的另一个重要方面。

最后，在制度角度，随着欧洲一体化进程的发展，欧盟的制度化越来越高。其中欧盟委员会有法案起草的独特权力，部长理事会或是欧洲议会要求修正法案的门槛极高。所以，欧委会的议题设定能力使其成为欧洲一体化的关键机构。欧洲经济与货币联盟的建立和政策影响着欧洲社会力量的分化，反映着一定的社会形态。因此，欧盟作为一种制度框架的实施机构，成为历史结构中的第三个要素。

由社会力量、镶嵌新自由主义和欧盟机制组成的欧洲一体化中的霸权结构，分别代表着物质力量、观念和制度，欧洲一体化受到这三个要素互动关系的影响极大。

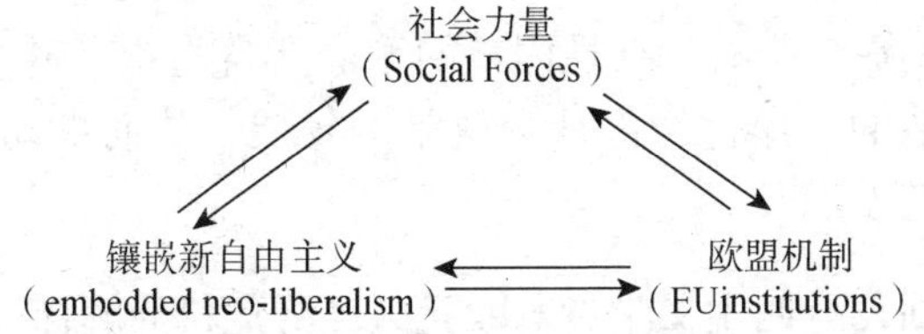

图 3　新葛兰西学派的欧洲一体化历史结构（作者自制）

新葛兰西学派将欧洲跨国社会力量、欧洲治理和欧洲一体化视为一体，不偏重特定的商业集团或政策领域。由于金融和生产的跨国化，新的跨国社会力量不断壮大。对跨国部门而言，国界不再是障碍，跨国社会力量可能支持区域一体化和合作；相对地，仍依赖国家补助或保护的国内社会力量，则害怕国家的自主性受到影响，因而较不支持欧洲一体化。欧洲内部两股冲突的社会力量不断较劲，在对新自由主义的意识形态的选择中，对欧盟的单一市场、经济与货币联盟机制的不同态度影响着欧洲一体化的进程。另外，欧盟的机制又影响着不同社会力量的利益与分化，镶嵌新自由主义则影响着欧盟的一体化政策。

综上，从总体来看，欧洲一体化的霸权结构在社会力量、镶嵌新自由主义和欧盟机制的相互作用中不断得到合法化，进而不断向前发展。

从上述的研究框架出发，新葛兰西学派对欧洲一体化的研究逻辑便显而易见。欧洲生产方式从福特主义向后福特主义的转变，使得生产更加立足于知识、信息和技术，生产的跨国化、金融资本的开放化及自由化的趋势不断加强。立足于国家的资本与企业出现了分化，形成了跨国化的资本和跨国公司，社会关系随之变化，形成了资本家阶级以及趋向新自由主义的精英化管理阶层，工人阶级方面，外向型企业的劳工组织更倾向于依照新自由主义变革工资与福利制度。在新自由主义取代凯恩斯主义的过程中，新的历史集团得以形成，新自由主义霸权秩序在欧洲的建立受到了来自欧洲内部的社会力量的抵抗，经过斗争与权衡后，带有社会性因素的镶嵌新自由主义取得了共识，推动着欧盟的一体化经济社会政策的发展，从而推动着欧洲一体化进程的发展。

四、新葛兰西主义学者对欧元区经济危机的解释

自 2009 年 12 月 8 日惠誉下调希腊的信贷评级以来，受美国

次贷危机影响的欧洲也开始逐步深陷主权债务危机（以下简称欧债危机）及其所引发的欧元危机的泥沼，这也引发了新葛兰西主义学者们对欧洲一体化问题的思考和讨论。下面，本文将试图通过上述的新葛兰西主义欧洲一体化研究框架，结合新葛兰西学者对当今欧债危机问题现有的讨论，分析其对欧洲一体化问题的看法。

新葛兰西主义理论认为欧洲一体化是阶级斗争的结果。生产过程产生的社会力量是最重要的集体行为体，国家只是社会力量存在的结构，其形式和利益与社会因素是联系在一起的。处于不同结构中的社会力量——资本与劳工，由于利益需求的不同，对于新自由主义观念的态度也不同，二者在带有新自由主义性质的欧盟机制的问题中不断斗争与妥协，进而推动欧洲一体化进程的发展。

与新功能主义者的乐观态度[1]则不同，新葛兰西主义学者对欧债危机及其对欧洲一体化的影响持有悲观主义情绪。

首先，欧福比克（Henk Overbeek）从生产与积累的角度探讨了欧债危机的根源。他认为当前的经济危机是过度积累的潜在问题所导致的。这表现在资本主义发达国家过度积累的资本对虚拟的金融经济投资的偏好，而对实体经济投资的缺位。欧洲主权债务危机的爆发在受全球信用危机影响的同时，也有其

---

〔1〕 威立比桑斯卡斯（Ramūnas Vilpišauskas）运用新功能主义分析框架解释欧债危机对欧洲一体化的影响，认为欧债危机有利于一体化的进一步发展：首先，为应对欧债危机，推动一体化的主要行为体逐步多元化，利益集团以及金融领域的力量为维护其自身利益，要求欧盟及其成员国统一解决机制；其次，在超国家机制层面上，欧盟的决策机制得到了进一步发展和强化，对欧洲货币联盟的功能要求也有所提高，为其功能从经济领域外溢至政治领域提供了契机；最后，在思想层面上，统一的财政联盟概念使超国家层次解决机制的理念得到强化。这种新功能主义的分析框架体现了该理论对欧洲一体化进一步发展的乐观主义推测。参见 Ramūnas Vilpišauskas，"Eurozone Crisis and European Integration：Functional Spillover，Political Spillback?"，in *Journal of European Integration*，35（3），pp. 361～373.

自身的因素：①20世纪80年代末新自由主义以及21世纪全球化对欧洲经济体金融化的影响；②欧洲货币联盟自身的结构及功能，以及欧元的启用，导致了欧元区成员国经济的差异性增大；③日益严重的欧洲金融市场寄生性行为催化了国家的内部矛盾。这种“市场”的不断投机与主权债务问题的矛盾导致了2010年的严重危机[1]。这种从全球图景到欧洲地区层面再到国家层面的分析，体现了新葛兰西主义的跨国主义视角，关注了全球背景下的结构性变化对欧洲一体化的影响。因此，欧福比克也明确地指出，欧债危机的动态（以及当前欧盟对危机的解决机制，笔者注）加强了德国主导的新重商主义力量的相对地位，不可避免地加强了跨国欧洲资本与美国资本和亚洲资本的竞争地位，因而使得对加强欧洲一体化本身的考虑减少；这也意味着对欧债危机的讨论是内部的观察，很大程度上忽视了欧洲一体化未来发展的全球背景，以及新兴经济体为规避美元风险而增加欧元储备的需求。

其次，欧盟解决危机的机制是对镶嵌新自由主义经济的脱嵌。在危机爆发初期，随着危机的快速扩展和蔓延，欧盟多国财长为了救助债务国家而临时成立的欧洲金融稳定机制（European Financial Stability Mechanism，EFSM）以及欧洲金融稳定基金（European Financial Stability Facility，EFSF，总值7500亿欧元），与国际货币基金组织、欧洲中央银行一起构成欧债救助铁三角，希望通过对债务国家（希腊、爱尔兰、葡萄牙）实施救助方案，确保欧洲整体的金融稳定。然而这种救助方案的附加条件要求受援助国实施银行业重组、财政紧缩政策以及推行经济改革。比勒在分析救助方案时，认为这些救助方案并没有包

---

[1] Henk Overbeek, “Sovereign Debt Crisis in Euroland: Root Causes and Implications for European Integration”, in *The International Spectator: Italian Journal of International Affairs*, 47 (1), pp. 30 ~ 48.

含任何工业政策项目，其本质是强力地推行紧缩政策：①削减必要的公共服务开支；②削减公共部门就业岗位；③推行国有资产私有化；④通过削减最低工资和劳动力市场的自由化破坏工业关系和工会权力[1]。从这些措施来看，其一，EFSM和EFSF的建立是欧盟在欧洲层面有效地集中资源，试图建立统一解决机制的第一步，这为金融机制的集中管理提供了基础，也有利于政府进一步受到市场和国际金融机制的监督，倡导新自由主义[2]经济。其二，救助方案的紧缩政策，在为政府减轻社会负担的同时，也是以政治手段，利用经济政策来减少国家对生产的干预，强调自由市场机制的重建，这正是新自由主义理念所倡导的。因而，这些救助措施是对镶嵌新自由主义理念中社会因素的脱嵌，有利于新自由主义经济秩序的重建。

再次，在新葛兰西主义欧洲一体化的分析框架中，社会力量——跨国资本家阶级联盟与工会——作为重要的能动因素，其斗争与妥协是推动欧洲一体化的重要力量。欧债危机引发了欧洲多国社会经济形势的动荡，随着危机的扩散和发展，社会问题不断凸显。对于欧盟的救助政策，希腊、意大利、葡萄牙、西班牙以及英国等国家的民众纷纷走上街头，举行罢工，抗议欧盟的救助政策以及政府的紧缩政策。比勒认为，欧盟的救助计划是为了重建政治经济，以及将公共部门作为新的投资机会

---

〔1〕 Andreas Bieler, "Austerity and Resistance: the Politics of Labor in the Eurozone Crisis", in *Global Labor Column*, No. 142, July 2013, available at http://column.global-labour-university.org/2013/07/austerity-and-resistance-politics-of.html.

〔2〕 新自由主义（neo-liberalism）指的是一种政治经济哲学。它反对国家对于国内经济的干预，强调自由市场的机制，主张减少对于商业行为和财产权的管制，支持私有化，反对由国家主导的直接干预和生产（如凯恩斯主义）；其打破福利制度，为了增进公司的效率，强烈反对最低工资等劳工政策以及劳工集体谈判的权利。在对外政策上，新自由主义支持以政治手段，利用经济、外交压力或军事介入来打通外国市场，促进自由贸易和国际性的劳动分工。

向私人金融开放。在这个过程中，力量的平衡进一步从工人转向资本，因此雇主利用经济危机增强了其对工人的地位，进而有利于剥削[1]。因此，这种工人与资本的对立状态不利于欧洲一体化的进一步发展。另外，欧债危机也导致了跨国资本家阶级内部的分化。跨国资本家阶级作为跨国力量，利用资本的跨国优势，作为历史集团推动了欧洲一体化的发展，如带有新自由主义性质的单一市场以及欧盟的东扩。但是，在当前的欧债危机形势下，在欧元区内形成的新重商主义积累战略所主导的核心成员国（如德国、荷兰、奥地利）与金融主导的积累战略的边缘成员国（如希腊、西班牙、葡萄牙）的差异加大，因而这种不同的结构地位及利益趋向也导致了跨国资本家阶级的分裂，在欧洲层面，没有一个完整的有共识的资本家集团[2]，这是范阿珀尔多伦对欧洲跨国资产阶级的进一步观察得出的结论。再者，在工会层面，虽然欧债危机为工会反对新自由主义的重建而团结起来提供了契机，但是比勒指出，由于工人阶级所处生产结构的差异性及复杂性，使得在欧洲层次上的联合运动还没有形成[3]。因此，从社会力量的总体图景上看，跨国资本家阶级联盟以及工会内部的分化，以及资本与工人的对立削弱了推动欧洲一体化运动的力量。

最后，从观念上看，欧债危机是新自由主义霸权计划的危机，也是新自由主义在欧洲重建的契机，但其重建不可避免地

---

[1] Andreas Bieler，“Austerity and Resistance：the Politics of Labor in the Eurozone Crisis”，in *Global Labor Column*，No. 142，July 2013，available at http：//column. global-labour-university. org/2013/07/austerity-and-resistance-politics-of. html.

[2] Bastiaan van Apeldoorn，“The European Capitalist Class and the Crisis of Its Hegemonic Project”，in *Socialist Register*，Vol. 50，2013.

[3] Andreas Bieler，“the Neoliberal Restructuring of Greece：Causes of the Crisis and the Austerity Response”，Jan. 10 2014，available at http：//www. globalresearch. ca/causes-of-the-crisis-and-the-austerity-response-the-neoliberal-restructuring-of-greece/5364402.

遭到工会力量的反抗。在欧福比克和范阿珀尔多伦看来，当前的经济危机是一个多重现象：首先是过去几十年主导的积累模式的危机，其次是嵌入此模式的霸权意识形态的危机，也因此是全球资本主义中心地带的政治与社会秩序的危机。这种危机是新自由主义的危机（the crisis of neo-liberalism），也是新自由主义内部的危机（the crisis in neo-liberalism）〔1〕。这促使我们思考资本过度积累、金融化以及全球化的新自由主义霸权观念所带来的弊端。同时，在欧洲内部，其针对经济危机的紧急救助计划和国家紧缩政策，造成了对公共部门预算和就业岗位的削减，掀起了边缘国家的国家财产私有化浪潮，这些措施减轻了国家的社会负担，在欧洲层面上也有利于劳动力的市场化。工人作为首当其冲受此政策影响的力量，自然是在对其自身的生存及就业问题上对这种新自由主义观念的重建的首要反抗力量，这可以欧债危机以来欧洲多国工人的罢工浪潮中体现出来。

由上可见，基于新葛兰西主义欧洲一体化的研究框架，从生产角度来看，资本的过度积累、欧洲货币联盟的制度缺陷以及市场运行对国家内部矛盾的激化导致了欧债危机的爆发，在解决机制中，对德国地位的强调，只是从欧洲内部的观察，忽视了欧洲一体化发展的全球背景；从欧盟解决机制的性质来看，其解决措施是对镶嵌新自由主义的脱嵌；从社会力量来看，致力于一体化进程的跨国资本家阶级内部出现了力量分化，工会力量在欧洲层面还未团结，资本与工人由于欧盟的救助计划而矛盾激化，这些都不利于欧洲一体化的发展；从观念上看，欧债危机是新自由主义的危机，也是其重建的契机，但不可避免地会遭到反抗力量的反抗。因而从三者的互动上来看，这不利

〔1〕 Bastiaan van Apeldoorn and Henk Overbeek, "Introduction: The Life Course of the Neoliberal Project and the Global Crisis", in *Neoliberalism in Crisis*, Basingstoke: Palgrave Macmillan, 2012.

于欧洲一体化的进一步发展。当然，欧债危机还未结束，其发展趋势还有待观察，也许新葛兰西主义学者接下来也会有更多的思考和分析。

五、评价与启示

新葛兰西学派试图将国家与社会、政治与经济和国际与国内等层次融合起来，提供另一种观察视角。新葛兰西主义的欧洲一体化理论的研究路径更是与主流的一体化理论相区别，将社会关系因素重新纳入理论的基本框架中。但是，毕竟不存在能够解释一切问题的宏大理论，该理论对于欧洲一体化的解释力也是有限的，我们要辩证客观地去认识新葛兰西学派及其对欧洲一体化问题的研究。

（一）新葛兰西主义欧洲一体化研究的学术意义

新葛兰西学派的学者认为国际关系是以生产方式为基础的社会关系的外在表现，批判地探究了世界秩序的起源、形成以及变化的方式与途径，为霸权理论注入了新的诠释，其对生产社会关系以及社会理论的分析为理解跨国阶级和国家的形成提供了基础。在欧洲一体化研究方面，从理论及经验角度都有着一定的学术意义。

首先，从理论本身看，新葛兰西主义欧洲一体化理论继承了考克斯的历史研究框架，从生产的逻辑出发，将一体化视为构成欧洲的社会力量之间的斗争过程。这种将产生于生产过程的社会力量作为主要行为体的研究路径，克服了主流的一体化理论中对于结构性变化和决定论问题解释的缺陷：其一，在解释一体化的过程中，将全球化所带来的社会关系的跨国性重建包含其中，突破了国家的界限，也将社会关系因素从已脱嵌的经济、政治领域中重新镶嵌于经济与政治关系中。其二，社会力量之间的持续斗争与妥协避免了决定论的考虑，欧洲一体化进程也在跨国资本家联盟所领导的不同方案的选择与劳工力量的互动中而具有开放性。更重要的是，新葛兰西主义理论也包含了在欧洲一体化不同历史阶段背后的社会目标的分析，例如对当下欧债危机问题的分析，这种对既存结构和“常识”假设的质疑使得新葛兰西主义理论具有了批判意义。

其次，从研究议题上看，用新葛兰西主义视角观察欧洲一体化问题，最集中的是欧盟扩大问题——成员国国内的社会力量在选择加入欧盟和加入欧洲经济与货币联盟中的阶级斗争，以及在欧洲层面上跨国力量在一体化进程中的作用。在与主流的新功能主义与政府间主义理论针对瑞典和奥地利加入欧盟的解释比较中，新葛兰西主义视角克服了以国家为中心、对全球化和冷战结束等结构性变化的忽视的缺陷，而以社会力量为主要行为体，用跨国主义将国家与国际的界限打通，从结构性变化和对观念的强调等维度进行了相对全面的分析，具有一定的解释力。另外，这种分析路径更好地解释了欧盟在广度上扩大的原因，以及新自由主义观念在欧洲一体化的深化进程中对于社会力量斗争的影响，从而将欧洲一体化的深化和扩展的两个维度结合起来而更具有总体性意蕴。

（二）新葛兰西主义欧洲一体化理论的局限性

新葛兰西学派以及新葛兰西主义欧洲一体化理论缺乏与主流理论的对话，也许是由于其自身的局限性所致。

从新葛兰西学派本身来看，以考克斯为代表的新葛兰西学派对霸权思想的发展存在着一定的局限性。首先，对葛兰西的政治思想缺少批判性分析。其次，考克斯在对葛兰西霸权思想与概念的发展缺少批判性分析的情况下直接运用于国际关系领域，使其对葛兰西的解读是否构成了对葛兰西著作的正确理解，其概念是否能完全适用于理解当今世界秩序的性质等问题仍有待解决。最后，考克斯虽然发现了葛兰西霸权概念的强制与同意结合的双重含义，但在国际关系的论述中没有区分霸权在不同权力中各种构成要素，进而也形成了葛兰西霸权思想运用在国际关系中的解释是否有力的问题。

正因为如此，在对欧洲一体化的研究上，新葛兰西主义也存在一些不足。

正如欧文·沃斯（Owen Worth）所强调的，新葛兰西主义欧洲一体化的理论基础过于依赖考克斯的理论框架[1]。考克斯的历史结构在解释世界秩序与霸权的问题上将葛兰西的思想引入国际关系领域，为国际关系理论增添了新的活力和内容。但是在欧洲一体化的主题中，新葛兰西学派的学者所运用的理论概念主要来自考克斯对于葛兰西思想的继承和发展，而忽视了对葛兰西思想本身的探讨以及对其他理论如结构马克思主义等理论的借鉴。考克斯对于葛兰西霸权概念的发展缺乏批判性分析，新葛兰西主义学者在欧洲一体化研究中对于考克斯的概念的运用也缺乏必要的批判性分析，这便造成了概念在不同主题中适用性的问题。

但是笔者进一步发现，从解释力的角度，结合其经验分析，这种分析路径也存在着一些问题。

第一，国家只是作为社会力量存在的结构有待商榷。首先，毕竟国家内部是复杂的，能否按照生产的社会关系将公民全部划分为资本家阶级和劳工力量以及跨国的和国内生产部门的社会力量，仍值得进一步考虑，毕竟在阶级层次不再这么明显的今天，很难用阶级去区分一切社会力量。其次，国家作为一个整体，在国际环境中有其自身利益的追求，这是不能忽视的。在对欧债危机的观察中，国家作为国际关系的重要行为体，其角色和作用也是重要的观察内容。

---

〔1〕 Owen Worth, "The Poverty and Potential of Gramscian Thought in International Relations", in *International Politics*, 45 (6), 2008, pp. 633 ~649.

第二，观念在多大程度上能确实影响社会力量的选择也是值得怀疑的。跨国资本家阶级对新自由主义在欧洲的建立有着重要作用，但是在欧债危机问题上却出现了力量分化。因此，我们可以看出理论对于问题的解释总不是全面的，它只能说在某一个问题上这种解释比那种解释更有说服力而已，我们应该学会运用不同的理论工具分析具体问题。

总之，正是由于对社会力量之间阶级冲突的强调，使得新葛兰西主义理论与这个倡导和谐的时代基调格格不入，特别是在欧洲一体化不断强调“认同”的今天。也许正是这种激进色彩，使得新葛兰西主义很难与主流理论进行对话，这也成为其不可避免的局限性。但是新葛兰西主义从生产和资本的逻辑观察社会关系的权力因素，是对国家权力关系的新发展，为我们展现了政治、经济因素影响之外的不同权力图景。另外，作为马克思主义理论的一支，新葛兰西主义理论保持了对资本主义发展的敏感性。在欧洲一体化研究中，新葛兰西主义学者就对新自由主义霸权在欧债危机中的进一步重建问题保持着高度的警惕。因此当资本力量强大或资本利益导向明显的时候，新葛兰西主义理论还是具有很强的解释力的。

（三）启示：对社会关系因素的重新重视

随着19世纪末新古典经济学的兴起，社会科学分裂为不同的学科——经济学、社会学以及政治科学，每个学科都对社会提出了一系列不同的假设，以回避经典政治经济学的激进主义。新古典经济学通过抛弃阶级和剩余价值为生产和权力提供了联系。为关注稀有资源的分配，将社会关系从生产和权力中分离出来，认为社会关系自然地存在于社会存在中的个人，与经济和政治关系相矛盾。诞生于20世纪初的国际关系学科在一定程度上也借鉴了这种分析路径。因此对于欧洲一体化的理论解释也由于这种社会科学的碎片化呈现出分析路径的简单化。也许由于政治经济学的古老传统仍体现在主流的一体化理论中，如新功能主义、政府间主义、自由政府间主义、多层治理以及自由建构主义理论，它们都明确或者含蓄地假设市场力量带有自由领域中人类的普遍理性。然而，这种假设使得这些理论框架本身就不能抓住社会领域中的权力关系的基本结构，因为在这样的社会领域中，市场力量成为组成社会组织的主导原则，所有其他的原则和社会组织的媒介则成为其附属。另外，它们认为社会和政治一体化在进程中不得不沿着经济一体化去维持秩序（社会平等仅仅是反对经济平等）[1]。这样的一体化概念是片面的，它暗示着经济一体化（经济领域）以及社会和政治一体化（在国际关系领域）被优先理想化为“理性的”和“总体的”与“非理性”和“特殊利益”的区别。

批判理论的兴起也许是使对社会关系的考察重新得到关注的一个良好的契机。虽然随着20世纪90年代国际关系理论由经济学转向社会学，也有学者采用建构主义解释欧洲一体化，但是在全球资本主义发展下，这种以社会为中心的理论仍存在缺陷。长久以来，由于社会科学学科的分裂所造成的经济已经成功地脱嵌于社会并开始支配社会假象的破灭在欧洲一体化的进程中得到了很好的体现。

正是由于社会关系被嵌入经济体系之中，才使得社会关系的维度在研究中如此重要。新葛兰西主义对于欧洲一体化的研究正是从国内的国家—社会关系的角度将生产的社会关系置于研究的中心位置，从跨国社会力量的角度来分析不同社会力量之间的相互关系对国际关系——欧洲一体化进程的影响，将社

---

〔1〕 Bastiaan Van Apeldoorn, Henk Overbeek and Magnus Ryner, “Theories of European Integration: A Critique”, in Alan W. Cafruny and Magnus Ryner (eds.), *A Ruined Fortress? Neoliberal Hegemony and Transformation in Europe*, Rowman & Littlefiled Publishers, Inc., 2003, pp. 18～20.

会目标纳入一体化的研究之中，进而解释工会在一体化进程中的妥协原因。也许有人会认为这是一种历史社会学的方法，不过在批判理论中，正是由于认识到权力关系、特殊利益以及包含在市场力量的霸权以及市民社会关系，才使重新强调与政治、经济关系紧密相连的社会关系的重要性凸显。不管怎样，这种对社会关系因素的重新重视，是国际关系理论发展的重要一步。

【参考文献】

1. ［英］安特耶·维纳、［德］托马斯·迪兹主编，朱立群等译：《欧洲一体化理论》，世界知识出版社 2009 年版。

2. 白云真、李开盛：《国际关系理论流派概论》，浙江人民出版社 2009 年版。

3. ［美］大卫·哈维著，王钦译：《新自由主义简史》，上海译文出版社 2010 年版。

4. ［加］罗伯特·W. 考克斯："社会力量、国家与世界秩序：超越国际关系理论"，载罗伯特·O. 基欧汉编，郭树勇译：《新现实主义及其批判》，北京大学出版社 2002 年版。

5. ［加］罗伯特·W. 考克斯著，林华译：《生产、权力和世界秩序——社会力量在缔造历史中的作用》，世界知识出版社 2004 年版。

6. ［英］卡尔·波兰尼著，冯钢、刘阳译：《大转型：我们时代的政治与经济起源》，浙江人民出版社 2007 年版。

7. ［英］莱斯利·斯克莱尔著，刘欣、朱晓东译：《跨国资本家阶层》，江苏人民出版社 2002 年版。

8. 张世鹏：《二十世纪末西欧资本主义研究》，中国国际广播出版社 2003 年版。

9. ［意］萨尔沃·马斯泰罗内主编，黄华光、徐力源译：《一个未完成的政治思索：葛兰西的〈狱中札记〉》，社会科学文献出版社 2001 年版。

10. ［美］威廉·罗宾逊著，高明秀译：《全球资本主义论：跨国世界中生产、阶级与国家》，社会科学文献出版社 2009 年版。

11. 白云真："世界体系论与新葛兰西主义的比较研究"，载《国际问题论坛》2006 年夏季号。

12. 白云真："国际政治经济学中的跨大西洋分歧"，载《世界经济与政治》2010 年第 4 期。

13. 贾文华："西方马克思主义关于欧洲一体化的理论界说"，载《国外理论动态》2009 年第 5 期。

14. 贾文华："从资本逻辑到生产逻辑——西方马克思主义关于欧洲一体化的理论解释"，载《世界经济与政治》2009 年第 7 期。

15. 李滨："考克斯的国际政治经济学理论"，载《世界经济与政治》2003 年第 5 期。

16. 李滨："全球视野下的国家与市场"，载《历史教学问题》2004 年第 5 期。

17. 李滨："考克斯的批判理论：渊源与特色"，载《世界经济与政治》2005 年第 7 期。

18. 李政鸿、余家哲："国际关系理论中的新葛兰西流派"，载《全球政治评论》2009 年第 27 期。

19. 李政鸿、余家哲："欧洲整合的新葛兰西学派论述"，载《台湾国际研究季刊》2009 年夏季号，第 5 卷，第 2 期。

20. 王铁军："新葛兰西主义对国际关系理论的创新"，载《欧洲》2000 年第 1 期。

21. 王铁军："经济全球化中国家的作用"，载《欧洲》2000 年第 5 期。

22. Apeldoorn, B., *Transnational capitalism and the struggle o-*

ver European Integration, London: Routledge, 2002.

23. Apeldoorn, B. Drahokoupil, Jan. and Horn Laura (eds.), *Contradictions and Limits of Neoliberal European Governance: from Lisbon to Lisbon*, Palgrave Macmillan, 2009.

24. Bieler, Andreas, *Globalisation and Enlargement of the European Union: Austrian and Swedish Social Forces in the Struggle over Membership*, London and New York: Routledge, 2000.

25. Bieler, Andreas and Morton Adam (eds.), *Social Forces in the Making of the "New Europe": the restructuring of European social relations in the global political economy*, Basingstoke: Palgrave, 2001.

26. Bieler, A. Bonefeld, W., Burnham and Morton A., *Global restructuring, state, capital and labour: contesting neo-Gramscian perspectives*, Basingstoke: Palgrave Macmillan, 2006.

27. Bieler, Andreas, *The Struggle for a Social Europe: Trade unions and EMU in times of global restructuring*, Manchester University Press, 2006.

28. Cafruny, Alan. and Ryner Magnus (eds.), *A Ruined Fortress? Noeliberal Hegemoby and Transformation in Europe*, Maryland: Littlefield Publishers, 2003.

29. Cafruny, Alan. and Ryner Magnus, *Europe at Bay*, Boulder London: Lynne Rlenner Publishers, 2007.

30. Cox, Robert with Sinclair, Timothy, *Approaches to World Order*, Cambridge University Press, 1996.

31. Leysens, Anthony, *The Critical Theory of Robert W. Cox: Fugitive or Guru?*, Palgrave Macmillan, 2008.

32. Stephen Gill (ed.), *Gramsci, Historical Materialism and International Relations*, Cambridge University Press, 1993.

33. Van der Pijl, Kees, *The Making of an Atlantic Ruling Class*,

London: Verso, 1984.

34. Van der Pijl, Kees, *Transnational Classes and International Relations*, London and New York: Routledge, 1998.

35. Apeldoorn, B., "Transnational class agency and European Governance: the case of the European Round Table of Industrialists", *New Political Economy*, Vol. 5, No. 2, 2000.

36. Apeldoorn, B., "The struggle over European Order: transnational class agency in the making of 'embedded neo-liberalism'", in Bieler, Andreas and Morton Adam (eds.), *Social Forces in the Making of the "New Europe": the restructuring of European social relations in the global political economy*, Basingstoke: Palgrave, 2001.

37. Apeldoorn, B., "Theorizing the transnational: a historical materialist approach", *Journal of International Relations and Development*, Vol. 7, No. 2, 2004.

38. Apeldoorn, B. and Overbeek Henk., "Introduction: The Life Course of the Neoliberal Project and the Global Crisis", in *Neoliberalism in Crisis*, Basingstoke: Palgrave Macmillan, 2012.

39. Apeldoorn, B., "The European Capitalist Class and the Crisis of Its Hegemonic Project", in *Socialist Register*, Vol. 50, 2013.

40. Bieler, Andreas, "European integration and eastward enlargement: the widening and deepening of neo-liberal restructuring in Europe", in *Queen's paper on Europeanisation*, No. 8, 2003.

41. Bieler, Andreas and Morton Adam, "'Another Europe is Possible'? In Labour and social movements at the European Social Forum", *Globalizations*, Vol. 1/2, 2004.

42. Bieler, Andreas, "Class Struggle over the EU Model of Capitalism: Neo-Gramscian Perspectives and the Analysis of European Integration", *Critical Review of International Social and Political Phi-*

losophy, Vol. 8, No. 4, 2005.

43. Bieler, Andreas, "European Integration and the Transnational Restructuring of Social Relations: the Emergence of Labour as a Regional Actor?", *Journal of Common Market Studies*, Vol. 43/3, 2005.

44. Bieler, Andreas, "Trade unions and the World and European Social Forums: a move towards social movement unionism?", in *Centre for the Study of Social and Global Justice Working PaperSeries*, 2009, No. 7.

45. Bieler, Andreas, "Austerity and Resistance: the Politics of Labor in the Eurozone Crisis", in *Global Labor Column*, No. 142, July 2013, available at http://column.global-labour-university.org/2013/07/austerity-and-resistance-politics-of.html.

46. Bieler, Andreas, "The Neoliberal Restructuring of Greece: Causes of the Crisis and the Austerity Response", Jan. 10, 2014, available at http://www.globalresearch.ca/causes-of-the-crisis-and-the-austerity-response-the-neoliberal-restructuring-of-greece/5364402.

47. Bohle, Dorothee, "Neoliberal hegemony, transnational capital and the terms of EU's eastward expansion", in *Capital & class*, No. 88.

48. Cocks, Peter, "Towards a Marxist Theory of European Integration", In *International Organization*, Vol. 34, No. 1, Winter 1980.

49. Colin Shaw, "Reassessing Marxian Approaches to the Project and Process of European Integration (EI), Lessons from the Past", Paper for the conference Globalisaiton and European Integration: the Nature of the Beast, University of Warwick, June 5 ~ 6, 2009.

50. Cox, Robert, "Structurual issues of global governance: Implications for Europe", In Stephen Gill (ed.), *Gramsci*, *Historical Mate-*

rialism and International Relations, Cambridge University Press, 1993.

51. Cox, Robert, "Gramsci, hegemony and international relations: an essay in method", In Stephen Gill (ed.), *Gramsci, Historical Materialism and International Relations*, Cambridge University Press, 1993.

52. European Round Table of Industrialists, "Reshaping Europe", 1991.

53. European Round Table of Industrialists, "Benchmarking for Policy-Makers: the Way to Competitiveness, Growth and Job Creation", 1996.

54. European Round Table of Industrialists, "Opening up the Business Opportunities of EU Enlargement", 2001.

55. Holman, John. &van der Pijl, Kees, "The Capitalist Class in the European Union", in George A. Kourvetaris and Andreas Moschonas (eds.), *The Impact of European Integration: Political, Sociological and Economic Changes*, Praeger.

56. Gill, Stephen, "Epistemology, ontology, and the 'Italian school'", in Stephen Gill (ed.), *Gramsci, Historical Materialism and International Relations*, Cambridge University Press, 1993.

57. Gill, Stephen, "The emerging world order and European Change: the political economy of European Union", in Miliband, R. and Panitch, L. (eds.), *The socialist Register: New World Order*?, 1992.

58. Overbeek, Henk, "Sovereign Debt Crisis in Euroland: Root Causes and Implications for European Integration", in *the International Spectator: Italian Journal of International Affairs*, 47 (1).

59. Pistor, Marcus, "Agency, Structure and European integration: Critical Political Economy and the New Regionalism in Europe", Paper presented at the fifth Biennial Conference of the Euro-

pean Community Studies Association, Toronto, Canada, May 31 ~ June 1, 2002.

60. Vilpišauskas, Ramūnas, "Eurozone Crisis and European Integration: Functional Spillover, Political Spillback?", in *Journal of European Integration*, 35 (3).

61. Worth, Owen, "Re-engaging the third way? Regionalism, the European left and 'Marxism without guarantees'", in *Capital & Class*, No. 93, Autumn 2007.

62. Worth, Owen, "The Poverty and Potential of Gramscian Thought in International Relations", in *International Politics*, 45 (6), 2008.

63. Worth, Owen & Murray, Kyle, "Re-visiting the old to unlock the new? A Gramscian critique of the neo-Gramscians", paper in *Political Studies Association*, *Manchester*, 2009.

Moving Towards a Political Union? A Neo-Functionalist Perspective on EU's Developments in the Post-2008 Crisis

Wen Pan[1] Jian Shi[2]

Introduction

"The political implications of European economic integration-towards a political Union" is the theme of the 2013 Jean Monnet Conference. The question addressed by the meeting is that since the global financial crisis of 2008, "given deepening economic integration, does Europe now have the economic, political and cultural pre-requisites to move further towards a political Union?" The conference concludes that "more Europe is needed and efforts have to be made to identify the most appropriate means to achieve it". Neo-functionalism is the first theory to account for European integration (Jensen 2010), and one of its main propositions is that European economic integration will

---

[1] 潘文，荷兰莱顿大学政治学院博士生（中国CSC项目），四川大学欧洲研究中心青年研究员，四川大学外语学院欧洲研究方向硕士毕业。

[2] 石坚，四川大学欧洲研究中心教授，博士生导师，让·莫内讲席教授。

lead to European political integration, which actually sheds light on the topic discussed in the conference. Various new measures and policies have been adopted by the EU in post-2008, which illustrate economic integration within the EU, and then the question is whether and to what a degree EU political integration happens. In other words, does EU economic integration mean the EU is moving towards a political Union? To check this out, this paper selects three typical new measures adopted by the EU after 2008 to counter the global financial crisis as well as the Eurozone sovereign debt crisis. Accordingly, this paper is organized as follows: first, it elaborates neo-functionalism' arguments on economic integration and political integration, from which the hypothesis of this paper is derived; second, it explains the choosing of the three cases: the European Semester, the European Systemic Risk Board (ESRB), and the European Stability Mechanism (ESM) and the methodology applied (i. e. congruence testing); third, it carries out case studies to test the hypothesis and makes further revisions and/or extensions of the original hypothesis if possible and necessary; finally, it draws conclusions.

A Neo-Functionalist Perspective: Economic Integration Leads to Political Integration

Starting from Ernst B. Haas's book published in 1958 *The Uniting of Europe: Political, Social and Economic Forces* 1950 ~ 1957, neo-functionalism, having been tested by the EU's successes, stagnation, and sometimes failures during more than half of a century, gets modified and developed by its proponents such as Lindberg (1963), Schmitter (1969), Lindberg and Scheingold (1970, 1971), Nye

(1971), Tranholm-Mikkelsen (1991), Rosamond (2005), Niemann (2006), and Jensen (2000, 2010). A well-known key concept of neo-functionalism is spillover, which, initially defined by Haas as "the expansive logic of sector integration" (1958, 283 ~ 317) and then developed by later neo-functionalists, such as Lindberg (1963, 10) and Rosamond (2000, 60), is utilized to account for the dynamic process of European integration. Spillover suggests that "cooperation in one field necessitates cooperation in another" (Jensen 2010, 73), that is, cooperation in one policy area would take cooperation in other neighboring policy areas as a prerequisite, and a new political agenda will be generated and must be fulfilled properly so as to realize the original planned cooperation. According to the logic of spillover, as soon as the first steps get started, the integrative initiatives shall move ahead towards further integration, contributing to "a self-perpetuating process" (Lelieveldt and Princen 2011, 34); meanwhile, integration in the economic fields will spill over into the political areas, promoting a kind of political integration, as Diez (1999, 605) argues that "integration processes, once started in a field of 'low politics', will create a dynamic of their own and sooner or later affect other policy fields". So "spillover" indicates both economic and political cooperation.

Nevertheless, neo-functionalists have disagreements on the definition of political integration. At the beginning, Haas (1958, 16) defines the term as a process "whereby political actors in several distinct national settings are persuaded to shift their loyalties, expectations and political activities toward a new center, whose institutions possess or demand jurisdiction over the pre-existing national states" and "[t]he end result of a process of political integration is a new political

community, superimposed over the pre-existing ones". The neo-functionalist fellows challenge Haas's proposition of actors' loyalty transferring to the new center (Niemann 2006, 13; Niemann and Schmitter 2009, 46; Jensen 2010, 75); even at the initial stage of neo-functionalism, Lindberg (1963, 6) suggests that political actors "shift their expectations and political activities" rather than shift their loyalties (i. e. "shifts in values and any reference to a political Community end point") to the new center (see also Niemann 2006, 14 ~ 15). As for Haas himself, he also gradually changed his opinions, deleting loyalty transferring from the defining characteristics of political integration, as Niemann and Schmitter (2009) summarize:

"Contrary to the conventional reading and misinterpretation of neo-functionalism, Haas actually held that such a shift in loyalties need (s) not be absolute or permanent, allowing for multiple loyalties (Haas 1958, 14). In addition, soon after devising his original definition of integration, Haas downplayed the previously amalgamated endpoints (Haas 1960), and also abandoned shifting *loyalties* as a defining characteristic of integration. Instead, he emphasized the transfer of *authority* and *legitimacy* (Haas 1970, 627 ~ 628, 633)." (Note 4, in Niemann and Schmitter 2009, 64; their emphasis)

So loyalty transferring should not be taken as an indicator to gauge integration, and "[t] he essence of political integration", Lindberg argues, "is that governments begin to do together what they used to do individually; namely, they set up collective decision making processes that in greater or lesser degree handle actions, engage in behaviors, and make allocations of goods or values that used to be done (or not done) autonomously by governments and their agents" (1971, 59). Collective decision-making, therefore, is the core of political integration. Combining "A Scale of the Locus of Decision-Making" by Lindberg and Scheingold (1970, 69; see also Lindberg 1971, 69) and "Stage of Decision Process" by Lindberg (1971, 71 ~ 72) with "Table 1: Political Integration" by Jensen (2000, 78), a scale to measure the degree of political integration can be illustrated in Table 1:

Table 1 The Scale of Political Integration

Political integration indicator: collective decision-making	Locus of activity	Degree of political integration	Score
Mode 0: All policy decisions are made by national processes and no decision behavior in the collective system. No collective administration of policy.	All activity at the national level.	None	0
Mode 1: A narrow range of problems is carried to specific policies or rules, or a few important problem areas are involved but decisions are only made into goals or general policies. Very little direct administration by the collective system; national governments have almost complete discretion, subject to some "coordination".	Only the beginning of Community decision processes; preponderance at national level, some at collective level.	Level 1	1
Mode 2: A few important areas are regarded as common and approached as such, but decisive issues are still subject to national processes (A few important problems are carried to specific policies or rules, or decisive problems dealt with at the collective level are as many as that at the national level, but only in the formation of goals or general policy).	Policy decisions on both, but national activity predominates.	Level 2	2
Mode 3: Within a given issue area, problems dealt with collectivity are equivalent in number or importance to these subject to national systems alone.	Both, roughly equal.	Level 3	3

续表

Political integration indicator: collective decision-making	Locus of activity	Degree of political integration	Score
Mode 4: Collective administration exists for most of the policies; data is gathered and alternatives are generated in the collective system. The most decisive problems are decided collectively in the form of policies and rules, but important areas are still subject to autonomous national activities, where collective decisions are reached only to goals or broad policies (Most decisions must be taken jointly, but substantial decisions are still taken autonomously at the national level).	Both, community dominates, but of substantial national activity.	Level 4	4
Mode 5: Only a narrow range of problems is still decided upon in national systems autonomously. The great bulk of recognition, communication and problem solving take places in the European system. All problems are dealt with authoritatively, but implementing policies and rules is still subject to governmental discretion.	Both, the community dominates, with a small national role.	Level 5	5
Mode 6: The distinction between internal policy and collective policy disappears. All policy decisions and all the implementation of rules take place in collectivity.	All community.	Level 6	6

Notes: Level 1 ~ 6 indicates a low-high degree of political integration. On the scale of 0 ~ 6, no political integration is given the score of 0, and the degree of political integration increases from the score of 1 ~ 6, where full political integration bears the highest score of 6.

Sources: Own compilation based on Lindberg and Scheingold (1970, 69), Lindberg (1971, 69 ~ 72) and Jensen (2000, 78).

Neo-functionalists believe that European economic integration leads to European political integration. Neo-functionalist research shows that coming along with the economic success during the 1980s, the Community's "[p] olitical integration has moved forward in fits and starts" (William Wallace 1990, 3), while throughout the 1990s, there was increasing political integration in EU social policy and labour market areas (Jensen 2000). The condition for political integration, as William Wallace once pointed out, is that it results from economic cooperation accompanied by "high levels of economic and social interaction" (1990, 9). As the economic and social interactions among EU member states and EU citizens become more frequent and deeper against the trend of globalization, we expect that EU political integration will also get intensified and broadened. All above suggest the following:

Hypothesis: *European economic integration*, *via spillover effects*, *leads to European political integration*; *with more intense economic cooperation and social interaction among member states*, *the degree of political integration increases.*

The expansion of the existing supranational institutions or the establishment of new institutions and/or procedures can be taken as the most direct and visible evidence of spillover effects; therefore, the three selected cases in this paper, representing the EU's newly-established mechanisms to address the challenges caused by the global financial crisis in 2008, suggest the effectiveness of the neo-functionalist spillover dynamic. Alongside the Community's development, there are increasing numbers of national issues dealt with on the basis of various collective decision-making modes at the EU level, and this fact shows that European political integration is happening, only to differ-

ent degrees. If the above hypothesis is correct, then in case studies we should observe certain collective decision-making modes indicating political integration in the EU newly-developed policies and mechanisms, and meanwhile, these collective decision modes entailed in the selected cases should also exhibit a rising level of political integration compared with the previous practices if the level of economic and social interactions increases. Though William Wallace (1990) does not specify the indicators for the "high levels of economic and social interaction", the measurement of them can be indicated by the data on trade and personnel mobility in the Community across EU national states. The hypothesis test of the paper, therefore, is going to ascertain the nature of political integration, and the connection among economic cooperation, social interaction, and the degree of political integration.

Case Selection and Methodology

In order to counter the effects of the global financial crisis, the euro area sovereign debt crisis in particular, the EU has adopted a series of new measures and policies to address the problems concerned. Generally speaking, EU approaches the crisis from three aspects: ①reinforcing fiscal discipline and promoting economic growth; ②strengthening financial supervision to safeguard the financial and economic stability across the EU; ③establishing a crisis resolution mechanism to meet the urgent needs of member states (e. g. Hosli et al. 2011 and Yurtsever 2011). As the Commission points out, a new EU economic governance of post-2008 is evolving, which consists of three main blocks: ① "A reinforced economic agenda with closer EU surveillance"; ② "Action to repair the financial sector"; ③ "Action to safeguard the stability of the euro area". The three selected cases — the European Semester of national fiscal and economic policy coordination and surveillance, the ESRB responsible for the macro-prudential oversight of the EU financial systems and the permanent ESM offering direct and substantial financial aids to the euro countries so as to safeguard the stability of the eurozone as well as the EU — typical represent three different approaches to address the crisis, falling into each of the three main blocks of EU new economic governance classified by the Commission. Therefore, the three cases bear enough variations to test the hypothesis. The first two new measures start from 1st January, 2011, while the third one — the ESM — becomes fully operational from 8th October, 2012 and since 1st July, 2013, it also becomes the sole mechanism that responds to the euro states' request of financial assistance.

To test the hypothesis, this paper makes use of the congruence method, which is taken as an alternative and supplement to comparative methods (George and Bennett 2005, 153). George and Bennett (2005) give a full explanation of the congruence method:

"The essential characteristic of the congruence method is that the investigator begins with a theory and then attempts to assess its ability to explain or predict the outcome in a particular case. The theory posits a relation between variance in the independent variable and variance in the dependent variable; it can be deductive or take the form of an empirical generalization. The analyst first ascertains the value of the independent variable in the case at hand and then asks what prediction or expectation about the outcome of the dependent variable should follow from the theory. If the outcome of the case is consistent with the theory's prediction, the analyst can entertain the possibility that a causal relationship may exist." (2005, 181)

Moreover, to have a high quality congruence test, "an investigator must establish the level of concreteness and differentiation with which variance in the dependent variable will be measured", and "[h] ow well this task is performed may well determine whether one can find congruence between the independent variable in the theory and outcomes on the dependent variable" (George and Bennett 2005, 182). Therefore, Table 1 with a clear low-high differentiation of political integration degrees as a matter of fact has guaranteed a high quality of the hypothesis test of this paper.

Case Studies and the Hypothesis Test

In accordance with the congruence method, Table 2 presents the case study results checking Table 1.

Table 2 EU New Measures Indicating the Degree of Political Integration

New measures	Political integration indicator: collective decision-making	Locus of activity	Degree of political integration	Score
The European Semester	Falling into the category of Mode 1, but also exhibiting some features of Mode 2: Evidence: (1) Mode 1: under the framework of the European Semester, a few important policy areas (i. e. fiscal planning, structural reform and the prevention of macroeconomic imbalance) are dealt with at the EU level but decisions are only made into goals and CSRs; it is a policy coordination	Policy decisions on both national and EU level, but national activity predominates: Evidence: The Commission evaluates national policies and proposes recommendations, the EP gives opinions, the Council of Ministers, representing member	Level 1 ~ Level 2	1 ~2

续表

New measures	Political integration indicator：collective decision-making	Locus of activity	Degree of political integration	Score
	among member states in line with EU objectives and goals; no sanction mechanisms for member states' failure in implementing EU recommendations; (2) Mode 2：A few important areas are regarded as common and approached as such (i. e. fiscal planning, structural reform and the prevention of macroeconomic imbalance), but decisive issues are still subject to national processes (i. e. national parliaments as usual have the final say of member states' budgets and economic policies; moreover, the implementation of CSRs also depends on national governments); besides, under the European Semester, problems dealt with at the EU collective level are as many as those at the national level, but only in the formation of goals and recommendations at the supranational level.	states, debates and makes possible revisions to and finally adopts the CSRs, the European Council approves, nation states implement, and the Commission and the Council follow up the implementation.		
The ESRB	A new independent EU body responsible for the macro-prudential oversight of the financial systems within the EU by issuing warnings and recommendations, indicating Mode 4;	Both, community dominates, but of substantial national activity; Evidence：the ESRB gives warnings and	Level 4	4

续表

New measures	Political integration indicator: collective decision-making	Locus of activity	Degree of political integration	Score
	Evidence (mainly presented by the "ESRB Regulation" Article 3, 15, 16, 17 and 18): the ESRB represents a collective macro-prudential oversight mechanism for EU financial systems, whose administration is at the EU level decided by a General Board; the relevant data for macro-prudential supervision are gathered and analyzed by the collective system; giving warnings and recommendations for remedial action (including for legislative initiatives) are decided collectively by the ESRB General Board. All in all, decisions are taken jointly under the ESRB for EU financial macro-prudential oversight, but responses to ESRB warnings and recommendations still are at the hand of the addressees (who may be the Union as a whole, or one or more member states, or to one or more of the ESAs, or to one or more of the national supervisory authorities), and national actors play substantial roles; moreover, to fulfill its missions and tasks, the ESRB needs a timely flow of harmonized micro-level data and information provided by national micro-prudential supervisory and statistics authorities as well as the ESAs, the ESCB, and the Commission.	recommendations as well as follows up the implementation of recommendations, but the concrete actions, responses and implementation depend upon the addressees without sanction mechanisms, among which the member states and their national supervisory authorities play a substantial role.		

续表

New measures	Political integration indicator：collective decision-making	Locus of activity	Degree of political integration	Score
The ESM	Falling into the category of Mode 5：Evidence (mainly presented in the ESM Treaty and the ESM's financial assistance to Cyprus)：From 1st July, 2013 onwards, the ESM is the sole and permanent mechanism responding to the new requests of financial assistance by the euro member states; established by the Treaty Establishing the European Stability Mechanism (i. e. the ESM Treaty) concluded by 17 euro countries, it is an international financial institution with full legal personality and capacity under the charge of a Board of Governors and a Board of Directors to decide the form, amount, tranches, disbursement and conditionality to grant financial assistance to the euro states; the great bulk of recognition and problem solution (i. e. addressing national funding needs and providing timely financial support) take place at the European level, where the rescue funds and programmes to the euro state are decided collectively and authoritatively by the ESM Board of Governors and Board of Directors; nation states put forward request, and	Both, community dominates, with small national roles; Evidence：The decisions to grant rescue funds and other forms of financial assistance are made collectively at the ESM level, and the dispute resolution mechanisms are also at the European level; as the MoU specifies the conditions to be met for the first and subsequent disbursements of ESM financial assistance, the beneficiary states must accordingly take concrete actions to meet those requirements, and meanwhile, the Commission, in liaison with the ECB and IMF, will monitor and verify the fulfillment of the MoU programme at regular intervals.	Level 5	5

续表

New measures	Political integration indicator: collective decision-making	Locus of activity	Degree of political integration	Score
	then the assistance granting is decided at the collective level rather than at the national level; the implementation of conditionality (entailed in a MoU about meeting the fiscal targets and carrying out national economic reform) attached to the financial assistance facility agreement is subject to governmental discretion, but the financial assistance to be provided depends upon the beneficiary state's compliance with the objectives and measures set out in the MoU (which may get amended or supplemented from time to time), implying an narrowed-down national autonomy on the issues laid down in the MoU.			

Notes: CSRs (Country-Specific Recommendations); ESCB (European System of Central Banks); ESA (European Supervisory Authority); MoU (Memorandum of Understanding).

Sources: For the European Semester, see http://ec.europa.eu/economy_finance/economic_governance/the_european_semester/index_en.htm; http://www.consilium.europa.eu/special-reports/european-semester; and "2012 Country-Specific Recommendations in the Context of the European Semester: Frequently Asked Questions" (MEMO/12/386; 30/05/2012), http://europa.eu/rapid/press-release_MEMO-12-386_en.htm; for the ESRB, see http://www.esrb.europa.eu/home/html/index.en.html; for the ESM, see http://www.esm.europa.eu/.

The research results in Table 2 vindicate the first half of the Hypothesis: *European economic integration, via spillover effects, leads to European political integration*, as all the three cases, being the EU newly-implemented mechanisms to address the new challenges, have illustrated the effectiveness of the spillover effects and EU political integration of different degrees. Among the three measures, the European Semester, in the form of policy coordination, indicates the lowest level of political integration: level 1, but such policy coordination, at the same time, also exhibits certain features of political integration at level 2, so the European Semester scores 1 ~ 2; by comparison, the ESM represents the highest degree of political integration among the three, registering at level 5 and scoring 5, while the ESRB embodies a middle degree of political integration, locating at level 4 and scoring 4. Two implications are drawn from these findings: first, economic cooperation is accompanied by and laid down in political arrangements, and political integration of different degrees can be viewed as the necessary means to protect as well as to foster (further) economic interests; second, policy areas related to financial assistance (represented by the ESM) and macro-prudential supervision (represented by the ESRB) turn out to be more technically manageable via a unified approach from the EU level than those concerning national fiscal plans and economic reforms (represented by the European Semester).

Because these three measures are brand-new inventions, so, compared with the previous practices, they indicate a rising-level of political integration in the sense that they fill out certain vacuums of the European integration project.

Firstly, the European Semester has integrated previous independent and scattered policy coordination together, which can be glimpsed through Treaty provisions, such as the TFEU Article 9 (about social inclusiveness and social progress), Article 121 (about the coordination of economic policies), Article 126 (about avoiding excessive government deficits and the Protocol on the excessive deficit procedure) and Article 148 (about employment) — those Article prescriptions actually have provided the ultimate legal basis for the operation of the European Semester; more importantly, this new mechanism coordinates national budgetary and economic plans before, instead of after, their finalization; furthermore, though no binding decisions shall be made under the European Semester procedure, it acts as a surveillance valve which can lead to punishments and sanctions under other separate mechanisms, such as the Excessive Deficits Procedure (EDP) and the Macroeconomic Imbalances Procedure (MIP). Judging by the scale of political integration set out in Table 1, previous EU economic governance on national policy coordination registers at level 1 and scores 1, carrying all the features of the Mode 1 of collective decision-making and representing a typical coordination practice; in comparison, the European Semester, though still being a mechanism of policy coordination, has already exhibited the features of Mode 2, indicating a strengthened economic governance framework which locates at level 1 ~ 2.

Secondly, regarding the ESRB, before its creation, "responsibility for macro-prudential analysis remains fragmented, and is conducted by various authorities at different levels with no mechanism to ensure that macro-prudential risks are adequately identified and that warnings and recommendations are issued clearly, followed up and translated into action" [the "ESRB Regulation", (11)], so the establishment of the ESRB fills out the vacuum of systematic and integrated EU-wide macro-prudential supervision, clearly demonstrating a rising level of political integration which reaches at level 4.

Finally, the creation of the ESM, which takes Treaty revisions as a prerequisite and supersedes the temporary financial backstop mechanisms — the European Financial Stabilisation Mechanism (EFSM) and the European Financial Stability Facility (EFSF), also illustrates a development that fulfills the vacuum of the EU project. From the absence of an available financial assistance mechanism to the establishment of a permanent one, a rising-level of political integration is indicated; moreover, the EFSF is the predecessor of the ESM and the latter is molded from the former, so the justification for the rising political integration degree indicated by the ESM should also be born out from its comparison with the political integration degree embodied in the EFSF.

Table 3 A Comparison of the ESM and the EFSF

Both serve the same purposes with the current 17 euro member states as their shareholders, but they are different in some key aspects.		
	The EFSF	The ESM
Legal basis	An intergovernmental agreement of euro area member states	Amending the TFEU Treaty, adding a third clause to the Article 136
Legal structure	A private company under Luxembourg law	An intergovernmental institution under international law

续表

Both serve the same purposes with the current 17 euro member states as their shareholders, but they are different in some key aspects.		
	The EFSF	The ESM
Dispute resolution mechanism	Disputes only between the euro area member states shall be submitted to the exclusive jurisdiction of the Court of Justice of the European Union (CJEU); disputes between one or more euro states and the EFSF shall be submitted to the exclusive jurisdiction of the Courts of the Grand Duchy of Luxembourg.	Submitted to the Board of Directors or the Board of Governors of the ESM or to the jurisdiction of the CJEU
Duration	Temporary (7th June, 2010 ~ 30th June, 2013 *) * stop engaging in new financial assistance programmes	A permanent institution
Capital structure	Backed by guarantees of euro countries for up to 780 billion (increased from the initial guarantee commitments of 440 billion)	Authorized capital stock of 700 billion, composed by: ①80 billion in paid-in capital and ②620 billion in committed callable capital

续表

<table>
<tr><td colspan="3">Both serve the same purposes with the current 17 euro member states as their shareholders, but they are different in some key aspects.</td></tr>
<tr><td></td><td>The EFSF</td><td>The ESM</td></tr>
<tr><td>Capital contribution vs. guarantee scheme</td><td>Member states may "step out" of the guarantee scheme when they request financial assistance [e. g. on 29th April, 2013, the Eurogroup Working Group (EWG) approved Cyprus's step out, but the liability of Cyprus as a guarantor for notes issued prior to this time is not affected].</td><td>Obligation to contribute to paid-in capital stock will not be affected if a member state requests or receives financial assistance.</td></tr>
<tr><td>Max. lending capacity</td><td>440 billion</td><td>500 billion</td></tr>
<tr><td>Claims to loans</td><td>Pari passu</td><td>Preferred creditor status (only junior to the IMF)</td></tr>
<tr><td colspan="3">The main features of the ESM are built on the EFSF; the ESM and the EFSF are parallel in the market and will not be merged. The EFSF is based on national guarantees, while the ESM is guaranteed by paid-in capital, which is believed to make the ESM more effectively against market contagion. Following the establishment of the ESM, the current EFSF staff also carry out tasks for the ESM (i. e. the staff of the ESM are also responsible for the running of the EFSF); consequently, headquartered at the same place in Luxembourg, both are managed and coordinated by the same team but perform their work according two separate balance sheets (e. g. Klaus Regling is the CEO of the EFSF since its creation in July 2010, and he is also appointed as the first Managing Director of</td></tr>
</table>

续表

Both serve the same purposes with the current 17 euro member states as their shareholders, but they are different in some key aspects.		
	The EFSF	The ESM
the ESM). This will allow the ESM to benefit from the experience gained by the EFSF which has been dealing with the sovereign debt market for some time. The EFSF support commitments such as undisbursed and unfunded parts of loan facilities can be transferred to the ESM, but till now there is no possibility for the ESM to take over EFSF bonds.		

Sources: Own compilation on the basis of *Treaty Establishing the European Stability Mechanism*, *The European Stabilization Mechanism MEMO*/10/173, *EFSF Framework Agreement*, and *European Financial Stability Facility Sociétě Anonyme* ("EFSF Articles of Incorporation"), the *ESM Factsheet*, http://www.esm.europa.eu/pdf/ESM%20Factsheet%2030042013.pdf, and the *Frequently Asked Questions on the ESM*, http://www.esm.europa.eu/pdf/FAQ%20ESM%2001072013.pdf, and *Frequently Asked Questions on the EFSF*, http://www.efsf.europa.eu/attachments/faq_en.pdf.

As Table 3 shows, the EFSF and the ESM are different in their basic nature: there is no legal basis provided by the Lisbon Treaty for the functioning of the EFSF, so the eurozone countries, via concluding an intergovernmental agreement, launch the EFSF as a company located at Luxembourg and thus it is subject to Luxembourg Law, and at the same time, the EFSF is created as a temporary facility and will cease in the future. By contrast, the ESM, via Treaty revisions, acquires its legal basis in the Lisbon Treaty, and it is created as a permanent intergovernmental institution subject to international law. Because the practical operation of the ESM is built upon the modes of the EFSF and both of them have the same purposes and serve the same functions, the EFSF, judging by the scale of political integration, also indicates level 5 of political integration; nevertheless, the different legal bases and the legal structures of the two signal different dispute resolution mechanisms, and thus suggest different degrees of political integration: the dispute resolution of the EFSF shall happen at the national level by the Courts of the Grand Duchy of Luxembourg or the European level by the CJEU, while for the ESM, all disputes shall be resolved collectively by the ESM Board of Directors or the Board of Governors or the CJEU. Therefore, in terms of the "locus of activity", the ESM carries more collectively supranational activities than the EFSF does, and thus the ESM represents a higher degree of political integration than the EFSF. All in all, the three selected cases display a rising level of political integration degree compared with the previous practices.

Now the following section will check the second half of the Hypothesis: whether there are increasing economic and social interactions accompanying the rising level of political integration as a result of economic cooperation. The amount of the euro area trade with other countries and regions as well as with other EU member states (as shown in Table 4 and Figures 1 and 2) does increase in the last decade spanning from 2002 to 2012: the total amount of exports increased from 1083.9 billion to 1870.7 billion, while that of imports nearly doubled, rising from 984.8 billion in 2002 to 1791.0 billion in 2012. Though there were sharply all-round drops in the trade of 2009 due to the impact of the global financial crisis, the figures of both export and import in 2009 were higher than those before 2005 (including 2005); moreover, the euro countries' trade in 2010 began to recover and it continuously climbed up in 2011 and 2012. In 2012, despite that the growing pace turned out to be slower, the volume of im-

ports from China, Japan and other Asian countries decreased compared with those of 2011 — a signal of trade surplus. So generally the EU trade keeps an uprising momentum, and the rising level of political integration does come along with the rising level of economic integration.

Table 4 Euro Area Trade in Goods with Main Partners[①] (2002 ~ 2012)

	Total	Other EU Member States			United States	China[②]	Japan	Other Asian Countries	Other Countries
		United Kingdom	Others	Sub - Total					
		Exports (f. o. b.)							
2002	1083. 9	205. 8	174. 6	380. 4	184. 1	29. 9	33. 1	140. 5	316. 0
2003	1058. 7	194. 8	181. 2	376	166. 4	35. 3	31. 3	135. 4	314. 2
2004	1142. 8	205. 4	206. 2	411. 6	172. 5	40. 3	33. 3	150. 3	334. 8
2005	1237. 0	203. 2	232. 1	435. 3	185. 0	43. 3	34. 0	165. 9	373. 6
2006	1379. 5	214. 7	274. 6	489. 3	199. 7	53. 5	34. 5	183. 1	419. 3
2007	1505. 2	231. 3	307. 2	538. 5	196. 7	60. 6	34. 4	201. 7	473. 3
2008	1561. 6	220. 4	322. 7	543. 1	186. 9	65. 7	33. 7	210. 0	522. 1
2009	1275. 6	174. 6	245. 6	420. 2	152. 1	68. 0	28. 7	185. 6	421. 0
2010	1533. 1	194. 7	291. 1	485. 8	180. 6	94. 8	34. 6	227. 1	399. 7
2011	1745. 1	213. 4	334. 8	548. 2	200. 6	115. 5	39. 4	251. 5	453. 6
2012	1870. 7	230. 7	338. 2	568. 9	223. 6	120. 7	44. 7	273. 9	489. 2
		Imports (c. i. f.)							
2002	984. 8	149. 7	152. 1	301. 8	125. 6	61. 8	52. 7	142. 7	300. 0
2003	987. 9	138. 9	162. 7	301. 6	110. 3	74. 3	52. 2	141. 5	308. 0
2004	1073. 3	145. 0	181. 7	326. 7	113. 1	92. 1	54. 4	161. 0	326. 0
2005	1223. 2	152. 5	197. 7	350. 2	119. 9	117. 9	53. 1	189. 8	392. 2
2006	1390. 7	165. 6	228. 5	394. 1	128. 2	143. 6	56. 0	212. 5	456. 3
2007	1492. 0	169. 5	250. 6	420. 1	130. 5	172. 7	59. 3	223. 4	486. 1

续表

	Total	Other EU Member States			United States	China②	Japan	Other Asian Countries	Other Countries
		United Kingdom	Others	Sub - Total					
2008	1611. 6	164. 7	267. 6	432. 3	135. 8	185. 0	57. 4	238. 2	562. 8
2009	1258. 3	125. 6	226. 2	351. 8	116. 0	159. 0	42. 9	174. 8	413. 8
2010	1550. 7	147. 8	270. 2	418	129. 8	208. 6	51. 4	234. 7	365. 4
2011	1759. 1	166. 9	309. 9	476. 8	140. 8	218. 6	52. 6	280. 9	416. 4
2012	1791. 0	168. 3	311. 5	479. 8	150. 3	213. 7	48. 5	276. 4	445. 4

Notes：① EUR billions；seasonally adjusted. ② Data for mainland China exclude Hong Kong.

Sources：*Statistics Pocket Book* published by the ECB across the different time：data on 2002 ~ 2003（*Statistics Pocket Book*, June, 2005, p. 13）, on 2004 ~ 2006（June, 2007, 13）, on 2007 ~ 2009（June, 2010, 13）, on 2010 ~ 2011（February, 2013, 12）, and on 2012（July, 2013, 12）; own calculation of the total of the euro area trade with other EU member states.

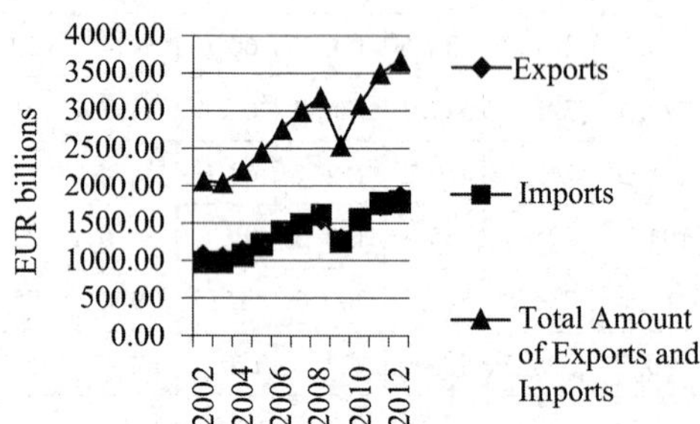

Figure 1　Total Amount of Euro Area Trade in Goods with Main Partners, 2002 ~ 2012

Source：Own charting on the basis of data in Table 4.

As for the social interactions judged by the personnel mobility, two types of statistics can be used as indicators to measure the personnel movement across the EU：①the number of EU citizenship acquisi-

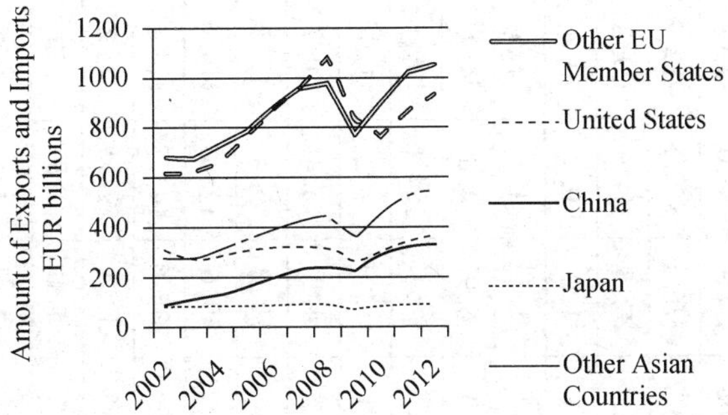

Figure 2 Euro Area Trade in Goods with Main Partners

Source: Own charting on the basis of data in Table 4.

tions; ② tourist traveling within the EU.

As it is suggested by Table 5 and Figure 3, there is an increasing number of people acquiring the citizenship of an EU – 27 member state in the past decade, growing from around 663 300 in 2001 to around 782 200 in 2011 and reaching the highest record of 810 500 in 2010. Though the latest figures of 2011 are a little bit lower than those of 2010 (around 3.5% less), citizenship acquisitions in the past ten years as a whole keep rising, which, for one thing, mirrors the general trend of increasing migration numbers and for another, connotes a greater potential of the free movement of workers who can find jobs and reside in another EU country (i. e. an increasing cross-border labor mobility), indicating a rising level of personnel mobility as well as social interactions within the EU. Three things deserve extra attention. First, national immigration policies have direct effects on citizenship acquisitions, particularly the "naturalization rate", that is, "the ratio between the total number of citizenships granted and the stock of foreign residents in a country at the beginning of the year", which deserve further analyses on their impact on the personnel mobility across

Table 5 Number of Persons Having Acquired the Citizenship of the Reporting Country, EU – 27, 2001 ~ 2011 (Thousand)

	2001	2002	2003	2004	2005	2006	2007	2008	2009	2010	2011
EU – 27 (1)	663. 3	662. 5	651. 9	719. 1	723. 6	735. 9	697. 3	698. 7	776. 1	810. 5	782. 2
Belgium	62. 2	46. 4	33. 7	34. 8	31. 5	31. 9	36. 1	37. 7	32. 8	34. 6	29. 8
Bulgaria		3. 5	4. 4	5. 8	5. 9	6. 7	6. 0	7. 1	1. 0	0. 9	0. 6
Czech Republic	6. 3	3. 3	2. 2	5. 0	2. 6	2. 3	2. 4	1. 2	1. 1	1. 1	1. 6
Denmark	11. 9	17. 3	6. 6	15. 0	10. 2	8. 0	3. 6	6. 0	6. 9	4. 0	4. 2
Germany	180. 3	154. 5	140. 7	127. 2	117. 2	124. 6	113. 0	94. 5	96. 1	104. 6	109. 6
Estonia	3. 1	4. 1	3. 7	6. 5	7. 1	4. 8	4. 2	2. 1	1. 7	1. 2	1. 5
Ireland	2. 8		4. 0	3. 8	4. 1	5. 8	4. 6	3. 2	4. 5	6. 4	10. 7
Greece			1. 9	1. 4	1. 7	2. 0	3. 9	16. 9	17. 0	9. 4	17. 5
Spain	16. 7	21. 8	26. 5	38. 2	42. 9	62. 4	71. 9	84. 2	79. 6	123. 7	114. 6
France	127. 5	128. 1	144. 6	168. 8	154. 8	147. 9	132. 0	137. 5	135. 8	143. 3	114. 6
Italy	10. 4	10. 7	13. 4	19. 1	28. 7	35. 3	45. 5	53. 7	59. 4	65. 9	56. 2
Cyprus		0. 1	0. 2	4. 5	4. 0	2. 9	2. 8	3. 2	4. 1	1. 9	2. 2
Latvia	9. 9	9. 4	10. 0	17. 2	20. 1	19. 0	8. 3	4. 2	3. 2	3. 7	2. 5
Lithuania	0. 5	0. 5	0. 5	0. 6	0. 4	0. 5	0. 4	0. 3	0. 2	0. 2	0. 3
Luxembourg	0. 5	0. 8	0. 8	0. 8	1. 0	1. 1	1. 2	1. 2	4. 0	4. 3	3. 4

续表

	2001	2002	2003	2004	2005	2006	2007	2008	2009	2010	2011
Hungary	8.6	3.4	5.3	5.4	9.9	6.1	8.4	8.1	5.8	6.1	20.6
Malta	1.2	0.8	0.6	0.6	0.6	0.5	0.6	0.6	0.8	0.9	1.1
Netherlands	46.7	45.3	28.8	26.2	28.5	29.1	30.7	28.2	29.8	26.3	28.6
Austria	31.7	36.0	44.7	41.6	34.9	25.7	14.0	10.3	8.0	6.1	6.7
Poland	1.1	1.2	1.7	1.9	2.9	1.1	1.5	1.8	2.5	2.9	3.4
Portugal	2.2	2.7	2.4	2.9	3.0	4.4		22.4	24.2	21.8	23.2
Romania	0.4	0.2	0.1	0.3	0.8	0.0	0.0	5.6	9.4		
Slovenia	1.3	2.8	3.3	3.3	2.7	3.2	1.6	1.7	1.8	1.8	1.8
Slovakia	2.9	3.5	3.5	4.0	1.4	1.1	1.5	0.5	0.3	0.2	0.3
Finland	2.7	3.0	4.5	6.9	5.7	4.4	4.8	6.7	3.4	4.3	4.6
Sweden	36.4	37.8	33.2	28.9	39.6	51.2	33.6	30.5	29.5	32.5	36.6
United Kingdom	89.8	120.1	130.5	148.3	161.8	154.0	164.5	129.3	203.6	194.8	177.6
Iceland	0.4	0.4					0.6	0.9	0.7	0.5	0.4
Liechtenstein		0.2	0.2	0.2	0.2	0.2	0.2	0.3	0.1	0.1	0.1
Norway	10.8	9.0	7.9	8.2	12.7	12.0	14.9	10.3	11.4	11.6	14.4
Switzerland	27.6	36.5	35.4	35.7	38.4	46.7	43.9	44.4	43.4	39.3	36.0

Source: Eurostat, see http://epp.eurostat.ec.europa.eu/statistics_explained/index.php/Migration_and_migrant_population_statistics, updated on 25th March, 2013, accessed on 28th October, 2013.

the EU. Second, non-EU country people make up the main part of citizenship acquisitions: according to the Eurostat, in 2011, among those who acquired citizenship of an EU – 27 member state, about 678 000 were non-EU-27 nationals, accounting for 86.7 % of the total; meanwhile the figures for the nationals of the EU – 27 who obtained the citizenship in another EU country amounted to 82 000, taking up only for 10.5 % of the total. Obviously, non-EU nationals make a staple contribution to the going-up of citizenship acquisitions and thus can be viewed as an important "motor" for social interactions. Finally, the global financial crisis appears not to affect the growing trend of citizenship acquisitions during the course of 2008 ~ 2010, but the decrease of citizenship acquisitions during 2010 ~ 2011 may link to the on-going eurozone sovereign debt crisis.

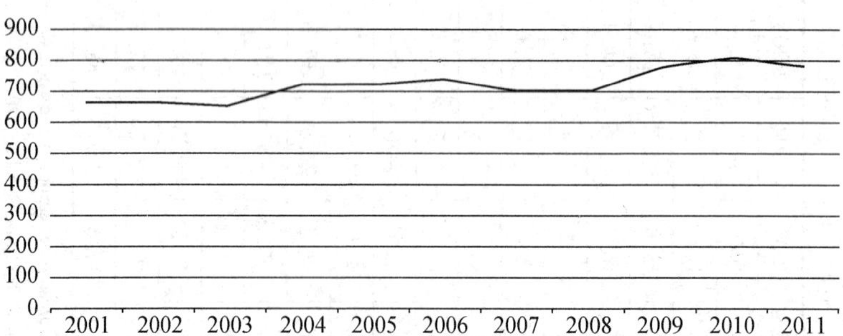

Figure 3 Total Acquisitions of Citizenship, EU – 27, 2001 ~ 2011 (Thousand)

Source: Eurostat, see also *European Social Statistics* (*Eurostat Pocketbooks*) (2013, 48).

Temporary travelling made by EU residents (rather than citizens) also points to the level of personnel mobility within the EU, and one important indicator to measure tourist travelling is the number of overnight stays, which "reflects both the length of stay and the number of visitors". According to Figure 4, the general trend of the

tourist nights spent keeps an ascending momentum in the past decade from 2001 to 2011, during which the financial crisis has a noticeable impact on the tourist travelling — the number of overnight stays strikes the lowest record in 2009 since 2006; nevertheless, in 2011, the number of the travelling nights spent kept recovering and actually exceeded the pre-crisis peak in 2007 (for both EU residents and non-residents). It is interesting to observe that the eurozone sovereign crisis has not reduced the level and intensity of the internal travelling within the EU; rather, from 2009 to 2011, people's mobility within the EU assumes an escalating momentum, surpassing all the previous records in 2011, among which the non-residents' travelling contributes a larger share than those made by the EU residents. Thus, Figure 4 reveals that the intensity of the personnel movement within the EU is more subject to the the global financial crisis and the world-wide economic recession (i. e. external factors) than the European sovereign debt crisis (i. e. internal factors). All in all, from the criterion of people's temporary movement within the EU, the personnel mobility also gets enhanced during the past decade; therefore, the neo-functionalist proposition that a higher level of political integration is accompanied by intensifying economic integration and social interaction among the EU member states is vindicated.

In summary, the neo-functionalist proposition of "economic integration leads to political integration" is fully vindicated by the three cases, which means the EU is already on the track of a political Union. In addition, new findings are drawn from the case studies, which, as being a further elaboration and extension of the neo-functionalist arguments on political integration and stated in hypothesis form, are subject to the empirical tests of the unfurling EU progress.

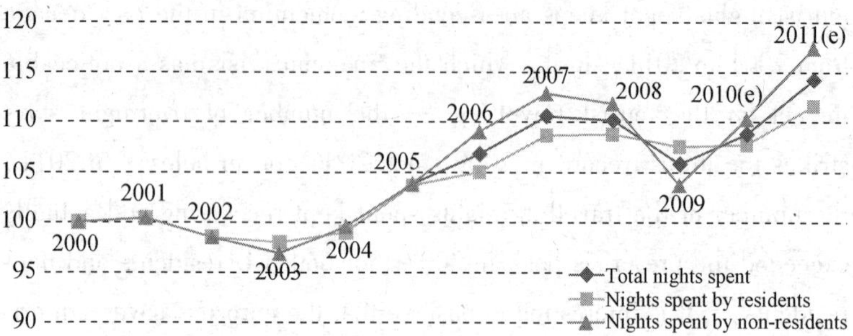

Figure 4 Trends in Number of Nights Spent in Hotels or Similar Establishments, EU – 27, 2000 ~ 2011 (Index: 2000 = 100)

Notes: Data for 2000, 2001 *and* 2002 *include estimates for Malta (residents' nights); data for* 2010 *based on estimates for IE and LU; data for* 2011 *include estimates for IE and EL.*

Source: Eurostat (online data codes: tour occ ninat, tour occ nim).

Proposition 1: *Political integration (of different degrees) follows economic integration, because political integration is a necessary means to secure national interests and to foster further economic benefits.*

Proposition 2: *Non-EU nationals' citizenship acquisitions and foreign tourist travelling, indicating personnel mobility across the EU, contribute to increasing social interactions which enhance EU political integration; the former tends to be subject to internal factors but impervious to external challenges, while the latter tends to be susceptible to external environments but impervious to internal crises.*

Conclusion

As a responding and an answer to the question addressed by the Jean Monnet Conference of 14th ~ 15th November, 2013, this paper carries out a hypothesis test of neo-functionalism which argues for political integration caused by economic integration. The confirmation of the Hypothesis of this paper suggests that due to the deepening economic integration, Europe actually has embraced the road of political integration, indicating that the EU is moving towards a political union. Nevertheless, a political Union in the sense of Mode 6 in Table 1— the highest degree of political integration — seems impossible to achieve, because "the distinction between internal policy and collective policy disappears" means the tearing-down of all national barriers and even the disappearance of national policy-making, that is, all activities shall be located at the collective EU level; still, in certain policy areas, the EU has achieved the highest degree of political integration. For example, the central bank ECB implements a unified monetary policy across the euro member states, which means the euro countries can no longer rely on devaluing their national currencies to stimulate their economies as they did before; the fact is that in the eurozone, all the activities of monetary policy are conferred upon the collective agency — the ECB, and national governments of the euro area no longer have authorities on their monetary policies. So this paper would conclude that accompanying EU integration, EU political integration is already on the way and the EU is moving towards a political Union; however, it seems impossible that this political Union shall fully achieve the highest degree of political integration and thus assume the highest form of a political union. The fact is that the EU is evolving into a political Union of uneven political integration degrees across EU policy areas. We expect that the degree of EU political integration will get deepened in the post-2008 era due to the ever integrated EU economies, and the on-going euro area sovereign debt crisis actually serves as a catalyst, spurring European politicians to work out solutions which shall promote the process, the speed, and the degree of EU political integration, contributing to the evolving political union.

This paper is an attempt to explain the theme of the Jean Monnet Conference in 2013, and it is amazing to see that the oldest traditional European integration theory — neo-functionalism — is still of vitality to explain and predicate European regional integration till today. Surely, neo-functionalism contains rich propositions, and this paper just selects one (but core) element. So further research can continue to explore other elements of neo-functionalism (such as the three types of spillover) and apply othcr competitive EU integration theories, particularly intergovernmentalism, to the EU's new developments after 2008. Moreover, as for the research tool — the congruence test — employed in this paper, further research can combine it with another technique: process-tracing, which adds one more step to the congruence test to uncover the exact causal mechanisms between an independent variable (or variables) and the outcomes.

【References】

1. Diez, Thomas, "Speaking 'Europe': The Politics of Integration Discourse", *Journal of European Public Policy*, 6 (4), 1999, pp. 598 ~613.

2. George, Alexander L. and Andrew Bennett, *Case Studies and Theory Development in the Social Sciences*. Cambridge, MA: MIT Press, 2005.

3. Haas, Ernst B., *The Uniting of Europe: Political, Social, and Economical Forces, 1950 ~1957*, London: Stevens, 1958.

4. Haas, Ernst B., *Consensus Formation in the Council of Europe*, London: Stevens, 1960.

5. Haas, Ernst B., "The Study of Regional Integration: Reflec-

tions on the Joy and Anguish of Pretheorizing", *International Organization*, 24 (4), 1970, pp. 606 ~646.

6. Hallerberg, Mark, Benedicta Marzinotto and Guntram B. Wolff, "How Effective and Legitimate Is the European Semester? Increasing the role of the European Parliament", A Briefing Paper of Bruegel Requested by the European Parliament's Committee on Economic and Monetary Affairs, IP/A/ECON/NT/2010 -24, August 2011.

7. Hosli, Madeleine O., Jian Shi, ZhuYu Li and Wen Pan, "Chapter 9 Discussions on the Greek Sovereign Debt Crisis and the Final Rescue Plan for Greece" ("第九章对希腊主权债务危机的大讨论及对希腊的最终援助方案"), In Madeleine O. Hosli, *The Euro: A Concise Introduction to European Monetary Integration* (《欧元：欧洲货币一体化简介》), Boulder, CO: Rienner, 2005. Updated and Extended with Another Four Chapters by Madeleine O. Hosli, Jian Shi, ZhuYu Li, and Wen Pan. Translated into Chinese by Wen Pan and Jian Shi in 2011, Chongqing University Press, pp. 103 ~112.

8. Jensen, Carsten Str∅by, "Neofunctionalist Theories and the Development of European Social and Labour Market Policy", *Journal of Common Market Studies*, 38 (1), 2000, pp. 71 ~92.

9. Jensen, Carsten Str∅by, "Neo-functionalism", In Michelle Cini and Nieves Pérez-Solórzano Borragaán (eds.), *European Union Politics*, 3rd edn, Oxford University Press, pp. 71 ~85.

10. Lelieveldt, Herman, and Sebastiaan Princen, *The Politics of the European Union*, Cambridge University Press, 2011.

11. Lindberg, Leon N., *The Political Dynamics of European Economic Integration*, Stanford University Press, 1963.

12. Lindberg, Leon N., "Political Integration as a Multidimensional Phenomenon Requiring Multivariate Measurement.", In Leon

N. Lindberg and Stuart A. Scheingold (eds.), *Regional Integration: Theory and Research*, Harvard University Press, 1971, pp. 45 ~127.

13. Lindberg, Leon N. and Stuart A. Scheingold, *Europe's Would-Be Polity: Patterns of Change in The European Community*, Englewood Cliffs: Prentice-Hall, 1970.

14. Lindberg, Leon N. and Stuart A. Scheingold (eds.), *Regional Integration: Theory and Research*, Harvard University Press, 1971.

15. Niemann, Arne, *Explaining Decisions in the European Union*, Cambridge University Press, 2006.

16. Niemann, Arne and Philippe C. Schmitter, "Neo-Functionalism", In Antje Wiener and Thomas Diez (eds.), *European Integration Theory*, 2nd edition, Oxford University Press, pp. 45 ~66.

17. Nye, Joseph S., "Comparing Common Markets: A Revised Neo-Functionalist Model", In Leon N. Lindberg and Stuart A. Scheingold (eds.), *Regional Integration: Theory and Research*, Harvard University Press, pp. 192 ~231.

18. Rosamond, Ben, *Theories of European Integration*, Basingstoke: Palgrave, 2000.

19. Rosamond, Ben, "The Uniting of Europe and the Foundation of EU Studies: Revisiting the Neofunctionalism of Ernst B. Haas", *Journal of European Public Policy*, 12 (2), 2000, pp. 237 ~254.

20. Schmitter, Philippe C., "Three Neo-Functional Hypotheses about International Integration", *International Organization*, 23 (1), 1969, pp. 161 ~166.

21. Tranholm-Mikkelsen, Jeppe, "Neo-Functionalism: Obstinate or Obsolete? A Reappraisal in the Light of the New Dynamism of the EC", *Millennum: Journal of International Studies*, 20 (1), 1991, pp. 1 ~22.

22. Wallace, William, "Introduction: The Dynamics of European Integration", In William Wallace (ed.), *The Dynamics of European Integration*, London: Pinter for the Royal Institute of International Affairs, 1990, pp. 1 ~ 24.

23. Yurtsever, Sükrü, "Investigating the Recovery Strategies of European Union from the Global Financial Crisis", *Procedia Social and Behavioral Sciences*, 24 (2011), pp. 687 ~ 695.

Theoretical Debates on Regional Security Governance

Emil Kirchner[1]

Introduction

While the United States still plays a dominant role in international affairs, other states such as Brazil, China and Turkey have seen their influence rise in the past ten years at both the regional and the global level. Two groupings stand out particularly in terms of their sheer size (weight of gross domestic product, population size, etc.). One is known as BRICS-Brazil, Russia, India, China and South Africa, which collectively makes up 43% of the world's population, accounts for 17% of global trade and spends $240 billion on defence; comparative defence budgets for the EU and the US are respectively $250 billion and $664 billion (Gross 2013, 2). Two of these countries are also permanent members of the United Nations Security council (UNSC). The other grouping is MINT-Mexico, Indonesia,

[1] Emil Kirchner, Jean Monnet Chair *ad personam*, University of Essex, UK.

Nigeria and Turkey. In lieu of the growing role these states hold in international affairs, this chapter will refer to these countries as pivotal states. [1] However, whether the growing power status of those pivotal states is synonymous with them being important security providers is an open question. In other words, are these states inclined to share in the burden of international stability and security or are they more interested in "free riding" on these issues? If they do engage in the provision of security, in what ways (unilaterally or multilaterally) and at what level (regional or global) is this done?

To answer these questions requires analysis of the capabilities, threat perceptions and security activities (performance) of pivotal states. Capabilities relate both to economic, political and military resources, as well as to such things as membership of the United Nations Security Council (UNSC). With few exceptions the eleven pivotal states suffer from domestic instability, such as drug trafficking and organised crime (e. g., Mexico), or religious and ethnic tensions/disputes (China, Egypt. Nigeria, Russia, Turkey) or high levels of inequality (e. g., Brazil, India and South Africa). This is often linked with low levels of political (democratic) development.

Threat perceptions involve considerations about the source (nature or geographic location) and target of threat (state or society).

---

[1] Whilst the examination the actual role of pivotal states (either individually or collectively) is not the focus of this paper, indirectly the paper relates to the following countries: Brazil, China, Egypt, India, Indonesia, Mexico, Nigeria, Russia, South Africa, Turkey and Venezuela, which have been chose for the project on *Security Governance in a Multipolar World: The Role of Pivotal States as Security Providers*. These countries can be deemed to play leading roles in regional and global security and their views on the subject of security threats and institutional response are important for assessing the prospects of international security governance.

Among the main sources of threats are territorial conflicts, the proliferation of weapons of mass destruction, regional rivalries, terrorist activities, the fall-out from "failed states", and the occurrence of organised crime.[1] *Prima facie* evidence shows that some pivotal states, depending primarily on the region in which they are located, are confronted by several such threats. A case in point is Asia, with the occurrence of territorial conflicts, such as between India and Pakistan, nuclear proliferation, such as North Korea, and regional rivalries, such as between China and India. In contrast, pivotal states in Latin America suffer less from sucha wide spread of threats, but face disproportionately greater problems with drug trafficking and organized crime. A major problem for pivotal states in Africa is territorial conflicts/disputes and the fall-out of "failed states". Depending on capabilities and/or threat perceptions, pivotal states either engage in selective dimensions of security (e. g., conflict prevention) or fulfil a number of security dimensions (protection, peace enforcement, post-conflict peace building and conflict prevention). These engagements can either have a predominantly regional or global orientation and can manifest different interaction preferences, i. e., unilateral, bi-lateral or multilateral. Whilst pivotal states seek close links with regional security organizations, the aims and motivations for these might differ markedly. A further issue is whether one or more pivotal states are present in a given geographic region and whether they cooperate (e. g., Argentina and Brazil) or compete (e. g., China and Japan or China and India) in the provision of security.

---

[1] These threats, with the exception of regional rivalries, were identified as most significant in the EU's European Security Strategy of 2003.

It is the aim of this paper to explore the role pivotal states[1] play as security providers and what impact they have in particular on regional security governance. The choice to base the analysis at the regional level is due to the relative stability some regions have been able to achieve and the way regional (in) stability can be seen as a subset of global governance. The paper will make use of the concept of security governance. Given the growing interaction between national and regionalactors in the decision making of regional security governance, a state-centric approach is insufficient as a framework of analysis. It is for this reason that security governance has been chosen as the perspective for this research. The security governance approach accepts that security policies are not decided only by nation-states; state and non-state actors are both involved in citizens' protection, with the private sector steadily expanding its role in security (Kirchner 2006; Kirchner and Sperling 2007). Moreover, security governance introduces a broader definition of defence and security by going beyond the states' preoccupation with territorial defence and captures aspects of milieu goals (Wolfers 1952) relating to conflict prevention or post-conflict engagements. More particularly, it covers threats that have to do with potential or actual violence: terrorism, war and counter insurgency, ethnic cleansing, the spread of weapons of mass destruction,

[1] Whilst the examination the actual role of pivotal states (either individually or collectively) is not the focus of this paper, indirectlythe paper relates to the following countries: Brazil, China, Colombia, Egypt, India, Indonesia, Mexico, Nigeria, Russia, South Africa and Turkey, which have been chosen for the project on *Security Governance in a Multipolar World: The Role of Pivotal States as Security Providers*. These countries can be deemed to play leading roles in regional and global security and their views on the subject of security threats and institutional response are important for assessing the prospects of international security governance.

massive human rights violence, and organised crime, as well as issues that have to do with natural disasters: famines, pandemics, cyber warfare, and even financial crises. [1]

In the following, attention will first turn to the conceptual framework for the paper, clarifying the basic assumptions of security governance and demonstrating its relevance as a study tool for the analysis of regional and global security. The paper then deals with the specificities of regional security governance by contrasting it with global security governance, and finishes with a summary assessment of the concept of security governance and an outline of the empirical tasks which should be undertaken in order to test the empirical relevance of this concept in the study of pivotal states.

Conceptual Approaches: security governance and hegemonic theory

Security Governance

The fundamental problem of international politics-and security provisions in particular, is the supply of order and the regulation of conflict without resort to war. Westphalian anarchy provides states the benefit of autonomy and independence, but precludes the emergence of global or even regional governance to manage the attending liabilities and chronic insecurity and conflict that sometimes leads to war. The regulation of international politics, particularly the management of disorder, can be best thought of as a problem of governance

[1] For a more detailed description of the broadened definition of security see Steglitz and Kaldor (2013, 91) and Bourne (2013).

as well as non-governance. The alternative forms of interstate regulation that have emerged and receded historically (balance of power, collective defence or concert) can neither account for nor ameliorate the range of threats states face today, largely owing to their inherent limitations, the most important of which is a preoccupation with the military aspect of security and the unspoken assumption that all states will share the Westphalian preoccupation with autonomy and the aggregation of power. [1]

Security governance provides a framework for analysing policy-making and policy implementation in the security field, clarifying and capturing within group challenges as well as those of posed by a variegated set of "others". It notes that political actors have asymmetric capabilities to influence policy-and decision-making procedures. Moreover, security governance alerts us to the multiple actors and levels of security engagement and assumes that norms, rules and ideas are, besides interests, also influential in the shaping of security policies (Webber et al. 2004). In simple terms, security governance allows an understanding of the concept of security beyond the issue of defence, and above all, encompasses the "more diverse, less visible and less predictable" (Kirchner 2006, 949) nature of security in the twenty-first century. The framework of security governance facilitates understanding of the interactions between states and regional institutions and how they individually and/or collectively manage not only international and regional crises, but also a variety of threats posed to national and regional security. Inspired by the academic work on multilevel governance (Hooghe and Marks 2001) and global governance

---

[1] For further details on the distinction between Westphalian and post-Westphalian states see Sperling (2010, 6).

(Rosenau 1992 and 2000), the security governance literature considers as its basic assumption that political actors do not have equal capacities in order to influence the policy-and decision-making procedures; the interactions of such different players with each other result in a "polyarchical and heterarchical" system of governance (Webber et al. 2004). What is more, the security governance approach accepts that security policies are not decided only by nation-states; state and non-state actors are both involved in citizens' protection, with the private sector steadily expanding its role in security (Kirchner and Sperling 2007). The ideas, perceptions and norms held by the various security stakeholders (state, non-state, public, private, voluntary agents) affect the stances the latter hold in the policy-making procedure but are also reshaped due to a series of institutionalised interactions triggered by the need of effective governance (Kirchner 2006).

The core elements of security governance are: concerted efforts, coordinated management, distinct levels of authority and actors (private and public), formal and informal arrangements and common objectives to regulate and/or solve conflicts. Security governance has been expansively defined as "an international system of rule, dependent on the acceptance of a majority of states that are affected, which through regulatory mechanism (both formal and informal), governs activities across a range of security and security-related issue areas" (Webber 2002, 44). Security governance performs two functions-institution building and conflict resolution-and employs two sets of instruments-the persuasive (economic, political and diplomatic) and the coercive (medium to high-intensity military interventions and internal policing). Taken together, four categories of security governance emerge: assurance, prevention, protection and compellence, which will be used in this study.

Assurance policies identify the efforts aimed at post-conflict reconstruction and confidence building measures. Policies of prevention capture the efforts to prevent conflict by building or sustaining domestic, regional or international institutions, which will contribute to the mitigation of international anarchy. Policies of protection describe traditional functions to protect society from external threats. Policies of compellence refer to the task of conflict resolution, particularly peacekeeping and peace enforcement (Kirchner and Sperling 2007, 13 ~ 15). An illustration on how each of the four policy dimensions link with the respective functions and instruments is provided in Figure 1. The following chapters will explore the extent to which the designated eleven pivotal states make contributions to the performance of regional organizations in those respective domains.

Figure 1 Policies of governance

		Instruments	
		Persuasive	Coercive
Functions	Institution-building	Prevention	Protection
	Conflict resolution	Assurance	Compellence

To date, the security governance approach has been empirically tested in a number of EU cases. These have provided explanations as to how the EU countries engage in burden-sharing on a number of external security policy dimensions despite different interests and capabilities (Dorussen et al. 2009), and how EU states develop common security cultures despite different external threat perceptions, different identity orientations ("self" versus "other"), different policy instruments (persuasive versus coercive) and different interaction patterns (unilateral, bilateral, multilateral) (Kirchner and Sperling 2010). The specific analytical framework has also been employed in comparative analysis on how regional organisations in Africa, Asia, Europe and Latin America provide security across a number of security policy dimensions (Kirchner and Dominguez 2011), and under what conditions regional security organisations increase the scope and impact of security governance (Dorussen and Kirchner 2014).

It is in this line of comparative investigation that this paper is conceived with a focus on the role of pivotal states, situated in Africa, Asia, Europe and the Western Hemisphere, as regional security providers. Given the power aspirations of some of the pivotal states (if not existing powers, like China and Russia), there is a likelihood that they want to forge regional security governance in line with these aspirations and therefore seek to influence the role of regional security organizations accordingly. Hence the influence of pivotal states might differ depending on whether a given pivotal state either seeks to strengthen the role of security organizations, even if it means foregoing national sovereignty in the process, or to view them as an extension of its national interest. The latter would imply some sort of hegemonic tendency or, at a lower, more veto player practice on the part of a given pivotal state within a regional security organization. The behaviour of a pivotal state might also be influenced by the presence of another pivotal state in a given geographic region, which is deemed a competitor in the provision of security. It is for this reason that considerations are to be given to hegemonic behaviour and hegemonic theory, which will be done in the following section.

Hegemony and Hegemonic Theory[1]

Political leadership is often seen as crucial for creating and sustaining international organizations. Hegemonic stability theory (Kindleberger 1973, Krasner 1976, McKeown 1983) argues that periods of political stability and economic prosperity result from the ability and willingness of powerful "hegemonic" states to regulate interactions in the international system. Hegemons establish and sustain international organizations in order to extend their political influence and to legitimize their norm-setting behaviour.[2]

International organizations also provide a framework for member states to agree on appropriate burden-sharing in the provision of security as a collective or public good (Sandler 1992). On the basis of instruments and functions of security governance, Kirchner and Sperling (2007) differentiate between protection, prevention, assurance and compellence, each category with its distinct joint production function (Hirschleifer 1983). Dorussen et al. (2009) argue that the contributions of member states to assurance and prevention policies weigh equally, while the minimal contribution sets the collective level of protection, and the maximum contribution the collective level of compellence. It follows that free riding is most likely for compellence policies and least likely for protection, and thus the importance of hegemony for security governance should be particularly pronounced for compellence policies. Koremenos et al. (2001) similarly conjecture that scope increases with the severity of distribution and enforcement prob-

[1] This section draws on Dorussen and Kirchner (2014).

[2] Keohane (1984) argues that the institutions, norms and regulatedbehaviour may well persist after the hegemon has lost its dominant position.

lems. Applying Kirchner and Sperling's (2007) distinction between assurance and compellence, Haftel (2013) finds that regional hegemony (Buzan and Wæver 2003) increases security cooperation, while rivalry between major powers in the region (Colaresi et al. 2007) limits it.

Pivotal states, together with major powers, can also impede the development of regional organizations. Since they are best able to protect their state sovereignty, they have less need for international organizations (Gowa 1989). They are also likely to veto any external attempts to limit their freedom to act in defence of perceived national interest. Pivotal or major power support for regional security organizations is often conditional on their ability to determine collective policies and does not imply any willingness to delegate sovereignty. Since hegemons face fewer enforcement problems, it follows from Koremenos et al. (2001) that hegemons may also reduce the scope of regional security organizations. Pivotal states or major powers often end up limiting the autonomy, or freedom of action, of regional organizations—even when they were instrumental in setting them up. In summary, hegemons may prefer weakly institutionalized arrangements with limited scope. Colaresi et al. (2007) argue moreover that a strategic rivalry involving the regional hegemon will further undermine regional security cooperation. The extent to which hegemonic practices prevail with regard to the designated eleven pivotal states will be part of the investigation in subsequent papers. What will also be subject to these explorations is whether pivotal states prefer regional security arrangements over global ones or vice versa. It is this distinction between regional and global security preferences to which the focus will turn next.

Regional or Global Focus

According to Buzan and Waever, "a regional security governance focus expresses the inherent territoriality of contemporary international security, but also provides the context that give meaning to local security problems and issues, as well as widening the analytical focus to (potentially) incorporate actors other than states" (Buzan and Waever 2003). Regional security governance can be self-standing or connected with the settlement of local disputes through regional arrangements to keep the Security Council informed of their activities and seek its authorization to conduct enforcement measures (UN Charter: Ch. VIII, Art. 52). But as Williams (2005, 171) shows, regional arrangements have engaged in enforcement activities often without Security Council authorization, as was the case with ECOWAS in Liberia in 1990 and again in 2003, and in Kosovo in 1999.

Although manifesting various degrees of cohesion and effectiveness, regional security governance efforts have become established features in the international system. The same cannot be said of global security governance. Jervis (2002) has provided five conditions for international security governance. Under these conditions, national elites must: eschew wars of conquest and war as an instrument of statecraft; accept that the cost of waging such a war is perceived as outweighing any conceivable benefits; embrace the principle of economic liberalism rather than conquest or empire; establish domestic democratic governance; and respect the territorial status quo. While these conditions are met in the Atlantic security community, they are lacking in the wider international context. Keohane (2002) has identified three barriers to global governance. The first is cultural, religious and civilizational heterogeneity on a global scale. The second and related barrier is the absence of a consensus on beliefs and norms at global level. The third barrier to global security governance is the absence of an institutional fabric that is thick enough to meet the challenge of governance.

In part due to difficulties encountered by the United Nations (UN) (e. g. , veto power of individual states), global security governance has been more difficult to advance than regional security governance. But, despite the UN's deficiencies as a global security provider, its role of encouraging, supporting and legitimating regional organizations in the provisions of security should not be underestimated (Thakur and van Langenhove 2006, 235). For example, it is interesting to note that, in the area of peacekeeping operations, the member states in some regional organizations prefer to be actively involved with UN operations rather than developing regional collective mechanisms of compellence. Thus, out of 99 245 personnel deployed in UN operations in 2010, individual members of the ASEAN Regional Forum (ARF) contributed 39 372 personnel and the AU 18 303. In the case of NATO, its individual members contributed with 7 712 personnel to UN operations (Kirchner and Dominguez 2011, 322). However, while it is safe to say that regional organizations have taken on a more prominent role as regional security governance providers, the degree to which they can actually deliver collectively remains also largely an empirical question (Kirchner and Dominguez 2011, 15 ~ 16).

Role of International Organisations

The nature and role of international organizations (whether at regional or global level) has been the subject of extensive study (Green Cowles 2007). Under a diversity of analytical frameworks, research on international organizations has attempted to explain the causality of their nature (Acharya and Johnston 2007), their effect on democracy (Pevehouse and Russett 2006) and their institutionalization (Hansen et al. 2008). One of the key questions posed by international relations scholars has been whether international organizations affect the likelihood of war and peace amongst nations (Hasenclever and Weiffen 2006). To realists, international organizations are mere reflections of relative state power, ineffectual and at best operating at the margins, and hence have little or no ability to reduce conflict among members (Mearsheimer 1994/1995). Some realists see international organizations as being used by the great powers to advance their interests in the international system (Foot et al. 2003). A more differentiated view is proposed by Boehmer, Gartzke and Nordstrom (2004), who maintain that not all intergovernmental organizations should be expected to reduce conflict and that only well-institutionalized organizations may have the mediating capacity to reduce conflicts among their members. In a similar vein, Pevehouse and Russett (2006, 994) suggest that "a particular kind of intergovernmental organization is conflict reducing, and that those intergovernmental organizations produce their effect in conjunction with the regime characteristics of their members states". More specifically, Pevehouse and Russett argue that "intergovernmental organizations comprised mostly of democratic states will be more effective in reducing the risks of militarized interstate conflict among their members than will be other kinds of intergovernmental organizations" (Pevehouse and Russett 2006, 994). The contribution of this type of intergovernmental organization to peaceful conflict resolution is possible, the authors assert, due to credible commitments, dispute settlement, and socialization to peaceful behaviour (Pevehouse and Russett 2006, 979). Along the same lines of argument, Hansen et al. (2008, 296) suggest that "international organizations (global or regional) will be more effective managers if they are highly institutionalized, if their members have similar foreign policy preferences, and if they have more democratic states". Their findings indicate that while international organizations are not uniformly suited to promote cooperation and manage interstate conflict, "more highly institutionalized and democratic international organizations experience greater success in brokering agreements over contentious issues" (Hansen et al. 2008: 314).

As the number and scope of regional organizations has spread over the last twenty years (Tavares 2009), the way regional organizations (collectively) perform their collective duties has become a focus of attention. Of particular concern has been the extent to which regional organizations engage in or effectively perform functions of collective security governance. A governance approach captures well the notion that regional organizations are "explicit arrangements, negotiated among international actors that prescribe, proscribe, and/or authorize behaviour" (Koremenos et al. 2001).

Conclusion

The aim of this chapter was to demonstrate the relevance of the concept of security governance in assessing the (non) contribution pivotal states make to the provision of regional and global security governance, with the emphasis on the former. As the foregoing analysis has shown, states employ different interaction patterns (unilateral, bilateral and multi lateral) in their provisions for regional or global security governance. Security governance provides a framework for analysing policy-making and policy implementation in a multi-actor and multi-level setting, It facilitates understanding of the interactions between states and regional institutions and how they individually and/or collectively manage not only international and regional crises, but also a variety of threats posed to national and regional security.

The concept of security governance identifies four specific security dimensions for this purpose, which will serve to guide subsequent contributions to the envisaged volume on *Security Governance in a Multipolar World: The Role of Pivotal States as Security Providers*. Policies of assurance relate to activities in post-conflict reconstruction and peace building efforts such as confidence-building measures. Specific policy measures involve: policing and border missions; post-conflict monitoring missions; and economic reconstruction aid. In assessing the contributions of pivotal states attention will be paid to what budgetary and personnel contributions are made to the operation. In addition, the questions will be asked: does the country under consideration reveal a geographic bias in its governance policies; and does the country prefer to act bilaterally or multilaterally? Policies of prevention capture efforts to prevent conflict by building or sustaining domestic, regional or international institutions that contribute to the mitigation of anarchy and the creation of order. They aim at eliminating the root causes of conflict. Common policies of prevention include arms control and non-proliferation measures as well as technical assistance for internal political and economic reform, ranging from establishing civil-military relations to enhancing the prospects for democratic governance to aiding the development of market economies.

Policies of protection consist of internal and multilateral efforts to fulfil the traditional function of protecting society from external threats. Five general categories of protection policies can be identified: health security, border control, terrorism, organized crime and environmental degradation. The country-specific analyses aims to reveal the relative importance of each category of threat, measured primarily by budgetary expenditures and policy initiatives seeking to manage threats (e. g., improved health survcillancc or funds devoted to medical research) or to eradicate it (e. g., increases in personnel or budgetary resources to combat crime or terrorism). Policies of compellence represent the tasks of conflict resolution via military intervention, particularly peace-making and peace enforcement. These four tasks of security governance are often pursued concurrently. But for analytical reasons, each security dimension will assessed in a distinct matter.

The country-specific studies, to be undertaken in separate papers, will assess national contributions to unilateral, bilateral and multilateral interventions, to restore or create regional order or to remove a direct military threat to national security. Of importance in this respect is the question whether some of the eleven pivotal states rely disproportionately upon the military instrument relative to the other three categories of security governance.

【References】

1. Acharya, A. and Johnston I. A. (eds.), *Crafting Cooperation: Regional International Institutions in Comparative Perspective*, Cambridge University Press, 2007.

2. Boehmer, C. , Gartzke, E. and Nordstrom T. , "Do Intergovernmental Organizations Promote Peace?", *World Politics*, 57 (2004), pp. 1 ~38.

3. Buzan, B. and Wæver O. , *Regions and Powers: The Structure of International Security*, Cambridge University Press, 2003.

4. Colaresi, M. P. , Rasler, K. and Thompson W. R. , *Strategic Rivalries in World Politics: Position, Space and Conflict Escalation*, Cambridge University Press, 2007.

5. Dorussen H. , Kirchner E. J. and Sperling J. , "Sharing the Burden of Collective Security in the European Union", *International Organization*, 63 (Fall, 2009), pp. 789 ~810.

6. Dorussen, H. and Kirchner E. J. , "Better a Good Neighbor Than a Distant Friend: The Scope and Impact of Regional Security Organizations", *International Relations of the Asia-Pacific*, 14 (1), 2014, pp. 117 ~146.

7. Foot, R. , MacFarlane, S. N. and Mastanduno M. , *Hegemony and International Organizations*, Oxford University Press, 2003.

8. Gowa, J. , "Rational Hegemons, Excludable Goods, and Small Groups: An Epitaph for Hegemonic Stability Theory?", *World Politics*, 41 (3), 1989, pp. 407 ~424.

9. Haftel, Y. Z. , "Regional Economic Organizations and Security Institutions in a Comparative Perspective", Paper presented at the International Studies Annual Convention, San Francisco, April 3 ~6, 2013.

10. Hansen H. E. , McLaughlin Mitchell S. and Nemeth S. C. , "IO Mediation of Interstate Conflicts: Moving Beyond the Global versus Regional Dichotomy", *Journal of Conflict Resolution*, 5 (2), 2008, pp. 295 ~324.

11. Hasenclever, A. and Weiffen B. , "International Institutions are the Key: A New Perspective on the Democratic Peace", *Review of International Studies*, 32 (4), 2006, pp. 563 ~585.

12. Hirschleifer, J. , "From Weakest-Link to Best Shot: The Voluntary Provision of Public Goods", *Public Choice*, 41 (3), 1983, pp. 371 ~386.

13. Hooghe, L. and Marks G. , *Multi-level Governance and European Integration*, Lanham, MD : Rowman& Littlefield, 2001.

14. Jervis, R. , "Theories of War in an Era of Leading-Power Peace, Presidential Address", *American Political Science Review*, Vol. 96 (1), March 2002, pp. 1 ~14.

15. Keohane, R. O. , *Power and Governance in a Partially Globalized World*, London: Routledge, 2002.

16. Keohane, R. O. , *After Hegemony: Cooperation and Discord in the World Political Economy*, Princeton, N. J. : Princeton University Press, 1984.

17. Kindleberger, C. P. , *The World in Depression, 1929 ~1939*, Berkeley, University of California Press, 1973.

18. Kirchner, E. J. and Dominguez R. , *Regional Organizations and Security Governance*, New York: Routledge, 2011.

19. Kirchner, E. J. and Sperling J. (eds.), *National Security Cultures: Patterns of Global Governance*, Abingdon: Routledge, 2010.

20. Kirchner, E. J. and Sperling, J. , *EU Security Governance*, Manchester University Press, 2007.

21. Kirchner E. J. , "The Challenge of EU Security Governance", *Journal of Common Market Studies*, 2006, p. 947 ~968.

22. Koremenos, B. , Lipson, Ch. and Snidal D. , "The Rational Design of International Institutions", *International Organization*, 55

(4), 2001, pp. 761 ~ 800.

23. Krahmann, E., *New Threazts and New Actors in International Security*, Gordonsville, VA: Palgrave Macmillan, 2005.

24. Krasner, S. D., "State Power and the Structure of International Trade", *World Politics*, 28 (3), 1976, pp. 317 ~ 347.

25. Mearsheimer, J., "The False Promise of International Institutions", *International Security*, 19 (Winter 1994 ~ 1995), pp. 5 ~ 49.

26. McKeown, T. J., "Hegemonic Stability Theory and Nineteenth Century Tariff Levels in Europe", *International Organization*, 37 (1), 1983, pp. 73 ~ 91.

27. Pevehouse J. and Russett, B., "Democratic International Governmental Organizations Promote Peace", *International Organization*, 60 (Fall 2006), pp. 969 ~ 1000.

28. Rosenau, J., "Change, Complexity and Governance in Globalizing Space", in Pierre, J. (ed.), *Debating Governance*, Oxford University Press, 2000.

29. Rosenau, J., "Governance, Order and Change in World Politics", in Rosenau, J. and Czempiel E - O. (eds.), *Governance without Government: Order and Change in World Politics*, Cambridge University Press, 1992.

30. Sandler, T., *Collective Action: Theory and Application*, Ann Arbor, University of Michigan Press, 1992.

31. Sperling, J., "National security cultures, technologies of public good supply and security governance", in Kirchner, E. J. and Sperling J. (eds.), *National Security Cultures: Patterns of Global Governance*, Abingdon: Routledge, 2010.

32. Tavares, R., *Regional Security: The capacity of international organizations*, New York and London: Routledge, 2009.

33. Thakur, R. and Langenhove, L. V., "Enhancing global governance through regional integration", in A. F. Cooper, C. W. Hughes and P. De Lombaerde (eds.), *Regionalisation and Global Governance: The Taming of Globalisation*?, New York: Routledge, 2008.

34. Thakur, R. and Van Langenhove, L., "Enhancing Global Governance through Regional Integration", *Global Governance* 2006 (12), pp. 23 ~240.

35. Webber, M., Croft, S., Howorth, J., Terriff T. and Krahmann E., "The governance of European security", *Review of International Studies*, 30 (2004), pp. 3 ~26.

36. Webber, M., "Security governance and the 'excluded' states of Central and Eastern Europe", in A. Cottey and D. Averre (eds.), *Ten Years after* 1989: *New Security Challenges in Central and Eastern Europe*, Manchester University Press, 2002.

37. Williams, P. D., "Review article. International peacekeeping: the challenge of state-building and regionalization", *International Affairs*, 81 (1), 2005, pp. 163 ~174.

38. Wolfers, A., "National Security as an ambiguous symbol", *Political Science Quarterly*, 67 (4), 1952, pp. 481 ~502.

政治实体整合中的主权困境探析

——基于欧盟一体化与中国统一案例研究

葛　昕[1]

政治实体间的整合，就是通过暴力或和平的方式，形成制度化的相互联系和集体认同，如果这种整合也存在一种“光谱”的话，那么处在最两端的无疑就是“征服”与“统一”，而“合作”与“一体化”则游走在中间的过渡位置。政治实体间的整合在两种情况下会面对主权困境：即整合采取和平、自愿的途径——否则就只是征服、侵略或吞并的同义语；参与整合的各实体间存在主权竞争——即没有一方愿意完全放弃自己认为拥有的主权。所以，政治实体间的整合碰到主权困境的情况只会在整合的高级阶段——即一体化和统一——中出现。前者以欧盟的一体化为典型代表，而后者则有中国的统一实践。

一、主权困境的理论假设

国家主权理论发端于欧洲，它回应了封建君主们为了摆脱教会神权对于统治权力的侵蚀或者掣肘，希望实现宗教与政治统治权威相剥离的诉求。此外，同样迫切的现实理由在于，封

---

[1] 葛昕，中国人民大学国际关系学院博士研究生。

建制割据下的权势对抗与领土争夺使得持久的、大范围的秩序无法存在，国家被接连不断的战祸拖累得奄奄一息，君主的统治无法得以巩固，更不用说实现有目的、有步骤的国家发展战略。正是出于这种强烈的对于秩序的要求，国家主权理论应运而生——即由法国人让·博丹首次阐明的“国家”与“主权”挂钩的学说，也就是国家必有主权，它是对内的最高统治权威。后来被誉为国际法之父的荷兰法学家格劳秀斯在他著名的《战争与和平法》中接受了博丹的主权学说，“认为国家应该具有主权，不受任何权威或意志的支配，主权国家之间的关系则需要以法律的形式来调整”[1]。由此，主权原则便在国际法的高度上成为国家间彼此承认和遵守的规范准则。尤其是随着结束欧洲三十年战争的《威斯特伐利亚合约》的签订，使得国家主权原则真正被付诸实践，并随着世界体系的成型而成为全球通行的主导性原则。所以，从主权原则的提出到流行，它的“原初动力”在于兑现政治实体自身“分立”的诉求，即独立实体的构建，它的首要目的在于作为政治实体的个体如何维护、确保自身的存在和统治。

国家主权原则的适用使得国际政治不断走向成熟、国际体系不断成型，为规范国家间的互动发挥了积极效用。但是，国家主权原则也有它自身潜在的消极作用，即主权困境的产生。所谓的主权困境，就是指国家主权原则的适用在特定的政治实践中成为掣肘，阻碍了政治目标的达成。对于政治实体整合中遇到的主权困境，从其根源审视，大概能够总结出两方面的原因：首先，国家主权学说诞生的初衷——它对于单一政治实体来说是关于“分”的政治诉求和安排，而在应对这些实体之间的“合”的政治目标时自然会产生不可逆向运行的困境；其次，

〔1〕 梁守德主编：《新世纪的国际政治》，学习出版社2001年版，第80页。

国家主权学说诞生的时代有一个异于以往的社会基础——即资本主义。封建王权的巩固为资本主义的发展提供了秩序和市场，而资本的特性决定了随着自身积累的不断扩展，一种天生的扩张性必然会打破区域性的分隔——无论这种分隔是地理的还是政治的，而这时，必然会对一切限制和束缚提出挑战。随着人类社会的不断发展，诞生于数个世纪前的这一人类社会规范如何与全球化无论在地理范围的横向、还是专业领域的纵向都日益提速的时代需要有效兼容，构成了当今国际政治理论和实践的一大难题。而欧盟内部的一体化与中国实现完全统一的努力，特别典型地从国际、国内两个维度展示了主权困境的现实挑战。

二、实现政治实体整合的欧洲经验

（一）破解主权困境的观念性转变

欧盟一体化源于实现欧洲统一的经久尝试。实现欧洲统一的冲动源于一种最初的欧洲观，它包括“①寻求和平，谋求一种能够避免长期困扰着欧洲大陆的连绵不断的冲突的机制；②在多元化的欧洲政治、文化、社会、宗教等领域建立一个超乎其上的统一体，也就是建立一个凌驾于民族国家之上的、包纳全部的整体，这个整体就叫作欧洲，它可以用作各个民族国家的参照；③以及通过国家之间的合作及贸易壁垒的取消来促进经济繁荣”〔1〕。通过暴力方式强加的欧洲秩序——无论是以上帝的名义进行的“十字军东征”还是强国间协调下的各种平衡体系——都最终使得这种统一梦想沦为泡影。如果欧洲统一的梦想依然经久不息，而和平自愿又成为唯一可行的途径，那么如何化解由于国家主权原则而产生的困境就成了症结所在。而这种突破的实现首先来自于欧洲人对于国家主权的观念性

〔1〕［法］法布里斯·拉哈著，彭姝祎、陈志瑞译：《欧洲一体化史：1945～2004》，中国社会科学出版社2005年版，第15页。

转变。

回顾欧洲大陆为追求和平与繁荣的历史，具有标志性时代意义的法国大革命希望通过对于旧制度的反抗而实现自然人的平等联合，并在此基础上实现自由，从而试图终结基于个人之间的不平等而触发的国际动荡。但是由于没有预见到个人之下的团体性差别，也就是阶级上的不平等，追求个人之间的平等自身也无法实现彻底的巩固，更不用说建立在这样一种理想状态下的永久和平。因此，理论家们随之将目光转向了追求打破阶级间的不平等，并设想着由此进入一个没有战争，甚至连国家都会消亡的世界永久和平。然而，这样一种设想和实践并没有带来明显异于往常的变化。在经过了世界性的人类残杀带来的心理震撼和历史反思后，一种追求新的和谐的探索开始浮出水面，"大家所要求的新的和谐，不是自由放任主义者想象的那种个人之间的和谐，也不是马克思认为无法实现的那种阶级之间的和谐，而是国家之间的和谐"〔1〕。而要实现国家之间的和谐就必然要处理好国家主权的竞争，因为正是由于国家对于主权的强调和捍卫导致了无休止的国际对立和国家动荡，其根源或许就在于主权形式上的平等并不能掩盖事实上的不平等——也就是国家实力的差距。国家或许能够在最后的争斗中幸存下来，但是人民大众的牺牲却是无可避免的，因此，主权开始被视为祸端的肇因。

变本加厉的世界性大战惊醒了欧洲大陆的"主权迷信"，"第二次世界大战后，出于对大战之惨烈的反思，西方政治学界与法学界出现了限制或否定国家主权的理论，认为正是国际社会主权国家的对立和冲突才导致了战争，因此应该限制国家主

---

〔1〕［英］爱德华·卡尔著，秦亚青译：《20 年危机（1919～1939）：国际关系研究导论》，世界知识出版社 2005 年版，第 207 页。

权"[1]。所以，法国前内阁总理保罗·拉马迪在二战后为支持欧洲统一的海牙大会上断言说："我们在海牙看到实际上已无人为国家主权的反动思想辩护了。"如果说对主权进行一定程度的限制是走出恶性对抗的回天之路，那么，探索某种对于主权的共同行使或让渡便成了无法回避的难题。1944 年召开的日内瓦抵抗战士大会在《欧洲联邦宣言》草案中就指出："各国必须把它们在防务领域、对外关系和国际交往中的主权权利交与联邦，并且不得收回。"因此，"正是出于这种认为民族国家往往与战争难解难分的认知，才为一体化打开了机会之窗"[2]。

(二) 欧盟内部的主权共享实践

欧洲整合中面临的主权困境是：主权原则决定了每个国家政治统治的至高权威，而一个设想中的欧洲统一必然会以打破这种各自为政的主权壁垒为代价以求得进展，即实现一种走向统一的共同体建设，必然要动摇成员国原有的传统国际法意义上的主权身份。要应对这一主权困境而实现有效整合，一些国家选择了通过一种"超国家"建构来实现成员国主权的让渡和共享。

1951 年煤钢共同体的成立标志着制度化的欧洲整合的起步，"政治家、思想家的设想是把战争的最重要原料——煤、钢置于共同管制之下，这样欧洲就发动不了新的战争，人民就能过上幸福安宁的日子了"。[3]很显然，这样一种机构的设置首先是出于一种政治"顶层设计"的考量。实际上，欧盟自身的一体化建设，是不断地通过将强烈的整合诉求法律化、将成员国让渡出来的主权由超国家机构执行或行使的结果。1951 年的《建立

---

〔1〕 梁守德：《新世界的国际政治》，学习出版社 2001 年版，第 81 页。

〔2〕 Hans J. Michelmann, Panayotis Soldatos, *European Integration*, University Press of America, 1994, p. 13.

〔3〕 潘琪昌主编：《欧洲国际关系》，经济科学出版社 2001 年版，第 42 页。

欧洲煤钢共同体条约》便指出，建立一个共同体的目的在于维系和平与建设欧洲，并在此基础上开启高于政府间合作的共同体构建。所以，让·莫内认为："我们的共同体不单是个煤钢生产者的联合会，也是欧洲统一的开始。"[1]后来1957年的《罗马条约》又再次强调"矢志为欧洲各国人民之间的一个愈益紧密的联盟奠定基础"，并以此建立欧洲经济和原子能共同体。而1986年的《单一欧洲文件》将共同体内部的国家间关系转变为一个欧洲联盟，并且"深知欧洲负有不可推卸的责任，谋求日益以一个声音说话和团结一致的行动"。在一体化的进程中，整合的诉求也碰到了几度激烈的挑战，其中"最大的麻烦就是民族国家在欧洲政治中作为权力中心的历史传统的竞争"，[2]但是审视欧盟一体化的整个进程，挑战或者危机——无论是来自"高"政治或"低"政治层面——一直以来是培育这个政治整合实践的营养品，而始终朝向最初设定的那种欧洲统一的理想却从未被取代。1991年《马斯特里赫特条约》则为一体化进程开创了一个新的阶段，它决心不仅建立一种经济与货币的联盟，而且试图在"高政治"领域实施一项共同外交与安全政策。成员国对于各项条约的签署标志着他们对于实现欧洲整合的认同，这种认同"不单单是欧洲各民族性的总和，而更是一种政治行动的认同"。[3]基于这种政治行动的认同，欧盟已经历史性地接近实现当初启动一体化时所设定的整合理想了。特别是，由2009年希腊主权债务危机蔓延开来的，欧盟有史以来面对的最为严峻的挑战中，人们之所以注视着欧盟的反应，就是为了考

---

〔1〕［法］让·莫内著，孙慧双译：《欧洲第一公民——让·莫内回忆录》，成都出版社1993年版，第458页。

〔2〕 Ben Rosamond, *Theories of European Integration*, N. Y.: PALGRAVE, 2000, p. 156.

〔3〕［法］法布里斯·拉哈著，彭姝祎、陈志瑞译：《欧洲一体化史：1945～2004》，中国社会科学出版社2005年版，第129页。

验这种全新的以打破经典国家主权原则的掣肘来实现政治实体间有效整合的路径的生命力到底如何。

有了政治目标的设定，制度化的超国家建设决定了欧盟一体化的程度，“越紧密的一体化对国家主权的限制越多，欧洲一体化的每一次深化都伴随着主权的让渡”〔1〕。这种实践，不仅使得主权让渡变得具体且可操作，而且使得共同体的超国家建设越来越具有部分国际法上国家行为主体的资格。因此，被誉为“欧洲之父”的法国人让·莫内在自己的回忆录中这样总结：“据我看来，25年间，在欧洲统一的过程中，尽管时时都有偏离主权转移的危险，但除了主权转移这一创举之外，从不曾有过什么新的发明。”〔2〕可以说，欧盟的存在为国际政治所提供的经验和影响远不止于地缘政治或经贸领域，如何规避主权困境，不断推进一体化是它提供给国际政治理论和实践的开创性的宝贵经验。

三、中国实现统一中的主权困境

（一）中国传统的统一观与主权原则适应经验

在被卷入到西方主导的国际体系之前，中国从来都是一个自成天下格局的巨型文明体，在这种所谓的“天下格局”中，君主（或天子）作为精神和世俗权威的集合体便象征着一种政权认同，因为“宇内唯一的君王在其人格中体现着凌驾于神圣的和世俗的社会政治领域之上的至高权威，这一点经典地体现在‘普天之下，莫非王土；率土之滨，莫非王臣’的说法中”〔3〕。它从一开始就是一种精神与世俗相交融的结合体，所

---

〔1〕 伍贻康、张海冰：“论主权的让渡”，载《欧洲研究》2003年第6期。

〔2〕 ［法］让·莫内著，孙慧双译：《欧洲第一公民——让·莫内回忆录》，成都出版社1993年版，第508页。

〔3〕 金耀基：《中国的现代转向》，牛津大学出版社2013年版，第5页。

以，“天下”是“天下人”的“天下”，政权的正统地位是建立在“有德者居之”的合法性基础之上，然后在政治实体的联系互动中强调和维护对于政权的认同。这样一种政治实体整合的架构使得“无论中原对外族的承认还是外族对中原思想的接受，都显示了天下/帝国概念的开放性”〔1〕。在中国的传统中，对于“正统”政权认同的强调是实现统一诉求的首要价值选项，更甚于普遍治理和管辖的落实。因此，传统中国社会的统治，有主权的内容但没有主权的原则，而其中对于政权认同的强调甚至是优先性的。这样一种基于自身传统文化的统一观一直延续到她被卷入西方建立并主导的世界体系之时。

现代主权概念进入中国的历史，乃是伴随着不平等的、屈辱性的主权割让。1840 年至 1949 年的中国，由于外患或内战的缘由，几乎没有完全掌握过自己的独立和平等的主权。中国处理主权的起始点就在于结束列强主导下的主权割让，所以，对于西方确立的主权原则来说，中国的主权斗争历史，就是结束基于列强或外国干涉的主权分割和实现“平等待我之民族”的主权平等的历史。这样一种主权适应的经验，使得 1949 年之后的中国的主权观——无论是官方还是学界——在主权的对外维度上均以反对主权分裂、维护主权至上为基调。

（二）中国统一的实践进程与学理探索

“巨型中国”从来都是中国的鲜明特征，无论是她的诞生还是延续至今都得益于此。“巨型中国”的现实依托在于自身统一的实现，所以说，“国家统一始终是中华民族重要的核心价值，始终是人心所向，大势所趋。这早已内化为中华民族的政治习

〔1〕 赵汀阳：《天下体系：世界制度哲学导论》，中国人民大学出版社 2011 年版，第 41 页。

性，深入每一个中国人的骨髓，构成民族的政治基因”[1]。

当前中国的统一整合所面临的主权困境在于台海两岸政治实体整合中存在的主权竞争：“双方的‘政治定位’中已经蕴含了在‘国家主权’上的对抗性，除非统一，否则双方都无法超越这种对抗，而这种对抗性又将不可避免地限制两岸政治合作乃至经济合作的深度和广度。”[2]为了应对这样一种现代国家体系中的主权原则所带来的整合挑战，中国的统一先后提出了“一国两制”和“一个中国”的原则，并在此基础上不断寻找规避整合中所要面对的主权困境的各种办法。

“一国两制”的统一实践在三个方面实现了对中国传统的统一模式的突破：首先，统一不再完全依靠武力，而是可以通过和平谈判实现政治实体间的整合；其次，实现统一的准则也不再是制度上的统一，而是允许差异性的出现；最后，更为重要的是，“一国两制”至少在确保一个完整对外的中国主权的前提下，有限度地进行了某种程度上的对内主权处理——近似于“分享”的安排——比如根据香港特别行政区基本法，可以在包括司法、行政、安全等九个方面允许香港保留自身做出选择的权力，但是在涉及国家身份的外交、国防等领域则必须确保中央政府行使完全的主权权利。“一国两制”创新了中国统一的逻辑与实践，既符合了中国历史传统——对政权认同的优先强调，又在主权国家原则下做出了突破和创新，为克服整合中的主权困境积累了经验。

基于“一国两制”的经验，在处理台湾问题上，中国大陆随着两岸关系发展的不断深入，形成了主权内涵更为“丰富”

---

〔1〕 王振民：“‘一国两制’下国家统一观念的新变化”，载《环球法律评论》2007年第5期。

〔2〕 黄嘉树：“‘未统一前两岸政治关系’剖析”，载《台海研究》2013年第1期。

的“一个中国”原则。“一个中国”原则是两岸“宪法一中”的最大公约数，它要处理的核心议题，“具体言之，则既有如何在‘一国’的主权疆域范围内相处，又有如何在国际社会相处的问题”[1]。从两岸关系和平发展的实践来看，在“一个中国”原则基础上对主权困境的规避是通过两个途径来实现的：在国内主权的建构或认同部分采取最大化的模糊处理；对于国际法意义上的主权原则则毫不妥协地坚持统一的完整主权。

对内而言，对于存在主权竞争的两岸政治实体在“坚持认定对方‘非国’的同时，有时又不得不接受对方某些‘似国’的东西，当然，这种‘接受’在大多数情况下是默契性的，是难以证实承认或言宣的；或者是以‘变通’的方式呈现的”[2]，这是从主权的内部空间做出的一种变通或者修正来增加它的弹性，从而最大化地以主权原则为国家利益的实现做出某种“贡献”。但是，到了主权的外部空间，这种模糊的做法便无法继续存在，因为单一的主权在国际社会关乎着政治实体能否构成国际行为主体的国际法效果，涉外性和权威性挤压了最后的模糊空间。所以也就能够理解何以“中国大陆方面在‘内’即两岸关系领域，可以搁置谁是中央，谁是国家的争议，……但到了‘外’即国际领域，大陆就必须坚持中华人民共和国政府是中国唯一代表的立场，必须坚决反对和抵制台湾一切以‘主权国家’为资格进行的活动”[3]。

基于“一个中国”原则而不断发展的两岸关系，近年来不断取得新的进展，不仅造福了两岸同胞，而且为政治谈判逐渐

---

〔1〕 黄嘉树：“‘未统一前两岸政治关系’剖析”，载《台海研究》2013 年第 1 期。

〔2〕 黄嘉树：“浅析和平发展阶段两岸关系的特色”，载《北京联合大学学报（人文社会科学版）》2012 年第 2 期。

〔3〕 黄嘉树：“‘未统一前两岸政治关系’剖析”，载《台海研究》2013 年第 1 期。

奠定基础。但是“先经后政”、“先易后难”终究要碰触到整合的高层次要求。在两岸官方极为谨慎和敏感地开始更为深入的整合进程之前，作为可行性前瞻的学理性探索早已尝试着向这种主权困境作出更为深刻的回应。关于海峡两岸在一个中国主权前提下，尝试进行主权分享的学理尝试也已经取得了一些突破，比如，有学者基于主权所有权和主权行使权的区分而提出：“由于主权行使权是可分的，中华人民共和国政府继承了一部分但未完全继承（原中华民国政府的主权行使权），以至于当前台湾地区的主权行使权事实上由中国政府和台湾当局分享，前者主要体现为限制台湾当局的对外交往能力，后者主要体现为对台湾内政的全权治理”〔1〕。甚至还有关于台海两岸就中国主权的共用与共享进行分析的探索，不仅认为“两岸共用中国主权涉外活动的余地还很大”，而且“两岸可以从共用一个中国展开对外活动，走向共享一个中国主权展开对外活动”〔2〕的主张。设法回应政治实体整合中的主权困境逐渐成为实现中国和平统一的关键所在，而将欧盟内部一体化中主权让渡和共享的经验在两岸整合中加以借鉴，不仅在观念上，而且在现实中已经被付诸实践。

四、结语

欧盟与中国在政治实体整合上的一个共同现实在于，为达成国家利益导向的整合目标对国家主权原则提出了结构性的挑战，也就是说，为了实现经由和平自愿的整合，就必须对传统的主权原则重新进行透视、创新或变革。它也许不是一条通往

---

〔1〕 黄嘉树、王英津：“主权构成研究及其在台湾问题上的应用”，载《台湾研究集刊》2002年第2期。

〔2〕 余新天：“中国主权理论的发展与扩大台湾涉外活动的思考”，载《台湾研究》2012年第3期。

实现政治实体整合的坦途，但却是必经之路，而对于传统主权原则的重新审视和主权安排的制度保障就是这条坎坷道路上的指示标记。

要实现理想的整合诉求，唯有在建立参与整合各方自愿的基础上才能达成。实现欧洲的统一也就是要实现一个持久的欧洲大陆的和平与繁荣，如果说这一目标是既定的前提，那么在经历了用暴力强加的统一和借由政府间的协调而走向联合的尝试后，统一的目标似乎仍然渐行渐远。暴力排除了自愿的联合使得统一的根基不稳，而以确保各国主权的政府间联合则极易沦为大国争权夺利的工具。因此，若和平自愿是必须采取的途径，政府间的合作又无法最终达成既定的整合目的，那么，通过让渡和共享主权似乎成了别无选择的途径。

中国为实现完全统一，经历了由“解放台湾”到改革开放以来的“一国两制”与“和平发展”的新阶段。自邓小平以来的中国领导人一再强调和平解决中国统一问题的优先性；而且，虽然出发点不同，但对于作为台海整合的利益攸关方美国来说，也一再强调希望两岸争端能够实现和平解决；对于台湾地区而言，无论如何也经不起一场战祸的洗礼。因此，中国整合的和平途径是相关各方有限的共识交汇。此外，如果中国的统一由她的历史偏好既已决定，那么面对主权困境就成了一道必答题，所以说，“目前海峡两岸的关系问题，其实质和核心是‘主权’问题，两岸政治的问题均是围绕着‘主权’而展开的”[1]。

〔1〕 黄嘉树、王英津：“主权构成研究及其在台湾问题上的应用”，载《台湾研究集刊》2002 年第 2 期。

如何判断欧盟经济的发展前景

江时学[1]

希腊债务危机爆发后，爱尔兰、葡萄牙和塞浦路斯相继陷入债务危机，西班牙和意大利等国的经济形势也岌岌可危。[2]毫无疑问，这一债务危机是欧盟问世以来面临的最严重的危机。

曾几何时，国际社会极为担忧希腊能否继续留在欧元区。如果希腊退出欧元区，由此而来的"多米诺骨牌"效应可能会波及爱尔兰和葡萄牙等国，欧洲一体化进程将遭受毁灭性的打击。

令人欣慰的是，欧元区不仅没有消失，反而在扩大。[3]但是，欧盟经济将一蹶不振等悲观论调却时有所闻。事实上，早

---

〔1〕 江时学，中国社会科学院欧洲研究所副所长，研究员。

〔2〕 国际上尚无如何判断一国陷入债务危机的量化指标或类似的定义，但是，提出"纾困"要求的国家肯定可以被视为陷入了债务危机。就此而言，只有希腊、爱尔兰、葡萄牙和塞浦路斯陷入了债务危机，意大利和西班牙未提出"纾困"的要求，因此它们不能被视为爆发了债务危机。这也说明所谓"欧洲债务危机"这一提法在一定程度上是言过其实的。换言之，正确的说法应该是"欧洲的债务危机"(debt crisis in Europe)，而非"欧洲债务危机"，更不是"整个欧洲陷入了债务危机"(Europe in debt crisis)。

〔3〕 2013年6月5日，欧盟委员会作出最后决定，同意拉脱维亚在2014年1月1日加入欧元区。7月3日，欧洲议会批准拉脱维亚加入欧元区。7月9日，欧盟财政经济理事会也正式予以批准。2014年元旦，欧元取代拉脱维亚货币拉特，成为这个波罗的海国家的新货币。

在2006年，著名的美国专栏作家法利德·扎卡利亚（Farccd Zakaria）就指出，现在我们都在讨论亚洲的崛起和美国的挑战，但最后的结果完全可能是：未来的十年将是欧洲经济衰落的十年。[1]新加坡国立大学李光耀公共政策学院院长基肖·马博巴尼（Kishore Mahbubani）在美国《时代》（Time）杂志（2010年3月8日）发表的一篇文章中写道：欧洲对于世界上其他地区来说正在变得愈益无足轻重，因为世界在快速变化，而欧洲却在沉沦。他认为，欧洲过于沉溺于调整内部的安排，这无异于在沉落中的泰坦尼克号的甲板上重新摆放椅子。[2]

“日本化”是国际上一些经济学家和媒体在预测欧盟经济发展前景时常用的词汇。[3]路透社的一篇文章指出，对欧盟经济增长的长期趋势的忧虑与日俱增，欧盟似乎难以把“日本化”这个令人生厌的词汇拒之门外。[4]

诚然，债务危机及与此密切相关的财政紧缩使欧盟经济在长达18个月的时间内难以摆脱负增长。直到2013年第二季度，欧盟和欧元区的经济才出现0.4%和0.3%的增长。但是，我们在分析欧盟经济的发展前景时，必须客观而全面地考虑各种因素。[5]

一、欧盟经济发展前景面临的有利因素

影响欧盟经济发展前景的内外因素很多，其中既有不利的，

---

〔1〕 Fareed Zakaria, “The Decline and Fall of Europe”, February 14, 2006, http://www.washingtonpost.com/wp-dyn/content/article/2006/02/13/AR2006021301569.html.

〔2〕 Kishore Mahbubani, “Europe's Errors”, March 8, 2010, http://www.time.com/time/magazine/article/0, 9171, 1967700, 00.html.

〔3〕 “日本化”的特征是：经济增长乏力、通货紧缩以及债务负担沉重。

〔4〕 Alan Wheatley, “Europe puts its head in sand over growth crisis”, September 5, 2011, http://www.reuters.com/article/2011/09/05/us-europe-economy-reforms-idUSTRE78410620110905.

〔5〕 http://epp.eurostat.ec.europa.eu/cache/ITY_PUBLIC/2-04092013-BP/EN/2-04092013-BP-EN.PDF.

也有有利的。最重要的有利因素主要包括以下十个方面：

1. “欧洲2020战略”的实施将有力地拉动投资。2010年3月，欧盟委员会公布了“欧洲2020战略”。这一未来十年经济发展战略的主要内容是：发展以知识和创新为基础的智能经济；通过提高能源使用效率，增强竞争力，实现可持续发展；扩大就业，加强社会凝聚力。

“欧洲2020战略”确定的具体目标包括以下五个：使研究与开发的经费在国内生产总值中的比重达到3%；使就业率从69%提高到75%；将辍学率从15%降低到10%，同时使30~34岁人口中接受高等教育的人数占这一年龄组的比重不低于40%；使2000万人脱贫；使温室气体排放量在1990年的基础上减少20%~30%；使可再生能源在最终能源消费中的比重提高到20%，并使能源利用率提高20%。

欧洲的许多经济学家认为，虽然全面实现“欧洲2020战略”的目标绝非易事，但各国为此而作出的努力必将有力地拉动投资。尤其在与上述五个目标相关的领域，公共部门和私人部门的投资有望在债务危机后出现较大幅度的增长。

2. 消费能力将快速提高。债务危机期间，一些国家实施的财政紧缩政策降低了居民的收入水平，使其消费能力受到了一定的影响。但是，欧盟的经济发展水平很高，按购买力平价计算的人均国内生产总值高达3.4万美元，有些国家则大大超过4万美元。而且，受文化传统的影响，欧洲人乐于消费。因此，可以预料，债务危机结束后，消费能力会快速提高，从而对经济增长发挥巨大的推动作用。

与消费能力密切相关的是，欧盟的收入分配差距比美国的小。这意味着，欧盟的消费能力具有更大的潜力。

3. 欧盟的许多企业在国际上拥有很强的竞争力。根据世界经济论坛发表的《2013~2014年全球竞争力报告》，在排名前

20个国家和地区中，芬兰、德国、瑞典、荷兰、英国、丹麦、奥地利和比利时榜上有名。[1]而一国竞争力的大小与其企业的竞争力密切相关。

企业是从事生产经营活动的经济组织，是物质产品和服务的提供者，是国民经济的主体。因此，企业的大小和强弱对国民经济会产生重大影响。欧盟成员国拥有大量充满活力的大企业。例如，在CNN的"世界500强"企业中，亚洲有179家（其中包括中国的73家），美国有132家，欧洲有159家，荷兰皇家壳牌集团（Royal Dutch Shell）和英国石油公司（BP）分别位于第一位和第四位。[2]毫无疑问，这些大企业在未来欧盟经济发展中将发挥极为重要的作用。

欧盟企业的强大实力在于其国际竞争力。尤其在技术含量较高的生产领域，欧盟企业的国际竞争力是许多国家望尘莫及的。这在一定程度上能说明为什么在债务危机的打击下，欧盟的出口贸易仍能继续保持增长的势头，能继续保持其在世界贸易中占20%这一不低的份额。如下表所示，除2009年受美国金融危机影响以外，欧盟的出口贸易额一直在增长，2012年比十年前几乎增长了一倍。

欧盟27国对外贸易额（单位：亿欧元）

2004	2005	2006	2007	2008	2009	2010	2011	2012	2013
9529	10 575	11 618	12 440	13 198	11 017	13 600	15 619	16 903	17 428

资料来源：欧洲统计局。http：//epp. eurostat. ec. europa. eu/tgm/refreshTableAction. do；jsessionid = 9ea7d07d30df526300d2e7f04f898cd79fbf3cc8a401. e34MbxeSaxaSc40LbNiMbxeNbhuNe0？tab = table&plugin = 1&pcode = tet00018&language = en.

---

〔1〕 http：//www3. weforum. org/docs/WEF_ GlobalCompetitivenessReport_ 2013 - 14. pdf.

〔2〕 http：//money. cnn. com/magazines/fortune/global 500/2012/europe/.

4. 欧盟是外国投资者青睐的投资场所。即使在债务危机期间，欧盟也深得外国投资者的青睐。在“后危机”时代，欧盟会吸引更多的外资。这与其拥有良好的投资环境有关。

投资环境有硬环境和软环境之分。“硬环境”主要包括人类难以改变的自然环境等因素，“软环境”是指通过政策或其他人类行为可以改变的条件。虽然欧盟的自然资源匮乏，但“软环境”很好。例如，欧盟的经济发展水平高，市场潜力大，科技发达，劳动力素质好，政局稳定，政策的连贯性强，法制体系健全，腐败行为较少，等等。

5. 欧洲模式并未失效。欧洲模式的理论基础是弗莱堡学派提出的社会市场经济理论。这一理论既反对经济上的自由放任，又主张把国家干预降低到最低限度；既保障私人资本的自由，又对其加以一定的限制；既鼓励企业竞争，又重视社会公平；既关注经济增长，又倡导全民福利。欧盟就业、社会事务和机会均等委员拉兹罗·安德（László Andor）认为，欧盟模式是一种“杂交”（hybrid）的、含有多种成分的“鸡尾酒”（cocktail）式的模式。[1]

欧洲债务危机暴露了欧洲模式中的一些缺陷，其中最显著的是一些成员国的社会福利的增加超出了劳动生产率和国家的财力所能承受的范围。但欧洲模式并非一无是处。正如一些欧洲经济学家所指出的那样，欧洲模式需要的是“调整”，不是“放弃”。[2]

6. 欧洲一体化将继续推进。欧盟在过去的60年中为促进欧洲的和平与和解、民主与人权做出了贡献，因而获得了2012年

---

〔1〕 Mr. László ANDOR, EU Commissioner responsible for Employment, Social Affairs and Inclusion, “Building a social market economy in the European Union”, October 20, 2011, http://europa.eu/rapid/press-release_SPEECH-11-695_en.htm.

〔2〕 Indermit Gill, “Demolishing five myths about Europe's decline”, Autumn 2012, http://www.europesworld.org/NewEnglish/Home_old/Article/tabid/191/ArticleType/ArticleView/ArticleID/22035/language/en-US/DemolishingfivemythsaboutEuropesdecline.aspx.

度诺贝尔和平奖。其实，欧洲一体化不仅在政治上是功德无量的，在经济上也使各国受益匪浅。

欧洲债务危机爆发后欧洲一体化步伐不仅没有停止，反而在加快。因此，可以断言，债务危机得到解决后，欧洲一体化的制度安排将进一步到位，并为推动经济增长做出更大的贡献。

在近几年的欧洲一体化进程中，最引人注目的成就可能是银行业联盟。2012 年 5 月 30 日，欧盟提出，为构建一个“完整”的经济与货币联盟，有必要建立一个银行业联盟。根据欧盟的设想，这一银行业联盟应该包括以下三个“统一”：对欧盟的约 6000 家银行实行统一的监管机制；对陷入危机的银行实施统一的解决方案；实施统一的存款保险制度。2013 年 3 月 19 日，欧盟理事会、欧盟委员会和欧洲议会同意在欧元区内建立单一监管机制。2013 年 9 月 12 日，欧洲议会通过了欧盟委员会提出的建立单一监管机制的动议，从而在法律上为银行业联盟的出台铺平了道路。2013 年 10 月 15 日，欧盟理事会通过决议，批准欧洲中央银行自 2014 年 11 月 4 日起承担单一监管的职能。[1]这意味着银行业联盟的第一个“统一”终于成型了。2013 年 12 月 18 日，欧盟财政部长会议作出决定，由银行业在未来的 10 年时间内用自有资金构建一个总额为 550 亿欧元的单一清算基金，以拯救今后可能会陷入困境的银行。翌日举行的欧盟峰会通过了这一决定。这意味着银行业联盟的第二个“统一”也基本实现了。

7. “创新型联盟”（Innovation Union）将为推动欧盟经济增长做出重大贡献。无论在欧盟机构还是在各成员国，决策者都深刻地认识到，创新是提升国际竞争力的必要手段之一。欧盟研究、创新和科学委员乔赫甘·奎恩（Geoghegan-Quinn）曾说：

〔1〕 http：//www. ecb. europa. eu/ssm/establish/html/index. en. html.

“面对激烈的国际竞争，欧盟的当务之急是推动创新。如果我们不把欧盟提升为创新型联盟，我们的经济就会一蹶不振，……促进创新是我们创造持久而高薪的就业机会、应对全球化压力的唯一手段。”[1]

2010 年 10 月 6 日，欧盟推出了“创新型联盟”。这一概念的含义是：为推动欧盟的创新，欧盟及各成员国将在教育和研发（R&D）等领域大幅度增加财政投入，大力吸引国际人才，开展国际合作。毫无疑问，“创新型联盟”的构建必将为欧盟经济的复苏及可持续发展提供强大的动力。

8. 德国经济充满活力。德国是欧盟经济的“火车头”。因此，德国经济的表现将对整个欧盟经济产生极为重要的影响。2010 年以来，在欧洲债务危机的重压之下，德国经济却仍然能避免负增长。这是极为难能可贵的。

德国拥有坚实的工业基础、高素质的劳动力和出类拔萃的创新能力。这些优势导致德国产品在世界市场上所向披靡。可以断言，在欧洲债务危机得到解决后，德国的经济优势将更加显著，在推动欧盟经济增长的过程中将发挥更加重要的作用。

9. 欧盟与美国之间的“跨大西洋贸易与投资伙伴关系”（TTIP）有利于欧盟经济的发展前景。2013 年 2 月 12 日，美国总统奥巴马在发表国情咨文时说：“为了推动美国的出口，支持美国的就业，并使不断扩大的亚洲市场变成一个公平的市场，我们希望达成一个跨太平洋战略经济伙伴关系协定。今天晚上我还要宣布，我们将与欧盟启动‘跨大西洋贸易与投资伙伴关系’的谈判，因为大西洋两岸的更为自由和公平的贸易有助于

---

〔1〕 The “Innovation Union” -turning ideas into jobs, green growth and social progress, Brussels, 6th October 2010, http: //europa. eu/rapid/press-release _ IP - 10 - 1288_ en. htm.

创造数以百万计的高薪就业机会。”[1]欧盟委员会主席巴罗佐于2013年2月13日在布鲁塞尔宣布，欧盟将与美国启动TTIP的谈判。他说：“我们致力于使欧美关系更为有力地推动繁荣。”他认为，TTIP不仅可以为欧美扩大双边贸易和投资提供机遇，而且还能为制定全球规则做出贡献。[2]

欧盟和美国的国内生产总值将近占世界的50%，占世界贸易总额的30%；欧美之间每天的贸易额高达27亿美元，双向的直接投资总额累计达3.7万亿美元。[3]据估计，TTIP有望使欧盟和美国的经济增长率提高0.5%。

10. 中国和其他一些新兴经济体的崛起有助于推动欧盟的经济增长。这一推动作用主要体现在以下几个方面：一是有利于扩大欧盟的出口。以中国为例，在2003年至2012年期间，欧盟对华出口从530亿美元上升到2120亿美元。[4]二是有利于扩大欧盟的对外投资。三是有利于新兴经济体扩大对欧盟的投资。在未来的全球化时代，这样一种双赢的合作无疑是极为有利于欧盟经济增长的。

在2013年4月的博鳌论坛上，中国国家主席习近平表示，今后5年，中国将进口10万亿美元左右的商品，对外投资规模将达到5000亿美元，出境旅游有可能超过4亿人次。这对欧盟经济的发展前景而言显然是一个巨大的福音。

综上所述，虽然欧盟经济的发展前景面临着人口老龄化、成员国之间发展水平差异大以及新兴经济体在崛起等方面的挑

---

〔1〕 http：//www.whitehouse.gov/the-press-office/2013/02/12/president-barack-obamas-state-union-address.

〔2〕 http：//europa.eu/rapid/press-release_MEMO－13－94_en.htm.

〔3〕 Final Report of the High Level Working Group on Jobs and Growth，February 11，2013，http：//trade.ec.europa.eu/doclib/docs/2013/february/tradoc_150519.pdf.

〔4〕 http：//ozs.mofcom.gov.cn/article/date/200406/20040600237099.shtml；http：//ozs.mofcom.gov.cn/article/date/201302/20130200025487.shtml.

战，但是，这些挑战不足以成为欧盟经济难以逾越的障碍。因此，就中长期趋势而言，欧盟经济的发展前景应该是乐观的。

二、欧盟经济发展前景面临的挑战

当然，“后危机”时代欧盟经济的发展前景也面临着一些严峻的挑战。例如，债务危机的“后遗症”难以在短时间内消失殆尽。这一危机对欧盟经济的打击如此之重，以至于我们难以指望其“后遗症”能很快烟消云散。在这些“后遗症”中，最突出的是：银行体系较为脆弱；政府的债务负担依然很重，财政赤字依然居高不下。[1]

如果说债务危机的“后遗症”是短期性的，那么以下几个挑战则是长期性的。

1. 人口老龄化。根据欧盟发表的《2012 年老龄报告：2010 年~2060 年欧盟 27 国经济与预算预测》，欧盟的老年人口依赖比（Old Age Population Dependency Ratio）将从 2010 年的 28% 提高到 2060 年的58%。[2]这一老龄化趋势被英国《经济学家》杂志称作“从婴儿潮到生育低谷”（from baby boom to baby bust）。[3]由此而来的负面影响对欧盟经济和社会发展的压力是显而易见的。据估计，在未来的半个世纪，与老龄人口有关的公共开支占 GDP 的比重将增加 4. 1 个百分点。[4]

---

〔1〕 欧洲银行业的负债率相对 GDP 的比重高达250%。因此，正如丹尼尔·格劳斯所言，如此规模庞大的银行业，一旦遇到严重的问题，政府的公共财政是难以救助的，真可谓“大而无法被救”（too big to be saved）。See Daniel Gros, “What's wrong with Europe's banks?” *CEPS Commentary*, July 12, 2013.

〔2〕 老年人口依赖比是指65 岁以上人口与 20 ~64 岁年龄组人口的比率。See European Union, *The 2012 Ageing Report: Economic and budgetary projections for the 27 EU Member States* (2010 ~2060), 2012, p. 56.

〔3〕 “European demography: Working-age shift”, *Economist*, January 26, 2013.

〔4〕 European Union, *The 2012 Ageing Report: Economic and budgetary projections for the 27 EU Member States* (2010 ~2060), 2012, p. 42.

2. 能源需求严重依赖进口。一方面，与拉美和非洲等地区相比，欧盟的自然资源禀赋较差；另一方面，欧盟的能源消费总量却在不断上升。其结果是，进口能源占能源需求总量的比重从20世纪80年代的40%上升到2010年的54.1%。[1]而且，欧盟的进口能源来自于少数几个国家。[2]这一切都增加了欧盟的能源“不安全”性。

欧盟大量进口俄罗斯的天然气。这些天然气是用途径乌克兰的天然气管道输送的。2006年和2009年俄罗斯与乌克兰之间爆发天然气危机后，由于俄罗斯切断了输气管道，欧盟的天然气进口受到了极大的影响。克里米亚危机爆发后，欧盟的天然气供应再次面临着巨大的风险，因为俄罗斯曾多次表示要以“断气”的方法惩罚乌克兰和欧盟。

3. 欧盟内部的发展不平衡。受历史原因的影响，作为一个整体的欧盟掩盖了内部的许多不平衡性。以2013年6月1日按购买力标准（PPS）计算的人均GDP指数（欧盟28国为100）为例，卢森堡为272，奥地利为131，德国为122，而保加利亚和罗马尼亚分别为47和49。[3]为弥补成员国之间的这一“鸿沟”，欧盟必须向较落后的国家投入巨资。

同样不容忽视的是，在经历了债务危机的打击之后，欧盟

---

〔1〕 Eurostat, “Energy production and imports”, http://epp.eurostat.ec.europa.eu/statistics_explained/index.php/Energy_production_and_imports.

〔2〕 如在2010年，俄罗斯、挪威和阿尔及利亚在欧盟天然气进口总量中的比重为74.4%，俄罗斯、挪威和利比亚在欧盟石油进口总量中的比重为58.5%，俄罗斯、哥伦比亚和美国在欧盟煤炭进口总量中的比重为64.3%。Eurostat, “Energy production and imports”, http://epp.eurostat.ec.europa.eu/statistics_explained/index.php/Energy_production_and_imports.

〔3〕 http://epp.eurostat.ec.europa.eu/tgm/table.do?tab=table&init=1&plugin=1&language=en&pcode=tec00114.

成员国之间的“双速欧洲”现象越来越明显。[1]这意味着，欧盟委员会、欧洲中央银行等权力机构在实施其各项经济政策时，会面临不小的掣肘，从而影响经济政策的实施。

〔1〕 在国际上，“双速欧洲”（two-speed Europe）的含义有两种：一是指欧盟成员国之间的经济结构、宏观经济形势、国际竞争力、对外贸易的活力、债务负担和财政赤字有着显著的差别，相比之下，南欧国家的各项指标较差。二是指欧盟内部不同成员国对欧洲一体化的态度、立场、兴趣和热情不同，因此参与一体化的程度也不同。

欧洲议会选举之后的欧洲政治走向

赵 晨〔1〕

由于欧盟政体设计比较复杂，所以欧盟委员会、欧盟理事会主席和欧洲议会议长无法像其成员国一样，议会选举甫一告终即可宣布。2014 年 5 月份欧洲议会大选结束，但欧洲议会内党团需要重新组合，上述欧洲机构的领导人也还需要 28 个成员国首脑磋商和博弈才能产生，这需要几个月的时间。但不管怎样，世界将面对新一届欧洲机构领导人班子，欧洲议会也进行了“大换血”，未来五年欧洲政治走向何方，值得我们认真关注。本文将从政党政治、欧盟机制和机构，以及对华政策这三个领域进行分析和预测。

一、欧洲议会选举后的欧洲政党政治

此次欧洲议会选举，极端政党取得突破性发展。以“反欧盟”和“反移民”为政治纲领的法国极右翼政党国民阵线和英国独立党战胜各自国内的主流政党，分别占据法英两国欧洲议会选举的头名。世界媒体将这种状况形容为欧洲政坛的“地震”，但从总体来看，反体制的极右和极左政党在欧盟和各成员

〔1〕 赵晨，中国社会科学院欧洲研究所副研究员。

国仍处于边缘地位。

首先，中右的人民党党团和中左的社会党党团仍占有前两位，两党在欧洲议会751个席位中占有410席，虽然没有达到绝对多数，但已经过了半数。欧盟国家现在中右和中左政党政策趋近，它们合作组成“大联合政府”已成趋势，德国、比利时、捷克等国中左、中右党派均能联合执政。从欧洲一体化的发动机——法国和德国这两个大国来看，2013年德国大选结果是中右和中左政党组成大联盟政府，在未来四年内基民盟和社民党这两大主流政党将联合执政；法国虽然是社会党单独执政，但法国中右政党人民运动联盟（UMP）和社会党（PS）的政策也已经相当趋同，法国媒体甚至把两大政党的缩写放在一起组成了一个新词“UMPS”。极右政党的突出表现会加速两大政党相互靠拢的步伐，它们“团结”起来，“孤立”极右政党，可以保证欧盟决策不会在议会受阻。中左政党也赞同全球化，支持欧洲一体化，它们认识到欧洲原有的福利制度需要进行大的改革和创新，比如法国社会党政府现在也在以拥抱全球化的态度和举措着力提升法国的国家竞争力。

其次，极端政党，特别是极右政党自身存在较大问题。这些政党利用欧债危机和欧盟的财政紧缩政策，以简单激进的口号赢得选民注意，在欧洲议会选举中获得了140多个议席。但从另一个方面来看，它们属于典型的“竞选党”，缺乏系统的执政理念，执政经验不足，在政坛上常常是“来得快，去得也快”。比如，2013年，带有民粹主义色彩的意大利喜剧明星格里罗领导的“五星运动”曾在意大利选举中震撼欧洲政坛，拿到25%的选票。此次欧洲议会大选，它原本希望击败执政的伦齐，但结果却并未如其所愿，意大利人民选择了主流政党。此外，极右政党之间政见差异大，联合比较困难。法国极右翼政党国民阵线的主席玛丽娜·勒庞竭力联合其他国家的极右政党，希望在欧洲议会组成新的极右党团，但最终未获成功。欧洲议会不同于国家议会，只有组成党团才能参加投票，而要组成党团，至少需要拉拢来自 7 个国家的 28 名议员。

未来五年，欧洲政党政治可能形成极端政党与主流政党对垒的新局面。欧债危机时期，极右和极左政党等反对党，从选民对执政的主流政党应对危机不力的不满中获益，作为当局的批判者，它们获得了较大发展。极右政党反对欧洲一体化，反对移民，这顺应了欧洲内部一些民众的民族主义和民粹主义思维；极左政党则因中左的社会民主党的“向右转”，而得到原属于社民党阵营的一些思想“较左”的民众的选票。极端政党代表了对欧洲政党政治现状不满的人民的声音。但就目前来看，欧洲主流政党加强联合的趋势比较清晰。中左的社会党党团和中右的欧洲人民党党团的执政理念和政策举措进一步趋同，它们的意识形态区分在后工业化时代已经不再鲜明，其阶级基础也发生了模糊化的现象。在反体制政党的冲击下，中右和中左两大主流政党会进一步靠拢。现在在欧洲议会内部，主流政党就已经开始合作“阻击”民粹主义政党获得议会内的职位，比如 2014 年 7 月份刚确定的 14 名欧洲议会副议长中，没有一位是极右政党成员。

二、欧洲议会选举后的欧洲机制和机构

此次欧洲议会大选，是 2009 年底《里斯本条约》生效后的首次欧盟议会选举。《里斯本条约》赋予欧洲议会更大的权力，它与理事会的共同决策的领域大幅度扩展，这是欧盟提升自身民主合法性的战略性举措。这次欧洲议会将自身权力应用于实践，在欧盟委员会主席人选提名过程中发挥了前所未有的作用。欧盟委员会主席提名一向属于欧盟理事会的权力范畴，即应由欧盟各个国家的首脑经谈判提出，大国首脑的心仪对象常常成

为最后的人选。不过今年的欧洲议会选举中出现了新现象，中右的人民党和中左的社会党两大政党党团各自推出了自己的欧盟委员会主席候选人，即容克和舒尔茨。由于原则上，这两人此时没有得到欧盟成员国首脑的认可，无法称作“欧盟委员会主席候选人”，所以欧洲人创造性地用一个德文词“热门人选”（Spitzenkandidaten）来代替。选举过程中，容克和舒尔茨还进行了美国大选比较流行的电视辩论，吸引选民关注。选举以人民党党团成为第一大党团告终，逻辑上容克就是“第一热门人选”。这样，在一定程度上，容克就代表了欧洲的民意，欧盟理事会在进行欧盟委员会主席提名时，就“不得不”参考欧洲议会的选举结果。欧洲议会为了维护自己的权威，表态说欧盟各国首脑必须尊重这一事实，欧洲议会议员们将否决除容克之外的理事会提名的其他委员会主席人选。

新一届欧洲议会议长将由舒尔茨连任，欧盟委员会主席也基本确定是卢森堡前首相容克。容克获得了中右和中左政党党团，以及德国和法国的联合推举，只是遭到英国的反对，不过英国在被否决后，卡梅伦又转而寻求缓和与容克的关系。容克来自欧盟的小国，且长期担任欧元区主席，在欧盟拥有广泛的人脉。容克个性温和，虽然属于中右的人民党党团，但同时又是真诚的社会民主派，所以中左政党执政的欧盟国家，比如法国也接受他。巴罗佐在过去的十年间被广泛认为是一位“弱势主席”，就目前情况看，容克也难以成为20世纪80年代雅克·德洛尔那样的强势欧洲机构领导人。欧盟现在的决策，政府间性质越来越强，重大决策都是由成员国政府，特别是德、法、英政府协商做出。同时，欧盟国家政府均从自身国家利益出发考虑问题，对于大幅推进欧洲一体化没有热情。欧盟自2005年《宪法条约》被否决后，政界人士和媒体已经很少再提及欧洲联邦的理想，政治体制也呈现固化，改革变得越来越艰难。

成员国方面，欧盟核心国家之间的分歧没有弥合的趋势。德法两国在后债务危机时代的经济战略选择上分歧依旧。德国仍坚持以财政紧缩为首要目标，而法国则坚持以增长为第一要务。但是现在法国和南欧国家的经济形势并不乐观，法国是欧债危机中唯一没有实行财政紧缩和相应改革的国家，虽然推行了一些调整措施，但其经济没有真正的增长。希腊的青年失业率为58%，意大利为30%，均属高位运行。法国统计局预测，法国2014年的经济增长将比预期中疲弱，而且法国的失业人口已上升至338.8万人，创历史新高。分析人员警告，作为欧元区第二大经济体的法国可能陷入第二轮衰退。目前，德国无论经济还是政治，在欧盟内部都处于强势地位。可以肯定，德国将继续通过欧盟发挥影响力，但谁能够成为默克尔的“同伴”，将是欧洲一体化未来发展的一个关键问题。奥朗德之外，英国首相卡梅伦、意大利总理伦齐或者波兰总理图斯克都有能力成为德国的主要对话伙伴，但他们都有各自的问题，比如意大利总理伦齐现已成为默克尔紧缩政策新的挑战者。

三、欧洲议会选举后的中欧关系

这次欧洲议会大选，没有任何国际问题成为选举的主题，欧洲自己的问题贯穿整个选举进程。大选结束后，在极右政党的冲击下，可以预见，执政的中右和中左政党将把更多精力集中在稳妥处理欧洲内部的经济和社会议题上。是否限制移民问题可能会取代反恐和气候变化等欧洲过去传统关注的全球议题，成为社会和政治辩论的新焦点。此外，极右政党自身也比较内向，不主张对外干预，认为欧洲应当更“纯粹”，而且经常批评美国和欧洲自己。极右力量上升不会直接影响中欧关系，极右反对全球化，首先反对的是美欧自由贸易协定，中欧投资协定和中欧自由贸易协定现在还没有出现在极右政党的攻击视野中。

主流政党在保持欧洲的市场开放，不惧全球化挑战的心态方面非常一致。无论是保守党，还是社会党人，均认可欧洲需要积极面对全球化，它们都意识到需要合作起来，让欧洲经济“重装上阵”。中国在欧盟和欧盟成员国心目中，已是可以同美国等量齐观的重要经济体，欧洲经济要想彻底走出危机阴影，重现活力，中国市场和中国投资是不可或缺的重要积极因子。

美国从安全和经济双角度提出“重返亚太”战略，而欧盟重视亚太主要还是出于经贸因素的考虑。从总体来看，欧洲议会选举和组阁结果不会影响欧盟的亚洲政策。欧洲中右政党传统上重视与中国的经济关系，现在中左的社会党政府也希望扩大同中国的经贸往来。欧洲全方位的经贸优先战略对我国建设同欧洲的利益共同体联系是有利的。

欧债危机背景下的欧盟制度建构及其对中欧关系的影响

刘元元[1]

近年来欧盟经历的主权债务危机，对欧盟及其成员国都产生了严重的冲击，也使欧盟在制度安排等方面的缺陷日益暴露出来，同时使其成员国国内的结构性、制度性问题突显出来，引起了欧盟及国际社会的高度关注。因此，欧债危机促使欧盟及其成员国反思自身的问题，并开始着手改变现状，尤其是欧盟层面制度性安排的建构和欧盟机构权限范围的重新定位。同时，作为欧盟第二大贸易伙伴的中国，在经济全球化的时代，与欧盟的相互依赖使得中国很难不受到欧债危机的影响：不仅在经贸层面有冲击，而且随着欧债危机带来的欧盟层面权限的调整以及欧盟成员国国内制度与经济社会结构的重新规划，对欧盟的对外决策能力与模式以及外交政策的转向有着重要影响，并且使得欧盟在国际社会的新局势（尤其是欧盟自身的新形势）下，重新定位与衡量中欧关系。因此，欧债危机不仅带来中欧关系的短期波动，而且对中欧关系的长期前景也会产生重要的影响。

---

〔1〕 刘元元，中国人民大学欧洲问题研究中心研究助理。

一、欧债危机简述

2010年希腊首先陷入主权债务危机，随后爱尔兰面临同样困境，进而欧盟较大的成员国——葡萄牙、意大利、西班牙，也被卷入此次危机之中，欧债危机愈演愈烈，其持续时间之长、波及范围之广、影响程度之深，前所未有，而之所以如此，是有着特定的背景与原因的。

（一）欧债危机的背景

欧债危机的爆发与演进，既受到国际环境的刺激，更源于其根植的欧洲环境。

国际方面，2007年爆发于美国的次贷危机，逐渐演变为席卷全球的金融危机，致使国际金融市场持续动荡，全球经济增速放缓，由此引发了人们对全球性经济危机的担忧。在这一背景下，为促进本国经济增长、维持就业率，各国政府和中央银行推出了大规模的经济刺激政策，尤其以扩张性财政政策为主。

欧盟总体经济、社会状况方面。经济层面：欧盟成员国的经济发展逐渐失去了创新能力与技术优势，尤其是南部国家更面临着去工业化，即实体经济空心化的状况，从1996年到2007年，工业占欧盟国内生产总值（GDP）的比重从21%降至18%。社会层面：欧盟国家人口老龄化严重，老龄人口相对就业人口的比重不断上升；同时欧盟国家普遍奉行高福利社会保障制度，其平均社会福利支出占GDP的比重，在2008年为15.3%，到2010年升至17%。[1]政治层面：欧盟国家将民主与人权奉为圭臬，加之其选举制度，强化了欧盟国家的高福利制度与高工资标准。

欧盟对内的经济治理权限与机构状况方面。货币层面：欧

---

〔1〕 数据来源于欧洲统计局，http：//ec. europa. eu/eurostat，2014年3月5日访问。

盟成员国中的18个国家加入了欧元区，实现了货币一体化，并设立了欧洲中央银行，负责制定与执行统一的货币政策，其政策目标是维持币值与物价稳定，使通胀率在中期实现低于但接近2%的水平。此外，《马斯特里赫特条约》明确规定了"不救助条款"，即欧洲央行和成员国央行，不得向成员国或共同体的公共部门机构提供透支或者类似透支的贷款。财政层面：欧盟或欧元区的成员国并未实现财政一体化，即财政政策的权限仍保留在各成员国政府的手中，由各主权国家自行制定与实施。但为防范统一的货币政策与分散的财政政策所带来的道德风险，欧盟的《稳定与增长公约》规定，其成员国的政府赤字和公共债务占本国GDP的比重分别不得超过3%和60%。[1]同时，成员国必须每年向欧盟提交新的稳定计划（非欧元区成员国应提交趋同计划），其计划中应包括中期预算目标和实现目标计划所要采取的经济措施，欧盟委员会与理事会负责对成员国的财政预算进行监督与协调。欧盟可支配的资源方面，欧盟预算非常有限，2008年~2013年欧盟的实际支出分别为1120.75亿欧元、1103.25亿欧元、1194.72亿欧元、1252亿欧元、1291亿欧元、1328亿欧元，2012年与2013年欧盟实际开支占欧盟27国（当时克罗地亚尚未加入欧盟）GNI的比重仅为0.98%、0.99%，[2]而成员国的预算平均占到了GNI的44%。实际上，欧盟的预算比中等成员国（如奥地利、比利时）还要少。而欧盟层面的这些预算仅可用于共同政策领域，包括农业、聚合、研发、发展

---

〔1〕 European Commission, "Communication from the Commission to the European Parliament, the Council, the European Central Bank, the European Economic and Social Committee and the Committee of the Regions-Enhancing economic policy coordination for stability, growth and jobs-Tools for stronger EU economic governance", COM (2010) 367 final, Brussels, June 2010.

〔2〕 数据来源于 European Commission, "Financial report 2008、2009、2010、2011、2012、2013".

政策。因此，欧盟层面运用共同财政资源应对主权债务危机的政策空间非常小。

（二）欧债危机的内部原因

1. 经济与社会发展模式因素。

（1）经济层面。希腊实体产业空心化严重，且易受到外部经济环境的影响。其农业产值和旅游业收入分别占 GDP 的 12% 和 17%，而制造业却相对薄弱，汽车零部件、机电产品等大多依赖进口，而出口则是以橄榄和葡萄等农产品和初级工业品为主。在全球性金融危机的冲击下，希腊旅游业收入在 2009 年下降 13.3%，海运业收入下降 31.3%，进而导致希腊 2009 年经济急剧下滑，失业人口不断增加，财政收入大幅下降。而西班牙的经济结构则过于偏重劳动密集型产业和房地产，受金融危机的影响，积累多年的房地产泡沫破裂，导致失业率上升，银行坏账率激增。意大利和爱尔兰等国的服务业占比均超过 70%，而制造业却不到 20%，经济增长的主动性较差，加上爱尔兰存在的房地产泡沫受到金融危机的严重冲击，导致两国深陷泥沼而无法自拔。此外，葡萄牙的外贸依存度在 2008 年超过了 400%，产业结构不合理、劳动生产率低、国际竞争力不足，因而在全球性金融危机的形势下，国内经济遭受沉重打击。

（2）社会层面。债务危机严重的希腊、西班牙、意大利、爱尔兰、葡萄牙及欧盟大国德国、法国的社会福利支出占本国 GDP 的比重在 2009 年分别达到 21.1%、14.7%、19.1%、15.2%、17.0%、17.9%、19.3%，同年其就业人口占国家总人口的比重分别为 41.6%、41.4%、38.5%、43.2%、47.5%、47.5%、41.9%。[1] 比照以上数据，不难看出：高昂的社会福利支出和相对较低的就业率使得欧盟国家的财政负担异常沉重。

---

〔1〕 数据来源于欧洲统计局，http://ec.europa.eu/eurostat，2014 年 3 月 5 日访问。注：就业人口占本国总人口的比重 = 该国全部就业人口/该国全部人口。

（3）政治层面。欧盟国家将民主与人权奉为圭臬，加之其选举制度，使得包括“欧猪五国”在内的欧盟大多数国家难以改变其高福利制度、高工资标准等加重财政赤字的状况。

综观其经济、社会与政治模式，欧盟国家，尤其是南部的外围国家，其经济增长带来的财政收入难以负担其社会模式所要求的财政支出水平，是导致此次“欧猪五国”债务危机的根本原因。

2. 欧元区与欧盟的制度性缺陷。欧盟国家的内部经济、社会与政治模式是导致“欧猪五国”主权债务危机的根本原因，而欧元与欧盟的制度性缺陷则决定了此次债务危机持续时间、波及范围和影响程度。

首先，欧元区财政政策与货币政策权限的分离，限制了欧盟及欧元区成员国层面应对金融危机与主权债务危机的宏观调控能力，加剧了成员国债务危机的风险。

一个经济区或国家短期宏观经济目标的实现有赖于财政政策与货币政策的协调配合和综合运用，而欧元区成员国将货币政策主权让渡给了欧洲中央银行，因此，在应对金融危机时，成员国层面无法通过货币增发与对外贬值的方式缓解国内经济形势，只能寄希望于依靠扩张性财政政策带动本国经济的恢复与发展。对于具有经济基础与实力的大国而言，这一政策尚可维持，但对于经济基础薄弱的外围国家，在国际环境良好时，为应对国内财政支出、平衡国际收支，都需要对外举债维持，因而在全球性金融危机的冲击下，这些国家采取的扩张性财政政策难以持续，当该国的财政赤字与公共债务水平超过其经济承受力这一事实被市场所认知时，举债维系的链条便会破裂，导致主权债务危机的爆发。

欧盟层面。欧洲中央银行只享有制定与执行货币政策的权限，但在金融危机后，欧元区各成员国经济复苏步伐不一，德国、法国的经济开始恢复，而希腊、爱尔兰、西班牙、意大利等国的经济复苏之路却相对曲折，因此各成员国对欧元区货币政策的诉求不尽相同，但欧洲央行显然难以兼顾所有成员国的利益，这一问题在单一货币体制下难以得到有效解决。如果存在有效的政治协调机制，那么当某个成员国主权债务风险上升时，欧元区应该能够及时地寻求解决措施。但是，欧盟建立在欧洲理事会、欧盟委员会、欧洲议会、欧洲法院等一系列超国家机构基础之上，各成员国常常在机构设置、席位分配、表决机制等问题上相互争夺，而欧元区的重大决策也是由这些超国家机构协调制定，这样的制度设计本身就缺乏效率和执行力。因此，在面对部分国家出现的主权债务危机时，欧盟层面关于如何应对，展开了博弈，包括欧元区成员国国内政治博弈、欧元区成员国之间的政治博弈、成员国与欧盟委员会、欧洲中央银行等欧盟层面机构的政治博弈，博弈主体众多且利益多元化，以致未能及时地采取有效措施化解债务危机，使欧洲主权债务危机不断扩大，迅速传染。

共同货币政策与分散财政政策在制约欧盟及成员国层面应对债务危机的有效性以外，还削弱了经济实力相对偏弱的成员国的经济发展能力，进而加剧了这些国家的财政困难，并且在这一安排下，成员国间没有建立起资源再分配机制，从而成为部分成员国债务危机的一个推动力。

其次，欧盟层面对欧元区成员国缺乏有效的财政监督与约束。加入欧元区前，边缘国家的利率水平相对较高，而高利率在客观上抑制了这些国家的政府举债行为，因此财政赤字和公共债务维持在一个相对可控的水平。加入欧元区后，由于欧洲中央银行实行单一利率政策，边缘国家的利率水平骤降，从而在国际市场上可以以更低的利率融资，与此同时，各国政府也不再担心扩张性财政政策的实施对本国汇率和物价稳定可能产生的不利影响，因而使得边缘国家倾向于以扩张性财政政策推动本国经济发展、满足国内民众福利需求，而忽视了对国内实体经济的投入、产业结构的调整、福利水平的控制。虽然《稳定与增长公约》规定，成员国的政府赤字和公共债务占本国GDP的比重分别不得超过3%和60%，但并未形成硬性约束，也未设置专门的机构予以监控。共同货币政策对成员国扩张性财政政策的鼓励以及欧盟层面对欧元区成员国财政监督与约束的缺乏，加剧了成员国负债程度。

最后，欧元区及欧盟缺乏危机援助机制。如前所述，在实行统一货币政策的同时，欧元区国家没有制定财政转移支付机制等应对危机的条款，反而为了防范共同货币下的道德风险，规定欧洲央行和成员国央行，不得向成员国或共同体的公共部门机构提供透支或者类似透支的贷款。因此，欧盟层面未能及时有效地对债务危机予以干预，主权债务危机在欧洲范围蔓延。

二、欧债危机背景下的欧盟制度建构

欧洲主权债务危机暴露出欧盟成员国内部所存在的结构与制度性问题，也提示了欧盟尤其是欧元区层面的制度设计所存在的缺陷，因而在主权债务危机的应对进程中，欧盟层面及其各成员国层面在采取短期措施以缓解危机的同时，也在不断探索与推进着更深层次的改革与调整。欧洲主权债务危机背景下的欧盟制度建构主要体现为欧盟层面制度安排的改革、机构设置及其职能的调整、政策取向的改变。

（一）欧盟层面制度安排的改革

针对欧洲主权债务危机暴露出的问题，欧盟层面建立了危机应对机制，完善了对成员国的财政约束，显示出共同财政政策实现的可能性。此外，在立法层面，欧盟也做出了调整，增强了对成员国国内政策的约束，从而建立起一套相对有效的危机预防与应对体系。

2010 年 5 月 9 日由欧元区 17 个成员国共同决定设立欧洲金融稳定基金（EFSF），其机构职责是向申请援助并得到批准的欧元区成员国提供紧急贷款，以欧元区成员国的信用作为抵押发行债券融资。2011 年 3 月 21 日，欧盟成员国财政部长召开特别会议，讨论欧元区永久性救助机制的细节并达成一致。根据会上达成的协议，名为“欧洲稳定机制”（ESM）的欧元区永久性救助机制将是一个由欧元区国家依据国际法、通过缔结条约成立的政府间组织，总部设在卢森堡。这套内容庞杂的全面应对方案既包括扩大现有救助机制的规模和用途、为希腊等国接受救助减负和开展新一轮银行压力测试等短期措施，也包括深化经济治理改革、建立欧元区永久性救助机制和增强欧元区国家经济竞争力，促进经济趋同等长效举措。为确保 ESM 在任何情况下都能够采取必要的措施，2011 年 12 月 9 日的欧元区会议上，ESM 的投票规则被改变，紧急程序被纳入其中，即当欧盟委员会与欧洲中央银行认为，欧元区的金融与经济可持续性受到了威胁的情况下，需要做出关于金融援助的紧急决定时，全体一致规则将被 85% 的有效多数替代。

欧洲主权债务危机之所以持续时间长、波及范围广、影响程度深，其直接引发因素在很大程度上是欧盟层面及成员国之间缺乏危机应对机制，导致市场对问题国家的信心动摇，从而加剧了其问题解决的难度。上述两项危机应对机制的设立，弥补了欧盟制度建构中的不足，而危机应对机制的制度化，加强了成员国间的联系，增进了欧盟的一体化程度，并使这一成果难以逆转。同时，ESM 全体一致投票规则的改变，可能会在其他政策领域与程序中实现扩散，从而为欧盟能够更及时有效地做出决策提供制度保证。

2010 年 9 月 7 日，欧盟 27 国财政部长一致同意，从 2011

年开始引入为期6个月的“欧洲学期”（European Semester）监督机制，对成员国的预算政策进行监督和指导，以防止成员国预算赤字超标和经济发展失衡。[1]2011年1月12日，“欧洲学期”项目开始实施，旨在把各成员国财政预算置于欧盟监管之下。如此，欧盟向27个成员国协调经济管理的目标又迈进了一步。每年6月，在各国最终批准其下一年度的财政预算草案前，欧洲理事会会向各成员国提出政策建议。

“欧洲学期”的建立，从监管层面增进了欧盟机构对成员国的约束力，也是对上述条约与法案的落实，即从操作层面具体实现了对成员国财政预算的监督过程，以及对区域内金融活动的管控。这一制度赋予了欧盟机构对成员国国内政策协调与约束以更广阔的平台，从而各制度相互弥补监管空白，形成一套有效的监督体系。

2011年3月底，欧元区17国以及保加利亚、丹麦、拉脱维亚、立陶宛、波兰和罗马尼亚的国家元首和政府首脑以开放式协商通过了《欧元附加公约》（The Euro Plus Pact），即为了竞争力和趋同而进行更大的经济政策协调。[2]其内容重申了欧盟现有的经济治理机制，包括欧洲学期、《稳定与增长公约》、宏观经济监管框架；承诺将行动和优先日程集中在有利于扶持竞争力和趋同的政策领域；参加国将每年承诺具体的宏观经济指标并承诺完善单一市场。它将进一步增强欧洲货币联盟的经济支柱，实现经济政策协调的质的进展。在2012年6月欧盟峰会上，欧洲理事会达成《增长与就业公约》（Compact for Growth

---

〔1〕 中国社会科学院欧洲研究所，欧洲大事记，http：//ies. cass. cn/Article/dsj/dsj/dsj2010/201010/3135. asp，2013年12月10日访问。

〔2〕 “The Euro Plus Pact：Stronger Economic Policy Coordination for Competitiveness and Convergence”，Conclusions of the European Council，Brussels，April 2011.

and Jobs)，[1] 旨在弥补当前欧盟各成员国财政紧缩政策下，对经济刺激和就业刺激的严重不足。该公约指出成员国应实施有差别的“增长友好型的财政紧缩”，利用欧盟预算来吸引私营投资，并要求各国刺激“高就业型增长”，同时确保研发、教育和能源领域的公共投入，解决根深蒂固的不平衡问题并深化财政改革，将促进就业作为欧盟优先事项，进一步加强经济协调，保持欧元区金融稳定等。[2]

《欧元附加公约》、《增长与就业公约》都是政治协议性质公约，而非法律文件，因此并不具有法律约束力。但在危机应对之外，为欧盟及成员国未来的发展重点与方式提供了指引，有利于欧盟在关注债务危机的同时，逐步转向经济长期发展的规划与建设。此外，也表明了欧盟政策取向的调整，进而对欧盟的外部关系产生影响。

2011 年 9 月 28 日，欧洲议会通过了六项立法建议，使得欧盟可以以更严厉的法律形式对违反财政纪律的国家进行纠正和惩罚，防止债务危机再度爆发。“六部立法”引入了一系列关键的经济监管方式的改革，包括：增强了《稳定与增长公约》对成员国财政预算与支出的约束力，要求成员国在宏观经济较好的时期执行审慎的财政政策，为应对经济危机做好准备，审慎的财政政策要以中长期的经济增长为目标，如果成员国偏离这一要求，欧盟委员会将向其发出警告；[3] 实行反向投票机制，即如果成员国持续忽视欧盟理事会过度赤字程序（EDP）的建议，那么委员会将会向欧盟理事会提交报告，而这一报告将自

---

〔1〕“Compact for Growth and Jobs”, Conclusions of the European Council, Brussels, June 2012.

〔2〕叶斌：“欧债危机下欧盟经济治理与财政一体化的立法进展”，载《欧洲研究》2013 年第 3 期。

〔3〕周弘主编：《欧洲发展报告（2011～2012）：欧债危机与欧洲经济治理》，社会科学文献出版社 2012 年版，第 16～19 页。

动通过，除非获得有效多数成员国的反对；扩大对成员国经济政策的监督，以实现宏观经济平衡；加大政府债务监管，新机制加大了对欧元区施加违约惩罚的范围；新指令规定成员国财政预算必须基于最新的、务实的宏观经济和预算预测，并确保数据的质量，数据统计局在数据准备上应有充分的独立性。

欧洲金融稳定基金与欧洲稳定机制弥补了欧盟应对危机的事后机制，“六部立法”则针对此次主权债务危机暴露出的问题，强化了事前防范措施，它将实现更高水平的监管与协调，确保公共财政的可持续性并避免过度失衡的累积。这不仅增进了欧盟成员国经济发展的稳定性，而且扩大了欧盟机构对成员国国内政策的权限与影响力度。

2012 年 3 月 2 日的欧洲理事会会议上，欧盟 25 个国家和政府首脑签署了《经济与货币联盟稳定、协调与治理条约》（Treaty on stability, coordination and governance in the Economic and Monetary Union），即《财政契约》，由于英国和捷克选择不参与，因此这只是一份欧盟框架外的政府间协定，主要内容为一般政府预算应保持平衡或盈余，年度结构性赤字不超过名义 GDP 比重的 0.5%。同时，这一规则也应被引入成员国国内的宪法或同等级别的法律体系中，这一规则也包含一个自动纠正机制（即在偏离时将被触发）。处于过度赤字程序的成员国应听从欧盟委员会与理事会的结构性改革建议以寻求担保。针对欧元区成员国的过度赤字程序的管理规则将被加强，一旦成员国被认定超过了委员会设定的 3% 的限度，就会自动受到惩罚，而委员会提出的措施及制裁也将被采纳，除非有效多数的欧元区成员国反对。

《财政契约》虽然不是欧盟层面的立法，但它将欧盟机构纳入其中，并赋予欧盟委员会与理事会以实质性权限，因此增进了欧盟一体化的程度。同时，对于推进成员国间达成财政联盟具有重要象征意义。

2013年9月12日，欧洲议会对建立单一监管机制进行了立法投票，经过理事会的批准后，该制度将进入实施。欧洲理事会重申了银行监管层面对成员国的非歧视原则，并再次确认了欧洲银行机构新的投票规则。欧洲中央银行主席马里奥说，这是迈向银行联盟的重要一步，而银行联盟是经货联盟的核心要素之一。单一监管机制将使欧盟最大的150家银行从2014年9月开始，处于欧洲中央银行的直接监管之下，从而使大银行的监管权从国家层面过渡到欧盟层面。欧洲主权债务危机背景下，实现银行联盟是急需的，并且不仅需要建立单一监管机制，而且需要建立单一清算机制。2014年3月20日，欧洲理事会就单一清算机制达成统一意见：与单一监管机制一道，单一清算机制将是走向银行联盟的重要一步，也将成为银行联盟的基石。

（二）欧盟层面机构设置及其职能的调整

1. 欧洲理事会与欧盟理事会。2009年12月1日，正式生效的《里斯本条约》，设立了欧洲理事会常设主席一职，虽然这一调整并不是欧洲主权债务危机的影响结果，但债务危机为欧洲理事会主席落实并拓展其职权范围及影响力提供了机遇。如前所述，欧元区尚未建立统一的财政政策，这一政策领域的权限仍保留在各成员国政府手中，同时也缺乏成员国之间财政转移支付的相关协议，因此，在主权债务危机的背景下，为维护欧元区乃至欧盟的整体利益，实现债务危机的治理，就需要欧盟层面的机构对成员国进行组织与协调，而欧洲理事会主席的角色地位在这一政府间协商中便突显出来。

欧洲理事会的首任主席——范龙佩，成功地完成了作为欧盟27国政府首脑调节器的艰巨任务，从而增强了欧洲理事会在欧盟机构体系中的地位。此外，欧洲货币联盟（EMU）经济治理机制改革也是在范龙佩领导的特别工作小组（task force）的帮助下展开工作的。2010年10月29日欧洲理事会批准了特别工作小组就经济治理做出的报告，它的实施将成为增进欧洲货币联盟经济支柱的主要步骤，将会增强财政纪律，拓宽经济监管，深化协调，该报告也为更坚定的危机管理与机制框架制定了指导性原则。“六部立法”也是在特别工作小组提出的建议基础上形成的。由此可以看到，2010年欧洲理事会在其首位常设主席的带领下，更加活跃地参与到欧盟层面事务的组织与协商中，对协调与推动成员国共同应对主权债务危机发挥了突出的作用，从而为欧洲理事会成为真正的欧盟政策领域的中心领导者与议题设定者做了铺垫。除在应对危机过程中，欧洲理事会逐渐承担引领作用外，在欧盟层面所建立起的危机应对机制、法律性约束机制、对成员国国内政策与事务的监督机制等新机制中，欧洲理事会都获得了更有效的权限，以实现对成员国的协调与约束。如“六部立法”赋予欧盟理事会以向成员国征收无息或有息保证金的权力、决议对成员国启动不平衡程序的权力，“欧洲学期”使得欧洲理事会获得了对成员国的预算有约束力的建议权，从而对成员国的国内政策具有了更有效的影响力。

2. 欧盟委员会。欧洲理事会对其长期政策方向的掌控与战略应对权力的拥有，挑战了欧盟委员会在危机治理与经济治理机制改革进程中的角色地位。随着欧洲主权债务危机的发展，欧盟委员会的角色地位与权限范围有了新的定位。

在当前经济治理机制改革中，战略方向的决定与议题设置的规划越来越多地由欧洲理事会制定，而欧盟委员会则更多地扮演操作与执行的角色。“六部立法”确认并增强了欧盟委员会在不超越国家主权界限的前提下，对预算与经济政策协调的作用。[1]《财政契约》则重申并对“六部立法”进行了补充，欧

---

〔1〕 Daniela Schwarzer, “The Euro Area Crises, Shifting Power Relations and Institutional Change in the European Union”, *Global Policy*, December 2012.

盟委员会取得了多项财政建议权和监管权，欧盟委员会由此在协调和管理成员国国内经济政策上具有了部分职权，使其在财政事项上具有了初步的超国家权限。此外，“欧洲学期”也将欧盟委员会推至中心地位。如前所述，“欧洲学期”的年度增长调查报告由欧盟委员会负责起草，在该报告中由欧盟委员会根据宏观经济指标对各成员国的状况作出评估，而这一评估将成为欧盟理事会制定对成员国财政预算指导建议的依据。同时，欧洲金融稳定基金（EFSF）与欧洲稳定机制（ESM）贷款的发放，需要基于欧盟委员会、IMF，联合欧洲中央银行，共同做出的严格的债务可持续性分析。在欧盟委员会认为申请国满足了承诺的条件后，再由委员会建议出资方进行贷款的拨付。

在欧洲理事会职权范围与地位作用相对提升的同时，欧盟委员会也逐渐扩大了其对成员国国内经济政策与事务的话语权，成为推进成员国宏观经济稳定、经济政策协调、财政预算可持续的新机制的重要实践者，进而欧盟委员会在推进成员国财政政策一体化及欧盟深化上，担任起重要角色。

3. 欧洲议会。在主权债务危机中，欧洲议会严厉批评了被欧元区成员国政府所采纳，但没有听取欧洲议会意见的措施。其中，基于政府间条约创立的救援机制，尤其引发了关注。不仅欧洲议会没有权力参与到临时峰会的决策中，而且越来越多的人认为当前与未来的欧元区稳定机制可能会是在核心欧元区发展出一个监督与协调的实体机构，而这一实体并不基于共同体法，也不会将欧盟的机构纳入其中。

在这一背景下，欧洲议会主要开展了如下活动以增强自身的权限：开始在“欧洲学期”项目下组织的新经济与财政政策协调机制中划定自己的行动空间，第一步便是其关于 2011 年年度增长调查（Annual Growth Survey）的讨论，这一年度增长调查文件是欧盟委员会在每年年初发起“欧洲学期”的关键性文件，在这一方面，欧洲议会有进一步增强参与的空间，尤其是在“欧洲学期”的有效性与合法性仍待提高的情况下；[1]欧洲议会将拓展其与欧元区峰会新任主席之间正式与非正式的沟通，而目前为止欧洲议会已与欧洲中央银行（ECB）主席和欧元集团（Eurogroup）主席建立了沟通；欧洲议会还会更多地参与到国内政治中，尤其是当一国处于过度赤字程序（EDP）或过度不平衡程序（EIP）时；在银行联盟的建立过程中，欧洲议会也为自身争取到了监督与质询权以及共同任免权。

由此可以看到，鉴于欧洲主权债务危机是欧盟及其成员国面临的新问题，欧盟层面也并未建立起相应的危机应对机制，欧盟各机构在这一方面缺乏明确的角色定位与职权划分。因此，欧洲议会也在积极把握债务危机这一机遇期与调整期，实践《里斯本条约》赋予自身的更多权力，为获得对欧盟事务更多的参与权与影响力而奋斗。但相对而言，欧洲议会在欧盟机构中的地位与作用有所下降，在主权债务危机的应对与经济治理结构的改革中，并未掌握实际权力，没有发挥重要作用，而且在此过程中设立的危机防范与应对机制、成员国间宏观经济与财政预算协调机制等新的机制，也未赋予欧洲议会以实际参与权限，甚至是完全没有将欧洲议会纳入其中。

欧洲议会，作为倡导实现政治联盟与更多超国家主义层面一体化政策的欧盟机构，其权限与地位的边缘化，对提升欧盟的民主性与合法化程度有着不利影响。

4. 欧洲中央银行。欧洲中央银行（ECB）设立的初衷是制定与执行欧元区统一的货币政策，以维持币值与价格稳定为其政策目标。然而，在欧洲主权债务危机下，作为掌握着应对危机的两项重要工具之一——货币政策的欧洲中央银行，运用其

---

〔1〕 Daniela Schwarzer, “The Euro Area Crises, Shifting Power Relations and Institutional Change in the European Union”, *Global Policy*, December 2012.

政策工具，在债务危机的治理中，拓展了自身的参与权限，不再局限于经营欧元区的货币政策，而发展成为危机治理者，并有意愿与能力确保欧元区的存续。这一过程中，欧洲中央银行在欧洲货币联盟（EMU）的机构安排中变得更加重要。

欧洲中央银行在债务危机的演进过程中，不仅多次运用货币政策工具对危机应对提供支持，而且参与到经济治理机制改革的探讨中，独立地表达观点与建议。如有关改革讨论的一个关键议题，即私人部门参与（PSI）到主权债务危机解决中，欧洲中央银行表示强烈反对德国的立场，成为早期私人部门参与的推动者。此外，欧洲中央银行运用其经济权力，在危机管理中发挥了显著作用，扩大了其在欧元区的政治影响。一方面，欧洲中央银行通过其手中的制裁工具（即在二级市场中是否购买成员国债券，这一权利相比于其他成员国政府与首脑单纯地施加压力更为有力）直接介入到约束成员国实施国内改革中。另一方面，欧洲中央银行也是三驾马车（Troika）的一部分，Troika 由欧盟委员会、欧洲中央银行和 IMF 的代表共同与接受援助计划的成员国政府进行协商，并引导其改革进程。并且，欧洲中央银行也成了欧盟危机应对机制 EFSF 与 ESM 进行有效市场运作的机构，在银行联盟中承担起对成员国 150 家大银行直接监管的职责，增强了其超国家主义色彩与权限。

因此，欧洲中央银行突破其职能设定，在危机治理中更多地表现出主权国家中央银行的特征，在一定意义上，实现了对部分成员国的财政转移支付，对抑制债务危机的蔓延，发挥了重要作用。这一超国家机构的实践对于增强欧洲货币联盟的有效性、对于推进欧元区乃至欧盟成员国间的财政政策一体化有着重要示范效应。同时，在监督与制裁方面，欧洲中央银行也超越了其先前对主权国家的影响力。

（三）欧盟层面政策取向及其外部行为能力的改变

欧洲主权债务危机的爆发，使欧盟成员国国内的经济结构与社会模式等问题突显出来，进而引发各成员国以及欧盟层面对其政策取向的调整。同时，债务危机不仅导致成员国国内财政预算与支出的紧缩，也影响了欧盟层面的财政规模与投入方向，在一定程度上改变着欧盟的外部行为能力。此外，债务危机也使得成员国对欧盟的角色地位进行反思，加上在危机治理过程中，欧盟层面机构与职能的调整，共同作用于欧盟的地位与代表性，进而从另一侧面影响着欧盟的外部行为能力。

1. 欧盟层面政策取向的调整。欧洲主权债务危机的爆发与演进，使得欧盟不得不更加关注区域内部事务。这一方面导致欧盟在对外援助等国际事务上，显示出底气不足，另一方面债务危机的短期应对要求欧盟更加关注经济事务，在对其成员国内部经济政策进行调整的同时，欧盟层面在发展对外关系中，也更加侧重经济层面。在金融危机与主权债务危机的连续冲击下，欧盟成员国经济增速放缓，甚至持续呈现负增长，而面对主权债务危机，各国又相继采取紧缩性财政政策，这对欧盟经济的恢复与发展无疑是雪上加霜。因此，为尽快实现区域的经济复苏，欧盟采取了更多的措施，以保护区域内企业，并拓展外部市场空间。欧盟的对外政策由此更趋实用主义。

2. 欧盟层面外部行为能力的变化。债务危机造成欧洲国家经济增长乏力，加上多数国家面临着削减财政赤字的艰巨任务，使得成员国无法拿出更多的财源用于外交领域，因而限制了欧盟增加预算的空间（2012 年预算从委员会提议的 5% 的增幅减少到不足 2%），特别是限制了其对外援助能力。[1] 同时，在危机背景下，欧盟在调整其政策取向的同时，也对其财政预算的支出结构进行了新的规划，欧盟 2010 年度预算被界定为“投资

〔1〕“European Union to cut aid to 19 emerging countries”，http：//www. 2point6 billion. com/news/2011/12/09/european-union-to-cut-aid-to-19-emerging-economies-105 18. html，2014 年 3 月 10 日访问。

以促进就业与增长”；2011 年欧盟预算对旨在促进经济增长的政策领域的实际投入增加了 14.5%，而欧盟对外关系部分的实际支出下降了 7.1%，对外关系部分的实际支出占该年度实际总支出的比重约为 5.51%；2012 年用于可持续增长部分的实际投入较 2011 年增长了 3.2%，而用于对外关系部分的实际投入较 2011 年下降了 4%；2013 年欧盟用于可持续增长部分的实际支出占比达到 44.5%，而对外关系部分的实际支出仅为 4.8%。相比 2008 年、2009 年而言，欧盟对外关系部分的实际支出占实际总支出的比重在持续下降，该比重在 2008 年、2009 年、2010 年分别为 6.36%、6.86%、6.08%，而 2011 年下降到 5.51%，2013 年则削减至4.8%。[1] 欧盟在 2013 年 2 月制定下一期预算框架时也指出，必须确保欧盟的预算用于解除危机、促进欧洲的增长与就业。总体而言，欧盟用于外部行为的资源相对有限。

欧洲主权债务危机也向外界展示出欧盟并不像其自身所宣称的一样完善，相反，不论是欧盟层面，还是其成员国国内的政治、经济与社会等层面的发展模式，都存在着缺陷。这一认知对欧盟的外部形象与影响力将产生不利影响，尤其是欧盟以规范性力量这一角色对外输出其价值标准、制度与模式。因此，欧盟运用资源主动开展对外行为的能力以及外部对欧盟认知的调整赋予欧盟外部行为能力的权重，共同弱化了欧盟的外部行为能力。

此外，在应对主权债务危机过程中，欧盟及其成员国不仅在资金层面积极寻求外部援助，而且就扩大外部贸易与市场上，积极开展外交活动。由此，部分欧洲学者认为，欧盟及其成员国的这一行为，会使其他国家获得谈判筹码，相对而言，削弱欧盟在外交中的谈判能力，即在一定程度上限制其外部行为

---

〔1〕 数据来源于 European Commission，“Financial report 2008、2009、2010、2011、2012、2013”.

能力。

与此同时，债务危机中，欧盟机构与其职权范围的调整，改变着欧盟对其成员国的外部代表力。在危机应对过程中，随着危机与经济治理机制的改革，欧盟层面的机构被赋予了更多的职权，如前所述，虽然欧盟委员会的决策权较以往有所削弱，但新设立的治理机制，如"六部立法"等，则使其监督与建议权被强化，且赋予其监督与建议以实际约束力；政府间性质的欧洲理事会随着相关条约的签署、机制的设立，其决策对成员国的影响力逐渐增强；随着银行联盟的建立，欧洲中央银行逐渐获得对成员国银行机构的直接监管权；此外，欧盟层面的其他机构也被赋予了新的权限，新的机制与部门也相继创立，这都表明欧盟的一体化程度在不断加深，欧盟对其成员国的影响力与代表力在不断增强。因此，在欧盟外交资源与外部影响力滑落的同时，欧盟对内部成员国的代表性却在上升，双重因素共同决定着欧盟的外部形象与地位，未来欧盟的外部行为能力将取决于这两种因素的发展方向。

三、欧盟制度建构对中欧关系的影响

欧洲主权债务危机引发了欧盟及其成员国的深刻反思，以及为弥补引发债务危机的缺陷而进行的一系列改革与调整，在欧盟层面主要为：欧盟经济治理机制的完善、欧盟机构职权范围的调整、欧盟政策包括其对外政策取向的转变、欧盟外部行为能力的变迁。而欧盟层面的这些调整势必对其外部关系，产生不容置疑的影响，中欧关系亦不例外。

（一）欧盟制度改革对中欧关系的影响

欧盟由 28 个相对独立的主权国家组成，在其持续的改革与演进过程中，虽然获得了一定的超国家性职能，但相对主权国家而言，在相当多的政策领域，仍不具有约束效力。同时，欧盟的各成员国则自行制定各国国内政策。因此，在与欧盟这样一个特殊行为体发展关系时，中国需要面对更多的复杂性，在发展与欧盟层面关系的同时，还要与其成员国分别建立双边关系，这决定了在中欧关系的发展过程中，中国要明确欧盟的职权范围，在欧盟具有对成员国的影响力及代表性的政策层面，给予欧盟更多的关注，在此领域之外，则需要处理不同成员国国内政策差异带来的复杂性与不确定性。欧盟对内决策权的有限性，决定了中国既不能忽视欧盟的地位与作用，但又不能投入过多的外交资源与关注。

然而，欧洲主权债务危机所引发的欧盟层面制度改革相对减少了欧盟各成员国国内财政与宏观经济情况的不确定性，进而使欧盟的整体经济发展更加稳定，有利于中国在发展与欧盟层面关系时，增进政策的长期性与战略性。同时，欧盟新制度中对各成员国经济结构调整与增强竞争力的要求，一方面使得欧盟采取减少进口、扩大出口、保护内部市场与企业、关注实体产业、推进再工业化等措施，加剧了欧盟对中国产品的反倾销，从长远来看，会引发中国工业品与欧盟内部产品的竞争增大，进而使作为中欧关系基石的经贸关系发生转变、互补共赢的经贸关系被打破。另一方面，短期内，欧盟对中国出口的增长，相对降低了欧盟对中国的贸易赤字水平，一定程度上缓和了中欧经贸关系在这一层面的摩擦。

由此可见，欧盟层面制度的调整，主要对中欧经贸关系产生了影响，而这一影响链条也表明，中欧关系的实用主义特征更加鲜明，相对削弱了中欧关系的全面战略伙伴关系这一定位背后的内涵。

（二）欧盟机构职能调整对中欧关系的影响

欧洲主权债务危机引发的欧盟层面机构调整主要涉及欧洲理事会与欧盟理事会、欧盟委员会、欧洲议会与欧洲中央银行。

主权债务危机带来的理事会的调整，一方面使得包括中国在内的国家与机构在发展与欧盟的关系时，有了更清晰的联络对象，从而有利于减少中欧关系发展中的制度性障碍。同时，理事会对其成员国影响力的增强，也即其外部代表性的增强，也有利于增强欧盟的连贯性、降低中国发展对欧关系的复杂性。另一方面，理事会对中国既没有欧洲议会的反华倾向，也没有欧盟委员会对华的实用主义特征，使得理事会权力与作用的增强对中欧关系的影响存在着不确定性。

就欧盟委员会层面而言，一方面欧盟委员会对成员国国内经济的话语权与约束力，有利于增进欧盟对成员国的外部代表性，有利于中国发展对欧的统一政策。但另一方面，欧盟委员会对华坚持的实用主义，推动了中欧关系的发展，而其地位与作用在欧盟机构中的相对下降，将使中国发展对欧关系中的积极因素被削弱。

欧洲议会的变化，一方面使得倡导实现政治联盟与更多超国家主义层面一体化政策的欧盟机构被弱化，进而不利于欧盟一体化进程的推进，使中国在发展中欧关系时面临复杂的成员国与欧盟状况。另一方面，欧洲议会主张的价值观外交，也会随着欧洲议会地位与作用的下降而有所缓和，从而在这一层面，减少中欧关系面临的人权问题、武器禁运问题等麻烦，而这对于中欧关系而言具有重要象征性政治意义。

欧洲中央银行层面权限的增强使得欧盟层面金融监管的加强，有利于营造稳定的欧洲经济形势，对包括中国在内的国家与地区发展对欧关系提供了良好的条件，同时欧盟成员国间财政政策一体化的推进，有利于成员国以欧盟这一统一形象发展对外关系，进而增强中欧双方在制定双边政策时的长远性与战略性。

因此，欧盟层面机构及其职能的调整，在一定程度上改变着欧盟，进而对中欧关系带来影响。在发展中欧关系时，应对此予以关注。

(三) 欧盟政策取向转变对中欧关系的影响

欧洲主权债务危机引发的欧盟政策内倾化，以及对经济利益的关注，一方面使得中欧关系发展中存在的经济层面摩擦更加突显，如贸易逆差问题、产品倾销与补贴问题、知识产权保护问题、技术转移问题、市场开放问题等，欧盟方面对这类问题也变得更加敏感，贸易保护主义也更为突显，由此不利于中欧关系的深化。另一方面中国在债务危机时期，对欧盟产品进口的增加、对国家债券的购买等行动，向欧盟方面展示出了中国对发展中欧关系的诚意，而欧盟及其成员国也极为重视中国国内的巨大市场。如欧盟层面的代表范龙佩与德国总理默克尔率7名部长和20余名德企高管的访华行动，表明中欧关系仍存在很大的发展空间，而欧盟方面也认识到了这一点，因此，这一层面对中欧关系的具体影响及其走向，依赖于中欧双方如何在协调摩擦的同时实现发展的能力。此外，在欧洲主权债务危机期间，欧盟各成员国的经济发展缺乏动力，并面临着消费与投资的下降、失业率的上升及其引发的罢工游行等社会问题，加剧了欧洲经济与社会形势的恶性循环。而中国在这一时期对成员国的投资，可以有效地缓解这一局面，为推进欧盟成员国走出主权债务危机有着积极意义。但是，欧盟方面的部分公众，乃至政治官员，却将中国的投资行为视作具有不良战略意图，甚至引发反华情绪的公开化。包括部分欧洲学者在内的欧洲公众将中国在欧洲主权债务危机期间对欧洲的债券购买等行为政治化，认为中国对欧盟的援助是以寻求回报为基础的，如换取欧盟对中国市场经济地位的承认、解除对中国的武器禁运等。这不仅对中欧双方扩大相互直接投资以推进经贸关系的发展带来消极影响，而且对中欧双方建立起政治互信产生了冲击。

中欧双方在相互认知中一直存在着误解，因此，为推进中欧关系更全面更深入地发展，双方不仅建立起了政治层面各种级别的对话，而且实现了社会层面多种形式的对话，为公众增进相互了解提供了平台。近来，随着欧盟及其成员国政策的内倾化、欧洲公民对国内事务的更多关注，相对削弱了这一平台的沟通与交流，使中欧在文化层面推进相互理解与包容的进程被推延。

（四）欧盟外部行为能力变迁对中欧关系的影响

欧洲主权债务危机引发的欧盟外部行为能力的变迁主要在三个方面，即欧盟外部行为的资源减少、欧盟对其成员国的外部代表性增强、其他国家与组织对欧盟形象的认知发生改变。欧盟政策的内倾化使其用于外部行为的资源有所下降，进而在一定程度上削弱了欧盟的外部行为能力，主要体现为欧盟对外援助的减少，包括欧盟方面旨在推进中国社会公平与贫困地区发展的援助，从而在中欧关系上也降低了其指责中国社会存在的问题的有效性。对比之下，基于中国在经历全球金融危机后的经济表现，欧盟方面对中国承担更多国际责任的压力会有增强趋势。同时，主权债务危机打破了欧盟的完美形象，让其他国家与地区认识到欧盟及其成员国的政治、经济与社会模式也存在着缺陷，削弱了欧盟对外输出其模式与标准的说服力，进而降低了欧盟对中国模式指责的力度，但也会引发欧盟部分公众对欧洲模式的担忧，进而导致欧盟方面对中国在其他问题上更多的指责。另一方面，随着欧盟成员国一体化进程的深化，欧盟层面机构的对内影响力与对外代表性都有所增强，从长远看，欧盟的外部行为能力会得到提升，中国在发展对欧关系中也会面对更强大的欧盟。

欧盟外部行为能力变迁对中欧关系的影响，也可从中欧峰会发布的联合声明中得到部分印证。2009 年 11 月 30 日举行的第十二次中欧峰会中，中欧双方讨论了市场经济地位这一问题，并将其视为重要的政治议题，共同表示期待更新上一份市场经济地位报告；2012 年 2 月 14 日举行的第十四次中欧峰会中，双方领导人强调迅速全面解决市场经济地位问题具有特殊重要意义，同时，召开了中欧高技术贸易工作组的首次会议，共同表示借此促进双边高技术贸易，此外，双方重申将根据 2003 年协议继续开展中欧伽利略合作；[1]在 2012 年 9 月 19 日举行的第十五次中欧峰会中，双方再次强调迅速全面解决市场经济地位问题具有特殊重要意义，并且，重申双方致力于尽早启动中欧投资协定谈判，促进和便利双向投资，创造增长和就业的新增长点，此外，双方表示欢迎中欧空间科技合作对话举行首次会议以及《关于加强空间科技合作的联合声明》的签署；[2]2013 年 11 月 20 日举行的第十六次中欧峰会中，双方领导人商谈并达成一份全面的中欧投资协定，涵盖双方各自关心的问题，包括投资保护和市场准入，而这一涵盖所有欧盟成员国的全面投资协定将取代中国与欧盟成员国之间现有的双边投资协定。[3]从中可见，欧洲主权债务危机背景下，一方面欧盟对中国市场经济地位问题的态度有所软化，对技术领域合作的管制有所放松，对中国投资的官方态度与政策趋向公平，一定程度上表明欧盟软外交的力量有所弱化；另一方面中欧达成的投资协定取代中国与欧盟成员国之间现有的双边投资协定，表明欧盟对成员国国内经济政策的影响力与代表性有所增强，一定程度上避免了中国在发展与欧盟各成员国投资领域的关系时，所面临的复杂性，但从长远看，欧盟代表性的增强，一体化程度的加深，使

〔1〕“第十四次中欧领导人会晤联合新闻公报（全文）”http：//news. xinhuanet. com/politics/2012－02/14/c_111524053. htm，2014 年 2 月 20 日访问。

〔2〕“第十五次中欧领导人会晤联合新闻公报（全文）”，http：//www. gov. cn/jrzg/2012－09/21/content_2229701. htm，2014 年 2 月 20 日访问。

〔3〕“第十六次中欧领导人会晤发表《中欧合作 2020 战略规划》”，http：//news. xinhuanet. com/world/2013－11/23/c_118264906. htm，2014 年 2 月 20 日访问。

欧盟获得了更有力的谈判筹码，因而，在发展各层面各领域的对外关系时，包括对华关系在内，欧盟将更强大。

（五）中国对欧盟的重新定位与政策趋向

欧洲主权债务危机使得欧盟及其成员国对国内经济、社会模式进行反思与调整，推动实体经济的建设与发展，降低社会福利水平，逐渐推进福利标准与经济发展相适应，增强国际竞争力。与此同时，中国也在进行经济发展模式的转型、社会结构的调整。

面对欧债危机冲击下的欧盟及其做出的调整，中国方面并未质疑欧盟在国际社会的地位与作用，正如2014年发布的第二份中国对欧盟政策文件中所指出的，中方认为欧盟仍是全球重要的战略力量和牵动国际格局演变的关键因素，是中国走和平发展道路，推动世界多极化的重要战略伙伴，是中国实现“新四化”和“两个一百年”奋斗目标的重要合作对象。[1]习近平主席在访欧期间也申明，中欧是发展之路上的利益共同体，中国将继续从战略高度看待欧洲，无论国际风云如何变幻，中国始终支持欧洲一体化进程，始终支持一个团结、稳定、繁荣的欧盟在国际事务中发挥更大作用。[2]在此基础上，面向欧盟，中国通过元首访问，提升了战略定位，拓展了合作空间。中荷、中法、中德与中比关系都实现了新的定位。与欧盟成员国关系定位的提升，在一定程度上表明中国对经历欧洲主权债务危机冲击的欧盟及其成员国是有信心的，是坚定中欧全面战略伙伴关系的。这一点也可由中国国家元首在欧债危机背景下首次访

〔1〕“深化互利共赢的中欧全面战略伙伴关系——中国对欧盟政策文件（全文）”，http：//www.gov.cn/xinwen/2014-04/02/content_2651490_3.htm，2014年4月5日访问。

〔2〕“习近平在布鲁日欧洲学院的演讲（全文）”，http：//news.xinhuanet.com/world/2014-04/01/c_1110054309.htm? prolongation=1，2014年4月2日访问。

问欧盟总部给出一定说明。

就具体政策领域而言，中国对欧关系做出了以下调整，使得中欧关系拓展了合作范围，提升了合作水平，并更趋务实：相比2003年中国政府首份对欧盟政策文件而言，在2014年公布的新文件中增加扩大防务安全领域合作这一内容，指出扩大双方务实合作领域和范围，完善安全政策对话机制，为逐步提升对话层级创造条件。这表明中欧之间合作范围的拓展以及中欧战略关系实质性的增强。同时，在军售问题上，中国不再强调军售禁令对双方军工军技合作的制约，也在一定程度上表明中国在发展对欧关系上更趋追求务实合作，而不再纠缠于老问题的传统对欧外交格局。此外，在投资领域，由2003年的加强投资对话发展为2014年的积极推动中欧投资协定谈判。

与此同时，受欧债危机的影响，中国的对欧政策在相应层面做出了调整：2014年公布的第二份中国对欧盟政策文件去除了欢迎欧盟增加对华发展援助这一说法，一方面说明中国自身取得了一定程度的发展，另一方面体现出欧盟在欧洲主权债务危机的影响下，用于对外关系部分的资源有限。在经贸层面，2003年首份中国对欧盟政策文件中，将中欧的经贸关系界定为中欧各具经济优势、互补性强；2014年的新文件中则指出，由于近年来中欧相关产业竞争增加等原因，双方在经贸等发展问题上存在分歧与摩擦。表明在欧债危机的冲击下，中欧经贸层面的摩擦更加突显，也更加引起欧盟层面的关注。

由此可见，短期内，中欧之间仍存在结构性差异，因而带来发展合作的空间，正如习近平主席在中德工商界招待会中以及在会见欧洲理事会主席范龙佩时所表达的：中国希望德方继续推动欧盟放宽对华高技术出口，增加技术与服务在双边贸易中的比重；希望欧方扩大对华高技术贸易。在欧洲学院的演讲中，习近平主席也指出，中欧关系发展空间还很大，潜力还远远没有发挥出来。因此，短期内，中国仍注重中欧经贸关系的发展，同时不断地推动中欧建立政治互信与文化、社会层面的沟通。

长期来看，中欧关系的坚实基础——中欧经贸关系随着中欧经济结构的趋同，将面临更多的挑战。此外，中欧关系中长期以来一直存在的问题或分歧并未随着中欧关系的发展得到实质性的解决，如中国的市场经济地位、对中国实施的武器禁运、西藏及人权问题等，战略性中欧关系仍待建设。就此，中国方面指出打造中欧“和平、增长、改革、文明”四大伙伴关系，更加具体地给出了中欧关系的战略性内涵与实践建议。

总体而言，欧洲主权债务危机引发了欧盟及其成员国层面的调整与改革，短期内，欧盟更加注重区域内部事务及对外经贸关系，一方面中欧经济关系中的矛盾在欧盟方面将被放大，另一方面在世界经济，尤其是发达国家经济发展处于低迷的时期，中国也将被欧盟视为推进成员国经济恢复的重要机会。而中欧在非经贸层面的矛盾与分歧也将被搁置。长期而言，随着欧盟成员国对国内经济、社会模式进行反思与调整，推动实体经济的建设，降低社会福利水平，逐渐推进福利标准与经济发展相适应，增强国际竞争力；中国进行经济发展模式的转型、产业机构的改革、社会结构的调整，中欧关系的发展方向面临着不确定性。而这取决于中欧能否建立起政治互信、文化包容，能否消除相互认知中的空白与误解，能否真正实践全面战略伙伴关系的内涵。

欧盟委员会职能与权力的变迁：历史制度主义的考察

曹 蕾〔1〕

欧盟委员会（European Commission，以下简称欧委会）是欧盟内的超国家性质的执行机构。欧委会是欧盟立法的最重要倡议者，是欧盟政策的主要执行者，在一定意义上还是欧盟法律体系的维护者和“一体化精神的捍卫者”。在二战后启动的欧洲一体化进程中，欧委会始终处在变化调整的状态，它经历了从高级机构到欧洲经济共同体委员会，再从欧洲共同体委员会到欧盟委员会的演进。其法律地位、组织结构、运作方式不断演变，其职能和权力也在不断调整。尽管经历许多挫折，但欧委会总的发展趋势是：随着欧盟法律条约体系的修正和完善，其职能不断拓展，权力逐步扩大，对欧盟各领域活动和政策的影响越来越大。可以说，要理解作为具有超国家性质的欧盟的发展历程，欧委会的职能和权力变迁是一个重要视角。

欧委会的职能，可以理解为欧委会根据欧盟条约法律体系规定和非正式的规则所被赋予的功能性责任。经过长时间的发展，欧委会的职能主要有三方面：立法、执行和对外关系［在

〔1〕 曹蕾，中国人民大学国际关系学院政治学理论专业，博士研究生。

《里斯本条约》规定的欧盟对外行动署（EEAS）成立后，欧委会相当一部分对外功能已被转出，但仍保留了部分职能，特别是欧委会主席的对外代表职能］。根据纽金特（Neil Nugent）的研究，欧委会的职能可以归纳为以下七大类：政策动议职能、立法职能、执行监督职能、捍卫法律职能、对外职能、协调职能和动员职能。[1]概括而言，欧委会负责就欧盟的发展提出全面的政策建议，并运用专业知识提出立法动议，同其他欧盟机构一道参与欧盟立法，同时监督对欧盟规则的落实，当存在违规嫌疑时负责调查，施加惩罚或提交法院裁决，在国际上进行谈判，辅助落实欧盟共同外交与安全政策（CFSP），同时协调欧盟内部各方的利益并对欧盟发展所需的支持进行社会动员。

欧委会的权力则可以理解为在一体化进程中获取成员国主权让渡，充分发挥超国家机制的职能，影响和控制欧盟决策程序，使自己的偏好和议程通过欧盟决策程序成为法律和政策，并对成员国和其他欧盟机构发挥影响的能力。其表现形式主要体现在：欧委会利用自己的政策动议和立法职能，通过积极或消极手段，克服来自成员国、欧盟理事会、欧洲议会或利益团体的阻力，使自己的政策偏好成为欧盟的政策和法律，并在此过程中努力控制议程制定权，塑造符合其超国家机构偏好的价值观和舆论氛围。

欧委会的职能和权力变迁是一个长时间维度的制度演变过程，对此新制度主义理论中的历史制度主义提供了一种有效的研究路径。本文旨在以历史制度主义的基本理论框架为分析工具，对欧委会的发展历史进行梳理，对其职能和权力演变的规律性现象进行总结，并对其未来发展进行展望。

---

〔1〕 Neil Nugent, *The European Commission*, New York: Palgrave, 2001, pp. 13 ~ 25.

一、历史制度主义：一种制度研究的路径

历史制度主义作为新制度主义政治学的重要流派之一，它的出现代表了20世纪80年代以来政治科学研究中的历史学转向与制度转向的融合趋势。按照斯科克波尔（Theda Skocpol）、瑟伦（Kathleen Thelen）和斯坦默（Sven Steinmo）等代表人物的观点，"历史制度主义代表了这样一种企图，即阐明政治斗争是如何受到它所得以在其中展开的制度背景的调节和塑造的"〔1〕。概括来说，历史制度主义关注的是国家与社会制度的整体范围如何影响政治行动者确定其利益，以及如何构建他们同其他团体的权力关系。皮尔逊（Paul Pierson）提出，历史制度主义具有三个特征：集中关注那些重大的结果或令人迷惑的事件；突出事件的背景与变量的序列；以追寻历史进程的方式来寻求对事件和行为作出解释。〔2〕因此，有学者认为，历史制度主义研究的主题是制度变迁，核心问题是什么要素推动了制度变迁，以及制度变迁和制度本身对政治现象有何作用。〔3〕

历史制度主义对于制度变迁研究的最大贡献就是提出了"路径依赖"（path dependency）理论，即制度创始时或政策创立时的政策选择，将具有持续性并且在很大程度上影响今后的政策。一旦政府在某一政策领域内作出最初的政策或制度选择，创立的模式将延续，除非存在足够强的力量克服在项目开端所

〔1〕 Sven Steinmo, Kathleen Thelen and Frank Longstreth (eds.), *Structuing Politics: historical Institutionalism in Comparative Analysis*, Cambridge University Presss, 1992, p. 11.

〔2〕 何俊志："结构、历史与行为——历史制度主义的分析范式"，载《国外社会科学》2002年第5期。

〔3〕 刘圣中：《历史制度主义：制度变迁的比较历史研究》，上海人民出版社2010年版，第6页。

创造出来的惯性。[1]换言之，路径可以被改变，但需要大量的政治压力来促成转变。从这个意义上说，历史制度主义意味着演进的过程，而非对初始模式的彻底跟随。由此产生的问题是，是否制度稳定发展过程中的间断期也受到这种选择的限制，还是存在着一种广泛的可能性。

针对这个问题，克拉斯纳（Stephen Kransner）提出了制度变迁的“间断平衡”理论（punctuated equilibrium）。克拉斯纳认为，制度长期以稳定为标志，其间导致相对突然的制度变迁的危机将促使制度发生周期性的间断波动，之后制度又重新恢复稳定。[2]制度危机通常都来自于外部环境的变化，这种危机能够导致旧制度的衰朽。在制度衰朽时，制度决定政治变成了政治决定制度。就此，瑟伦提出了替代性的“动态限制”（dynamic restriction）理论，该理论强调制度崩溃不仅仅是制度变迁的来源，政治行动者所掌握的策略和在制度限制下的冲突也能影响产生互动的制度要素。[3]“间断平衡”理论认为制度变迁的最核心因素是外部压力，而“动态限制”理论更关注回应外部事件的制度内的技巧运用。

皮尔逊则从经济学中借鉴了“增长回报”（increasing returns）的概念来分析路径依赖形成的机理。所谓增长回报是指在经济生活中，过去的技术、经验和制度规范将不断产生自我维持和自我强化的功能，使得随后发展的技术选择、制度变革和总体效果具有过去的要素特征，并倾向于维持过去的结构和关系，和其他选择相比形成一种优势地位。这种过程不断增长

---

〔1〕 Sven Steinmo, *Structuing Politics: historical Institutionalism in Comparative Analysis*, Cambrige University Press, 1992, p. 64.

〔2〕 刘圣中：《历史制度主义：制度变迁的比较历史研究》，上海人民出版社2010年版，第131页。

〔3〕 刘圣中：《历史制度主义：制度变迁的比较历史研究》，上海人民出版社2010年版，第132页。

着对既有技术、制度和关系的维持与强化功能以及回报性的积极反馈功能。[1]不仅在经济生活中，政治制度也显示出在旧的制度、社会力量和关系要素的增长回报的倾向下不断自我维持、强化，使得制度保持稳定和延续的特征。

历史制度主义的另一个特征是将时间维度纳入制度分析，即从时间的角度来分析制度演变的过程，分析时间要素对制度变迁和政策差异的影响及其结果。历史制度主义所考虑的时间要素不仅仅是长时段的时间，也包括短时间的某个重要节点，甚至是偶然的时间点或事件。皮尔逊曾把时间要素概括为七个：路径依赖、关键节点、序列、事件、持久性、时序、意外后果。[2]总的概括起来，时间因素可以分为纵向的长时段的序列因素和横切面的短时间的节点因素两方面。前者带有稳定性和连续性的特征，而后者带有波动性和断裂性的特征。[3]

从序列因素的角度看，时间的连续性形成了历史的序列性。按照皮尔逊的理论，时间和序列包含在路径依赖理论之中。事件在什么时间发生很重要，重要的次序将导致完全不同的结果。在特定时间的某个小变量如果在恰好的适当的时序中出现则可能导致重大的结果。[4]

从节点因素的角度看，在历史过程中的某个特殊的时间点发生了重大的事件，对后面的历史发展产生了重大影响，可以被看做是“关键节点”（Critical Junctures）。历史过程中的关键

---

〔1〕 刘圣中：《历史制度主义：制度变迁的比较历史研究》，上海人民出版社2010年版，第127页。

〔2〕 Paul Pierson, *Politics in Time: History, Institutions and Social Analysis*, Princeton University Press, 2004, p. 6.

〔3〕 Paul Pierson, *Politics in Time: History, Institutions and Social Analysis*, Princeton University Press, 2004, p. 147.

〔4〕 Paul Pierson, *Politics in Time: History, Institutions and Social Analysis*, Princeton University Press, 2004, p. 151.

节点非常重要，因为它们把制度排放在路径或者轨道上，一般都难以改变。关键节点理论很好地抓住了历史事件发生过程中重要的转折关头，这一时期的偶然性因素将会影响到其后较长时间的稳定阶段的制度模式。偶然发生或者无法预测的事件，能够改变或更换历史发展中的明显的长期趋势。通过事件切入历史，建立一种以事件为中心的分析序列，同时尊重偶然因素的作用，历史制度主义希望借此能够找到"事件关联之网"，从而理解历史选择背后的动机因素。

此外，历史制度主义还认为，时间不是孤立存在的，而是与世界存在共时性的。换言之，一定时间的世界背景和重大事件会对某个地区的政治社会发展产生重大影响。这种一定时间内的世界范围的关联性就可以被定义为世界时间性。[1]这是一种横向共存的时间观念，它的含义在于世界范围的重大要素互相产生影响，互相依存，互相激励和干扰，具有联系性的特征。

历史制度主义通过引入时间维度，建立了纵向的时间序列和横向的事件序列等分析路径，把路径依赖、关键节点、间断平衡等概念有效地串联起来，构建了一种聚焦于制度变迁的理论框架，为政治行为者如何直面选择和限制的核心问题提供了一种解释框架，从而有助于人们更好地理解政治生活。

二、历史制度主义与欧洲一体化研究

将历史制度主义运用于欧盟制度研究，关注的核心问题是一体化的制度发展和制度动力问题。从根本上讲，历史制度主义介入了一体化理论中新功能主义和政府间主义之间关于一体化的来源和动力问题的经典争论。具体来说，就是讨论成员国和超国家机构围绕一体化制度所产生的权力关系问题。历史制

〔1〕 Paul Pierson, *Politics in Time: History, Institutions and Social Analysis*, Princeton University Press, 2004, p. 151.

度主义接受了新功能主义和政府间主义所采取的“委托人—代理人”解释框架。成员国创造了共同体，希望共同体服务于它们的目的，但为了执行集体的任务，成员国又必须建立新的机制，这样就创造新的代理人—超国家机构。这些代理人有自己的利益，并且很可能同委托人的不一致。代理人有自己的资源、专长，就会同委托人之间产生了复杂的互动关系。历史制度主义在研究欧洲一体化时主要关注两类问题：一是何种条件下，成员国的主权会实现向欧委会这类超国家机构的转移；二是超国家机构如何背离了成员国的意愿，以及成员国如何对其进行限制。

根据历史制度主义的基本假设，解释欧盟制度动力的关注焦点是先前的制度承诺限制进一步行动的方式、限制可能的范畴以及促使代理人重新界定其利益。当行为者依据过去所发生的事情自发地重新界定其偏好时，制度和政策变化就成为“路径依赖”，其中制度安排随着时间慢慢被提升至合适位置，并因此制约行为体的行为。历史创造背景，而背景又塑造选择。欧盟层面上的制度不仅提供欧盟政治运作的舞台，而且在塑造欧盟层面的有关行为体所共有的规范、价值和惯例方面发挥重要作用。[1]例如，皮尔逊等强调把欧洲一体化看做是一个不断扩展的历史进程。在这一进程中成员国的政策决定产生了很多的“意外结果”（Unintended consequences），这导致了很多的欧盟成员国很难控制或者推翻这些现实。历史制度主义就是要探讨在何种条件下，欧盟的一体化进程会产生“锁进”（Lock in）或者路径依赖。

历史制度主义者认为，国际制度是有关国家出于实现自己利益的需要而建立的，但国际制度的存在、运转和发展会改变

〔1〕 房乐宪：“历史制度主义及其对欧洲一体化的解释”，载《教学与研究》2010 年第 6 期。

有关国家间的政治。就欧洲一体化来说，在一体化制度创立之初，成员国确实对其有所控制，但随着一体化进程的发展，成员国所创造的东西获得了某种独立性，并反过来对成员国形成制约。皮尔逊将一体化进程中机制脱离成员国控制的现象称为“裂口”（Gap）。〔1〕裂口的出现是由意外或者非意欲的结果造成的。这就是说，尽管成员国在创设一体化制度时，追求自己的利益最大化，但制度和政策的实施、执行随后改变了成员国及其继承者的位置，而且是以它们不曾料到的和（或）它们不想要的方式改变。

皮尔逊认为主要有四个原因导致“裂口”的产生。其一，成员国政府出于选举的考虑，同意欧盟的一些政策，但从长远利益来看，欧盟成员国反而失去了对欧盟的控制；其二，一体化发展动力不仅来自于超国家行为体的活动，还来自于当初作出一体化决定的决策所带来的副产品，即所谓意外的后果。〔2〕制度选择中的意外后果导致“裂口”的产生，而成员国无法通过随后的行动来弥补这一漏洞。其三，成员国随着时间的推移而产生了偏好的转移，特别是由于政府更迭后，新政府有其自身的利益偏好，却继承了上一届政府的制度环境。其四，欧盟制度和政策发生“锁进”，不仅仅是来源于成员国政府对制度的“抵制”，还由于现行制度的运行对制度层面的社会行动者带来利益，而且面对变革制度的“高昂成本”，使社会行动者更愿意维护现存运行的制度。〔3〕

按照皮尔逊的分析，制度演进的结果是形成一个对所有政

---

〔1〕 陈玉刚：《国家与超国家：欧洲一体化理论比较研究》，上海人民出版社2001年版，第223页。

〔2〕 陈玉刚：《国家与超国家：欧洲一体化理论比较研究》，上海人民出版社2001年版，第232页。

〔3〕 赵丽：“欧洲联盟权力演变的新制度主义解释”，载《国际关系学院学报》2012年第3期。

治行为体的选择都造成限制的整体。有所不同的是，成员国有权修改它们创立的制度，而超国家行为体则没有，它们的生命和活动能力都是成员国所创立的制度赋予的。因此在欧洲一体化启动后，成员国即使发现了它们所建立的制度不再受到自己的控制，由于路径依赖的原因，它们还会通过《罗马条约》、共同农业政策、欧洲货币体系、《马斯特里赫特条约》、《阿姆斯特丹条约》、《里斯本条约》等一步一步“越陷越深”。

在皮尔逊看来，政府间主义过分夸大了成员国对欧洲一体化控制的程度。在他的分析框架中，行为体的偏好和它们的制度选择背后的理由对一体化进程来说是外生的。制度往往锁定并创造路径依赖。在欧洲一体化背景下，历史制度主义主张超国家机构的建设根植于一种非常特定的历史背景（例如，在欧洲煤钢共同体的情况下就是战后重建和两极格局）。因此，共同体的制度架构在特定的动机和偏好基础上做出它们的决定使一体化正式化，后来欧洲一体化的路径是由这些受背景约束的决定所确定的。尽管成员国政府仍是关键的行为体，并对诸如条约修改之类的欧盟主要决策负责，但各成员国政府作出这类决策的基础还受它们参与欧洲一体化的历史经验所影响。

概括地说，历史制度主义对欧洲一体化研究的重要贡献，就是指出在何种情况下，欧洲一体化进程容易产生“锁进”和“路径依赖”，这超越了新功能主义运用“溢出”（Spill over）来解释欧洲一体化的进程，从而有效地解释了欧洲一体化进程中的不均衡发展。

三、欧委会职能和权力的变迁路径：依赖与突破

考察欧委会在六十多年间的职能和权力变迁路径，可以清楚地发现历史制度主义理论所提出的路径依赖范式与制度“裂口”范式的交互作用。前者保证了欧委会在制度层面的总体稳

定和职能权力的稳步扩展，而后者则体现在历次“关键性事件”对欧委会职能和权力的影响和制约。欧委会的历史就体现出来稳定和变化交织，在稳定中变迁的特征。

（一）路径依赖的稳定和增益

历史制度主义的理论范式认为，行为体对自身利益和行动目标的认识取决于制度背景和以往历史提供的经验，行为体的行为能力取决于制度结构和有关规范的约束，行为体偏好的形成过程受到制度的塑造。纵观欧委会的发展历史，长期以来欧委会制度体系中的一些核心特征从未改变。这些要素在欧委会建立之初的《煤钢共同体条约》和高级机构的制度设计中就得到了体现。这些最重要的要素包括以下几项内容：

1. 欧委会作为超国家机构的根本属性和相对于成员国的特定独立性。[1]这一特征是欧委会存在的灵魂，是其他制度安排赖以展开的基础。

2. 欧委会对一体化合作领域实施行政性管理的主要职能。这一特征奠定了欧委会在一体化机构体系中作为“行政部门”的定位。

3. 欧委会内部政治和行政部门的划分以及政治和行政角色的混合。这一特征使得欧委会不同于成员国行政机关或者国际组织的秘书机构，并在组织结构上决定了欧委会的特殊行为模式。

4. 欧委会作为一个整体对欧洲一体化的价值观偏好。[2]尽管很多学者通过实证分析对这一特征的程度提出种种质疑，但在相当长的历史阶段内，这种价值观偏好，无论其是原生的还是外界附加的，都对欧委会的行为产生了重要影响。

---

〔1〕 参见《欧洲煤钢联营条约》第2条第9款。

〔2〕 D. W. Urwin, *The Community of Europe: A History of European Integration since 1945*, 2nd, Harlow, Longman, 1995, p. 55.

欧委会在制度创立时期所被赋予的这些特征是二战后催生欧洲一体化的历史、社会和文化条件以及欧洲一体化的创立者舒曼、莫内等人有意选择相互作用的结果，同时也得益于莫内对于法国行政体制的借用。[1]这种制度路径一经产生，就对欧委会的发展留下了深刻的烙印。尤其重要的是，这些特征经过欧共体（欧盟）的历次条约修订不断得到巩固和发展。可以说，正是得益于欧共体（欧盟）条约体系的稳固和逐步完善，欧委会在其重要的特征方面始终保持稳定。

与此同时，欧委会在哈尔斯坦、德洛尔、普罗迪等较为强势的领导人管理期间，抓住了有利的环境和机遇，不断强化自己的特征。纵向地看，欧委会在不断进行调整和变革，比如组织结构、工作方式、发挥的职能等，始终伴随着欧洲一体化的深度——主要体现在政策活动的增多，和广度——体现在欧盟的不断扩大的增加而发展。欧委会有时候也主动进行调整，以寻求在机构关系中处于更积极的立场，或者提高自己的操作效能。比如，在共同外交与安全政策问题上，欧委会只被欧盟条约赋予有限的权力。欧委会为了在这个日益重要的政策领域内发挥更大的作用，德洛尔、桑特和普罗迪时期，在委员团和行政层次上进行组织调整，不断向理事会提供立场文件和政策文件，并努力将纯外交问题同贸易和发展问题联系起来。在历次条约修订和重大的政策创新阶段，欧委会基本都表现出扩大职能和拓展权力的主动性和积极性。可以说这种变迁的趋势是一种正向的增益，是一种对路径的巩固和支持。

（二）非增益性的变迁

然而，在欧委会的这种稳定框架之内，变革也在以多种形

---

〔1〕 S. Mazey, *Conception and Evolution of the High Authority's Administrative Service (1952～1956): From Supranational Principles to Multinational Practices*, in E. V. Heyen (ed.), Yearbook of European Administrative History 4, Baden Baden, Nomos, 1992, pp. 31～47.

式出现，有些变革并非是出于增强职能和权力的目标，而很大程度上是因为欧委会不得不随着运行环境的变化而调整适应。比如，近年来欧委会的变化主要体现在以下几个方面：

第一，自20世纪80年代中期以来，欧盟政策职能已经显著扩展。在广度上，像国防、气候变化等领域已经或至少部分地出现在议题之中；在深度上，像竞争规则和产品标准等越来越多在欧盟层面决定。这种扩展使得欧委会不得不扩展自己的政策专业能力，并且增加在技术方面的投入，比如政策监督和落实上的工作力度。这在一定程度上影响了欧委会在政治层面上发挥领导力。

第二，欧盟社会文化的变迁和欧委会内部行政部门改革带来的影响使得欧委会内部的价值观倾向发生了变化。欧委会的政治领导层从早期的“志同道合”者团体转变成了更为务实的政治家群体，委员团成员更多考虑自己的政治生涯。而行政部门则由技术专家向追求绩效的官僚行政风格转变。[1]欧委会内部倾向一体化的价值取向已经大为降低，对其在欧盟内的地位和作用产生消极影响。

第三，欧盟自20世纪90年代早期以来越发强调辅助性和透明性原则，使得欧委会不得不在许多方面调整自己的行为。关于辅助性原则，欧委会现在不得不对新的立法是否应该提出而仔细斟酌。关于透明性原则，欧委会采取许多措施，包括建立更好的公共信息发布制度，对可能的政策调整进行更早的提示，听取更多利益方的意见和评论等。

除了环境变化带来的变革压力外，欧委会自我调整以追求进一步利益的情况不能被夸大。尽管研究者经常将欧委会作为一个统一的分析对象，但实际上，欧委会远非一个统一的实体，也缺乏所有人员明确的支持和统一的目标。正如有的学者的研

〔1〕 Hussein Kassim, John Peterson, *The European Commission of the Twenty-First Century*, Oxford University Press, 2013, p. 105.

究表明，即使在最高层次上，欧委会人员的精力也主要花在应对而非主动采取行动上。欧委会经常处在最后期限的压力下，必须对不可能预知的事情尽快作出反应，而非将精力放在策划与己有利的安排上。〔1〕

（三）打破路径的关键性事件

尽管欧委会在发展过程中体现了相当强的路径特点，但欧洲一体化进程的一个基本事实是，在欧盟机构中，欧委会作为超国家机构自始至终受到成员国、代表成员国利益的理事会、欧洲理事会以及代表社会性力量的欧洲议会甚至民意本身的制约。甚至可以说从一开始，欧委会及其前身的高级机构就没能打破成员国对其的限制。尽管欧盟机构间的竞争从未休止，但从欧委会发展进程的角度看，一系列“关键性事件”屡屡打破了欧委会职能和权力扩展的发展路径，迫使欧委会在制度上做出调整，以适应同其他机构或力量的互动关系变化。这些关键性事件及其影响见表1。

表1　影响欧委会职能和权力的关键性事件

事件名称	时间	当事方	制度后果
空椅子危机	1965年	法国	确立成员国特别是大国对欧委会的支配性作用。哈尔斯坦离职后，欧委会的主动性大为降低。
桑特欧委会辞职	1999年	欧洲议会	欧洲议会获得对欧委会的重大制约能力。欧委会在组成、任命等方面受欧洲议会影响。

〔1〕 G. Ross, “Inside the Delors Cabinet”, *Journal of Common Market Studies*, vol. 32, No. 4, pp. 449～523.

续表

事件名称	时间	当事方	制度后果
法国、荷兰公投否决《欧盟宪法条约》	2005 年	欧盟民众	欧盟内部“民主赤字”问题进一步暴露，超国家合作方式受到质疑。随后产生的《里斯本条约》对欧委会职能造成限制。
应对欧债危机	2008 年以来	欧洲理事会、成员国	欧委会的政策倡议权受到削弱，成员国让渡主权意愿明显下降。

这些欧洲一体化历史过程中的关键性事件非常重要。历史制度主义的“关键节点”理论认为，这些关键性事件具有偶然性，但它们把制度安排放在路径或者轨道上，一般都难以改变。上述的关键性事件相对制度发展的长期性要素也都具有一定的偶然性，比如上述事件中戴高乐个人的政治理念和性格因素；桑特在处理其委员违规事件中的冲动；法、荷等国民众对本国政府的不满以及范龙佩个人的政治手腕；等等。这些因素虽然并不直接影响到欧委会同其他行为者的关系，但直接作用于历史事件发生过程中重要的转折关头，使得这些偶然性因素影响到其后较长时间的稳定阶段的制度模式。尽管在制度层面，欧委会始终受到各种因素的制约，但这些事件确实影响到相当长时间内欧委会职能和权力的发挥。

（四）时间序列的影响

对于欧委会的职能和权力的演化来说，时间序列的影响也十分清晰可见。历史制度主义认为，某一制度的时间背景不是孤立的，而是同世界具有共时性。换言之，国际社会的环境和背景会对某个地区的制度变迁产生重大影响。纵观欧委会的发展历程，可以看到国际环境的影响作用。欧委会的职能扩展和权力扩大同欧洲一体化发展具有正相关性。欧洲一体化发展顺利的时期，欧委会的地位就容易相应提高，而欧洲一体化的发展程度始终同欧共体（欧盟）面临的国际环境息息相关。二战后欧洲煤钢联营的创立，得益于冷战爆发导致西方内部加强团结的需要；欧共体共同市场建设的起步和发展，同东西方缓和带来的欧洲地位上升有关；欧盟条约的创新完善和欧盟扩大则直接同冷战结束，西方获得国际上的优势地位相关联。反之亦然：戴高乐在西方内部寻求独立的战略地位导致了“空椅子危机”；石油危机和西方经济滞胀导致了欧委会在20世纪六七十年代成果寥寥；而冷战后全球化进入新阶段，新兴国家的崛起导致西方竞争力下降，欧盟内部各成员国的自我意识抬头，对欧委会的作用也造成了严重制约。

另一方面，正如皮尔逊所提出的，时间序列对于制度的影响还体现在行为体能否有效地掌握政治空间和社会资源。在一些重大事件发生前后，有时候欧委会能够抓住机遇，能动地创造增加权力的条件。比如莫内领导下的高级机构利用煤钢联营业务管理拓展了高级机构的职能；德洛尔在20世纪80年代初期欧洲一体化低迷的形势下，把握住成员国希望建立共同市场的愿望，推动单一市场建设，重振了欧委会的作用和一体化进程；巴罗佐时期欧委会利用气候变化这个全球问题升温的机会，主动调整了内部组织结构，高度重视该议题而获得了引领欧盟政策走向的主动权。反之，时机也会影响到欧委会追求目标的能力。比如在哈尔斯坦离职以后以及在托恩、桑特和巴罗佐时期，整个欧盟内部的氛围都不利于一体化的进一步推进，成员国对超国家机构的猜疑上升，政府间合作的意识增强，这影响了欧委会施展政策，迫使其不得不加强协调并照顾各方的意见。

四、影响欧委会职能和权力的组织结构性因素

同传统的欧洲一体化理论将欧委会看做是一个整体，作为“代

理者”承担“受委托”的权力不同，比较政治研究力求打破“黑箱”，探求欧委会内部结构和政策过程对其职能和权力的影响。而引入历史制度主义范式，使得研究者能够从时间纬度来分析欧委会内部结构变迁对欧委会对外发挥职能和运用权力的影响和作用。

欧委会在组织结构和欧盟治理体系中所承担的责任方面，都是一个政治和行政的混合体。这种混合性既是一个有利因素，使得欧委会实质性地参与了欧盟活动的方方面面，同时也存在缺点，即创造了组织性的困难，并增加了不确定性，有时候甚至在涉及欧委会活动的外部行为体之间造成了争议。

从组织结构上来区分，欧委会的政治性功能由委员团体现，行政性功能则由行政职能部门来发挥。[1]在对欧委会发展历程进行梳理后，我们可以发现不同的时期，欧委会内部政治—行政关系存在不同特点。由于历届欧委会受到主席个人风格的影响比较突出，而且无论是欧盟条约的规定还是在功能实践中，主席在选择、领导、管理委员团方面都具有越来越大的权力，在分析时可以用主席来代表欧委会的政治性功能。

根据欧委会内部的政治性和行政性部门划分以及活动能力和影响的大小区分，可以对历届欧委会的行为做出模式划分，即按照主席的强势或弱势，行政部门的强势或弱势进行组合。其中，强势或弱势主席、强势或弱势行政部门的特征，在表2中加以表现。

表2　欧委会行为模式类型

	主席	行政部门
强势	积极进取，推崇一体化理念，强调欧委会的地位，对成员国立场强硬。	人物资源充足，专业能力强，注重维护欧盟政策法律，自我意识突出，对委员团独立性强。

〔1〕 Neil Nugent, *The European Commission*, New York: Palgrave, 2001, p. 3.

续表

	主席	行政部门
弱势	谨慎保守，重视解决欧盟面临的现实问题，避免同成员国对抗。	人物资源不足，专业能力有限，专注工作绩效，自我意识淡薄，易受到委员团的支配。

经过搭配组合，可以得出四种类型的欧委会：即强主席—强行政部门、强主席—弱行政部门、弱主席—强行政部门和弱主席—弱行政部门。这四种类型的欧委会在历史上都在一定程度上存在。其中，莫内领导的高级机构、哈尔斯坦领导的共同体委员会、普罗迪领导的欧委会属于强主席—强行政部门类型，詹金斯、德洛尔领导的欧委会属于强主席—弱行政部门类型，桑特、巴罗佐领导的欧委会属于弱主席—强行政部门类型，在哈尔斯坦和德洛尔之间的一系列主席领导的欧委会则有弱主席—弱行政部门类型的特征。综合地看，强势的主席和政治部门自然有利于提高欧委会的地位，但短期内的强势未必能够有效地增强欧委会的职能和权力。历史上，在强势的哈尔斯坦、德洛尔等主席的任期内，欧委会同成员国之间的关系都趋于紧张，引起了成员国对超国家机构的警惕，反而在其离职后造成了继任欧委会的弱势地位。同时，随着欧委会管理职能的扩大，强有力的行政部门通过严格执行欧盟的政策，有效监督欧盟法律的实施，对成员国提供专业的支持，同样能够通过强化超国家职能而提高欧委会的声望和职能。

通过以上考察，可以看出，在组织结构层面欧委会发挥职能和权力的有效性，受到一系列因素的制约：

第一，欧委会的政治领导层能力问题。主席还是委员们是否具有领导力，有没有全面地把握局势并贯彻自己意志的能力，很大程度上决定了欧委会的影响力和权威。如果主席只有较弱的权力，或者委员团班子内由于国别政治力量相互平衡的原因，而任命产生了许多不得力的人员，欧委会的职能和权力就会受到很大的掣肘。

第二，欧委会内部的结构分割问题。欧委会内部政治和行政部门之间的职能划分是否合理，双方的关系是否顺畅，在政治部门中，政策责任在委员们之间的分配是否到位，在行政部门内，总司之间的工作分配是否科学，都将影响到欧委会动作的协调和有效。

第三，欧委会内部的价值观问题。欧委会作为超国家机构，长期以来被认为持有支持欧洲一体化的价值取向。在历史上强势的主席领导下，这种自我选择的价值观往往表现得比较突出。但随着官僚制文化的发展，这种倾向一体化的意识形态逐步淡化。除此以外，在欧委会的行政部门内，因为人员的国籍和地域认同而在内部存在的亚文化，导致了有时候工作关系非常艰难。比如，在一些总司，产生了一种使命感，同其他总司在重要的政策问题上产生严重对立。积极协调、服务于欧委会职能的价值观念无疑有利于欧委会的团结和权威。

第四，欧委会的专业能力问题。欧委会日益增多的任务需要相应的人员、物资和智力资源增长加以支持。如果欧委会对于履行其职能所需要的专业能力提供不足，或者应对迟缓，就会损害欧委会的地位。

在欧委会的发展历史上，为了解决欧委会的组织结构问题曾提出许多设想，比如为了解决领导力问题，经常提出增加主席权力，缩小委员团规模，任命高级和低级委员等建议，并在普罗迪时期进行了大规模的改革。但是，这些改革措施都会带来政治敏感性问题，很多涉及调整条约。成员国是否愿意或者能够推动这些改革，并为此影响到自己对欧委会的控制能力，在一定程度上也是考察欧委会组织结构问题所必须要考虑的因素。

五、对未来欧委会职能和权力的展望

随着欧债危机的爆发，国际上对欧盟的地位和欧洲一体化前景的看法有走低的趋势，特别是《里斯本条约》生效后欧委会在欧盟体制内的作用受到进一步限制，以及欧委会在贸易问题上态度更加保守，造成国内一些舆论对欧委会未来的职能和权力走向疑虑上升。经过以上分析可对欧委会未来的发展做出一些判断：

第一，欧委会作为超国家机构，其职能和权力同欧盟一体化的发展态势密切联系。只要欧盟一体化发展的大趋势不改变，欧盟作为高度一体化的地区组织的性质不变，欧委会在欧盟机制内的地位和作用就不会有根本的改变。尽管近年来成员国对一体化的方向和速度分歧加大，但六十多年来一体化的实践已经深刻改变了欧盟成员国制度体系和行为模式，通过让渡主权和联合自强获得发展，已经是欧盟成员国的不二选择。只要一体化继续发展，不管速度如何，对于欧委会这个超国家机构的需要就不会变，欧委会的职能和权力地位就不会受到根本动摇。

第二，欧委会的地位和作用受到欧委会内部组织结构关系的影响很大。在政治层面，一个强有力的欧委会主席，即使在复杂环境下，也能展现自己的开创精神，并且在同其他机构的复杂互动中，维护和拓展欧委会的利益。同样，一个强有力的委员，在面对比较软弱的主席时，也可以贯彻自己的偏好和主张，甚至左右整个欧委会的政策方向。在行政层面，具有专业能力和自我价值观念的总司及其领导人，也可以对主管委员，甚至委员团施加影响。因此，判断未来欧委会在欧盟体系内的能动性，其人员构成和内部关系是重要依据。

第三，欧委会在欧盟决策体系中的地位受到更多因素的制约。欧洲议会在决定欧委会组成和任命方面的影响更为突出，欧洲理事会通过首脑会议获得了更多决策权力，以前常规的欧委会—理事会轴心决策程序现在很少使用，而代之以欧委会—理事会—欧洲议会的三角关系。欧委会作为一个核心政策活动者，其维护自己权利的能力正在被削弱。但是也要看到，欧委会也利用条约调整获得新的机制性优势。比如，在理事会中特定多数表决机制的增加使用，使得欧委会的立法动议更不容易被否决，理事会在决策中对欧委会依赖的上升，使得欧委会推行强有力且持续的政策的能力的提升等。欧委会长期以来在欧盟内独立性和依附性之间的平衡地位仍然能够得到维持。

第四，欧委会的行政管理职能将进一步强化。欧委会在政治领导力受到挑战的同时，其行政管理职能正在得到继续增强。随着欧盟条约将更多的领域纳入欧盟的政策范围，欧委会落实、维护、监督欧盟政策和法律体系的作用更加突出。欧委会的内部调整和改革也进一步增强了其专业能力。欧盟应对金融和债务危机的例子表明，尽管欧洲理事会和成员国在创立制度方面享有优势，但在创立新的机制后，无论成员国是否愿意，欧委会都是接受运作和监管机制的最佳选择。

第五，欧洲党派政治和公民政治对欧委会的影响上升。长期以来，欧委会赖以维持的独立性随着欧洲议会职权的扩大而难以为继。由于欧委会在组建过程中必须要得到欧洲议会的批准，这使得未来欧委会主席的人选很难违反欧洲议会内部党派力量对比的现实，而欧委会主席地位的提升，使得其党派属性对欧委会政策的潜在影响力增加。此外，欧洲范围内公民政治的发展和欧盟对“民主赤字”的纠偏使得欧委会受到舆论和利益集团的影响上升。

欧盟共同外交与安全政策机构改革有效性分析

朱凤余〔1〕 付江媛〔2〕 蒂姆·波特兹〔3〕

一、关于欧盟共同外交与安全政策

欧洲理事会及部长会议协同高级代表，共同决定CFSP（共同外交与安全政策）的具体内容。超国家的欧盟委员会和欧洲议会可以对其政策产生影响，但仅限于一些关键性决议，如是否部署共同安全与防务政策等。在执行层面，政府间共同安全与防务政策及政治安全委员会设置一系列CFSP委员会和工作组，主要承担外交事务委员会的主要顾问的角色。欧洲外交事务部门——欧盟对外行动署支持高级代表并协助欧洲理事会主席及欧盟委员会主席进行对外政策的执行。

---

〔1〕 朱凤余，中国人民大学国际关系学院博士研究生。

〔2〕 付江媛，爱尔兰都柏林大学法律与公共事务学院欧洲法学硕士，中国人民大学法学院硕士研究生。

〔3〕 蒂姆·波特兹（Timothy Potenz），爱尔兰都柏林大学政治与国际关系学院硕士，英国伦敦国王大学博士研究生。

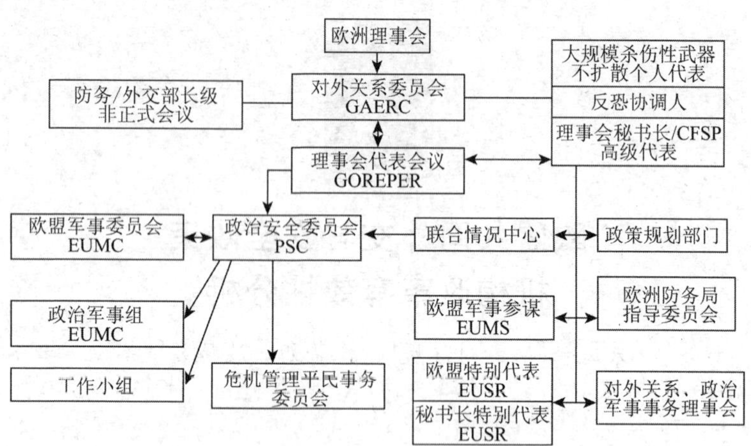

图　共同外交安全政策/共同防务政策机构设置

Source：http：//www. diplomatie. gouv. fr/en/IMG/pdf/CFSP_organisation. pdf.

欧盟共同外交与安全政策复杂的制度框架，引起了关于其性质的长期争论。为了使 CFSP 更加有效，欧盟多年来进行了一系列改革，而里斯本协定是这一系列改革谈判的最新成果及其制度建构的内在法律安排，这也引发了不同的解读和解释：超国家的因素还是政府间因素抑或两者的结合才更加的有连续性和有效呢？一种解释认为《里斯本条约》关于 CFSP 的规定是加强欧盟国际身份的重要一步。这意味着欧盟不断朝着超国家体系发展，也意味着欧盟一直呼吁的联盟外部行动的一致性及其行动能力已经朝着一个在国际体系内拥有强烈身份认同的更加强大和更加团结的国际行为体方向发展。另一方面，协议条款也可被解释为某种“合理化的政府间主义”（rationalised intergovermentalism）的最精炼形式[1]。政府间主义是 CFSP 运行过程中的主要的决定性因素。这不是不考虑成员国的观点而制定和执行单一政策，而是使

〔1〕 M. Merlingen, *EU Security Policy*: *What It Is*, *How It Works*, *Why It Matters*, London: Lynne Rienner Publishers, 2012.

各国有能力在特定问题中规划和实施集合了各国观点的共同政策。与此前国家间的经济计划委员会不同的是，CFSP 是一个多层次集体决策过程[1]。因此，CFSP 也被认为是“超国家的国家间主义混合物”（hybrid supranational intergovernmentalism）[2]。

二、共同外交与安全政策制度设计的弱点分析

在分析 CFSP 和 CSDP（共同安全与防务政策）中存在的弱点之前，我们不得不问所谓的弱点具体是指什么。弱点总的来说是指那些阻碍制度功能正确和有效执行的因素。这也引出关于 CFSP 和 CSDP 及其制度的一个有趣的问题：它们的功能是什么？目的如何？这些国际制度又是为何设立的呢？

传统的制度主义将制度看做是将一系列现存的主要规则集合为一个总的规则主体。这种制度的“粘合性”将特定规则，甚至是未写明的规则嵌入到公认的实践经验甚至是法律中。由此，制度重新梳理国际无政府状态，使之变成一个切实可行的、可预见的环境，从而实现相互信任、培育集体决策的过程，并使各国政府从关注绝对收益转为更关注相对收益。各利益相关国不再通过相互欺骗来获取利益，而是通过支持一个有着可预见性、稳定规则、预设程序的体系使各方都能从中获益，这一体系总体来说也使成员国感到其本体安全得到实现，就像其本应有的安全得到实现一样。这种观点认为，国际制度的功能是改变国际无政府状态，并激发国家间的合作。

然而，现实主义者将制度看做是由地区内最有权力的大国

[1] M. E. Smith, “Diplomacy by decree: the legalization of EU foreign policy”, *JCMS: Journal of Common Market Studies*, 39, 2010, pp. 79～104.

[2] K. Radtke, “The EU's common foreign and security policy (CFSP) after the Lisbon Treaty: supranational revolution or adherence to intergovernmental pattern?”, *The EU's Lisbon Treaty*, 2013.

设置和控制的工具，这些大国利用此工具使其霸权更加持久。特里·莫认为："利用官僚化的制度，（大国）结构性的实现其偏好并且使失败者失去更多。"[1]这种观点认为，国际制度的功能是巩固现状以保证稳定性，更有效地使原有混乱的各权力中心的利益的混乱集合，集中为更为流畅的决策执行的过程。

因此，如何理解制度将影响如何理解制度的弱点。制度的这两种功能在现实中可能都会体现，例如冷战期间，北约既使西欧的国际环境从无政府状态转化为相互信任和合作，同时也实现了加强美国在该地区的霸权的功能。对我们来说，关注这两个功能或其中之一如何阻碍制度执行，是了解 CFSP 或 CSDP 的弱点的重要方面。

1. 缺乏一致性。CFSP 的一个明显的弱点是必须取得一致。每个国家都对主要决策拥有否决权，任何行动和制度改革计划都必须通过全体一致投票才能付诸实施[2]。这一程序规定严重阻碍了 CFSP 功能的发挥。

欧盟的一个众所周知的异质性在于，其内部分裂日益严重。在安全政策方面，如果不涉及经济利益，那么其成员国更倾向于保持其国家政策，而不是为了国际合作而做出牺牲，尤其是冷战后，欧洲的安全更多被认为是价值和规范而不仅是传统的安全威胁的今天，其不一致性更加难以协调[3]。对一致性的需求使得这些不同观点能够完全左右欧盟的行动。

否决权意味着 CFSP 对成员国没有任何真正的制度的约束

---

〔1〕 T. M. Moe，"Power and political institutions"，*Perspectives on politics*，3，2005，pp. 215～233.

〔2〕 K. Archick，D. E. MIX，"The European Union：Questions And Answers"，*Current Politics & Economics of Europe*，2011，22.

〔3〕 C. O. Meyer，"Convergence Towards a European Strategic Culture? A Constructivist Framework for Explaining Changing Norms"，*European Journal of International Relations*，11，2005，pp. 523～549.

力，这阻碍了CFSP将国际机制从无政府状态转变为一个基于规则和程序的有预见性的机制。从传统的制度主义观点来看，这正可以被理解为其弱点。而从现实主义观点看来，三大国（法国、英国和德国）无法真正控制和指挥CFSP——这三国仅对CFSP的总体演变有较小的影响——使得CFSP被认为是对国际现状管理的一个相对脆弱的工具[1]。

2. 组织混乱。CFSP的另一个主要弱点在于其组织的混乱。CFSP不是一个明确的安排，不同的人对于其具体内容有不同的观点，这一问题由于其制度的不同性质而进一步恶化。即便是通过《马斯特里赫特条约》和《里斯本条约》这些设计CFSP的文件来理解CFSP，仍然会产生高度的混乱。这种混乱由这样一个事实引起：出于对实现一致性的需要，就必须找到能使各方都满意的方法，其结果往往是被迫接受一个各方都不满意的原则。

以上的结果是使CFSP更加难以理解的原因所在。此外，CFSP被嵌入了一个复杂的制度网络，这一网络不仅不是垂直的，而且存在着大量重叠的权利。不仅不同阶段的决策由不同的主体负责，而且根据事件的不同以及理事会成员国是否计划实施否决权，主体也会产生相应的转变[2]。由此，一个问题就产生了：当控制链如此分散甚至其基本形式就是争论的主题的时候，行动者如何操纵这样的系统来达到理想的结果呢？这种不一致和复杂的制度设计使CFSP对于任何期待达到的结果来说都是一个相对不灵活的制度。

3. 作为国际行为者的欧盟。上述CFSP的问题使得其不得

[1] M. E. Smith, "Diplomacy by decree: the legalization of EU foreign policy", JCMS: *Journal of Common Market Studies*, 39, 2001, pp. 79 ~ 104.

[2] E. Barbé, "The evolution of CFSP institutions: where does democratic accountability stand?", *The International Spectator*, 39, 2004, pp. 47 ~ 60.

不在欧洲范围内处理结构带来的影响。然而，另一个不得不处理的是 CFSP 的问题影响到欧盟在国际舞台上的地位。欧盟共同的安全政策能够使欧盟在国际安全领域以一个单一行为体的形式出现，在特定情况下，CFSP 是达到这一目标的手段。然而，如果 CFSP 一直是不一致的、不灵活的制度，那么这种情况就无法实现。由于其无法统一行动，严重阻止了欧盟成为一个单一行为体。这导致欧盟常常被批评在其国际使命中"挑挑拣拣"，因为它所依据的是最低限度的共同同意的政治和尽量避免大规模行动[1]。如果继续保持这种行为模式，欧盟将无法在国际安全领域获得一席之地。因此，CFSP 的无能使得欧盟作为国际行为体方面显得非常脆弱。

概言之，CFSP 有着至少三个潜在功能：促进欧盟成为一个国际行为体；通过合作改变无政府状态；维持现状。这些功能也被嵌入了三个主要弱点：组织混乱导致其不灵活；对一致性的要求减弱了制度的约束力；其异质性阻碍了有效行动。

三、针对弱点的改革

第一项改革产生于决策制定过程。CFSP 决策过程中引入了有效多数原则，包括《里斯本条约》第三章第二款中规定的四个可能例外。一个新的例外是高级代表可以根据欧洲理事会的特定邀请对决策进行建议[2]。在 CFSP 和 CSDP 特定条件下，有效多数原则的使用使其超越了国家否决权，使欧洲理事会的决策过程更加流畅，这为欧盟能够更加统一地行动创造了更多的机会。然而，人们仍然批评在外交政策领域的政策决策过程

---

〔1〕 A. Toje, "2008. The Consensus-Expectations Gap: Explaining Europe's Ineffective Foreign Policy", *Security Dialogue*, 39, 2008, pp. 121 ~ 141.

〔2〕 R. A. Wessel, R. Böttner, "The procedures leading to the adoption of decisions in the CFSP area-Art", 31 TEU, 2013.

基本未变。有效多数原则在CFSP不同案例中的运用次数略有增长，但不可能在实践中实现重大转变。

另一项改革是在扩大一致性方面所进行的努力。首先是对轮值主席和高级代表的权力的重新梳理。此前，轮值主席的存在为各国政府影响CFSP政策使其与自己的国家利益一致提供了平台。《里斯本条约》将轮值主席的功能转给高级代表，还加强了高级代表的权限，其最高负责人同时担任欧盟委员会副主席的角色〔1〕，负责三项不同的工作：欧盟委员会副主席、理事会轮值主席、CFSP高级代表，通过这样的设置力图使外交与安全政策变得更加清晰和有效。根据其“理事会的帽子”，现任高级代表凯瑟琳·阿什顿将根据理事会授权负责外交事务委员会并指导欧盟的外交和安全政策。根据其“委员会的帽子”，她将成为委员会成员及其副主席之一。高级代表将履行委员会“外部事务”的职责并协助“欧盟行动的其他方面”〔2〕。这一改革是欧盟向着统一的全球角色迈出的重要一步。此外，高级代表和欧盟对外行动署不仅影响欧盟的政策制定，还将在成员国层次产生影响。对外行动署中国家外交政策的相互影响能够保证成员国在发展其政策时高度关注“欧洲关切”〔3〕。欧盟外交政策议题得到扩展。这进一步鼓励成员国外交部门扩展其机构以适应欧洲外交，并派官员在欧盟机构中服务。

第三项改革伴随着第二项改革发生，以提高欧盟外交政策

---

〔1〕 A. C. Marangonl, “One Hat Too Many for the High Representative-Vice President? The Coherence of EU’s External Policies after Lisbon”, *EU External Affairs Review*, 2012, 2.

〔2〕 M. Merlingen, *EU Security Policy: What It Is, How It Works, Why It Matters*, London: Lynne Rienner Publishers, 2012.

〔3〕 R. Balfour, K. Raik, “The European External Action Service and National Diplomacies”, *EPC Paper στο*, 2013, 11.

的可见性。《里斯本条约》大幅减少了外交政策行为者的数量[1]，因此提升了欧盟外交政策的可见性。从根本上来说，在部长会议层面，仅有一个外交事务代表。在执行层面，仅由欧盟对外行动署代表欧盟进行外交政策谈判。欧盟对外行动署将原来的在第三国的委员会代表团转变为 CFSP 负责的欧盟代表团[2]，这一转变大大增强了欧盟外交政策的可见性。

此外，危机管理模式也是针对 CFSP 的功能弱点而做出的重大改革。《里斯本条约》扩大了共同外交和防务政策（其中包含危机管理），并且在其中为高级代表提供了重要角色，即欧盟防务局的领导者，该局的使命之一即为成员国在危机管理领域提供支持。在“需要快速决定的案例中”，高级代表可以召集非常规理事会会议[3]。高级代表在危机管理中的中心地位可以看做是朝着保证有效性和一致性所迈出的重要一步。这种扩大了的有效性，当然也提升了在安全危机时期欧盟作为国际行为体的潜力。为了适应共同安全防务政策的紧急财政需要，《里斯本条约》也建立了快速欧盟预算使用权和启动基金。启动基金由各成员国提供，以支持不包含在欧盟预算中的那些行动[4]。

---

〔1〕 J. Paul, “Will the new High Representative and the External Action Service make a difference?”, *EU foreign policy after Lisbon*.

〔2〕 R. Whitman, “The rise of the European External Action Service: Putting the strategy into EU diplomacy?”, 12*th Biennial Conference of the European Union Studie Association* (*EUSA*), 2011, pp. 3 ~5.

〔3〕 R. A. Wessel, R. Böttner, “The procedures leading to the adoption of decisions in the CFSP area-Art”, 31 TEU, 2013.

〔4〕 R. Whitman, “The rise of the European External Action Service: Putting the strategy into EU diplomacy?”, 12*th Biennial Conference of the European Union Studie Association* (*EUSA*), 2011, pp. 3 ~5.

四、对于改革的评估

1. 制度“粘性”不强。这些制度改革成功解决了上述弱点吗？对此，既有支持者，也有反对者。肯定者认为，CFSP 相对于欧盟其他领域，对于制度改革持有更加开放的态度，接受起来也非常容易。但是，实际上大多数制度从其本质上即不适应改革，有其固有的“粘性”〔1〕。这有多方面的原因：一方面，为了维持成员的满意，制度依赖重复和可预见的过程。另一方面，利用制度来实现自身目的是一个长期过程，包括一系列付出、获取和延时回报。其结果是，一旦对某一制度进行投入，成员国一定会坚持一段时间以获得回报。然而随着时间的推移，制度倾向于提供越来越多的回报，并且产生一个间接的结果，即使其产生“学习效应”，借由此持续的相互作用，使得其越来越难以脱离原有的路线。分析这些制度粘性的原因，我们会发现其并不适用于 CFSP。作为一个年轻的制度，CFSP 还未稳定其基本形式，也还未完全被其成员国所接受，因此，也就不那么具有粘性，对制度改革更加开放。因此，至少从这一点上来说，通过制度改革来改变 CFSP 的弱点，是一个可行的选择。

2. 欧盟导向的决策过程。针对 CFSP 所做的一项重要的机构改革就是使欧盟摆脱原有的破坏欧洲治理的以国家为导向的政策，增强超国家合作的潜能〔2〕。正如上述所提到的，欧盟外交政策领域得到了扩展和制度化，这使得各国向欧盟派遣外交官并通过理事会会议定期协商欧盟事务，从而加强了成员国与欧盟之间的联系。此外，高级代表的设立及对机构管辖权的重

---

〔1〕 Lily, S. Lindegaard, “Power and Change: Locating Institutional Change Theories in a Power Context”, *DIIS Working Paper*, 2013.

〔2〕 Lily, S. Lindegaard, “Power and Change: Locating Institutional Change Theories in a Power Context”, *DIIS Working Paper*, 2013.

新调整，也加强了欧盟各机构间的内部联系。这些联系意味着决策者们不再能根据僵化的政府间主义原则分散地做出决定并将其提交欧盟。相反地，决策由欧盟多个部门和成员国做出，完全超出了单个国家或单个成员国的想法。官僚机构改革的结果是当决策者做出决定时，不再只想“我的国家希望我做什么?”而是考虑“我们应该做什么?”〔1〕。制度改革带来了根本的身份转变，这使得欧盟能够克服上述由异质性所导致的弱点。

3. 进一步的混乱。然而，制度改革并未从根本上完全改变上述的弱点，从某种程度上来说，反而使情况变得更加糟糕。《里斯本条约》在 CFSP 的机构安排上尤其复杂：组织混乱、法令不明确、管辖权安排复杂。根据条约所设置的高级代表，拥有三重身份，包含了原有的高级代表和外部行动委员会委员长的角色，同时还兼任外交事务理事会主席〔2〕。与此同时，高级代表的任免由三个主体来决定：欧洲理事会、欧盟委员会主席、欧洲议会议长。此外，根据《里斯本条约》模棱两可的安排，政治与安全委员会与高级代表的工作权限部分重叠。

为了能扮演好三个角色，对三个主体负责，并与其他委员会共同工作，高级代表必须拥有超人一样的能力，不仅“戴三个帽子”，还得“穿雨衣”、“打雨伞”。这种机构上的安排，使得 CFSP 在执行外交政策时可利用的工具更少，因此，无法改变上述不灵活的弱点。

4. 缺乏资源的高级代表。此外，上述 CFSP 对成员国缺乏真正的制度约束而产生的弱点通过制度改革也没有得到有效解决。设置高级代表的主要目的之一是“保证欧盟外部行动的一

---

〔1〕 J. Mitzen, “Anchoring Europe's civilizing identity: habits, capabilities and ontological security 1”, *Journal of European Public Policy*, 13, 2006, pp. 270 ~ 285.

〔2〕 E. Barbé, “The evolution of CFSP institutions: where does democratic accountability stand?”, *The International Spectator*, 39, 2004, pp. 47 ~ 60.

致性"[1]。一致性要求将“高政治”放到一边，向着更团结的方向发展，也要求能够聚合各成员国。因此，高级代表必须拥有协调各成员国团结一致行动的能力，然而，高级代表却几乎没有任何资源来这样做。虽然按照设计，欧盟对外行动署是支持高级代表的部门，但他们事实上并不像各国外交官员与其外长的关系那样，存在着等级体系一样的联系[2]。此外，像为任务提供资金支持这样可以作为谈判工具的有效资源，也掌握在欧盟委员会手中。这就意味着高级代表仅能通过其个人的说服力来协调成员国采取集体行动，而无力与成员国协商，也无法和他们讨价还价。“由于缺乏资源，高级代表在确保任何合作的时候仅能依赖成员国的良好意愿。”[3]这大幅减少了高级代表推动成员国做出困难选择的意愿和能力。正因为如此，高级代表无法改变 CFSP 对其成员国的制度约束力方面的弱点。此外，由于高级代表缺乏协调成员国的能力，也就无法成为他们的有效代言人，因此也就无法通过高级代表或欧盟对外行动署来扩大 CFSP 的可见性。

5. 脆弱的有效多数原则。在改革中，针对 CFSP 决策制定过程中的重要缺陷是引入有效多数原则。这主要是围绕需要一致同意的那些问题而特别设计，以防止一票否决权影响决策的产生。然而，有效多数原则仅得到部分考虑和实施。如果外交事务理事会采用了有效多数原则，任何成员国实际上又可否决其提议，将决定返回到欧洲理事会层次，那么根据全体一致投

---

〔1〕 See Art. 18 (4) TEU.

〔2〕 W. Wessels, F. Bopp, "The Institutional Architecture of CFSP after the Lisbon Treaty: Constitutional breakthrough or challenges ahead?", *CEPS Challenge Paper*, No. 10, 23 June, 2008.

〔3〕 G. Edwards, "The EU's foreign policy and the search for effect", *International Relations*, 27, 2013, pp. 276 ~291.

票原则谁来做出决议呢[1]？成员国可以否决一票否决制。此外，如果一国不想被多数投票约束但又不想被认为是扰乱者，他们只要选择不参加投票即可，这样无论以何种方式投票通过决策对他们都不适用了。其结果是，这种半心半意的有效多数原则的运用仍然无法使成员国受到制度约束，而缺乏约束削弱了 CFSP 改变机构和维持现状的能力。

五、结论

从根本上，必须要问一个问题：制度反应是对弱点的适当反应吗？换句话说，这是对非制度问题的制度反应吗？虽然 CFSP 缺乏制度粘性使得制度改革可行，而曼农认为制度框架是分析 CFSP 的适当工具，但是 CFSP 的潜在问题仍然存在，即相对于正式的规则和制度、设计和程序，较少地关注简单的政治愿望层面。意识形态、观念、规范而不是结构，是造成障碍的原因。事实上，即便是没有严格的制度约束，如果人们在政治意愿上希望合作和协调，那么我们就能看到更多的合作和协调。毕竟欧盟的经济部门曾经就像今天的 CFSP 一样松散，但是它却渐渐成长为一个协调的体系。CFSP 的根本政治品质是给予每个国家发言的机会，否定强权政治，倾向平行的关系而不是垂直的关系。这种观念的存在恰恰是因为没有哪一个国家愿意将自己的安全政策完全欧洲化。只要这种观念存在，欧盟制度就会由其塑造，因为人们只会设定那些他们同意的规则。因此，通过制度改革来改变 CFSP 的弱点，也许注定无法取得显著的效果。

总的来说，CFSP 有着多项潜在的功能，在这些功能中也存

---

〔1〕 W. Wagner, "Why the EU's common foreign and security policy will remain intergovernmental: a rationalist institutional choice analysis of European crisis management policy", *Journal of European Public Policy*, 10, 2003, pp. 576 ~ 595.

在着多项弱点。欧盟针对这些弱点，进行了一系列的改革，包括扩大一致性、可见性，改进决策制定和危机管理。虽然危机处理在一定程度上得到了解决，决策制定过程也比之前更加注重欧盟导向，但在一致性、稳定性和可见性方面仍然存在很多问题。因此，就像欧盟一样，CFSP 的改革仍然有很长的路要走。

【参考文献】

1. K. ARCHICK, D. E. MIX, "The European Union: Questions And Answers", *Current Politics & Economics of Europe*, 2011, p. 22.

2. R. Balfour, K. Raik, "The European External Action Service and National Diplomacies", *EPC Paper στο*, 2013, p. 11.

3. E. Barbé, "The evolution of CFSP institutions: where does democratic accountability stand?", *The International Spectator*, 39, 2004, pp. 47 ~ 60.

4. G. Edwards, "The EU's foreign policy and the search for effect", *International Relations*, 27, 2003, pp. 276 ~ 291.

5. S. Lily Lindegaard, "Power and Change: Locating Institutional Change Theories in a Power Context", *DIIS Working Paper*, 2013.

6. A. C. Marangoni, "One Hat Too Many for the High Representative-Vice President? The Coherence of EU's External Policies after Lisbon", *EU External Affairs Review*, 2, 2012.

7. M. Merlingen, *EU Security Policy: What It Is, How It Works, Why It Matters*, London: Lynne Rienner Publishers, 2012.

8. C. O. Meyer, "Convergence Towards a European Strategic Culture? A Constructivist Framework for Explaining Changing Norms", *European Journal of International Relations*, 11, 2005, pp. 523 ~ 549.

9. J. Mitzen, "Anchoring Europe's civilizing identity: habits, ca-

pabilities and ontological security 1", *Journal of European Public Policy*, 13, 2006, pp. 270 ~ 285.

10. T. M. Moe, "Power and political institutions", *Perspectives on politics*, 3, 2005, pp. 215 ~ 233.

11. J. Paul, "Will the new High Representative and the External Action Service make a difference?", EU foreign policy after Lisbon.

12. K. Radtke, "The EU's common foreign and security policy (CFSP) after the Lisbon Treaty: supranational revolution or adherence to intergovernmental pattern?", *The EV's Lisbon Treaty*, 2013.

13. M. E. Smith, "Diplomacy by decree: the legalization of EU foreign policy", *JCMS: Journal of Common Market Studies*, 39, 2001, pp. 79 ~ 104.

14. A. Toje, "The Consensus-Expectations Gap: Explaining Europe's Ineffective Foreign Policy", *Security Dialogue*, 39, 2008, pp. 121 ~ 141.

15. W. Wagner, "Why the EU's common foreign and security policy will remain intergovernmental: a rationalist institutional choice analysis of European crisis management policy", *Journal of European Public Policy*, 10, 2003, pp. 576 ~ 595.

16. R. A. Wessel, R. BÖTTNER, "The procedures leading to the adoption of decisions in the CFSP area-Art", 31 TEU, 2013.

17. W. Wessels, F. Bopp, "The Institutional Architecture of CFSP after the Lisbon Treaty: Constitutional breakthrough or challenges ahead?", *CEPS Challenge Paper*, No. 10, 23 June 2008.

18. R. Whitman, "The rise of the European External Action Service: Putting the strategy into EU diplomacy?", 12*th Biennial Conference of the European Union Studie Association* (*EUSA*), 2011, pp. 3 ~ 5.

A Strategic View on the European Neighbourhood Policy and Great Power Relations

Sven Biscop[1]

Introduction

Russia's annexation of the Crimea and subsequent meddling in Ukraine does not constitute a game-changer. It is just a reminder that at least since the war with Georgia in 2008, Russia has been and still is playing the same game: a "game of zones", aimed at (re) establishing an exclusive sphere of influence. Many of us Europeans had forgotten that, or had pushed it to the back of their minds, preferring to believe that they were not engaged in a zero-sum game in their eastern neighbourhood.

While Europeans were dealing with Ukraine, they tended also to

[1] Prof. Dr. Sven Biscop is director of the Europe in the World programme at the Egmont-Royal Institute for International Relations and teaches at Ghent University and at the College of Europe in Bruges.

forget the crises still going on in their southern neighbourhood, in Libya, Mali, Syria and now Iraq. Spilling over from Syria, extremist militias may establish their own "zone" in the Middle East, which would de-stabilize the entire region. In order to prevent that game-changer from materializing, another game-changer may be necessary: a rapprochement with Iran.

Europe must assume responsibility for security in its entire neighbourhood, both east and south. The challenge is great, but so are Europe's means.

Trouble in the East

The European Union's (EU) hope was that the countries of *Zwischeneuropa*, wedged in between itself and Russia, wouldbe able to make their own choices, instead of Brussels or Moscow choosing for them. If they would choose to develop close ties with the EU, Brussels would gladly oblige, on the condition that they would undertake economic reforms and commit to improve democracy, respect for human rights and the rule of law. But the EU never asked that they would sever relations with Russia. Russia however does not see the world through this lens. And because a win-win situation requires that both sides perceive a benefit, Europe*was* engaged in a zero-sum game, whether it wanted to or not.

Those who deride Europe for failing to understand this, especially in the US, are not entirely wrong. The European Neighbourhood Policy (ENP) was simply not political enough. Warnings were issued by EU Member States' embassies and from within the EU apparatus itself (notably the European External Action Service or EEAS) that appearances were deceptive and the signing of the agreement with Ukraine would not proceed that smoothly. Implementing its far-reaching stipulations was in fact incompatible with the nature of the regime. Pushing on regardless, the EU set in motion a chain of events that led to an (itself unpredictable) Russian overreaction. Thus the EU learned aboutthe geopolitical implications of technical cooperation, export of norms and trade relations the hard way.

Just a few years ago however, in 2006 ~ 2008, the Europeans prevented the US from making the same mistake by resisting NATO membership for Ukraine and Georgia. Surely that move would not have remained without a Russian reaction either. Neither Washington nor Brussels seems to have learned very much from that episode. In fact, at the time Ukraine itself eventually declined to join NATO. That ought to have taught us that when a country itself is too divided over its own future, pushing it to make an untimely choice is unwise, for it is bound to increase domestic tensions.

And those tensions are easily exploited by the country's other neighbour, Russia, seeking to advance its pawns in the game of zones. Russia is acting more out of weakness than out of strength, however. Rather than executing a master plan, Putin seems to be making it up as he goes along. He supported Ukrainian President Yanukovich to the very end, probably because he did not see an alternative way of safeguarding Russian influence. Then Yanukovich fled the country, either without prior warning, which means Russia lost control of events, or with Russian connivance, in which case Moscow gravely miscalculated. For immediately the opposition came to power, which naturally turned to its western neighbour for support. At a stroke, Putin lost most of his influence in Ukraine.

The subsequent annexation of the Crimea can be seen as an overreaction. The peninsula's only strategic asset is the naval base, the continued Russian use of which the new Ukrainian government guaranteed right away. But it is typical of a bully to grab by force even what he could get by asking politely, because that's what the bully's reputation depends on. The legitimacy of the regime is based to a great extent on the pretence that Russia remains a great power on a par with the US and China. The easiest way of maintaining that mirage is by acting as a spoiler in the west, simply because we are such polite company. It is difficult to imagine Putin taking similar risks vis-à-vis China, which would likely react with somewhat less circumspection than Europe and the US. But to take on a bigger part than that of spoiler, be it a very irritating one, Russia no longer has the means.

The real game-changer for us in Europe is that the US has made the same assessment and has reoriented its strategy accordingly. Seen from Washington there is only one strategic competitor: China, hence the "pivot" or rebalancing of the focus of US strategy towards Asia. Of course "events, dear boy, events" will continue to pull the US in other directions. But a great power will also aim to shape events in priority areas, China and Asia are that priority for the US today. The not so implicit message to Europe is perfectly logical: Europeans must assume a lot more responsibility for security in their own neighbourhood. The "European Reassurance Initiative" that President Obama announced in early June 2014, asking Congress for \$1 billion to temporarily deploy additional American forces to Eastern Europe, organize exercises and train allies and partners, is meant to underscore this message. Rather than a reversal of the pivot, it says to Europeans, in the run-up to the NATO summit in early September: shame on you, for you ought to be doing this yourself. The more capable Europe is, the more safely the US can focus on Asia; in that sense, the pivot hinges on Europe. NATO's Article 5 is there to guarantee, through conventional and nuclear deterrence, that our own territory is not under threat. As indeed it is not, for impressive though Russian operations in the Crimea may have been from a military point of view, taking on a NATO or EU Member State is another thing entirely.

Even More Trouble in the South

The European burden of responsibility does not just include Europe's eastern periphery, but its southern neighbourhood as well. Successive crises eclipsed each other in Libya, Mali and Syria, until now all eyes are on Ukraine. But the violence in the former three countries has far from abated, and a grave crisis has now erupted in Iraq as well.

At first sight, the ENP seems to have suffered from the same weakness in the east and in the south, which led to the EU being overtaken by the Arab Spring and the crisis in Ukraine. A focus on the "low politics" of economic and technical cooperation, to the detriment of the "high politics" of diplomacy and defence; a wide range of ongoing activities, but without a strategy linking these to well-defined political ends. In the east "low politics" masked the actual absence of an EU strategy, a consequence of the EU's conscious avoidance of any fundamental debate on how to deal with Russia, for fear of bringing out the divisions between Member States. Activities under the flag of the Eastern Partnership went on without it being clear which relationship the EU eventually aspired to with the six countries concerned. Unfortunately, activity is no substitute for strategy: if you don't know what your objectives are, even the most diverse array of activities is unlikely to achieve them.

In the south, however, "low politics" masked a "high politics" approach by the EU, but one that was very much at odds with the rhetoric of the ENP. Here not so much the absence of strategy as the discrepancy between declared and actual strategy handicapped the EU. In practice, the ambitious ENP agenda of stimulating neighbouring governments to cqually provide for all their citizens in terms of security, prosperity and freedom was abandoned in favour of a short-term focus on energy, illegal migration, and terrorism. Whichever regime was ready to cooperate with the EU in these areas could count on European support, quite regardless of the human rights situation. The former colonial powers' special relationships with most countries of the region did not help. As a result, pictures featuring embarrassing embraces with since ousted dictators can be found of quite a few European leaders. In the east, by contrast, in spite of the absence of strategy, the EU did adhere much more to its principles. Compare its attitude vis-à-vis obviously flawed elections in Belarus and pre-Arab Spring Tunisia: condemnations for the former, congratulations for the latter.

Had the EU remained as principled in the south, it would probably not have seen a speedier or less violent transition, but it would have enjoyed much greater legitimacy. In Ukraine, demonstrators used their support for the EU's model of society to signal their dissatisfaction with Yanukovich. In Tunisia, people rose in revolt demanding exactly what Europe stands for, but they saw the EU as an obstacle rather than an ally in their struggle. Because of historical reasons, people in our eastern neighbours can of course connect more easily with Europe than in the south. Less than in Cold War Poland perhaps, but much more than in present-day Egypt, people in Ukraine can think in terms of a return to Europe and a restoration of the freedom which they briefly enjoyed and was then taken away from them. In the south, history inevitably leads people to see Europe as foreign, paternalist or even imperialist. Having just made a revolution they are loath to accept any outside model. Fortunately that means that other outside powers seeking to increase their presence (the Gulf States, Russia, China) find it is not a walk-over either. But they are intent on playing the game of zones and their influence is on the rise.

At the same time, even domestic actors who prioritise a religious agenda over the political, economic and social concerns of the people meet with strong resistance. One positive conclusion can be drawn therefore. Revolution and protest in both our eastern and southern neighbourhood have vindicated the core idea of EU foreign policy (as expressed e. g. in the 2003 European Security Strategy). An equal share in security, prosperity and freedom is a universal demand and not a European or western conception; without it, no durable peace and stability are possible. On this the EU can build to revitalize its strategy for the neighbourhood.

All Quiet on the Western Front?

The start of a new Commission, including a new High Representative, is the perfect opportunity to make a new start in the neighbourhood. Fortunately, nobody seems to doubt any longer, as was long the case, that the EU should set priorities in function of its vital interests. They are obviously at stake in the neighbourhood: preventing spill-over of security threats to our territory, ensuring trade routes and energy supply, managing migration and refugees, combating trafficking of humans, arms and drugs, maintaining international law, safeguarding the autonomy of our decision-making.

Europe cannot keep quiet therefore, but that does not mean that Europe too should start playing the game of zones. The best way of preserving Europe's interests is not by attempting to bring Europe's neighbours under its control. As Russia is learning in Ukraine, even if part of the population supports you, you will inevitably antagonise others, which is a recipe for perennial instability. European interests are better served by empowering its neighbours to make their own choices, and to offer mutually beneficial partnership if they also, but not exclusively, choose to cooperate with the EU. The EU does not need its neighbours to look up to it, but it doesn't want them to look away from it either, which that would be very harmful for its interests. Empowerment starts with domestic stability, which starts with integrating all citizens in the political arena, guaranteeing their security, and their share in the wealth of the country. The EU certainly does not need to abandon the core idea of the European Security Strategy therefore.

But the EU does require new regional strategies on how to bring this grand strategy into practice. Strategies, plural: the notion that a single Neighbourhood Policy can fit all of Europe's neighbours has been proved wrong. The dynamics in the east (geographically and culturally in Europe, but also within the ambit of a power with irredentist designs, Russia) and the south (in Africa and Asia, where multiple powers compete for influence) are just too different. At the same time, the EU has come to realise that "the neighbours of the neighbours" are often as crucial to its interests. Five partially overlapping and strongly interrelated areas are of vital importance to European security: the eastern neighbourhood, the Mediterranean, the Sahel, the Horn of Africa, and the Gulf.

In diplomacy, symbols matter. The EU would do well to gradually phase out the ENP brand, which rightly or wrongly has become associated with failure, in favour of an Eastern, Mediterranean, Sahel, Horn of Africa and Gulf Policy. These policies should be issue-based and thus geographically overlapping. The EU has a tendency, manifest also in the ENP, to see the world through the artificial geographic divides that are but its own creation and do not always reflect reality on the ground. Different issues generate different regional dynamics, hence the EU should be flexible and approach the same country in the context of different regional policies according to the issue at hand. That of course requires prioritization and strong coordination between policies, in order to avoid that neighbouring countries would be confronted with contradictory expectations.

An Ambitious Long-Term Security Provider

Before any new long-term regional policies can be put in place, the EU must address the ongoing crises in its neighbourhood.

To start with the EU must make it clear that it considers the security of this broad region to be a European responsibility. Not because that is what the US expects from Europe, but in the first place because the EU's comprehensive regional policies will not be credible if the impression persists, as in the past, that its engagement ends where hard security problems begin. Europe must be the first-line security provider in its own neighbourhood. Whenever a security problem arises, the EU must take the lead, initiate a response, and forge a coalition to deliver it. In many instances a diplomatic response will be called for, at which the High Representative and the EEAS have already proven to be proficient (on Kosovo and Iran e. g.), supplemented as required with sticks and carrots from the comprehensive EU toolkit (trade, development, SSR, sanctions etc.).

But the EU must also display the ability and the will to use force, first of all as a credible deterrent that will enhance the effectiveness of its diplomacy. Actual military intervention is the last resort when vital interests and the responsibility to protect cannot otherwise be upheld. Even if the EU would formally declare the broader neighbourhood a security priority, at the level of grand strategy, whether or not to intervene in a specific crisis will always depend on an ad hoc cost-benefit calculation. What positive effects could intervention achieve, but which negative fall-out might it generate and which risks would our forces run? Crucial to the military success of recent interventions (in Libya and Mali) is that a major part of the population welcomed them.

It will in any case be a European decision. As a consequence of the pivot, the US will no longer take the initiative in Europe's place but will look to Europeans to take charge. The EU evidently is the best forum through which they can assume this comprehensive security role. If in a specific crisis Europeans decide to take military action, they will of course call upon a Member State or NATO to provide the command and control for a European-led operation, through the Common Security and Defence Policy (CSDP) or NATO, depending on the circumstances. Assuming responsibilities has capability implications. Europeans must drastically step up military cooperation and integration through the CSDP to enable them to fulfil the Headline Goal (deploying at corps levelor up to 60 000 troops) in the broad neighbourhood over and above any ongoing operations, which would be a real deterrent and strategic reserve. Furthermore, they must aspire to be able to deploy in this region relying on their own enabling capabilities (air-to-air refuelling, intelligence etc.) rather than continue to be dependent on the US, thus freeing up American assets for deployment elsewhere.

And a Crisis Manager: In the East

These long-term security obligations provide the framework for the EU's short-term crisis management.

In the East, the EU actually has responded pretty adequately to the outbreak of the Ukraine crisis: adopting sanctions to signal its dissatisfaction with the annexation of the Crimea, keeping further sanctions in reserve to warn Putin against similar military incursion in mainland Ukraine, providing economic support to the Ukrainian government and helping to organize the presidential elections, and engaging in high-level diplomacy. Indeed, Obama aligned himself with this approach in his Brussels speech on 26 March 2014, putting paid to rather more belligerent utterings in some American quarters. The shooting down of a Malaysian commercial airliner, flight MH17, in all likelihood a horrible mistake by separatists in eastern Ukraine provided with surface-to-air missiles by Russia, forced the EU to adopt more sanctions, especially in the field of arms, energy technology, and the financial markets. In the face of Russia's refusal to condemn this atrocity and end its military support for the rebels, European leaders had no other option, pushed also by domestic political considerations, then to step up the sanctions. Over 200 EU citizens died in the crash: Moscow should understand that not reacting is impossible.

Of course, all of these EU decisions were preceded by difficult debates between Member States, but too often we allow these initial divisions to overshadow the outcome. They are inherent to decision-making in any actor, the only difference being that usually debates in the EU are out in the open as opposed to those between the State Department, the Pentagon and the National Security Council.

EU policy is helped by the fact that Putin too seems to have noticed that in eastern Ukraine there may be a lot of dissatisfaction with rule from Kiev, but it is neither as massive as (it apparently is) in the Crimea nor does it necessarily equate with a wish to join Russia. Unlike in the Crimea therefore, pushing things to extremes may lead to a bloody and protracted civil war (as civil wars usually are) in which Putin likely prefers not to be involved. Russia may in fact have more interest in keeping Ukraine together but weak, which creates opportunities to wield influence nationally, rather than in splitting off further parts, which would cut it off completely from the Western-oriented country that would remain. [1]

That also implies that the EU and the US should aid Ukraine to build up its armed forces, but with the objective of maintaining a presence of the central government throughout the country, not to try and resolve the issue by force. That would only fuel internecine vio-

[1] Tony Wood, "Back from the Edge? On the Situation in Ukraine", in *London Review of Books*, Vol. 36, No. 11, 2014, pp. 37 ~ 38.

lence, which could tempt Russia in turn to intervene militarily anyway, bound as it has itself by its statements about protection of Russians everywhere. The people who stand to lose from civil war are the Ukrainians. The EU should rather continue its diplomatic engagement to try and forge a consensus on a federal solution for Ukraine that can satisfy all Ukrainians, including in the East of the country, which can therefore also be a face-saving way out for Russia, which could de facto phase out its armed support for the rebels. That would also save it from further international opprobrium, for even countries that are traditionally pro-Russian cannot condone the bringing down of commercial aircraft.

In the end, the outcome might be very advantageous for the EU, except than that we will likely be the one having to pay for it for a long time to come: the gradual stabilization of a more democratic Ukraine, free to build constructive relations with all of its neighbours. The economic and political challenge is huge though.

The question that the EU should ask itself is: is it willing to establish as close relations and spend as much treasure on the other countries of the Eastern Partnership? If they so desire, of course. In the case of Moldova, a positive answer seems already guaranteed from both sides; as regards Belarus the question does not now pose itself. But what about the South Caucasus? What are their aspirations, how far is the EU willing to go to meet them, and how can the EU avoid another clash with Russia? Putin may have damaged his own long-term interests for even those who are inclined to look to Moscow rather than to Brussels did not count on cessation of territory being part of the bargain.

What EU policy will not achieve is to return the Crimea to Ukraine. The peninsula will join South Ossetia, Abkhazia and others in the category of territories whose proclaimed status the EU does not recognize but also does not actively attempt to alter. That is unsatisfactory, but it ought not to be a surprise. The history of international relations since World War Two shows that the Permanent Five do not wage war against one another, and that even proxy wars tend to be very costly for all sides. Just as, earlier in this century, Russia and China protested against but could do little in practice to end the evidently illegal US invasion and occupation of Iraq, so the balance of power impels us to live with a Russian Crimea, however much the EU disapproves.

Europe has to work with the great powers, simply because they are the great powers. Their non-obstruction, if not their active cooperation, is needed to advance in other key areas, such as the negotiations about Syria and Iran, and economic ties are way too close and important to permanently put at risk. Tempting though some may find it to revert to Cold War frames, it is imperative to maintain constructive relations. Issue-based cooperation with all of its "strategic partners", whenever the EU finds that it can agree on the way to protect shared interests, is precisely the way of pulling them into effective and rule-based multilateralism as we see it. Partnership is not marriage: the EU does not have to declare its love, but it does have to be able to compartmentalize and proceed where it can. The long-term EU objective remains to establish good-neighbourly relations with Russia; sanctions can be lifted from one day to the next as soon as Russia ends its military support for the Ukrainian rebels. The ball is very much in Russia's camp.

With Russia specifically, energy supply is a crucial dimension of relations with the EU. Putin will hopefully have provided enough of a scare to have convinced the EU Member States to finally fully integrate their energy markets and accelerate diversification. The latter should go beyond diversification in the supply of fossil fuels, for that will only increase Europe's dependence on other equally undemocratic suppliers. Or it will makes Europe rely on fracking by the US, which is extremely damaging for the environment. The US expects, by the way, that if Europe wants to benefit from American energy it needs to make an effort itself, i. e. start fracking too. Real diversification thus either means more nuclear energy (which is also being suggested from the US side) or more renewables. Even when Europe achieves substantial diversification, the EU would do well to still buy Russian gas. It would then be in a much stronger position, able to demonstrate its goodwill by continued purchasing from and investment in the Russian energy sector, which is important for the stability of the country, but in the knowledge that it could much more easily turn its energy supply around. Its vulnerability vis-à-vis Russian energy blackmail would thus be much decreased.

As in the South

In recent years, awareness has sharply increased across the EU that security in the broader southern neighbourhood concerns all of the 28. That does not yet translate, unfortunately, into a great willingness to act when forceful intervention is required. In Libya and Mali ad hoc coalitions outside the EU had to take the military lead, at the initiative of Britain and France, with the EU as such not coming onto the stage until the follow-up phase. But the EU does now have comprehensive regional strategies for the Sahel and the Horn, in the implementation of which is has deployed training and capacity-building missions as well as the naval operation Atalanta. It also has a border assistance mission in Libya, and it plays a vital role in the diplomatic process on Syria and on Iran. The challenge now is to consolidate the effects of these actions and ensure that durable peace and stability result, which may require additional and ambitious diplomatic initiatives.

What is required first of all though is staying power. The security situation in the Sahel appears manageable, but fighting in Mali remains ongoing and the EU will have to sustain its military deployment as well as its economic and financial support for years to come if the region is not to slide back into major instability. The vastness of the region is a challenge, but on the other hand, even a limited number of major assets (air support e. g.) in support of local forces can make a difference as insurgents are mostly but lightly equipped. The EU might wish to consider an additional effort in this sense, alongside its training missions. In the Horn of Africa, the efforts of years are finally bearing fruit, but here too a sustained effort is necessary. It will be some time to come before Somalia is sufficiently stable and prosperous to eradicate the root causes of piracy. Until that time, the EU has no choice but to keep patrolling the neighbouring waters.

Much more challenging at this moment is the situation in Libya, which is far too chaotic and dangerous for the border assistance mission to be more than a token deployment. Unfortunately, gravely deficient follow-up has almost completely negated the effects of the successful military intervention in 2011. The crisis in Mali in 2013 has already demonstrated the damage that spill-over from Libya can cause. Though success is by no means guaranteed, the EU has both the greatest responsibility and the most instruments to work with the Libyan authorities to try and create a semblance of stability. That implies a much more ambitious role than it is assuming today.

The gravest crisis is the civil war in Syria, in which any military intervention would cause more harm than good, and which so far has proved too intractable for the diplomatic process to achieve anything beyond the destruction of chemical weapons. At least spill-over of violence to where it was most feared (to Lebanon, Jordan and Turkey) has so far been limited, but the risk remains; military action may yet be called for to prevent it from materializing. In June 2014, however the war spectacularly hit Iraq, when the extreme ISIS group (the Islamic State in Iraq and the Levant) that was fighting Assad in Syria took everyone by surprise by capturing large parts of northern Iraq. Another proof (if more was needed) of the error of invading Iraq in 2003, everyone is now looking to the US to rescue the government in Baghdad, including militarily. But Europe can no longer consider this to be just an American problem, for the stability of the entire Middle East is at stake. Furthermore, ISIS is exactly the group that many fighters originating from Europe have joined, which poses great security risks if and when these eventually seek to return.

Meanwhile the EU, together with the UN, the US and Russia, has no option but to keep putting pressure on all parties in Syria to bring them to the negotiating table. In view of the stalemate in the civil war, any agreement may have to include a continued role for Assad, at least in a transitional phase, for it to be workable. However much Europeans may dislike the idea on principle, the crisis in Iraq has probably tilted the balance in favour of realism.

The attempt to involve Iran in the Syrian negotiations was very wise and has to be kept up, for a settlement for Syria has to take into account the proxy war with Saudi Arabia that is going on. The EU's role is not to take sides, but to strive for a regional arrangement in which all find their place. Hence the strategic importance of the broader negotiations with Iran itself. Care must be taken not to jeopardize the outcome of these by appearing so eager that Tehran would no longer see a reason to make many concessions, European energy companies especially are chafing at the bit. Yet a "normalization" of relations with Iran would be a breakthrough indeed. "Normalization" can only go so far, in view of the serious human rights issues in Iran (such as the hanging of homosexuals), though the situation in Saudi-Arabia, the West's "ally" in the Gulf is hardly any better. But even a limited shift towards constructive relations on an issue-by-issue basis would be a game-changer for the Middle East and the Gulf, and there probably is a much bigger chance of transition in Iran, which is in many ways a much more open society, than in SaudiArabia.

Europe could thus try to maintain an equidistant position between Riyadh and Tehran, further diversify energy supply, and stabilize the Middle East. As the US role vis-ὰ-vis Iran remains constrained, for domestic political reasons, the EU is best placed to imagine an ambitious diplomatic scheme to take this forward. Even the US may step up its engagement, for the crisis in Iraq, where Sunni ISIS fighters are massacring Shia, is of great concern to Iran as well and has immediately produced consultation between Washington and Tehran.

A Partner in Pragmatic Idealism

If the security situation can at least be kept under control, the

EU can revitalize its long-term multilateral and bilateral relations with the countries in the five sub-regions of its broader neighbourhood.

A multilateral forum would add value to bilateral relations, at least as a confidence and security-building measure for the countries of each region, which often are embroiled in tensions and disputes, but also to foster cooperation between sets of countries on concrete issues. The more operational the multilateral forums can be the better, of course, which requires a focused agenda. That certainly holds true for the existing forums, the Eastern Partnership and the ill-fated Union for the Mediterranean; with the participants of these the furthest-reaching bilateral relations, such as association agreements, can be envisaged. Multilateral relations with the Gulf countries, via the Gulf Cooperation Council (GCC), need to become more political. For the Sahel and the Horn, European security initiatives in these regions can be the starting point for less institutionalized but focussed multilateral meetings. In addition, ad hoc meetings in various constellations can be envisaged, including Iran, in function of the issue to be addressed, e. g. the security crisis in Iraq.

At the bilateral level, a reconceptualization of relations is in order. Partnership is indeed the aim, but it cannot be the starting point. Partnership at first sight does not work. By declaring all neighbours to be partners from the start, the EU has weakened rather than strengthened the incentive for reform. Why change if you are on the list of the good guys already? Instead of changing its neighbours, the EU itself has become tainted by associating itself too closely with unsavoury regimes. Real partnership implies systematic consultation and regular joint action on an agreed range of issues. That requires a degree of agreement on both values and policy objectives which can be achieved with democracies and countries in transition but probably not with authoritarian regimes. The EU should of course have a dialogue with all neighbours, starting from the realisation that in the absence of a membership perspective and because the paternalistic conditionality approach no longer fits in with this multipolar and post-Spring era, having a reforming role from the outside is extremely difficult. Playing a moderating role, curbing excesses, is realistic and important however, and can go hand in hand with issue-based cooperation on an ad hoc basis, as a prelude to eventual partnership. This is what could be called pragmatic idealism. When transition and democratization does happen, the EU can and must of course offer full support. In such a scenario Europe has a comparative advantage, for few other external actors can fully support democracy, in view of their own lack of it.

The east is the exception here, because as stated above it sees itself as a part rather than as an object of Europe. This is a key reason why dynamics in the eastern neighbourhood are very different and conditionality can work, though how far to the east this applies may be doubted as well.

Within this context, the EU should phase out the language of partnership, except where it really applies. A return to classic diplomacy isin order, speaking with all actors at all levels, privately but also publicly, in full view of public opinion in the country. For this is our strongest asset throughout our broad neighbourhood: people have become active citizens and will continue to exert pressure on their governments when they perceive their rights to be ignored. Once found, this “class consciousness” cannot be put back in the bottle. Supporting free media and our own public diplomacy are very important in this regard. Secondly, the EU has a lot of expertise to offer (e. g. on security sector reform) and should be generous when it is requested, especially in countries in transition. Thirdly, although other external actors at times have more resources to spend and the scale of the challenges is immense, the EU still can allocate significant budgets (e. g. 15 billion for the European Neighbourhood Instrument for 2014 ~ 2020). Or at least they would be significant if they were concentrated on more specific priorities rather than fragmented across a wide array of well-intentioned but not always very effective initiatives. The highest priority appears to be investment in economically viable projects that stimulate employment and long-term development (such as transport and energy infrastructure).

Conclusion

As violence and foreign intrusion threaten the stability of many of Europe's neighbours, with full-blooded war going on in several countries, Europe's broader neighbourhood certainly is in the worst state since a long time. But that does not mean that Europe is impotent to deal with this. If Europe deploys them pragmatically, its diplomatic, military, civilian and economic instruments, and indeed its values themselves, can have a great impact. The key, as ever, is strategy: setting clear objectives and choosing instruments and allocating means in function of those priorities. In the simplest of terms: not just doing things with the neighbours, but doing things for a purpose.

俄欧围绕乌克兰危机博弈的影响及建议

毕洪业[1]

自普京出兵克里米亚以来，乌克兰危机就已经演变为俄罗斯与美欧的较力。截至目前，欧盟方面已经启动的制裁还没有对俄罗斯造成实质影响，普京也没有采取剧烈的反制措施。值得关注的是，制裁随后会如何发展，将带来怎样的影响和后果。

一、俄欧较力的实质仍是地缘政治利益

无论是俄罗斯要拉乌克兰进入其所主导的关税同盟，还是欧盟推动基辅签署联系国协定，其实质都是着眼于地缘政治利益。对美欧而言，民主重要，但也要服从战略安排；对俄罗斯而言，势力范围要比乌克兰的稳定更重要。无论是原来的北约东扩，还是现在欧盟的“东部伙伴关系计划”，都是挤压俄罗斯战略空间的举措。尽管西方一再否认，却又在独联体国家不停导演所谓的“颜色革命”，挑战俄罗斯的“红线”。乌克兰事关俄罗斯的战略安全，西方完全不顾俄罗斯的利益和警告，公开支持乌反对派夺权，使普京感到自己再次被欺骗，而克里米亚局势恰好成为回击的最佳借口。

---

[1] 毕洪业，上海外国语大学中亚/欧盟研究中心副教授，博士。

二、短期内（至少5年）俄罗斯与欧盟将渐行渐远

一方面，虽然在俄罗斯看来克里米亚已不再成为选项，欧洲方面也基本认为其已经是既成事实，但要后者接受现实还是需要一个过程，而对乌克兰也要有个交代；另一方面，普京不会甘心乌克兰倒向欧洲，乌欧签署了联系国协定的政治部分，签署经济部分也已是不可避免，这必将造成俄罗斯与欧盟关系的进一步恶化，而未来乌克兰加入北约也是大概率事件。乌克兰与关税同盟及欧盟的贸易额基本相当，俄罗斯是其最大的贸易伙伴国。同时，美国很清楚，对俄罗斯的政治和外交孤立效果有限，而其经济制裁手段显然没有欧洲来得直接和有效，所以，华盛顿必然通过各种手段拉拢和推动欧盟加大对俄罗斯的经济制裁力度。

三、俄欧不会切断天然气供应

俄欧之间的制裁和反制裁的程度和规模将取决于围绕乌克兰危机的博弈，特别是普京接下来的举动。莫斯科的底线是乌克兰不能加入北约，为此，提出了由俄罗斯、美国、欧盟在联合国安理会决议规定下保障乌克兰军事政治中立地位的建议。同时，俄罗斯认为欧盟与乌克兰签署联系国协议政治部分的举动过于草率，将引起很多问题，表明莫斯科不会放弃对乌克兰的争夺。俄欧之间的经济较量将主要在一般贸易和金融领域展开，切断能源供应对双方来说都是一场灾难，乌克兰更是会首先崩溃，而且俄罗斯仍可以通过俄罗斯族人影响乌政治局势。

不可否认，制裁将对俄罗斯造成极大影响，其经济承受能力不如欧盟。但考虑到高涨的民族主义情绪、普京的高支持率、民族特性，俄罗斯对外部的承压能力还是很高的，而且乌克兰问题更被俄国视为核心国家利益。同时，欧洲经济仍一团糟，

欧盟各国民众能够在多大程度上承受制裁带来的影响是值得怀疑的。历史一再证明，制裁反而更容易让受制裁国的领导人聚起民众的合力来应对，使制裁难以达到目的。最终的结果很可能是，俄罗斯被迫接受乌克兰在政治和经济上选择欧盟，同时各方确保乌克兰不成为北约一员，莫斯科再寻找机会恢复对基辅的影响，包括推动乌克兰联邦化给东部各州更大的权力，但俄欧之间的制裁和反制裁将维持一段时期。

四、制裁将延缓世界经济的复苏进程

俄罗斯与欧盟之间的贸易总额超过 4000 亿美元，欧洲 25% 的天然气和 30% 的石油靠从俄罗斯进口，欧盟对俄罗斯的经济制裁自然显得小心谨慎。波兰和波罗的海国家立场激进，而德国、法国、英国和意大利相对较为谨慎。相应地，俄罗斯能源经济为政府收入贡献超过 50%，其中，对欧能源出口占其一次能源生产的 47%；俄 75% 的外国直接投资来自欧盟，6000 亿美元外汇储备中的 2/3 为欧元（其余为美元）。这也是普京在乌克兰问题上一直留有余地的重要原因。在欧盟经济持续低迷、俄罗斯经济不景气的背景下，经济制裁使双方都难以独善其身。

不仅如此，当前的世界经济仍处于金融危机后的调整期，增长乏力，增速回落，总体仍呈下行态势。美国经济表现出了复苏势头，但增速低于预期；日本经济短期快速回升后增长率趋缓，表明其经济仍复苏乏力。更加令人担心的是，发展中国家和新兴经济体的增速持续放缓（2013 年以来更出现了明显放缓迹象），引起了国际社会的广泛担忧。所以，经济制裁在使俄欧陷入困境的同时，必将对国际贸易和金融稳定造成冲击，延缓世界经济的复苏进程。

五、欧盟将出台新的能源战略规划，以尽快降低对俄能源依赖

乌克兰危机将加快欧盟制定新能源战略的议程，以短期内降低对俄罗斯的能源依赖。不出意外，大幅降低对俄罗斯能源需求的具体行动计划将很快在2014年6月前出台。预计该计划的内容包括：从美国大量进口页岩气、提高可再生能源及核能在总能源使用中的比重；以“即期交割”的期货合约定价方式代替“照付不议”长期合同，降低对能源供应国的依赖；建立和完善欧盟的统一电力供应系统。欧盟方面还将发展和完善内部的天然气管道系统，并增加煤炭的消耗量和加快推进使煤炭成为“清洁”能源的技术研究。英国力主通过大量进口美国页岩气来扭转不利局势，要求将其列入美欧TTIP谈判内容，并向其他欧洲国家发了正式文件，要求在25年间改变能源供应计划。欧洲理事会在公告中宣布，2015年将不会存在“能源孤绝”的国家。

尽管短期内难以兑现，但欧盟在战略上将加快摆脱对俄罗斯能源过分依赖，而且美国也做好了准备。随着美国页岩油产量上升，美国很快将取代沙特成为世界上最大石油生产国，到2035年国内能源将完全实现自给自足。数据显示，未来5年，全球新增原油供应的1/3将来自美国，其将很快从原油主要进口国变成净出口国。2013年，美国政府授予103家公司原油出口许可证（是2006年以来的新高）。奥巴马政府更准备直接对欧洲出口天然气，以削弱俄罗斯的影响。美国企业已经提出申请，计划在美建设21处港口设施，白宫也已经批准了6个天然气出口申请，还有超过20组申请在等待审查。经过美国国会批准后，最快2015年底就可能对欧洲实现出口。随着美国的加入，全球能源供应市场将出现重大调整。

六、俄罗斯经济“向东转”已成定局

乌克兰危机所引发的不仅仅是欧洲地缘政治格局的变动，对亚洲的影响也很快就会显现出来。在欧洲忙于寻求能源替代者的同时，压力下的俄罗斯将加快把经济和外交重心转向亚太。亚洲在俄罗斯外交中的地位将明显提升，已经不仅是基于远东开发考虑的销售市场及资本和技术的来源地，更是包括外交、政治在内的俄罗斯的全面战略重心。在近两年的国情咨文中，普京都把发展与东亚关系作为重点。2013 年 9 月，俄政府成立了远东地区发展政府委员会，由总理亲自领导。俄罗斯能源部于 2014 年 2 月发布了 2035 年能源战略草案。该草案预测，到 2034 年，俄罗斯将把所产原油的 32% 和天然气的 31% 输往亚太，对亚太的能源出口将占到总出口量的 23%。加快发展与亚洲的关系被视为防范摧毁性制裁的一个主要举措，但从长远来看，东亚和东南亚是俄国重要出口商品（油气、金属、化工产品和粮食）发展最迅猛的消费市场，莫斯科势必将其纳入战略考量。借助俄罗斯油气，中国能够降低对可能被美国切断脆弱海上通道的依赖，使华盛顿面临重大地缘政治抉择；或者继续向自己的盟友——日、韩施压，使莫斯科更加孤立；或者允许日、韩象征性地制裁，以免把俄罗斯推向中国一边。

七、中国的应对

针对乌克兰局势和俄欧之间的博弈，作为正在崛起为世界大国的中国该如何应对，对中国而言这其中有哪些挑战和机遇，都需要冷静面对和缜密思量。

第一，俄罗斯的强硬举动至少表明了以下几点：无视俄罗斯的利益和诉求，北约主导下的欧洲安全框架存在着巨大的缺陷，欧洲安全将在相当长的时间内困扰着国际社会；伴随着国力的恢复，俄罗斯的信心和意志力也日益增强，开始独立地评估国际形势和做出决定，真正成了全球力量中心之一；俄罗斯与西方之间的关系将长期处于低谷，大大增加了国际协调的难度，全球治理的前景不容乐观；国际格局的调整加快，单极世界将加快向多极世界演变，预示着美国霸权的维持将愈加困难。

第二，中国的立场将极其微妙和关键。考虑到乌克兰局势短期内还难以稳定，所以，中国不必要急于承认乌克兰联合政府的合法性，我们用“事出有因”、“偶然中有必然”来表达对乌克兰动荡的看法还是较为恰当的。中国在安理会表决克里米亚问题上的弃权票，不是逃避，而是一种明确的态度，即在当前局势下提出这样的决议是不恰当的。对乌克兰当局现在不承认不等于以后不承认，形势发展还需要观察（起码要等到总统大选后）。对于乌克兰危机，我们决不能跟着西方起舞，事态发展已经完全超出了乌克兰内政的范畴，而且是否干涉内政的话语权一直都在西方手中。

第三，中国在经济方面要做好多种预案。随着制裁的加强，短期内可能出现的情况是：在美国的打压下，国际能源价格走低，对俄罗斯经济形成巨大压力；俄罗斯出现资本持续外逃，卢布贬值，股市下跌，经济进入衰退，可能要维持 1 ~2 年；美欧经济同样受到冲击，美国勉强维持基本面，欧盟再次出现衰退，乌克兰经济则因为外力不济和内部动荡而进入崩溃状态。由此，全球经济复苏无望，俄罗斯开始寻求与东方的合作，要求扩大非美元结算范围。对中国造成的直接影响是：外部市场很可能出现 2 ~3 年的萎缩期；国际金融市场可能出现更剧烈的波动，尤其是美国股市可能已经见顶；中欧贸易中的摩擦将进一步上升。对此，中国应着力做到：坚定推动经济结构和增长方式转型，加强金融和债务风险的治理和防控；适时扩大人民币结算范围和本币结算合作（尤其在周边和金砖国家之间）；加紧推动落实金砖国家开发银行和外汇储备库的启动和相关工作；争取把成立上合组织开发银行落到实处；鉴于美国的 TPP 和 TTIP 谈判很可能重改国际贸易规则，中国应加快与相关国家建立自由贸易区的谈判，深化与东盟的自贸区合作，以争取更大的筹码；适当降低美元外汇储备，增加黄金储备；中国银联应做好预案，抓住时机扩大在俄罗斯的影响和业务。

第四，中国外交战略的调整机遇。乌克兰局势使俄罗斯与西方关系进一步恶化，普京急需中国的“声援”，同时美欧也在有意拉拢中国，使中国暂时处于相对有利的战略位置，但也很微妙。应让美欧明白，我们不仅仅是波音和空客的买主，更关注他们在中国核心国家利益，包括在东海南海争议岛礁、“藏独”和“疆独”，以及反恐问题上的公正和负责任的立场。从中国的角度讲，现在最大的问题还是东海和南海问题，美国很可能将对中国在东海和南海正常维护主权的行动划定所谓的“红线”，从而使我们在东部的战略压力增大。“新丝绸之路经济带”战略对此是一种回应。但在美军 2014 年底撤出阿富汗后，借助中亚局势不稳和内部选举等便利条件，西方和中东个别国家有可能再次推动所谓“中亚之春”，造成局势动荡和外溢，冲击我国西部地区稳定和战略调整。为全力应对东部的战略压力，西部决不允许出现动荡，而无论是减轻东部压力还是维持西部稳定，中俄关系的稳定和发展都是具有决定意义的因素。尽管俄罗斯对中国的表态和立场极为看重，但中国在乌克兰局势不明的情况下进行“选边站”是不明智的，普京也不奢求这一点。但我们自己要认清国际大趋势，从长期战略看，美国对中国的态度不会改变，遏制或平衡都是主基调。已有美国学者提出，华盛顿应该放弃基辅而与莫斯科保持良好关系来处理伊朗和阿富汗问题，最终把主要精力用来遏制中国这个美国未来的唯一对手。也就是说，中美新型大国关系能否形成是不以我们的意志为转移的，对此要有清醒的认识。而中俄之间无论是从领土、观念、现实利益角度看都不存在大的冲突，而且双方有着更多的共同诉求和利益需求，希望相互借重。所以，乌克兰问题涉及俄罗斯的核心国家利益，中国应该同俄罗斯加强沟通和磋商，甚至可以通过某种方式对急需雪中送炭的普京的合理诉求给予支持。例如可以通过高层互访（习近平主席参加索契冬奥会就是最好的支持方式）或借助上合组织、金砖机制等多边平台表达。

更为重要的是，中俄关系的发展和深化已经成为我国加强能源安全战略的一部分。如果能够借此机会全面提升战略互信，把西线和东线天然气管线落到实处，在高精尖武器贸易中取得突破，同时推动俄方在东海和南海争端中做出更加有利于中国的表态也是可能的。我们当然要争取与俄罗斯能源合作中较优惠的价格，但需要牢记的是，对中国而言，能源供应不仅仅是经济问题和市场问题，更是关乎国家安全的战略问题。所以，中俄就东线天然气供应达成30年的长期天价协议，形成事实上的能源战略同盟，对中国而言绝对是一种多赢的利好，无论是战略、经济还是环境上都具有重大意义。有人担心与乌克兰的关系，首先要清楚中俄关系是大战略，是决定未来几十年中国发展的外部基础。更进一步讲，考虑到未来30年的国际形势和双方的战略需求，中国同俄罗斯应进一步深化全面战略合作，一定意义上形成“同盟”关系也不是没有可能的。当然，这种同盟关系应不同于冷战时期形成的北约，应主要加强上合组织的功能，同时研究中国与俄白哈关税同盟的关系。美国应对中国崛起的亚太再平衡战略就是以同盟关系为基础而展开的。相对于冷战背景下形成的不结盟政策，在新的国际背景下，我们应该重新进行研究和评估。结合当前的国际关系现实，与俄罗斯形成某种“准盟友”关系，看来既有这种需要，也有这种条件和机遇。

乌克兰危机与俄欧关系

戴锋宁〔1〕

2013 年底，乌克兰国内围绕是否签署欧盟联系国协议〔2〕和是否与欧盟建立自由贸易区爆发了激烈的街头抗议和政治斗争，并最终导致乌克兰总统亚努科维奇下台，克里米亚公投独立并加入俄罗斯，乌克兰国内东南部地区武装冲突不断，俄罗斯和欧盟、俄罗斯和美国关系持续紧张，成为一场大规模的地区危机。

乌克兰危机是俄罗斯与欧盟、俄罗斯与以美国为首的西方进行地缘政治博弈的一个新热点。它不仅是乌克兰一国的国内

---

〔1〕 戴锋宁，中国人民大学国际关系学院博士研究生。

〔2〕 欧盟联系国协议（European Union Association Agreement，缩写为 AA）是欧盟根据 1958 年 1 月 1 日生效的《罗马条约》之规定，与非欧盟成员国签订的一种合作框架条约，主要涵盖政治制度、贸易、文化和安全等领域内的合作。根据欧盟规定，必须符合以下标准的国家才能同欧盟签订此类协定：①要同欧盟建立紧密的经济和政治合作（不能单纯地经济合作）；②必须建立相应机构来管理双方合作；③欧盟提供最惠国待遇；④签约国将享有同欧盟成员国和伙伴国发展关系的优先权；⑤协定必须包含尊重人权和实现民主；⑥为强化合作，联系国协议可以取代已有的双边合作协议。简单地说，欧盟联系国协议是一种“成员国准入证”，它规定签约国同欧盟强化紧密合作，承诺进行政治、经济、贸易和人权改革。因为有此种紧密合作，这些国家就自动成为“准成员国”，将来一般都能加入欧盟。希腊在 1961 年签署该协议，成为第一个签约国，并于 1981 年加入欧盟。

政治、军事和领土危机，也是欧盟一体化的危机，更是俄罗斯与欧盟、俄罗斯与西方世界双边及多边关系的危机。这场危机没有结束，但已对俄罗斯与欧盟关系产生了重大影响，并将在未来“规范”俄欧关系的发展走向，对俄欧关系产生长久深远的影响。

一、乌克兰危机及其国际背景

（一）乌克兰危机

乌克兰是苏联的一个加盟共和国，1991 年 8 月苏联解体后即宣布独立。自独立以来，乌克兰从发展本国经济出发，有意“向西看”，将融入欧洲一体化进程作为外交政策的优先方向，希望以此改善自身经济状况和安全环境。经过长时间接触、谈判和融合，2013 年 11 月，乌克兰政府准备正式签署欧盟联系国协议。但俄罗斯此时加大拉拢乌克兰的力度，总统亚努科维奇权衡后宣布暂停协议准备工作，此举引发乌克兰国内数以万计亲欧盟民众的不满。这些民众走向街头，爆发了乌克兰自 2004 年“橙色革命”以来最大规模的游行示威。

12 月，乌克兰反对党在议会发起对政府的不信任案，但没有获得足够多的支持票。在欧盟和西方授意下，反对党转而发动支持者，鼓动其包围总统府、政府大楼与国会大厦，并引发与警察的激烈冲突。乌克兰暂停入欧进程引发一系列类似“多米诺骨牌”的危机，这些危机主要包括四个层面：

1. 乌克兰的国内政治危机。2013 年 11 月，亚努科维奇总统认为欧盟对乌克兰提供财政援助提出的条件过于苛刻，没有签署欧盟联系国协议，并转向俄罗斯求援。这导致国内部分民众不满。他们纷纷走向街头，游行示威，与警察发生流血冲突，国内一片混乱。同时，反对党在议会展开与总统的权力之争。议长图尔奇诺夫、祖国党领导人亚采纽克都发动不信任投票，意图将现总统赶下台。

2 月 21 日，在德、法、波三国施压下，亚努科维奇被迫签署实际上准备让权的“和解”协议。但波澜再起，美国从自身利益出发，不愿欧盟主导乌克兰事务，因此推动乌反对派的极右势力推翻“和解”协议，同时在街头进一步制造流血事件，并嫁祸于亚努科维奇。

乌克兰国内由反对派掀起的政治斗争在得到以美国为首的西方外部势力干预的情况下，形势急转直下，最终亚努科维奇被迫出逃俄罗斯。5 月，乌克兰宣布举行总统选举。最终亿万富翁波罗申科当选，并在 6 月 7 日宣誓就职，亚采纽克担任总理。国内政权被原先的“亲欧反对派”掌控，乌克兰又一次爆发了“颜色革命”。

在此次危机中，西方势力对乌克兰国内事务的干预已不是新鲜事。早在 2004 年“橙色革命”爆发时，欧盟等西方组织和国家就直接介入乌克兰国内政治纷争，它们鼓动民众在基辅独立广场举行示威。

较之 2004 年的“橙色革命”，此次欧盟和美国的干预表现得更为透彻。在乌克兰国内政局动荡，民众上街示威造成社会不稳之际，欧盟和美国不仅公开支持反对党在议会的抗议活动，还直接向亚努科维奇总统施加压力，要求其下台；并鼓动民众继续扩大游行示威，向政府施压。

欧盟和美国的指向非常明确：亲欧美的反对派势力必须上台，而亲俄派的现政权必须交出权力。为此，欧美一系列高官亲自到场助威。包括欧盟负责外交与安全事务特别代表阿什顿、美国助理国务卿纽兰、美国参议院欧洲事务委员会主席克里斯·墨菲和参议员约翰·麦凯恩等在内的高官频频出现在基辅独立广场并发表演讲，为示威群众打气撑腰。乌克兰政局在这种“里应外合”的运动中不到半年就“变天”了，新总统和新总理相继产生。

2. 克里米亚公投“脱乌入俄”。乌克兰反对派赶走亚努科维奇后，立即宣布取消俄语官方语言地位、“通缉”亚努科维奇及主要助手并推倒各地的列宁塑像，这大大刺激了俄罗斯，总统普京决定“闪电反击”，其主要措施之一就是策动克里米亚快速公投脱离乌克兰独立，后迅速并入俄罗斯。

克里米亚历史上是俄罗斯的领土，该地区 60% 的居民是俄罗斯人，扼守黑海，战略位置极为重要。1954 年被当时苏联总统赫鲁晓夫（乌克兰族）当作“礼物”送给乌克兰。乌克兰独立后，乌克兰与俄罗斯签署协议，俄黑海舰队仍可长期驻扎克里米亚半岛的塞瓦斯托波尔军港，事实上俄罗斯将该地区视为自己的“治外领地”。

俄罗斯在看到乌克兰国内“亲欧派”逐渐掌权后，出于对未来乌克兰最终完全倒向欧美的担忧和克里米亚地区对于俄罗斯未来复兴极为重要的战略考量，决定背后支持克里米亚公投，并迅速得到议会动用武力授权，派兵进驻克里米亚。正是俄罗斯战略决心坚决果断，冒着与乌克兰军队正面冲突和在黑海上与美欧军舰交火的风险，克里米亚才能以极快速度完成公投。公投的最终结果果然不出人所料，克里米亚人民宣布独立。与此同时，俄罗斯在国内议会积极准备，并迅速完成立法程序。2014 年 3 月，俄罗斯总统普京签署克里米亚入俄条约，让刚刚独立出来的克里米亚火速并入俄罗斯，成为俄罗斯领土不可分割的一部分。

3. 乌克兰国内武装冲突不断，有陷入内战和分裂的风险。受到克里米亚公投的刺激，在乌克兰东南部俄罗斯族聚集的地区，主要包括利沃夫州、顿涅茨克州和卢甘斯克州，其民众也积极酝酿公投。同时，一些民间武装组织开始占领当地政府大楼和警察局，将乌克兰政权力量赶出这一地区，成立自己的自治独立政权，并拥有一定的武装力量。

在经过一系列准备后，乌克兰东南部地区举行是否脱离乌克兰的全民公投，而公投结果“不出意料”地几乎都以近乎100%的支持率同意成立独立的人民共和国。2014 年 5 月 12 日，卢甘斯克州和顿涅茨克州宣布独立，并合并成立联合政权。联合政权表示脱离乌克兰基辅政权的统辖，独自施政并要求加入俄罗斯。

乌克兰新政府当然不承认公投结果，并将这些势力定义为恐怖组织，决定动用军队和安全部队开展反恐和清剿行动。乌克兰部队同东部的民间武装不断交火，造成平民伤亡、难民逃亡和建筑物破坏，整个乌克兰陷入动荡甚至分裂的危险。

虽然在德国、俄罗斯及欧安组织的斡旋下，乌东部局势出现缓和迹象，双方同意暂时停火。但乌克兰当局还没来得及松上一口气，东部民间武装就开始抛弃停火协议，拿起武器同乌克兰当局的军队战斗。虽然因为人数、武器装备和训练等原因，民间武装力量不是军队的对手，在军事上节节败退，但他们相对分散的“游击战”似的战法也让当局头疼，政府军付出了很大的代价。而且民间武装声称战斗远没有结束，才刚刚开始，他们会一直坚持同政府斗争下去。乌克兰维持领土完整、保障社会稳定和民族团结的工作还“任重道远”。

4. 俄罗斯与欧盟、俄罗斯与西方关系的紧张。在上述一系列事件中，俄罗斯与欧盟、俄罗斯与美国之间相互谴责、批评对方是事件背后的操纵方，应为此承担责任，甚至相互威胁要不惜采取包括制裁等在内的更强硬手段来回应。欧盟、北约和美国多次策划在黑海、地中海和靠近俄罗斯边境地区的军事演习，紧张和战争的阴云一时笼罩在该地区。

作为回应，俄罗斯总统普京也突击检查俄西部和中部军区的战备情况，并时常将该地区的警戒级别提升为紧急状态。此外，得到俄联邦议会有关动用武装力量的授权后，俄罗斯不断在俄乌边境地区举行军演，包括进行直升机登陆作战演练。一时间，该地区“山雨欲来风满楼”，国际社会甚至有人用“新冷战”来概括乌克兰危机发生后俄与西方的关系。

除军事层面外，面对俄罗斯派兵入驻克里米亚和支持克里米亚“脱乌入俄”公投，欧盟和美国积极筹划通过外交孤立和经济制裁手段向俄施加压力。欧盟和美国针对俄罗斯的一系列银行和企业展开制裁，并宣布一批禁止入境欧盟和美国的俄罗斯人员名单。欧美还抵制八国集团索契峰会，将俄从八国集团中除名，并考虑用动摇俄金融市场地位和降低原油价格的办法打击俄经济。俄罗斯也针锋相对，一方面不惧怕银行和企业制裁，对被八国集团除名也满不在乎。另一方面，俄罗斯也积极酝酿采取反制措施，制裁欧盟和美国企业。美欧与俄罗斯的经济对抗达到前所未有的程度。

（二）乌克兰危机的国际背景

乌克兰危机的爆发有其深刻而复杂的国际背景，主要因素在于俄罗斯和欧盟都想将乌克兰纳入自己的势力范围，并视乌克兰为制约对手的一个工具。而乌克兰之所以成为俄欧、俄与西方的“必争之地”，其主要原因在于乌克兰的地理位置特殊。乌克兰处在俄欧之间的缓冲地带，其地缘战略意义非常重要，独立以来一直都是俄欧极力争取的对象。

第一，乌克兰危机是传统东西方阵营竞争的延续。20 世纪 90 年代初，两德统一和苏联解体标志着冷战结束，东西方阵营在军事、政治、经济和意识形态等各方面的对峙也和缓下来，但并没有终结。在地缘政治方面，西方阵营以北约和欧盟为借力点，不断“蚕食”前华约集团成员国和苏联加盟共和国，形成向原东方阵营的双东扩态势。

西方阵营主导的这种双东扩目标明确，就是尽可能多地将原苏联加盟共和国和社会主义阵营国家纳入自己的势力范围。欧盟自1992年成立以来，通过不断东扩，成员国由最初的6个增加到现在的28个。21世纪初，欧盟加快东扩步伐，一路将波兰、罗马尼亚等中东欧国家“收入囊中”。单在2004年一年，欧盟就吸纳了10个成员国。遭受苏联解体和经济困难的俄罗斯元气大伤，只能眼睁睁看着波罗的海三国加入欧盟。在北约东扩方面，捷克、匈牙利和波兰在1999年成为北约成员国。2004年，又有7个国家加入北约，2009年还有2个国家加入。

苏联解体前夕，西方“欺骗”叶利钦说，北约不会东扩，波罗的海三国不会加入欧盟。但面对如今形势，俄罗斯已深以为戒。从20世纪90年代到21世纪前10年的大概20年时间内，北约和欧盟的这种大范围东扩极大改变了冷战刚结束时的世界地缘政治版图，这极大地刺激了俄罗斯，也引发了俄罗斯的警惕和反弹。

对俄罗斯而言，乌克兰永远不是外国。俄罗斯的历史发迹于基辅罗斯（Kievan-Rus），俄罗斯的宗教也从那里起源，乌克兰在几百年的时间里一直都是俄罗斯的一部分。即便此后乌克兰成为独立国家，也一直与俄罗斯维持着包括政治、经济、军事、文化、种族和宗教等在内的千丝万缕的联系。历史上，乌克兰西部1939年并入苏联。乌克兰东部克里米亚、东南部很多地区的居民中俄罗斯族占多数。

乌克兰对俄罗斯的地缘政治意义极为重要，用美国外交战略家、前总统卡特的国家安全顾问布热津斯基的话形象地来说“失去了乌克兰，俄罗斯将不再是个帝国；有了听从使唤且服从的乌克兰，俄罗斯自动成为帝国”。乌克兰是俄罗斯必保的战略要地。

第二，乌克兰危机是俄罗斯与欧盟、俄罗斯与美国后冷战时期竞争和斗争的最新体现。2008年8月，俄罗斯同格鲁吉亚因为南奥塞梯问题发生战争，最终迫使格鲁吉亚“接受和平”，有力回击了西方在军事方面的扩张，阻挠了北约东扩的趋势。北约受挫后，西方开始放缓以北约为主导的军事扩张，转而采取以欧盟为主导的非军事扩张。2009年，欧盟开始启动“东方伙伴关系计划”，[1]在经济、意识形态、文化和外交等方面不断将原苏联加盟共和国和东方阵营国家纳入欧盟范畴，继续挤压俄罗斯的地缘空间。在这种背景下，无论是从地缘政治重要性，还是从国家实力来看，有着4500万人口的“欧洲第二大面积领土”的乌克兰，首当其冲成为欧盟的目标。

21世纪前10年，美国和欧盟一起在原苏联地区发动了多起颜色革命。欧盟与美国都希望乌克兰成为欧盟东扩的又一个新成员国，并在政治制度方面与西方实现“并轨”。为拉拢乌克兰，欧盟承诺给予乌克兰大量经济援助和政治支持，同时要求乌克兰按照欧洲标准完善选举制度，保证司法和媒体独立，并将释放前总理季莫申科作为签署联系国协议的政治前提。

欧盟标榜自己是西方政治制度和市场经济的样板，一心想通过意识形态、文化、经济和外交等手段深刻影响和“同化”乌克兰，甚至在不久的将来将乌克兰接纳为成员国。欧盟的想法促使乌克兰不得不在欧盟和俄罗斯之间做出选择，而这正是乌克兰危机得以爆发的一个重要原因。德国前总理施罗德就认为，“欧盟对乌克兰策略是乌克兰危机爆发的原因之一”。

美国的对俄战略也是一个重要因素。在欧盟出台东方伙伴关系计划时，美制定了美俄关系重启计划。俄罗斯出于对美国

[1] 欧盟的“东部伙伴计划”有6个对象国：格鲁吉亚、摩尔多瓦、白俄罗斯、亚美尼亚、阿塞拜疆和乌克兰。这6个国家都是原苏联加盟共和国。欧盟的意图很明确：将这些国家从与俄罗斯紧密相连的政治经济安全体系中拉出来，对俄罗斯形成包围之势。这6个国家中，格鲁吉亚和摩尔多瓦选择“西倾”欧盟，白俄罗斯和亚美尼亚则属意“东靠”俄罗斯，阿塞拜疆奉行东西方平衡外交。

在欧洲反导、欧盟及北约东扩、意识形态等问题做出让步的“幻想”，并没有对欧盟在乌克兰的“别有用心”采取特别强力的回应。但后来美国对俄罗斯关心的问题并没有给予足够回应，俄罗斯开始不满并警觉。特别是在伊朗核协议达成之后，美国依然拒绝了俄罗斯终止欧洲反导系统的建议。这让普京进一步认识到，俄罗斯同欧美在欧洲的地缘政治竞争不可能停下来。乌克兰如果再与欧盟签署联系国协议，将意味着俄罗斯的地缘政治空间再次被西方进一步压缩，俄罗斯现有大国地位和将来复兴的希望将岌岌可危，因此决定强力回应西方在地缘政治上的新挑战。

俄罗斯从传统政治盟友关系、民族感情和地缘政治角度出发，把乌克兰视为手足和与西方竞争的缓冲地带。无论从国家利益出发，还是从民族感情出发，俄罗斯都无法承受失去乌克兰的政治后果。而且面对长期以来美国和欧盟挤压俄罗斯战略空间的做法，俄罗斯忍无可忍。俄罗斯在对欧盟和美国做法“受够了”的情况下，终于在乌克兰这个问题上做出强烈反弹，因为乌克兰已触及了俄罗斯战略的底线和红线。

正是在这种深刻而复杂的国际背景下，乌克兰危机爆发了。

二、乌克兰危机对俄欧关系的影响

乌克兰危机暴露了俄罗斯和欧盟各自的弱点和不足。对俄罗斯来说，经济和军事实力的不足使其在处理危机时捉襟见肘。面对来自美国和欧盟的强大压力，俄罗斯除了“回收”原本就归属苏联的克里米亚之外，也无力再在乌克兰问题上主导和逆转其逐步靠近欧盟的倾向。而对欧盟来说，危机同样暴露了其对外政策的硬实力短板。欧盟传统的内部决策缓慢和执行力差的弱点一览无遗，这极大限制了欧盟在国际事务中的行动力。乌克兰危机极大影响了俄罗斯与欧盟的关系。

（一）乌克兰危机使俄欧战略格局走到一个十字路口

乌克兰危机深刻暴露了俄欧之间的一个深层和根本性的战略问题：俄欧之间的边界到底在哪？或者说俄欧之间的关系到底能走到何种程度？俄罗斯通过乌克兰危机认识到了欧盟对将乌克兰纳入其体系绝不放弃的决心，这让俄罗斯极为痛苦和警觉。而欧盟也通过乌克兰危机认识到，俄罗斯并不是一个在西方压力下可以无原则地“一退再退”的国家，俄罗斯是有战略底线的。俄欧的战略格局走到了一个十字路口：双方都试探到了对方的底线，也知道了各自战略意图和目标，并明白相互之间有切实冲突。

事实上，作为一个夹在欧盟和俄罗斯两个超大规模国际关系行为体之间的中等国家，乌克兰在苏联解体后的20余年时间里，一直处在左顾亲欧还是右盼亲俄的矛盾过程中。乌克兰历届政府在两者之间“走钢丝”，小心翼翼地在更多靠俄还是更多亲欧之间维持着脆弱的平衡。问题在于，俄罗斯与欧盟从各自的战略目标出发，均不认同乌克兰的“双向选择”。因此，乌克兰的“左右逢源”愿望往往演变成为“左右为难”，直到此次危机的集中爆发。

在此次危机中，俄和欧盟及西方都从最初的隐身事外直接过渡到强势介入，双方都在乌克兰国内利用代理人争取对己有利的地缘政治格局出现。这使得乌克兰危机变成了考验俄欧、俄美关系的新准绳。俄罗斯的筹码在于传统的经济、种族、语言、文化和历史等全方位的立体联系，比如经济上乌克兰在石油和天然气对俄罗斯有“天赋”的依赖，这些历史遗产赋予俄罗斯一定的战略优势。而欧盟和美国更多地具有的是制度优势、规范优势和整体实力优势，乌克兰也想从加入欧洲一体化过程中获得实际好处。欧盟清醒地认识到了这一点，比如面对俄罗斯为乌克兰提供的经济大礼包，欧盟也有针对性地启动相应机制，承诺向乌克兰提供经济援助。

俄欧之间的未来战略格局到底在哪？或者说乌克兰危机该如何解决？俄欧各自有想法。但就目前双方实力对比和国际大环境而言，任何一方都无法取得针对对手的压倒性优势。即俄罗斯和欧盟谁都不能完全得到乌克兰，或者说乌克兰无法完全舍弃一方而选择另一方。在可预见的将来，俄罗斯和欧盟在乌克兰问题上只能妥协，先以正式或非正式的机制共同促成危机解决，确保乌领土完整和统一。再根据各自的实力状况和战略意图，对乌克兰展开“徐而图之”的长久竞赛。在这段时间内，俄欧只能延续过往的旧思维和旧逻辑，尽力在乌克兰国内对立双方寻求支持，动荡不安也许是常态。

（二）乌克兰危机强化了俄欧之间的互不信任

在乌克兰危机爆发前，俄欧关系发展一直比较顺畅。在战略层面，美国发动阿富汗和伊拉克战争后，俄德法在联合国以及其他国际场合加强多边协商和战略互动，俄欧共同战略利益日益增多。在具体战术层面，欧盟承认了俄罗斯的市场经济地位，支持俄罗斯加入WTO，在俄罗斯认为至关重要的车臣问题上也没有为难俄罗斯。俄欧还通过谈判协商，在俄加里宁格勒州居民过境问题上达成了共识。

但面对乌克兰危机不断持续和升级，俄欧之间相互指责对方应对危机负责，相互间的不信任日渐强化。比如俄罗斯外长拉夫罗夫谴责欧盟和西方国家面对乌克兰政治危机丧失“现实判断力”，试图以恐吓手段切断乌俄两国关系，欧洲的反应“接近歇斯底里”。而德国总理默克尔则告诫俄罗斯，不要阻碍欧盟东部伙伴国乌克兰强化同欧盟的关系，并罕见强硬地说，乌克兰有权自己决定同欧盟的关系，第三方无权干预。俄欧之间的这种互不信任升级使得之前顺畅发展的俄欧战略关系陷入停顿，而且这种猜忌和互不信任会在较长时期内对双方关系发展造成负面影响。

（三）乌克兰危机凸显了俄欧在意识形态和战略构想方面的分歧

传统以来，东西方阵营在宗教、文化和意识形态方面就势不两立。此次乌克兰危机反映出俄欧在民主和价值观等意识形态方面的深刻分歧依旧存在。这种分歧继承了传统冷战时期东西方两大阵营的对峙，并在新时期有了变化，比如融入了种族、文化和宗教的元素。冷战时期，东西方阵营意识形态的差异在于资本主义和社会主义的对抗。而在现时期，俄罗斯已实现了资本主义市场经济改造，双方在意识形态方面差异缩小，但仍有分歧。而且更重要的是，双方将这种分歧视作包括经贸和能源等在内的实际利益争斗的一个缩影和晴雨表，互不让步。

欧盟委员会主席巴罗佐坦承，欧盟希望在民主、人权和媒体自由等方面对原苏联国家施加影响，并为此制定了“东方伙伴关系计划”，同这些目标国家签订联系国协议的目的就在于此。这些不同的协议都毫无例外地侧重欧洲价值观和文化的输出，一般包括四方面内容：政治对话加外交和安全政策；公正、自由与安全；经济合作制度框架建立；“深度和全面的自由贸易协定”。前三项明确着眼于输出价值观，第四项虽然看似只涉及实际利益，但也附加大量政治和技术条件，比如乌克兰应按欧盟要求修改与贸易有关的法规。欧盟就是希望通过联系国协议向乌克兰输出民主价值观，通过自贸区协议实现与乌克兰经济一体化，从而使乌克兰彻底实现“脱俄入欧”。

（四）乌克兰危机加深俄欧间的利益争夺

乌克兰危机不仅揭露了俄欧在乌克兰一个国家上的战略和经济利益冲突，还开启了俄欧在中东欧甚至世界范围内的利益夺取。

在能源和经贸方面，俄罗斯和欧盟在乌克兰都有具有重大利益。俄欧在乌克兰外贸中的比重基本相当，俄罗斯是乌克兰主要的能源供应国，而欧盟则是乌克兰外资的主要来源地。为争取乌克兰和获取更大利益，俄欧双方都使出各自手段。

2010 年亚努科维奇当选总统后，在对外政策上主张跳出大国地缘政治的博弈漩涡，实行实用主义多元外交政策。一方面继续欧洲一体化战略（2012 年 3 月，乌克兰与欧盟草签了联系国协议），另一方面也同俄罗斯发展紧密关系。而为了争取乌克兰，俄罗斯给予乌克兰巨大经济利益诱惑，并一直呼吁乌克兰加入俄白哈关税同盟，还承诺输送到乌克兰天然气的价格与俄国内价格一样，乌克兰因此每年可直接获得约 80 亿美元的经济利益。

2013 年以来，乌克兰经济持续低迷，连续三个季度负增长。世界银行将乌克兰经济增长率的预测值调整为零，穆迪和标普两大评级机构将乌克兰主权信用评级调为 B－，前景为负面。在经济状况如此困难的情况下，乌克兰加速推动与欧盟谈判并准备签署欧盟联系国协议。为抗衡欧盟对乌克兰的吸引，俄罗斯打出能源和贷款两张王牌，进一步提高了吸引乌克兰的经济价码，引诱其靠近俄罗斯。普京宣布出资 150 亿美元购买乌克兰政府债券，并将天然气价格从每千立方米约 400 美元降至约 300 美元。俄还同意撤销贸易障碍，增进两国经济联系。而欧盟宣布将在未来几年向乌克兰提供至少 110 亿欧元（约合 150 亿美元）的援助和贷款，但不清楚欧盟的援助资金有多少能够到位。而且欧盟提供的大部分资金有附带条件，还需得到其他成员国和机构的批准。

俄欧争夺乌克兰进行了针锋相对的博弈，而乌克兰危机也将因此损害俄欧相互利益。欧盟超过1/4的石油和天然气来自俄罗斯。虽然欧美官员已开始讨论制裁俄罗斯，但鉴于欧元区刚逐步从欧债危机中走出来，如果欧盟制裁俄罗斯，无疑会把自己的经济拖下水：首先，欧盟是俄第一大贸易伙伴，俄是欧盟第三大贸易伙伴，制裁俄无疑会拖累欧盟贸易。其次，欧盟高度依赖俄油气资源。俄对欧盟出口 80% 是能源，欧盟对俄天然气的依赖尤其严重。根据欧盟统计，芬兰、捷克、斯洛克和保加利亚对俄天然气的依赖度高达 100%，而意大利和德国对俄天然气的依赖度也超过 25%。天然气是俄罗斯的王牌，一旦停止供应将使欧盟遭受重大损失。2006 年以来，俄罗斯曾两次短暂断供天然气，以此作为向乌克兰和欧盟施压的手段。因为俄罗斯输往欧洲的能源通道经过乌克兰，如果乌克兰倒向西方，俄罗斯只需掐断对乌克兰供气就可切断俄输西欧的油气管道。

俄欧关系的对立对俄罗斯来说也是一个重大损失，尤其是俄德关系。事实上，俄德两国无论是在地缘上还是在经济合作上都保持着紧密的联系。从 20 世纪七八十年代开始，越来越多的德国企业便开始开拓俄罗斯市场。俄罗斯利用石油、天然气等初级产品换取“德国制造”的高精尖技术。俄罗斯对德国而言，是一个巨大且相邻的市场，也为德国输送了大量工业资源。俄德关系交恶将会给双方在经济上带来巨大的损失：据统计，德国大约有超过 6300 家企业在俄罗斯有投资和合作，其数量超过所有其他欧盟国家在俄罗斯企业的总和。

（五）乌克兰危机使得俄欧关系背后的隐形因素——美国现身，为俄欧未来关系增添了更多不确定因素和变量

作为一个“绝不当老二，誓做世界老大”的国家，美国对搞垮苏联和挤压俄罗斯战略空间怀有一种“偏执狂”情结。美国一直想方设法要消除俄罗斯复兴的任何可能，并因此不惜与传统盟友欧盟闹翻。乌克兰危机发生期间，欧盟曾参与调停，乌克兰国内局势一度出现转机。但这与美国彻底排挤掉俄战略空间的构想背道而驰。为此，美国不惜抨击欧盟，鼓动欧盟继续在乌克兰危机上与俄罗斯“斗争到底”。美国助理国务卿纽兰

表示，美国已为乌克兰脱俄入欧“投资”了50多亿美元，绝不愿意接受这种妥协的结果。美国甚至不顾国际外交礼仪，用粗话咒骂准备与俄罗斯妥协的欧盟。这再清楚不过地表明俄罗斯和欧盟关系的发展还取决于第三方——美国的战略意图和抉择。

乌克兰危机也暴露出美国有通过离间俄欧关系，尤其是俄德关系来进一步控制欧盟的战略图谋。布热津斯基就承认，美国推动欧盟和北约东扩，重要动机之一是稀释德国对欧洲的支配。美国极力在乌克兰问题上推动欧盟和俄罗斯对立，目的是预防德国和俄罗斯组成经济联盟乃至政治联盟，因为那样将抵消美国霸权。原来欧盟安全上靠美国，能源上靠俄罗斯。乌克兰危机后，欧盟被迫在能源上也转而依赖美国，这使得美国得以全方位控制欧盟，尤其是德国。

总之，俄欧关系因为乌克兰危机遭遇重大挫折，它在未来还会对俄欧关系产生长期影响。但俄欧关系不可能倒退到冷战时期的那种两极对抗格局，因为这不符合双方的战略利益。欧盟是俄罗斯的主要贸易伙伴，而俄罗斯也是欧盟能源的重要来源。欧盟需要东部环境的稳定，以逐步消化东扩后可能带来的后遗症。俄罗斯也需要欧盟尤其是德国的市场和技术，逐渐壮大本国实力。

三、小结：国际政治仍是追逐利益的斗争

作为欧洲除俄罗斯外领土面积最大的国家——乌克兰国家实力也不弱，但自古以来就难以完全独立自主。其主要原因就是乌克兰地处洲际板块交接处，犹如地壳板块连接处常常易爆发地震一样，乌克兰经常被迫卷入大国政治地震的漩涡。乌克兰本身在领土（60万平方公里）、人口（4500万）和经济（1800亿美元）等方面具有一定实力，而地缘因素使其相对重要性放大，拥有超出其自身能力的战略地位，也使其自觉不自

觉地成为西方与俄罗斯博弈的主战场。

乌克兰是俄罗斯与欧盟、俄罗斯与美国“大国角力”的一个竞技场。在传统现实主义的指引下，欧盟固执而执着地意将乌克兰纳入自己的“民主国家版块”，并意图通过吸纳乌克兰隔绝俄乌经济政治联系，获取经济利益。因为乌克兰既能为欧盟提供大的市场，又能为欧盟商品打入俄罗斯大门提供桥梁。欧盟为此不惜暂时付出一定代价，是因为其看到了背后巨大的利益。美国则将乌克兰视作肢解俄罗斯帝国梦想和防止俄罗斯复兴的战略举措。

俄罗斯也固守传统现实主义，执意将乌克兰视为自己的势力范围和战略缓冲区。在俄罗斯和欧盟、俄罗斯与美国这种“相向而行”的战略下，乌克兰无论主观是否愿意，也必将成为大国竞争的一个筹码。乌克兰历史上就曾成为蒙古人、日耳曼人及奥斯曼土耳其人的兵家必争之地而饱经战乱证明了这一点。

乌克兰危机反映了国际政治和国际关系中一个深刻原则：利益仍然是国际政治的主题。西方在处理国际问题一贯拥有的双重标准固然折射其虚伪性，但究其根本其实是利益使然。欧盟以前支持科索沃公投，在乌克兰危机中却反对克里米亚公投。科索沃从塞尔维亚独立合法，克里米亚从乌克兰独立则非法。以前欧盟倡导人权高于主权，为此支持北约对南联盟实施长时间空袭和轰炸，现在又在乌克兰国内武装冲突中表示乌克兰的主权和领土完整不可分割。这些矛盾的表态背后其实反映的是一个道理，那就是利益至上。在利益面前，宣扬的原则成了当事方“拥有最终解释权”的一个道具。这些原则在某些时候表现得“神圣不可侵犯”，在另外一些时候则表现得“可有可无”。

在2014年6月27日的欧盟夏季峰会上，欧盟与乌克兰、格鲁吉亚及摩尔多瓦签署联系国协议。继波罗的海三国后，又有3个原苏联加盟共和国投向欧盟。在目前状况下，欧盟似乎在乌克兰危机上占得上风，但乌克兰与俄罗斯经济联系密切，贸易额超过500亿美元，几乎占乌外贸的1/3。俄罗斯在乌克兰外国投资中占1/6。乌克兰油气靠俄罗斯供应，航空航天、冶金化工电子产品和农产品高度依赖俄罗斯市场。就业也离不开俄罗斯，目前有数百万乌克兰人在俄罗斯打工。而且目前令乌克兰政府头疼的东南部武装冲突问题的解决也离不开俄罗斯。在这种情况下，乌克兰很难一劳永逸地摆脱俄罗斯而投向欧盟。另外，俄罗斯一旦制裁乌克兰和关闭商品进口大门，欧盟对乌克兰的如意算盘将落空，欧盟各国更要担心汹涌而来的乌克兰移民潮。

乌克兰危机还在持续，欧盟与北约东扩步伐仍未停歇，西方与俄罗斯的博弈也远未落幕。俄罗斯无论如何不会放弃控制乌克兰的意图，欧盟也绝对不会停止继续东扩的步伐。俄罗斯和欧盟之间因为乌克兰危机爆发而产生的争斗也远未结束。俄罗斯和欧盟双方关系因为乌克兰危机暂时陷入停顿，但不排除将来仍会继续发展和壮大，因为合作毕竟能给双方带来利益。俄欧关系的未来取决于双方政府和政治家在乌克兰问题和其他问题上有关利益的斤斤计较和反复考量。双方关系可能止步不前，也可能突然回暖，一切取决于双方对各自利益的判定和谋算。

解析欧盟政策框架中的对外文化战略“预备行动”及其对中国的启示

庄　严[1]　石　坚[2]

一、“多样化”背景中的“规范性实力”

随着欧洲一体化进程逐步向纵深推进，欧盟（the European Union）成员国的数量已从20世纪50年代的“创始6国”扩增至几乎覆盖整个欧洲大陆（逾400万平方公里）的28个国家。[3]如今，这片广袤的土地聚集了5亿300万拥有不同地域文化背景的居民；他们在《申根协定》（the Schengen Agreement）的保障下自由往来于申根区域内无国界限制（borderless）的25个国家与地区间，但却坚决地保留了24种不同的官方语言。欧盟各成员国的国内生产总值（GDP）及其人口增速各有

[1] 庄严，四川大学外语学院欧洲文化研究在读博士，成都理工大学讲师。

[2] 石坚，四川大学欧洲研究中心教授、博士生导师，让·莫内讲席教授。

[3] 1951年4月18日签署的《巴黎条约》使“舒曼宣言”提出的“成立欧洲煤钢共同体”的建议成为现实，6个创始国（比利时、法国、德国、卢森堡、意大利和荷兰）成立了煤钢共同市场，目的是在第二次世界大战后保证欧洲战胜国和战败国的安全，并将它们团结到一起。2013年7月1日，克罗地亚成为欧盟第28个成员国。

差异；在一些主要的“国内政策”[1]领域中（如旅游、教育和民事保护等），每一个成员国的政策倾向及政策实施途径也各有侧重。那么，是什么样的条件或机制使得如此丰富的“多样性”得以保障并不断发展呢？

纵观欧盟在半个多世纪以来的发展历程，大量史实和各种文献为我们给出了答案。这个“后现代世界”中的超国家行为体[2]之所以能够统筹各领域、地域及各层次间的“多样性”，并在逐步探索的过程中不断向前发展，这在很大程度上得益于欧盟的政策框架和体制化因素（包括一系列条约、协议、法律和机构建制等）的保障。由此，这些政策和“规范性”框架本身就成了一种独特的欧盟“制度文化”，或曰“规范性实力”

---

〔1〕 就政策领域来看，欧盟和其成员国所分担的责任各不相同。欧盟主要负责：关税、掌管单一市场竞争的法规、欧元国的货币政策、共同渔业政策下海洋生物资源的保护、共同商业政策、欧盟法律规定范围内缔结国际协议等。欧盟和成员国共同负责：单一市场、《里斯本条约》规定的社会政策、经济和社会团结、农业和渔业（不包括保护海洋生物资源）、环境、消费者保护、交通、跨欧洲网络、能源、创建“自由、安全和司法的区域”、《里斯本条约》规定的和公共健康相关的共同安全挑战、“科研、技术发展和空间”、合作发展和人道主义援助。成员国负责，欧盟进行支持和协调的领域包括：保护和改善公民健康、工业、文化、旅游、“教育、职业培训、青年人和体育”、民事保护、行政合作等。详见［法］帕斯卡·方丹：《欧盟问题二十讲》，欧盟（欧委会）公开发行2010年版，第36页。

〔2〕 此处的“后现代世界”主要用以区别威斯特发里亚和约体系（Westphalian System）之后的以现代民族国家为主要行为体的“现代”国际体系。（See Robert Cooper, *The Postmodern State and the World Order*, 2nd ed., London: Demos and the Foreign Policy Centre, 2000, p. 23. From Thomas Diez, "Constructing the Self and Changing Others: Reconsidering 'Normative Power Europe'", *Millennium, Journal of International Studies*, Issn 0305 – 8298. Vol. 33, No. 3, 2005, pp. 613 ~ 636. 转引自四川大学欧盟研究中心《欧盟研究》系列讲座阅读材料，由 Jan Orbie 教授选编，2013 年 6 月。）

(normative power)。[1]欧盟对内、对外的各项事务也都必须依托各领域的政策及制度框架才能有效地实施和推进。但是，当这种体制（或机制）上的“规范化”因素遭遇社会环境中的“多样性”因素（且两类因素同时扩增）时，欧盟原有的发展规划和现有的政策、机制就会不可避免地面临巨大的考验。当然，这些考验和挑战也为欧盟“多样性中的统一”（Unity in Diversity）这一箴言注入了新的时代意义和更加丰富的内涵。

进入21世纪后，世界格局在全球化趋势的影响下不断发生新的变化，国际体系内的主要国家（或地区组织）由此纷纷对各自的对外政策和对外行动目标进行了适应性地调整。在新的历史机遇与挑战中，国家或区域（组织）间的角力不仅取决于（由政治、经济和军事等因素组成的）“硬实力”，也愈加强烈地受到（由文化、体制、制度和话语权等因素构成的）“软实力”的影响。[2]面对欧盟内部多层次、多样化的发展态势和欧

---

[1] 2002年，Ian Manner将“规范性实力”（normative power）这一提法引入欧洲外交政策的讨论中。目前，这已成为欧盟在国际社会中对其自身进行定位的主流观点之一。“Normative power” Manner writes, is a power that is able “to shape conceptions of the normal”. We can therefore identify such a normative power by the impact it has on what is considered appropriate behaviour by other actors. Ian Manners, “Normative Power Europe: a Contradiction in Terms?”, *Journal of Common Market Studies* 40, no. 2, 2002, pp. 235 ~240. (See Robert Cooper, *The Postmodern State and the World Order*, 2nd ed., London: Demos and the Foreign Policy Centre, 2000, p. 23. From Thomas Diez, “Constructing the Self and Changing Others: Reconsidering ‘Normative Power Europe’”, *Millennium: Journal of International Studies*, Issn 0305 -8298. Vol. 33, No. 3, 2005, pp. 613 ~636. 转引自四川大学欧盟研究中心《欧盟研究》系列讲座阅读材料，由Jan Orbie教授选编，2013年6月。)

[2] 20世纪90年代初，由哈佛大学教授Joseph Nye首次在国际关系领域提出“软实力”（soft power）的概念，从此掀起了世界各地相关领域的学者们对软实力进行研究与应用的潮流。Nye认为，软实力就是一个国家的对外吸引力，它源自于一个国家的文化、制度、政治理念、价值观和政策等因素。例如，当一个国家的政策在他国（对手）眼中被视为是有合法性的，那么这个国家的软实力就能随之增强。See Joseph S. Nye, *Soft Power: The Means to Success in World Politics*, New York: Public Affairs, 2004, p. x.

盟外部愈加复杂、不断变化的国际形势，如今的欧盟（也如同世界各国一样）已进入了一个充满多样性、差异性和复杂性的“后现代”环境，没有任何一种现成的（或仅由单一领域知识组成的）发展理论可供照搬照抄。早先的政治精英们为欧共体（the European Community）在其成立之初规划的那一套“通过经济合作实现政治目标”的欧洲一体化进程发展理念和思路，也已远不足以适应欧盟当前所面临的全面发展目标和紧迫的振兴任务，更无法有效地匹配欧盟现今积极参与全球治理（并力求成为其中的领导力量）的决心和行动。于是，我们不禁会问：欧洲一体化进程到底能将欧盟引领多远、带向何方？欧盟究竟会以一种什么样的新姿态参与到未来的国际和地区间事务中？欧盟的对外政策及其调整会对它的“全面战略伙伴”——中国带来怎样的影响和启示？

欧盟早前的对内、对外政策框架多是搭建于经济和政治因素为主导的条件下的。由于经济和政治因素皆为发展过程中的硬性（或刚性）指标，在政策框架中必然会产生一些容易引发冲突的“政策棱角”。如果政策框架之中没有一种能够填充于这些棱角之间的“弹性”因素（或中和/缓冲因素），那么一系列具有不确定因素的“真空地带”就会次第出现在行为决策和政策执行的过程中。对于经受了两次世界大战劫难的欧洲人而言，那些已能预见的“冲突”或任何“不确定的因素”都有可能对其来之不易的“持久和平”和“持续发展”构成潜在的威胁；同时，欧洲一体化进程不断推进的目标之一，就是要尽力排除这些（威胁“和平与发展”目标的）动荡因素，以保障各种“多样性”在平衡之中共生及发展；所以，如何寻找并善用政策框架中的“弹性”因素以确保欧盟的长期良性发展，就成了欧盟当局及其智库必须关注、研究和论证的重要问题。对于欧盟外部的中国学者而言，把握欧盟在政策框架下的战略走向及其未来的行动决策趋势，并探索其对中国发展战略和对外政策的启示是我们进行欧盟研究的重要课题之一。

在这样的研究目标指引下，本文将采用跨学科（领域）的研究思路与方法，结合国际关系、欧洲一体化理论和文化研究的相关理论，对欧盟的政策、官方文件和数据进行综合分析。从讨论“文化在欧盟政策框架中的战略作用”这个问题入手，分析欧盟在政策框架下酝酿（并即将启动）的欧盟对外文化战略及其“准备行动”（Preparatory Action）。选取中欧合作项目中的“跨文化对话”机制为案例，探索文化在提升国家（或地区组织）的国际形象、提升国际话语权等方面的作用和潜力，试为欧盟（文化）研究提出一种新的视角，为中欧跨文化合作寻找一些新的思路。

二、文化：一种“弹性”的战略因素

通过梳理和分析欧盟近期不断更新颁布的官方政策文件、统计数据和资助项目评估材料，结合国际关系和文化研究的理论，于是可以确定，“文化”因素就是一种能够填充于欧盟“规范化”的政策框架中的“弹性”战略因素（flexible and strategic）。文化，既包含显性元素又包含隐性成分，由于文化因素本身就同时兼具多样性和差异性的特点，加之文化领域可以与众多其他的政策领域相交叉或覆盖（且不易引起政策间的冲突），所以，不论是在“对内”抑或是“对外”事务中，文化因素的战略功能都不容小觑。

文化指涉一种集体范畴[1]，它是人文和社会科学领域研究最基本的概念之一。它既包含同质性与差异性的共存，又涉及“变”与“不变”的辩证关系。从泰勒（E. B. Tylor）在他 1871

---

〔1〕 See Pim den Boer, “Europe to 1914: The Making of an Idea”, *The History of the Idea of Europe*, p. 62.

年的著作《原始文化》中首先在人类学研究领域将“文化”定义为人类社会的一个“复杂的整体”[1]，到雷蒙·威廉斯（Raymond Williams）从文化批评的角度对文化定义的扩展[2]，处于不同的历史时期、不同的研究领域的学者们对文化的定义及其研究侧重也各不相同。在当代，特瑞·伊格尔顿在他的《文化的观念》[3]一书中指出，文化意味着社会主体性的范畴，是一种“比意识形态宽泛但又比社会狭窄、不如经济那么明显却又比理论更切实”的范畴，文化饱含着那种“在自发性和理性之间”的张力；伊格尔顿由此呼吁，如今是时候让文化回归其“本位”了。

在国际关系领域，“从文化的角度研究世界体系”是到20世纪末才出现的新现象。在国际政治理论中，现实主义将文化置于无足轻重的地位，因为其重点是关注国际体系中的权力结构和国家在世界体系中的实力地位。新自由主义对现实主义发

---

〔1〕 In 1871, E. B. Tylor provocatively titled his book Primitive Culture and wrote, "Culture, or civilization, […] is that complex whole which includes knowledge, belief, art, law, morals, custom, and any other capabilities and habits acquired by man as a member of society". See Michael Payne, "Some Versions of Cultural and Critical Theory", Wang XiaoLu, Shi Jian and Xiao Wei (eds.), *Contemporary Western Cultural Criticism: A Reader*, Sichuan University Press, 2004, p. 29.

〔2〕 Raymond Williams, one of the most eminent post-war British theorists, who has traced something of the complex history of the word "culture", provided an influential ordering of its modern uses. Outside the natural sciences, the term "culture" is chiefly used in three relatively distinct senses to refer to: the arts and artistic activity; the learned, primarily symbolic features of a particular way of life; and a process of development, See Elaine Baldwin, *Introducing Cultural Studies*, Peking University Press, 2004, p. 4. Eagleton wrote that Williams defines culture as "a standard of perfection, a habit of mind, the arts, general intellectual development, a whole way of life, a signifying system, a structure of felling, the interrelation of elements in a way of life, and everything from economic production and the family to political institutions", See Terry Eagleton, *The Ideal of Culture*, Oxford: Blackwell Publishers Inc., 2000, p. 9.

〔3〕 See Terry Eagleton, *The Idea of the Culture*, p. 39.

起挑战后虽然承认文化、观念、制度等非物质因素在国际政治中的重要意义，但却认为文化的作用只体现在“当物质性因素对国家的政策和行为解释无力或无法解释时”，即文化因素仅是政治因素的一个补充。以亚历山大·温特为代表的结构建构主义理论对前面两种理论发出了挑战，认为国家间的关系不是由物质力量决定的，而是由文化建构的。[1]

如今，若单纯使用某一个领域的某一种理论或方法来分析21世纪的文化问题，已经不足以驾驭文化在社会发展及国际事务中的作用和潜力了。虽然文化研究理论能够剖析文化因素在社会历史发展过程中的深层机理和作用，但却无法充分把握国际关系的任务和国际体系的整体结构；虽然现实主义和新自由主义能够深入剖析国际政治的体系和规则，但却缺乏对社会文化因素及其影响力的充分考量；虽然建构主义强调了文化和观念的重要性，但却有意将文化的“建构作用”和文化的“决定性”等同了起来，亦有偏颇之嫌。

所以，在欧盟研究的语境中讨论文化，也既需要继承，又需要创新。充满多样性的欧洲文化是人类整体文化中的一个重要分支，它传承着世代欧洲人通过历史实践创造出的宝贵物质财富、精神财富、价值观和传统等；同时，它也孕育和滋养了与之相伴而生的欧洲各国人民特有的文化认同（身份）和文化归属感。在欧盟的政策框架中，“文化”是一种具有“弹性”的战略性元素，各种文化形式、文化活动和项目能够充分激发人的创造性欲望、创新能力，增强社会凝聚力，为经济持续发展创造动力，并为欧盟在国际舞台上（以多样化的方式）展示与提升其国际形象。

---

〔1〕 邢悦：“对于亚历山大·温特的《三种世界体系文化》的导读”，载邢悦编：《文化与国际关系精选文献导读》，天津人民大学出版社2011年版，第11页。

在欧盟的《欧洲2020》（Europe 2020）[1]这一全局性的发展战略中，文化领域是建设“充满创造力的欧洲”（Creative Europe）以保障欧洲持续发展的重要阵地之一。作为一种“弹性”的战略因素（或领域），“文化”的作用和影响能够比别的政策因素更容易地“外溢”（overspill）到其他一系列的政策领域中（如政治、经济、贸易、教育、科研和环境等领域）[2]，并能够在对外关系（external relations）中为其话语主体（即欧盟）充分赢取国际话语权。近年来，欧盟斥巨资以保护和传承各成员国内的传统文化（如“欧洲文化之都”和欧洲遗产保护等项目），并扶持和推动文化创意产业，音像制品出口和当代（舞台）艺术等；同时，加强与国际文化组织（如UNESCO）和世界上的其他国家（尤其是新兴经济发展国，如中国、巴西、印度和墨西哥等）在文化上的国际合作与跨文化对话。所以，欧盟目前的内、外政策其实都正在悄然经历着一场“文化转向”。从以经济和政治为主导的政策框架，向“大力提升文化因素作用和潜力”的方向迈进。当然，这绝不是说传统政策框架中的经济或政治因素就不重要了；相反，“文化战略”的兴起正是欧盟为了保证其更有效地实现新时期的发展规划和全球治理目标，而采取的一种适应性的新战略。

尽管政治、经济或贸易等领域的不少学者对欧盟政策的“文化转向”这一提法仍持有怀疑态度，但是我们不难观测出，欧盟如今的政策方向和决策趋向与早先（2000年以前）那种“主要从政治、经济领域推进一体化进程”的思路已经有了很大

---

〔1〕 详见欧委会（European commission）发展战略《欧洲2020》（Europe 2020），http：//ec. europa. eu/europe2020/index _ en. htm，2013年7月1日访问。

〔2〕 详见欧委会2010年7月19日的工作报告，题为“The European Agenda for Culture-progress towards shared goals”，此报告详细分析并阐述了文化如何融入并影响其他19个相关政策领域的项目与活动。由于文章篇幅所限，此处暂不详列与文化领域有交集的所有政策领域。

区别。近年来，欧盟不断提升其对文化因素在内、外政策中的关注度，并持续追加对文化项目的资金资助。[1]在欧洲理事会指导下的OMC专家工作组（Open Method Coordination, working group of EU member states' experts, on better access to and wider participation on cultre）从2008年开始持续制订欧盟的在文化领域的工作计划（Working Plan for Culture，最新一份为2011～2014年段的计划）。欧盟理事会和欧洲议会从2008年起，已开始将“在对外关系中提升文化多样性和跨文化对话”列入政策议程[2]。当前，欧盟的文化战略和它的“共同对外行动”机制（European External Action Service，EEAS）也已出现了实验性的政策交叉和明显的项目覆盖。欧盟专家团业已选择“欧盟—中国文化合作”项目作试点性的案例研究[3]，并就“对外行动（external action）中的文化因素”进行定性与定量的分析和评估，为其即将出台的“对外文化战略”进行铺垫和准备。

---

〔1〕《文化2000》项目是欧委会在1999年的“准备行动”（preparatory action）之后启动的早期文化项目之一，建立起了2000～2006年的7年资助框架，对欧盟成员国内的艺术活动和文化领域合作等提供资助，斥资总额为23.65亿欧元。项目目标为：在欧盟内部建立一个拥有多样性的文化和丰富的文化遗产的共同文化区域。详见欧委会《文化2020》，http：//ec.europa.eu/culture/archive/culture2000/cult_2000_en.html，2013年7月18日访问。在2007～2013年间的现行文化项目中，欧委会仅对“非视听”类文化项目就追加资助4亿欧元（其中不含文化与其他政策领域的交叉部分）。在2014～2020年间的文化项目，欧委会已确定的追加资助款项达5亿欧元，此外还提供2.1亿欧元用于保障银行对文化产业和个人的投资贷款，http：//europa.eu/pol/cult/index_en.htm，2013年7月18日访问。

〔2〕详见欧盟委员会和议会2008年12月16日会议纪要，“Conclusions of the Council and of the Representatives of the Governments of the Member States, meeting within the Council, on the promotion of cultural diversity and intercultural dialogue in the external relations of the Union and its Member States”，http：//eur-lex.europa.eu/LexUriServ/LexUriServ.do?uri=OJ：C：2008：320：0010：0012：EN：PDF.

〔3〕详见欧委会“国际文化合作”（International Cultural Cooperation），http：//ec.europa.eu/culture/our-policy-development/culture-in-eu-external-relations_en.htm，2013年7月5日访问。

三、欧盟对外文化战略的政策铺垫

文化既植根于社会和历史之中，又能超越社会和历史的局限，它是人类共创、共享的集体财富。政治或经济因素必然会随着时间的推移和社会的发展状况而迅速变化，但文化却能以其相对稳定的形式传承人类共有的精神和物质成果。政治或经济因素往往需要迅速地“入乡随俗”，但文化的多样性特质使其在不同的地域或时期仍然能保持它的独特性与原创性。在对外关系中使用“文化战略”，一方面能减少或避免一些硬性（或直接、正面）冲突，另一方面也能巧妙地为行为体保持自身立场的独立性与稳定性，不至于被迫陷入对方的“规范化”模式。如果说，在欧盟的对内政策中强调文化因素是为了发展和凝聚力，那么欧盟在其对外政策中强调文化因素则是欧盟全方位提升其国际话语权并力图跻身全球治理领导地位的信号。

自欧委会2007年颁布《欧洲文化议程》（European Agenda for Culture）之始，就确立了促进欧盟文化发展的三大政策目标：即促进文化多样性与对话，促使文化成为创造和创新的催化剂，力促文化作为欧盟外部关系中的一部分。[1]自2008年起，欧盟理事会和各成员国一起对提升文化多样性与在欧盟对外关系中开展跨文化对话展开了一系列讨论。欧盟理事会与欧盟各成员国政府代表在2010年12月例会后，成文了2011～2014年工作计划（Work Plan for Culture 2011～2014）；期间，欧盟在文化政

〔1〕 详见欧委会《欧洲文化议程》（European Agenda for Culture），http：//ec. europa. eu/culture/our-policy-development/european-agenda_ en. htm，2013年7月5日访问。

策六个领域的工作按优先性排列如下[1]：

优先领域 A：文化多样性、跨文化对话和文化普及；

优先领域 B：文化产业和创意产业；

优先领域 C：技术和自由流通；

优先领域 D：文化遗产，包括收藏品的流通；

优先领域 E：对外关系中的文化；

优先领域 F：文化数据。

在 2010 年末，由于欧盟文化政策的主要目标还停留在促进发展和提升社会凝聚力上，所以领域 E（对外关系中的文化）和领域 F（文化数据）虽然位列需优先完成的六项工作之中，但它们的重要性还达不到关乎“盟内发展”任务的前四项领域。进入 2013 年下半年，结合欧盟研究机构和智库的已发布的（2002 年～2012 年间）文化收益评估报告[2]，不难分析出欧盟的对内文化议程、行动和项目当前多已达到了其政策目标，并且运作已比较成熟。在一系列的欧盟层面的文化政策、行动和评估的铺垫之下，欧盟现已具备了在政策框架中为“对外文化战略”作准备的条件。

在欧盟的对外关系中，制订与实现双边或多边关系中的政治或经济目标必须依照严格的标准和机制化的程序；这些“规

---

〔1〕 Conclusions of the Council and of the Representatives of the Governments of the Member States, meeting within the Council, on the Work Plan for Culture 2011 ~ 2014. Official Journal of the European Union, “Priority area A: Cultural diversity, intercultural dialogue and accessible and inclusive culture; Priority area B: Cultural and Creative Industries; Priority area C: Skills and mobility; Priority area D: Cultural heritage, including mobility of collections; Priority area E: Culture in External Relations; Priority area F: Culture Statistics”, 2 December 2010.

〔2〕 详见欧委会“主要文件”(Key Documents),“Results of evaluations of interest to the cultural sector which have already been performed at the Commission's request”, http://ec.europa.eu/culture/key-documents/evaluation_en.htm，2013 年 7 月 5 日访问。

范性”因素中的任意一项若出现无法调和的状况，就有可能引起相当程度的双边或多边关系的动荡；而这两个因素中的任意一项若出现了明显的参数变化，就有可能会造成国际关系和体系的不稳定，进而对涉及其中的国际行为体的行为、决策及其相关利益产生重大影响。文化以其独特的发展传承形式和多样性的特征，为欧盟的对外行动（external actions）提供了一种新的战略思路。根据马克思对经济基础和上层建筑辩证关系的分析，经济基础决定上层建筑，进而推动思想文化层面的更高级发展。欧洲一体化的进程的推进，经历了“从经济一体化，到政治联盟，再到文化认同与文化战略”的一系列过程，这个过程符合社会发展的普遍规律。

在2011年，欧洲议会在斯特拉斯堡（Strasbourg）通过了一项关于“欧盟对外关系中的文化维度”的决议〔1〕。该决议的目标是在欧盟的对外关系领域中发展一种共同的对外文化行动。〔2〕随后，欧洲议会投票通过：先期投入50万欧元用于启动“文化与欧盟对外关系准备行动”（Preparatory Action on “Culture in the EU External Relations”）。这一“准备行动”由欧委会的教育文化总署负责执行，并成立了一个由八个文化机构和组织共同构成的工作组负责具体调研，该“行动”现已向社会各界全

---

〔1〕 European Parliament resolution of 12 May 2011 on the cultural dimension of the EU's external actions. ［2010/2161（INI）］其中阐述了该决议符合欧盟前期20余项政策、文件和决议等，体现了10个方面的目标考虑，文化和欧洲价值观之间的8种联系，用7种项目方式推进这一决议，6个方面的媒体和新技术支持，文化外交与文化合作的7种要求，文化同欧盟对外关系和EEAS（European external action service）之间的11个目标，以及欧盟与联合国在保护和发展文化多样性方面的14项合作要求等，http://www.europarl.europa.eu/sides/getDoc.do?type=TA&reference=P7-TA-2011-0239&language=EN&ring=A7-2011-0112，2013年7月18日访问。

〔2〕 详见欧委会“政策进展”，Preparatory Action “Culture in the EU External Relations”，http://ec.europa.eu/culture/our-policy-development/culture-and-external-relations/preparatory-action_en.htm，2013年7月8日访问。

面开放，并公开征集该项目的后期资助（包括资金和建议）。

到2014年中期，这一“准备行动”需要完成三个阶段[1]的目标任务：

第一阶段，详细采集、梳理和定位（mapping）欧盟各成员国与欧盟伙伴国在外交关系领域现有的文化资源、方法和战略政策等；

第二阶段，“磋商期”——广泛征集成员国与欧盟外部不同国家（组织）等相关方面的意见，对文化在发展对外关系的战略和规划中的效能进行定位；

第三阶段，在2014年中期的最终会议（the final meeting）上通过“在欧盟对外关系中提升文化因素的潜力”的战略方针。

目前，这项“准备行动”已在欧盟所有成员国内铺展开来，并涉及欧盟的16个邻国和10个战略伙伴国。[2]该行动的宗旨是，推进关于“文化在欧盟对外关系中的作用”的研究、知识交流和公共辩论，着力于建设更广泛的公民社会，并为政策的制定与决策层提供咨询。

此外，在文化因素的研究方面，由欧盟直接资助的《ESS文化最终报告》[3]也已在2012年10月完成了对欧盟各成员国中的文化活动及翔实数据的统一整理、归类和统计分析。这使各成员国能够（在欧盟层面）共享“用于科研、辅助政策制定和行动决策的”资料和数据，同时了解关于“文化因素和文化

---

〔1〕 http：//cultureinexternalrelations. eu/.

〔2〕 欧盟的16个邻国：阿尔及利亚、亚美尼亚、阿塞拜疆、白俄罗斯、埃及、乔治亚苏维埃共和国、以色列、约旦、黎巴嫩、利比亚、摩尔多瓦、摩洛哥、巴勒斯坦、叙利亚、突尼斯和乌克兰。欧盟的10个战略伙伴国：巴西、加拿大、中国、印度、日本、墨西哥、俄罗斯、南非、韩国和美国。

〔3〕 ESSnet-Culture Final Report, by European Statistical System Network，分为“文化数据和定义的框架、文化方面的经费和开销、文化产业、文化实践和社会因素、对各种文化领域的评估和专家的调研报告”等数个版块，共556页。

活动”的确切状况。作为“准备行动”第一阶段的成果之一，这份报告为欧盟即将推进的“对外文化战略”及其今后的政策评估（和比对）做了扎实的铺垫。ESSnet-Culture 调研组结合联合国教科文组织在 2001 年对文化的定义[1]，根据 2007 年由 LEG-Culture 研究组完成的《欧洲文化数据》口袋书的数据，采用搜集、整理和归类的方法，优化了 LEG-Culture 在 2009 年对文化领域和次领域（cultural domain and sub-domain）的分类体系。[2]同时，ESSnet-Culture 进一步为跨领域的文化行动及其功能做了定义，按照“创意、出版物、贸易、保护类、教育和管理/规范等”（creation, publishing, trade, preservation, education and management/regulation）六种可量化的文化功能，将各成员国内的“遗产、文献、图书馆、书籍/印刷品、视觉艺术、表演艺术、试听/多媒体、建筑、广告和手工艺等”十余种文化领域的数据分类整理，设计并分析大量问卷，对欧盟资助的项目和活动进行了评估。通过分类和定义，ESS-Culture 研究组分别就各个文化领域和跨领域的文化元素进行了重新定义和数据化分析，使一些隐性的文化元素（或因素）得以被量化和科学分析。

根据这份 556 页的欧盟文化数据报告，欧盟的政策决策者们在制定未来的对外文化战略时，已对其内部的文化资源和各文化领域的现状有了充分的把握；同时，文化及相关领域的研

---

〔1〕 Culture should be regarded as the set of distinctive spiritual, material, intellectual and emotional features of society or a social group, and that it encompasses, in addition to art and literature, lifestyles, ways of living together, value systems, traditions and beliefs. (UNESCO, 2001) 引自 ESSnet-Culture Final Report. European Statistical System, Nov. 2012, p. 41. 详见《ESS 文化最终报告》，2012 年 12 月，http://ec.europa.eu/culture/our-policy-development/documents/ess-net-report-oct2012.pdf，2013 年 7 月 18 日访问。

〔2〕 Cultural Statistics in Europe Pocketbook，由 the Leadership Group Culture 完成；被欧盟官方采纳的最早的一份文化数据报告就是由该机构完成的“1997～2000 文化数据”。

究者、投资者和从业者们对欧盟各成员国的文化活动及涉及文化的各类因素有了一种统一且较全面的认识。这一报告的完成，不仅降低了欧盟在未来文化项目预算和资助过程中的风险性和盲目性，也使后续的相关研究和调研可以据此为标准对欧盟成员国和欧盟伙伴国的文化资源和文化活动进行对应的统计、分析和比对，从而更加准确地对欧盟自身和伙伴国的文化实力进行评估和判断，进而为其政策和项目增效。

目前，欧盟主要与邻国、新兴经济发展国家和工业化国家等（emerging-economy and industrialised countries）展开文化领域的国际合作。与中国、印度、巴西、墨西哥和俄罗斯等国的合作，主要在以下四方面展开[1]：①国际协议中的文化规定（如与非加太国家和地区的伙伴/合作协议）和长期战略项目工具（如国家战略报告和行动计划等）；②持续性的政策对话机制（如关于创意产业的法律和制度环境等问题）；③使用现有的文化合作机制，如印度文化发展基金、欧盟—墨西哥文化基金和对俄罗斯的欧洲邻邦及伙伴工具基金（ENPI，European Neighbourhood and Partner Instrument）等；④地域间合作机制，如亚欧会议（ASEM，Asia-Europe Meeting）和亚欧基金会（ASEF，Asia-Europe Foundation）等。

2012年3月，欧委会召集成员国专家团就提升文化在欧盟对外关系中的作用这一议题展开了讨论。专家团鉴于2012年中欧高级别人文对话已取得的成果和中欧进一步深化全面伙伴关系的要求，选取“欧盟—中国文化合作”和“跨文化对话”机

〔1〕 详见欧委会“政策进展”，International cultural cooperation-emerging and industrialised countries，http：//ec. europa. eu/culture/our-policy-development/culture-and-external-relations/culture-and-emerging-and-industrialised-countries_ en. htm，2013年7月5日访问。

制为试点案例，对酝酿中的欧盟对外文化战略做了进一步评估[1]，并力图在中欧跨文化语境中为国际交流与合作项目寻找新的附加值，挖掘文化因素在欧盟对外关系中的更大潜力。

专家组认为，欧盟各成员国与中国的双边文化关系首先反映了欧盟内部（保护并大力促进的）丰富的多元文化。同时，这也是一种“以外部行动促进内部政策目标实现”的有效策略，无需专门“对内”灌输认同理念就使其公民对自身所处的（具有多样性的文化）环境产生并提高了认同感。在文化交流的过程中，更多的个人（演员和艺术家等）成了欧盟外部行动的主人翁，以一种更加普及、柔和且深入人心的方式向世界传播欧盟形象和价值观，为持续推进欧盟成员国同世界其他国家的文化交流与合作创造了更具建设性的合作环境。相较于政治对话或贸易往来而言，从文化领域切入的双边交流与合作具有更灵活、开放的运作方式；一方面有利于通过更多种形式促进文化技艺的传承和文化产业的发展，另一方面也有助于建立起一种更加具有弹性的、务实的且可持续的合作平台，使更多的普通人和年轻人等也能通过文化交流的方式参加到对外交往的活动中去。

在传统的中欧关系框架下，欧盟对中国的利益定位是经济贸易利益居首，战略利益居次。[2]在对外文化战略的政策框架之下，中国与欧盟之间的关系因文化因素的注入而产生新的战略合作点与价值增长点。比如，一些尚无法在“双边自由贸易协定”的框架中实现（但却对双方都具有价值的）合作的领域

---

〔1〕 详见欧盟《专家组就文化与对外关系的报告——中国案例》，http：//ec. europa. eu/culture/our-policy-development/documents/summary-expert-group-external-relations_ en. pdf，2013 年 7 月 18 日访问。

〔2〕 郑永年：“中国在欧盟严重的战略利益定位”，载《联合早报》2006 年 9 月 5 日，转引自余南平主编：《欧盟一体化共同安全与外交政策》，华东师范大学出版社 2009 年版，第 191 页。

和项目，可以先并入“跨文化合作”的框架中，以相对灵活且具有弹性的合作方式进行先期铺垫、沟通和试运转，待双边条件都更为成熟时，再进一步向纵深推进。

四、历史、现状与思索——以“跨文化对话”为例

中欧关系离不开“跨文化对话”。自1994年，中欧签署政治对话协议开始，在此后的近20年间，欧盟先后制定出台了一系列对华政策文件。1995年7月，欧盟委员会制定了第一个《中欧关系长期政策》的文件，正式宣布同中国发展政治、经济和贸易关系，初步形成了欧盟对话战略性政策框架。1998年3月，欧委会公布了《同中国建立全面伙伴关系》的战略性文件，把欧中双边政治关系提高到与欧美、欧日关系同等的水平上，支持中国加入世贸组织，还提议建立欧盟—中国首脑峰会对话机制。欧盟在其1998年文件中列出了欧盟对话政策若干目标：将中国进一步纳入国际社会；支持中国向以法制和尊重人权为基础的开放性社会转换；将中国进一步融入世界经济；更有效运作对华政策和行动的指导方针和战略发展框架。早期的中欧政治对话虽然成果喜人，但不难看出，双方的对话并不是从一开始就完全对等（或平等）地进行“话语”交流。换而言之，中国的对欧态度意在“交友”并进一步融入国际社会，而欧盟对中国的态度是“帮扶和引领”。随着近年来中国经济的飞速发展和国际地位的大幅提升，这种“不对等”的局面虽然有所缓解，但是仍然还存有较大需改善的空间。

目前，欧盟的整体对外行动受“共同外部行动机制”（EEAS，European External Action Service）的规约。欧盟的共同外交与安全政策在2009年《里斯本条约》（Lisbon Treaty）生效后得以强化，此后欧盟设立了“高级外交与安全代表”一职（EU High Representative for Foreign Affairs and Security Policy，现由凯

瑟琳·艾什顿女士担任最高代表），并建立起欧盟的统一外交机制，即“共同外部行动”机制。在这样的机制之下，“跨文化对话”其实是在原有的“政治对话”和新近的“文化战略”两种政策维度之下共同生成的一种新型外交行动策略。这一新策略不仅包含了“政治对话机制”原有的设定功能[1]，更涵盖了保护和促进人类文化多样性[2]，消除各方面障碍，加深彼此了解，及时分享观点，促进共生状态下的发展与创造等诸多的领域和层面。由此，也将欧盟的对外关系与人类整体发展的命运联系在了一起。

在欧盟将“跨文化对话机制”引入其共同外部行动机制之前，欧盟从2008年开始，已先期在其各成员国内部展开了“跨文化对话”活动。并将2008年的“欧洲年”主题确立为“跨文化对话年”。对于欧盟成员国的公民而言，跨文化对话能够加强他们对欧盟的整体认同，强化他们的欧盟公民身份意识，增强社会凝聚力，并在一定程度上缓解（或化解）内部冲突，从而降低（或消弭）内部安全隐患，使欧盟层面的问题都汇聚为“发展”和“制度”的问题，即经济和政治层面的问题，而非“安全”方面的隐忧。俗话说，“攘外必先安内”。通过欧洲一

---

〔1〕“政治对话是欧盟成员国作为一个整体与第三方（包括国家、地区以及相关国际组织等）之间展开的一种机制化的外交接触方式。……政治对话机制既满足了欧盟成员国通过与第三方建立高层对话寻求集体身份的需求，也回应第三方希望与欧盟建立正式联系的愿望，因而成为欧盟与其他国家或地区建立沟通的良好形式。”这些对话机制目前主要分为四个级别，即首脑级、外长级、政治司长级和高官/专家级。详见冯万存：《欧洲共同外交的结构与功效分析》，中国社会科学出版社2009年版，第142～143页。

〔2〕欧盟以《联合国教科文组织文化多样性协定》（UNESCO Convention on cultural diversity）为总框架制定其文化方面的对外政策（包括相关方面的国际贸易与发展合作等）。详见欧委会“国际文化合作”（International Cultural Cooperation），http：//ec. europa. eu/culture/our-policy-development/culture-in-eu-external-relations_en. htm，2013年7月5日访问。

体化进程和“跨文化对话”解决一些内部矛盾和周边冲突之后，欧盟相较于世界上其他许多（既需“攘外”，又需“安内”的）国家而言，在“安全”问题上就具有了更明显的优势。与中、美、俄等国相比，欧盟内部的“安全隐患”比其他国家低得多。由此，欧盟能在国际和地区事务中集中更大的注意力解决“发展”的问题，并有余力调配更大的力量到其对外事务中，参与全球治理，并力争成为一支领导力量。在这样的基础之上，在欧盟共同外部行为框架中的文化战略，不仅使欧盟各成员国用统一的“声音”向世界传递信息，传播其价值观和制度理念，还能够极大丰富欧盟（及其成员国）在各类国际事务中的整体形象，增强其参与全球治理的合法性与使命感，进一步提升欧盟的国际话语权。

而在对话的组织形式上，跨文化语境下的对外战略对话的形式也更加多样化。官方的政治对话和民间的（如文化团体/组织、个人及网络/新媒体等间的）跨文化交流形式都能够被统于“对外文化战略”的框架下，文化产品（出版物、音像制品和工艺品/艺术品等）的交流和推广也能够集中统筹和调配，各文化领域所对应的话语主体（传统的或现当代的）能够在更宽广的平台上更高效地进行沟通与交流。

通过形式更多样化的“跨文化对话”，文化能够发挥更重要的战略功能，将其影响通达到更广泛的相关群体中去。它一方面，体现着尊重、保护、促进和发展人类文化的多样性，激发文化的创造活力的重要作用；另一方面，在对话与接触的过程中缓解冲突，连接理解与沟通的纽带。在对外文化战略框架下的“跨文化对话”既是目的，又是手段；既能作为粘合剂，又能成为润滑剂；既可以架设沟通的桥梁深化双边关系，又能成为网络搭建多边交流的平台。即便在跨文化对话中出现一些冲突，这种“以沟通和增进了解”为初衷的“冲突”，其造成的误解或困扰相对于硬性的经贸或政治冲突而言，也更容易被避免和疏解。同时，文化的效用必然会向政治、经济或贸易等相关领域外溢，这就能够进一步拓展进出口商品种类与渠道，扩大和创造就业机会，创造并优化投资环境。以“2012 中欧跨文化对话年”为例〔1〕，两百余项官方与民间的文化活动不仅充分展示了中欧多样性的文化，为相关文化产业和从业者拓宽了发展空间与市场，更为加深双方理解，增进并深化双边政治、经贸关系起到了强效催化剂的作用。

目前，欧盟与中国的“双边文化关系”主要分为三个层面：政治对话（如高级别人文对话，High Level People-to-People Dialogue）、文化合作（如 2012 中欧跨文化对话年）和欧盟—中国贸易项目 II 框架下的文化/创意产业项目等。〔2〕在 2012 年的第十五次中欧领导人会晤中，中欧双方的领导人也对中欧间的高级别战略对话、经贸高层对话和高级别人文交流对话的丰硕成果表示了肯定，并强调了这些对话方式对于推动中欧关系发展的重要作用。就目前中欧间的双边对话与合作的现状来看，虽然主要涉及的仍是经济、贸易、科技和投资领域的问题，部分涉及“和平与安全”及应对全球问题等方面，纯粹文化领域的交流活动数量虽然不少但影响面始终是有限的。但不可否认的是，每一次对话、磋商和谈判，都脱离不了跨文化的语境。欧盟与中国之间虽然不存在直接影响双边关系的重大地历史纠葛，但是，中欧跨文化对话在现实中仍存在不少差异、误解，甚至障碍。

---

〔1〕 详见欧委会“2012 中欧跨文化对话年”（2012 EU-China Year of Intercultural Dialogue），http：//ec. europa. eu/culture/eu-china/index_ en. htm，2013 年 7 月 5 日访问。

〔2〕 详见欧委会“EU-China policy dialogue and cooperation in the field of Culture”，http：//ec. europa. eu/culture/our-policy-development/ culture-and-external-relations/ cooperation-with-china_en. htm，2013 年 7 月 5 日访问。

在对外文化战略指导下的跨文化对话中，最显而易见的差异就是语言和认知模式方面的，当然也有传统观念和信仰方面的。欧洲人与中国人（甚至亚洲人），或者说西方人与东方人在思维方式和行为模式方面的不同传统造成了这些差异。比如，历史原因造成的成见，沟通滞后形成的误解，媒体的片面宣传引起的信息失真与误导，或者过分传递某一种价值观引起的反感，等等。于是，我们必须要认识到：一是这些既有的差异不可能在短时间之内完全消除；二是作为全球化时代的年轻人，我们应该尊重不同文化之间的差异与多样性，并且发挥专业与学术特长，为跨文化语境中的对话与交流建立更有效的沟通机制。当欧盟开始考虑“对外关系中的文化战略”时，其实就已经给了我们一个明确的信号。欧盟已看到了这些差异，并且力图要调整原有的模式，以寻找一种让其能更有效参与国际合作与全球治理的途径。那么，我们也需要在对话与合作前展开长期、仔细的调研、分析和评估，准确给出我方和对方在双边事务中的清晰定位，学习用好各种对外交流机会发出中国的声音，赢得国际世界的尊重并提升我们在国际事务中的话语权。

五、结论

欧盟的对外文化战略“准备行动”将会一直持续到2014年的中期（the mid-2014）。根据几年以来的政策（和项目）评估，欧盟届时有望制定并出台一个在“共同对外行动机制”框架下的对外文化战略。欧盟大力倡导保持并尊重文化的多样性，但当其把这种对多样性的诉求凝结为一个统一的“声音”展开“对外行动”后，这个声音将极具穿透力和国际影响力。欧盟将自身在国际事务中的定位确立为“规范性实力”，即规范（或规则）的制定者与实施者。在当今的国际交往中，谁制定规则，谁就能在相关的国际事务（领域）中获得更大主动性和更强的话语权。如今，欧盟通过近5年的准备和调研，已较为全面和系统地掌握了成员国内部的相关文化数据和已有资源，并选择了以“文化外交”见长的中国作为其研究“对外文化战略”的试点案例进行分析。在这场已在酝酿的“文化”角力中，如果我们无法尽可能全面、精准地掌握相关的数据和信息、统筹自身已有的资源，那么将很难预测和评估我们在文化领域中的对外优势或差距，甚至在这一战略领域陷入被动的局面。

当我们还在斤斤计较对外贸易中的顺差或逆差时，可曾想到一种文化上的“顺差”和“逆差”？在国际话语权的背后，这种“文化顺差”[1]带出的是价值观和传统文化的竞争，而产生的是一种更隐性、更长期、也更强大的影响力。在跨文化对话中，只有让对方与我们“有话可谈”，信赖并接受我们的“话语”方式，才能逐步提升我们在相关国际事务中的主动性、话语权和行动效能。所以，“对外文化战略”及“跨文化对话”的研究与实践，不仅仅应当是值得学界、智库和政策决策者探讨的命题之一，也应该是每一个中国人需要思考的话题。因为，文化的魅力就在于，它让我们每一个人都成了置身其中的传承者、参与者和获益者。

【参考文献】

1. [法] 帕斯卡·方丹：《欧盟问题二十讲》，欧盟（欧委会）公开发行2010年版。

2. 冯存万：《欧洲共同外交的结构与功效分析》，中国社会科学出版社2009年版。

3. 邢悦编：《文化与国际关系精选文献导读》，天津人民出

[1] 张国庆：《话语权：美国为什么总是赢得主动》，江苏人民出版社2011年版，第128~131页。

版社 2011 年版。

4. 王晓路、石坚等编：《当代西方文化批评读本》，四川大学出版社 2004 年版。

5. 余南平主编：《欧盟一体化共同安全与外交政策》，华东师范大学出版社 2009 年版。

6. 张国庆：《话语权：美国为什么总是赢得主动》，江苏人民出版社 2011 年版。

7. Den Boer, Pim, “Europe to 1914: The Making of an Idea”, Kevin Wilson and J. van der Dussen (eds.), *The History of the Idea of Europe*, London and New York: Routledge, 1995, pp. 13 ~ 82.

8. Diez, Thomas, “Constructing the Self and Changing Others: Reconsidering Normative Power Europe”, *Millennium: Journal of International Studies*, Vol. 33, No. 3, 2005, pp. 613 ~ 636.

9. Eagleton, Terry, *The Ideal of Culture*, Oxford: Blackwell Publishers Inc., 2000.

10. Manners, Ian, “Normative Power Europe: a Contradiction in Terms?”, *Journal of Common Market Studies* 40, No. 2, 2002, pp. 235 ~ 240.

11. Nye, Joseph S, *Soft Power: The Means to Success in World Politics*, New York: Public Affairs, 2004.

12. Petchsiri, Apirat, “Asia in the Making of Europe: Europe's Heritage in Asia and Asia as Europe's Other”, Peter Anderson and Georg Wiessala (eds.), *The European Union and Asia: Reflections and Re-orientations*, Amsterdam-New York: Rodopi, 2007.

13. 2012 EU-China Year of Intercultural Dialogue. European Commission, 5 July 2013, http://ec.europa.eu/culture/eu-china/index_en.htm.

14. Conclusions of the Council and of the Representatives of the

Governments of the Member States, meeting within the Council, on the promotion of cultural diversity and intercultural dialogue in the external relations of the Union and its Member States. *Official Journal of the European Union*, 16 December 2008. http://eur-lex.europa.eu/LexUri Serv/LexUriServ.do? uri = OJ: C: 2008: 320: 0010: 0012: EN: PDF.

15. Culture 2000, European Commission, 18 July 2012, http://ec.europa.eu/culture/archive/culture2000/cult_2000_en.html.

16. *ESSnet-Culture Final Report*, by European Statistical System Network, December 2012, http://ec.europa.eu/culture/our-policy-development/documents/ess-net-report-oct2012.pdf.

17. EU-China policy dialogue and cooperation in the field of Culture, European Commission, 5 July 2013, http://ec.europa.eu/culture/our-policy-development/culture-and-external-relations/cooperation-with-china_en.htm.

18. Europe 2020, European Commission, 1 July 2013, http://ec.europa.eu/europe2020/index_en.htm.

19. European Parliament resolution of 12 May 2011 on the cultural dimension of the EU's external actions. [2010/2161 (INI)], 8 November 2012, http://ec.europa.eu/culture/our-policy-development/documents/summary-expert-group-external-relations_en.pdf.

20. International Cultural Cooperation, European Commission, 5 July 2013, http://ec.europa.eu/culture/our-policy-development/culture-in-eu-external-relations_en.htm.

21. Preparatory Action-Culture in the EU External Relations, Our policy development, European Commission, 8 July 2013, http://ec.europa.eu/culture/our-policy-development/culture-and-external-relations/preparatory-action_en.htm.

22. Results of evaluations of interest to the cultural sector which have already been performed at the Commission's request, European Commission, 5 July 2013, http://ec.europa.eu/culture/key-documents/evaluation_en.htm.

欧盟气候与能源政策谈判的转变及对德国的影响与启示

寇静娜[1]

气候与能源政策从2007年开始成为欧盟的主要议题之一，当年欧盟提出到2020年温室气体减排20%，可再生能源占总能源比重的20%，能源效率提高20%的计划，即"20－20－20目标"[2]，推动整个欧盟层面及成员国都按照时间表在气候与能源领域高速发展起来，其中德国行动最为明显也激烈，做出了"能源转型"[3]的巨大决定，不仅希望未来能够实现能源供给的全面安全，同时还要尽可能保持生态的可持续发展。能源领域的投入具有长周期性特点，想要在国际气候谈判中获得应有筹码，达到自己的目的，就需要提前数年的长期准备与讨论，因此欧盟针对下一阶段[4]的气候与能源政策在2013年3月就开始着手讨论。2014年1月欧盟内部提出目标草案，计划到2030

---

〔1〕 寇静娜，中国人民大学国际关系学院博士研究生。

〔2〕 Council of the European Union, *Presidency Conclusions* (Brussels: 7224/1/07REV 1, 2007.3.8/9).

〔3〕 BMU, *Transforming our energy system: the Foundation of a new energy age*, Berlin, 2012.

〔4〕 下一阶段即指2020年以后。

年达到40%的温室气体减排和27%的可再生能源比重[1]的目标，当然能否通过仍然需要欧盟理事会28个成员国首脑最终达成一致。

在2007年欧盟出台关于2020年气候与能源政策框架目标之前，经济是最重要的考量标准，但随着全球性经济危机爆发，能源进口价格的攀高，安全供给风险的提高，且与联合国的气候谈判进程中欧盟也不断收获负面效果，使得成员国之间的分歧争执不下。在这种背景下谈判重点转向了内部成员国之间的妥协，讨论在面对不同经济水平时，如何达到一致的减排和可再生能源的目标。欧盟已经是全球气候与能源领域的佼佼者，在长期推行低碳经济转型的进程中，大幅度减排和大比重提高可再生能源比例势在必行，但在面对高目标时，成员国之间经济承受度的不同，必然会出现阻碍与反复。从这一点出发，本文主要剖析欧盟气候与能源政策的结构与维度，目前在针对下一阶段谈判进程中出现的转变，以及这种变化会对德国目前能源转型造成的影响和反馈。

一、欧盟气候与能源政策谈判的结构与维度

在世界上所有区域组织中欧盟拥有最复杂的制度结构以及政策制定规则，涉及成员国的法令均需要欧盟28个成员国一致同意才能通过，在气候与能源政策领域也不例外，因此了解欧盟气候与能源政策谈判的结构显得至关重要。同时欧盟经过“20-20-20目标”的发展与推动，谈判维度基本确定围绕减排、可再生能源和能源效率三个方面展开，具体而言：

（一）欧盟气候与能源政策谈判的结构

欧盟政策的主要决定权在欧盟理事会，并很大程度上决定

---

〔1〕 European Commission, *A policy framework for climate and energy in the period from* 2020 *to* 2030 (Brussels: COM 15final, 2014. 1. 22).

于理事会的准备工作，欧洲理事会包括28个成员国的首脑，共同决定是否一致同意相关政策或目标。进入一般立法程序后，欧盟委员会才有权起草法令，代表欧盟理事会提出具体意见，并提交欧洲议会通过多数表决的原则进行投票，并最终形成新的法令、规章或决定，在气候与能源政策领域也不例外。

1. 欧盟委员会的前期准备与提案。从2011年开始欧盟委员会就已经着手针对下一阶段气候与能源政策进行大量准备工作，提案侧重于低碳经济，雄心勃勃地提出了到2050年的减排计划，中期目标的实现定在了2030年和2040年〔1〕。但随后波兰政府的否决给这个路线图带来了困难和障碍〔2〕。2013年3月欧盟委员会发布了气候与能源政策绿皮书〔3〕，更加紧密地贴近了各成员国偏好，绿皮书评估了利益攸关者的位置以及补充了宏观经济影响的全面评价后，最终起草了关于2020年以后政策框架的具体建议。欧盟委员会的最新相关提案于2014年1月22日公布，提出在2030年前国内温室气体排放要降低40%，而可再生能源占总比重要达到27%，〔4〕同时委员会提议针对可再生能源建立一个全新的治理机构，并要受到委员会的评估，但整体目标仅在欧盟层面执行，并不包含国家目标，以便给成员国更多的灵活性。〔5〕

---

〔1〕 European Commission, *Energy Roadmap* 2050 (Brussels: COM 885, 2011.12.15).

〔2〕 European Commission, *White Paper*, *Roadmap to a Single European Transport Area-Towards a competitive and resource efficient transport system* (Brussels: COM 144, 28.3.2011).

〔3〕 European Commission, *Green Paper* "*A* 2030 *framework for climate and energy policies*" (Brussels: COM 169, 2013.3.27).

〔4〕 European Commission, *A policy framework for climate and energy in the period from* 2020 *to* 2030 (Brussels: COM 15final, 2014.1.22).

〔5〕 European Commission, *A policy framework for climate and energy in the period from* 2020 *to* 2030 (Brussels: COM 15final, 2014.1.22).

2. 欧盟理事会与部长级会议的承接与协商。提案是未来谈判最重要的基点，欧盟以及成员国需要借助一个已有的基础进行讨论斡旋，成员国政府自己决定何时表达立场，以及提出相关问题和政策议题。谈判很可能会超出理事会工作组的范畴，因此仅有欧盟理事会并不够，欧盟气候与能源政策谈判属于政府间谈判，成员国政府的立场以及相关问题和政策议题的考量需要进一步在能源和环境部长理事会上解决。更重要的是，由于气候与能源独立为两组进行讨论，因此在具体内容上也会有很大不同，甚至目标设定也会略有区别。最终气候与能源政策框架的决定会在欧盟理事会上由 28 个成员国首脑共同决定，欧盟委员会采取协商一致的态度宣布定论。

3. 欧洲议会与部长理事会的细节扩展与推动。只有在更为广泛的战略协商阶段获得肯定，才能进一步讨论细节。当 28 个成员国头脑一致通过后，欧洲议会和部长理事会才有资格在相关领域的具体配置方面填充详细内容与细节，从这一点出发可能会有一定战略偏差，但基本可以忽略不计。因为 28 个成员国能够在气候与能源框架大目标上达成一致是整个过程的关键所在，一旦通过这一阶段，其余的程序就会理所应当地进入程序化过程，形成最终的政策框架，当然反之亦然。

（二）欧盟气候与能源政策谈判的维度

欧盟成员国传统的路径依赖是面对气候与能源政策问题时的综合过往经验，其中最关键的就是密切关注其他伙伴国家对 2007 年法令颁布的态度和评估。减排、可再生能源和能源效率是欧盟成员国路径依赖下的三个维度，通过这三方面的探寻，可以看到欧盟在针对未来气候与能源政策谈判时各方立场与偏好的主要出发点，能够清晰判断谈判中的最大可能选择。

1. 温室气体减排。由于经济危机的影响，欧盟整体生产水平下降，在 2007 年制定的到 2020 年减排 20% 的目标将比预期更快地达到，截止到2012年底，欧盟的减排已经达到18%[1]，所以就需要重新考量是否在2020年后依然按原目标进行，但对于未来目标修订的标准仍然存在争论。尤其是欧盟成员国对于减排的承诺还依赖于其他发达与发展中国家也同意采取措施的层面，这就会使得争论进一步加剧。2010年~2011年期间以英国为首的西欧和北欧成员国试图修改欧盟的目标，希望将减排目标提高到30%的比重[2]，但最终被波兰等中东欧国家暗中阻拦而失败。所有事实表明，尽管欧盟2020年的目标已经基本提早实现，但28个成员国一致决定的程序无法修改，这意味着欧盟理事会在今后很长的一段时间内极难调整，就算情况发生重大变化也不会动摇。

2. 可再生能源。欧盟已经明确提出在2020年可再生能源要占终端能源消费的20%，但这个目标落到国家层面并不是平均的，比如瑞典可再生能源比重达到49%，德国达到18%，而马耳他仅能达到10%。[3]除了成员国有义务定期向欧盟提交国家层面完成的进度，整体看来还没有一个类似碳排放交易体系的欧盟工具有效地推动可再生能源发展。[4]尽管欧盟委员会最后一次报告认为20%的可再生能源目标可以简单地通过近年经济增长达到[5]，但毫无疑问过去几年成员国之间的差距已经使得他们渐行渐远。当西欧和北欧国家对完成目标基本没有悬念的

〔1〕 EU greenhouse gas emissions and targets：Unilateral 2020 target，http：//ec. europa. eu/clima/policies/g-gas/index_ en. htm，2014年6月20日访问。

〔2〕 UK，UK renewable energy roadmap（London：URN11D/698，2011. 6）.

〔3〕 Center for European politic，*EU Communication-Renewable Energy beyond* 2020，2012. 7. 16.

〔4〕 European Commission，*Renewable Energy：a major player in the European energy market*（Brussels：COM 271，2012. 6. 6）.

〔5〕 European Commission，*Renewable energy progress report*（Brussels：COM 175，2013. 3. 27）.

时候，中东欧国家以及南欧国家由于饱受经济困扰和金融的压力，却在破坏体系。如果这些地区的成员国未来无法达到预计目标，就会引发纷争，那么下一阶段可再生能源目标的处境会更加艰难。

3. 能源效率。已经推动的气候与能源政策目标，在发展过程中最薄弱的环节可能就是能源效率了。提高能源效率的相对含义就是降低能源消耗，这是一个十分空泛的标准，成员国政府在2007年同意提高20%的效率是基于现已存在的能源消费，认为届时到2020年能源消耗会降低。尽管经济危机的爆发使得欧盟的能源消耗逐步放缓，但这个目标实现的可能性仍然不大，因为近年来除了丹麦以外，大部分成员国对于能源效率并没有表现出过多关注，在能源效率法令漫长的修订过程中尤为明显。因为成员国在欧盟层面提出意见诉求的基本原则就是，欧盟计划与成员国自身国家计划的相容性，意味着这些成员国对适用于整个欧洲的评估并不热衷，而主要焦点仍在国内的影响评估之上。中东欧国家纵然因为经济危机意外通过降低能源消耗来提高能源效率，但对未来欧盟气候与能源框架政策的谈判仍有警觉，这也就必然存在欧盟理事会更难达成一致协议的可能。

二、欧盟在气候与能源政策谈判中的转变

目前与2007年欧盟理事会做出欧盟气候与能源政策第一期框架的背景已经不同了。首先是经济环境的改变，持续的欧洲债务和金融危机已经基本上改变了许多欧盟成员国政治优先的原则，以至于经济的重要性早已高于任何其他领域。此外，成员国在一定程度上对于气候与环境前景出现幻灭，对2007年欧盟制定的气候与能源政策框架的热情也逐渐减退，同时联合国的气候谈判进程从2008年起到现在没有任何实质性进展，全球的排放量仍然不断上升，使得欧盟内部也不再一成不变，中东

欧国家与北欧西欧发达成员国在气候与能源问题上逐渐走向分裂。[1]因此欧盟为了尽可能获得一致的结果，在针对下一阶段气候与能源政策的谈判过程中，出现了两种转变。

第一，生态可持续发展优先向全面妥协的转变。在2007年欧盟能源战略中，生态可持续发展曾经具有明显的优先性，近年来变化虽不明显，但重要性已经下降却是不争的事实。欧债危机爆发后，欧盟内部矛盾重重，中东欧国家早已不堪高标准的生态优先原则，南欧国家也将焦点转到如何保持国内稳定之上，因此目前成员国解决矛盾的主要模式事实上就是不做决定，看能否尽最大可能妥协从而获得欧盟各成员国一致同意的目标。从2011年公布基于可持续发展范式的路线图后，除了波兰外，其他成员国均没有公开表达过意见，这意味着欧盟的能源和气候政策谈判仍然以2007的决定精神为主导，但私下的分歧并没有减少，妥协就成为最好的选择。2013年5月能源政策被限制于仅在能源价格趋势领域就是最好的说明。通过在广泛公众范围内的讨论，这个关于电价和天然气价格趋势的议题，不仅在欧盟气候与能源政策领域中占据了中心位置，同时很大程度上回避了能源领域其他无法讨论的问题，也就成为全面妥协的一种表现。

第二，政策从欧盟层面向国家层面倾斜的转变。能源行业经过近年的发展已经部分欧化，第三次欧盟内部能源市场一揽子计划[2]就是典型，但欧洲一体化的提高始终是有限制的，成员国在电力和天然气市场的整合失败很大程度说明了这一问题。

---

〔1〕 2007年欧盟能源与气候法令宣布的时候，南欧国家持支持态度，但随着欧债危机的展开，南欧国家开始谨慎表达针对能源与气候目标的态度，希望将重点转向经济，而高昂的能源与气候成本已经成为这些欧洲国家的负担。

〔2〕 European Commission, *Third package for Electricity & Gas markets*, 2009.9.19, http://ec.europa.eu/energy/gas_electricity/legislation/third_legislative_package_en.htm，2014年6月20日访问。

时至今日，成员国仍然坚持各自的主权，决定各自国家的能源战略，担心向欧盟的过度倾斜会引发自己国家能源供给结构的负面变化。为此成员国的首要考虑是国家利益，一旦与欧盟层面的气候与能源政策有直接冲突，处理方式都是在时间上做文章。过去的几年中，许多成员国已经努力阻止和削弱欧盟的监管措施，比如统一能源税和乘用车的二氧化碳排放标准等。如果欧盟要在2050年实现低碳经济模式，并在1990年的基础上削减85%～90%的温室气体排放〔1〕，就要使国家能源政策不断趋同，也就是限制国家的主权力量，这意味着仅仅通过协调28个成员国国家能源政策来达到欧盟的目标基本不太现实，因此欧盟必须向成员国倾斜妥协，在妥协过程中寻找谈判一致的可能。

这两个转变体现了欧盟对到2050年低碳经济转型的悲观态度。根据从2007年开始欧盟气候与能源政策的经验，尽管环保分子、智库、能源公司、决策者以及宏观经济模型专家都肯定未来气候与能源政策框架，认为低碳愿景在论证中可行，但欧盟却由于成员国的分歧在通过与低碳经济转型项目相关的措施方面态度犹豫。这一切证明尽管相关政策框架是完全合法的，但残酷的政治现实不能假定它有付诸实践的可能。因为政策讨论、决定和落实间的矛盾是日常政治中最典型的问题，也是政府解决不同利益集团和群体广泛矛盾的主要手法，这也可以解释尽管欧盟有接近半个世纪的发展历程的基础，但分歧明显的僵化转型仍极有可能失败。欧盟气候与能源政策谈判的落实可能冒着结束欧盟未来统一政策框架的风险，但同时也为气候与能源政策的新治理模式提供了一种新的导向，即欧盟与成员国可以各自考虑相关的目标与计划，提出一个介于欧盟整体的愿景目标与成员国倾向自身发展的中间方法。在这种背景下，德

〔1〕 European Commission, *Roadmap for moving to a competitive low-carbon economy in* 2050 (Brussels: COM 112, 20113.8).

国作为欧盟最重要的成员国之一，对欧盟气候与能源政策谈判的影响与反馈就显得至关重要，极有可能成为未来欧盟气候与能源治理的新突破。

三、对德国的影响

德国是目前欧盟成员国在气候与能源领域改革步伐最大的国家，从 2011 年起，启动了全方位的能源转型，立志要在减排、可再生能源和能源效率三个方面获得突破性进展，试图在未来成为全球最具标杆性质的绿色经济国家。其中温室气体排放以 1990 年为基准，到 2020 年之前削减 40%，到 2030 年削减 55%，2040 年削减 70%，而最终到 2050 年削减到 80% ~95%；可再生能源方面的目标为，到 2020 年 35% 以上的电力消费必须来自可再生能源，到 2030 年到 50% 以上的电力消费必须来自可再生能源，到 2050 年 80% 以上电力消费必须来自可再生能源；能源效率则设定与 2008 年相比到 2020 年一次性能源消费要削减 20%、到 2050 年要削减 50% 的目标[1]；此外，德国的改革还包括计划到 2022 年要整个退出核能领域。[2]这意味着欧盟针对未来气候与能源政策谈判的过程和结果会影响到德国自身的发展，同时德国的反馈也会反作用于欧盟的谈判。一方面，德国政府希望在能够达到欧盟层面要求的同时，还能令德国民众信服，但另一方面，欧盟与德国政策框架日益加剧的矛盾也不可避免。目前看来，为了协商统一，28 个欧盟成员国很可能设立一个稳健的减排目标，而不同意在整个能源领域大幅度推动可再生能源，同时放弃能源效率目标的设定。一旦欧盟理事会趋

---

〔1〕 BMU, *Transforming our energy system-the Foundation of a new energy age*, Berlin, 2012.

〔2〕 2010 年日本发生地震引发福岛核泄漏事故，震惊德国，最终在当年决定逐步关停德国境内核电站，退出核能领域，大力发展可再生能源。

同上述决定，必然给德国能源转型带来极大的影响。

1. 对德国能源转型目标的阻碍。欧盟为了统一协定，有极大可能将未来气候与能源政策目标削减为一个单一的减排目标，甚至有可能将欧盟目标设定在低于德国国内 40% 的要求的标准。如果真的如此，德国能源转型的核心目标必然受到阻碍。从最近几年德国气候与能源政策的情形来看，2011 年决定彻底退出核能领域后，其与亲欧口号背道而驰，呈现向国内转的趋势。虽然欧盟未来气候与能源政策的目标设定对于德国退出核能的路线图影响不大，但会极大阻碍德国可再生能源的扩大，很可能间接对减排政策产生负面效果。最显著的例子就是 2014 年欧盟委员会针对德国可再生能源法某些补贴政策进行调查援助，[1]认为存在不正当竞争，从长远来看极有可能危及德国的能源保护体系，对扩大可再生能源比重的国家计划产生负面影响，进而全面影响德国的能源转型。

2. 加剧与本国民众的矛盾。客观而言，就算欧盟不以相同的形式设置新的可再生能源目标，德国仍然可以设定本国在 2030 年可再生能源比例达到 30% 的目标，[2]但如果德国民众均认为这是政府不顾欧盟层面的“单干”，那么德国的能源转型计划就会遭受大规模的民众反对和舆论压力。整个德国社会就要为能源转型承担很大的支出与负担，而对于成本的公开讨论也可能会在未来一次又一次地爆发，这些问题都会在欧盟下一阶段气候与能源政策谈判框架下浮动引爆。比如荷比卢和法国与德国电力市场紧密联系，由于德国能源消费者对风能和光伏的

---

〔1〕“EU warned ‘do not play with fire’ over energy rebates for German industry”, http：//www.euractiv.com/sections/industrial-renaissance/eu-warned-do-not-play-fire-over-energy-rebates-german-industry，2014 年 6 月 27 日访问。

〔2〕BMU, *Gesetz zur Neuregelung des Rechts der Erneubaren Energien im Strombereich und Underung damit zusammenhungender Vorschriften* (EEG2012), 2012.

补贴使得整个电力市场价格下降而给他们带来了好处，但由于德国民众为主要费用承担者，而其他国家民众并无这些支出，必然会引发德国民众针对价格的矛盾。此外，如果波兰和捷克等周边国家也继续反对德国的能源战略，那么维护能源网络安全供给就会大幅度增加负担，因为这些东欧国家一旦决定自行设计电网，就会直接阻碍德国从北到南电力的运输，德国电网扩张才刚刚开始，未来在许多地区都会遇到接入问题，成本的提升必然会使矛盾升级。

作为成员国之一的德国，想要摆脱欧盟的顶层设计，单独发展是不可能也不现实的，不仅困难重重，而且会影响到国内能源转型的整体发展与实现。因此，鉴于欧盟气候与能源政策谈判结构的复杂程度，成员国的分歧以及两方面的转变，德国能源转型想要顺利推动，一个相对实用的策略显得十分必要，那就是要么尽最大可能将自身能源转型政策推广到整个欧盟层面，要么尽最大可能减少欧盟层面对自身能源转型的干扰。两种选择既矛盾又统一，体现在欧盟下一阶段的气候与能源政策谈判中，就是德国政府必须竭尽全力推动一个有利于自身发展的气候与能源政策一揽子协定以及有法律约束力的目标，并尽可能减少其他持不同态度国家的影响，比如以波兰为首的中东欧国家以及饱受经济困扰的南欧国家对未来目标草案的反对，这也是德国面对欧盟气候与能源政策谈判最直接的反馈。

四、结论与启示

事实上，欧盟在气候与能源政策领域的发展与德国作为成员国代表的反馈是一个硬币的两面，是地区层面与国家层面在气候与能源政策领域的分别体现。欧盟气候与能源政策在全方位的妥协和向国家层面的转变过程中，已经表明了成员国态度分歧带来的谈判困难。而谈判转变对于德国的影响，直接促使其为了实现能源转型的目标，尽力将国内政策进行扩大化，乃至整合到欧盟层面，这虽然可行性较低，但不排除推动的可能。总而言之，从客观角度来讲，德国在欧盟气候与能源政策谈判中的态度以及国家自身的能源转型并不是一个备受推崇的榜样，因为无论是国际社会还是欧盟并不需要一个在气候与能源政策领域过于激进的大国，保持稳定前进与民众追随才是根本，但这一点在德国无法得到体现。因此，无论是国家还是非国家政治行为体，都要意识到一点，气候与能源政策发展到现在，早已不再是技术问题，或单纯的社会责任问题，而是具有浓重政治色彩的国际议题。欧盟在气候与能源政策谈判中，如何推动进一步发展，照顾成员国的立场，以及协调各方的博弈，并最终借此在国际社会获得尽可能多的政治筹码才是问题的关键所在。

目前中国也在大力推动气候与能源政策的转型与发展，从欧盟这里可以认识到，尽管其已经是目前全球一体化最高的地区组织，但其终究不是一个国家，无法真正有效地贯彻理想的政策目标，而德国政策与意志再欧洲化，也不存在彻底化解成员国分歧立场的可能。这种谈判的艰难给了中国重要的启示，即想要维护并保持中国在气候与能源领域负责任大国的形象，需要以国家长久利益与前景为考量，并重视相互学习与相互影响的可能，因为没有一个国家和地区可以脱离于整个世界而单独发展，所以消除分歧，扩大诉求与影响，并尽可能获得主动话语权才能真正实现国家利益。

【参考文献】

1. Council of the European Union, *Presidency Conclusions* （Brussels：7224/1/07REV 1, 2007. 3. 8/9）.

2. BMU, *Transforming our energy system：the Foundation of a*

new energy age, Berlin, 2012.

3. European Commission, *A policy framework for climate and energy in the period from* 2020 *to* 2030 (Brussels: COM 15final, 2014. 1. 22).

4. European Commission, *Roadmap for moving to a competitive low-carbon economy in* 2050 (Brussels: COM 112, 20113. 8).

5. European Commission, *Energy Roadmap* 2050 (Brussels: COM 885, 2011. 12. 15).

6. European Commission, *White Paper. Roadmap to a Single European Transport Area-Towards a competitive and resource efficient transport system* (Brussels: COM 144, 28. 3. 2011).

7. European Commission, *Green Paper* "*A* 2030 *framework for climate and energy policies*" (Brussels: COM 169, 2013. 3. 27).

8. European Commission, *A policy framework for climate and energy in the period from* 2020 *to* 2030 (Brussels: COM 15final, 2014. 1. 22).

9. European Commission, *A policy framework for climate and energy in the period from* 2020 *to* 2030 (Brussels: COM 15final, 2014. 1. 22).

10. EU greenhouse gas emissions and targets: Unilateral 2020 target, http://ec. europa. eu/clima/policies/g-gas/index_en. htm.

11. UK, UK renewable energy roadmap (London: URN11D/698, 2011. 6).

12. European Commission, *The state of the European carbon market in* 2012 (Brussels: COM 652, 2012. 1. 14).

13. Center for European politic, *EU Communication-Renewable Energy beyond* 2020, 2012. 7. 16.

14. European Commission, *Renewable Energy*: *a major player in*

the European energy market (Brussels: COM 271, 2012. 6. 6).

15. European Commission, *Renewable energy progress report* (Brussels: COM 175, 2013. 3. 27).

16. European Commission, *Third package for Electricity & Gas markets*, 2009. 9. 19, http: //ec. europa. eu/energy/gas_ electricity/legislation/third_legislative_package_en. htm.

17. European Commission, *Roadmap for moving to a competitive low-carbon economy in* 2050 (Brussels: COM l12, 20113. 8).

18. "EU warned 'do not play with fire' over energy rebates for German industry", http: //www. euractiv. com/sections/industrial-renaissance/eu-warned-do-not-play-fire-over-energy-rebates-german-industry.

欧盟劳动力市场一体化与技术外溢

汤学敏[1]　黄卫平[2]

一、引言

欧盟成员国间的劳动力流动已经存在了半个多世纪，直到2014年1月1日，欧盟宣布取消对罗马尼亚和保加利亚劳动力在欧盟范围内自由流动的限制，除13个成员国对2013年7月入盟的第28个国家克罗地亚进行过渡性劳动力流动限制外，欧盟成员国基本实现了劳动力市场的相互完全开放。不同于商品的国际流动，劳动要素的自由流动会受到很多限制，既有政治上欧洲右翼政客反一体化的压力又有与之相关的社会保障等制度的制约。尽管劳动力跨国流动是受欧盟法规保护的，但与之相关的社会保障体系的规则制定则是从单个国家的角度出发的。欧洲劳动力市场一体化的过程不是理论假设下劳动要素完全自由流动的过程，政策制定者的方向性指引导致不同劳动团体间的利益倾斜。

〔1〕 汤学敏，中国人民大学经济学院在读博士。

〔2〕 黄卫平，中国人民大学经济学院教授，世界经济研究中心主任，让·莫内讲席教授。

二、欧盟劳动力市场一体化进程

（一）欧盟东扩增加了东西走向的劳动力流动

2004 年以前，欧盟东扩前成员国之间劳动力的流动数量是有限的，2004 年和 2007 年的两次东扩后劳动力流动人数才有所增加，数量从 2005 的约 470 万人增加到 2013 年的约 800 万人，占总劳动人数从 2.1% 增加到 3.3%，增加的数量中3/4是源于东扩后新入盟的十一国。

图 1

数据来源：欧洲统计局和欧盟委员会（2014）。

（二）金融危机增加了南北走向的劳动力流动

到目前为止，受金融危机的影响，欧盟成员国间的劳动力流动可以分为两个阶段：第一个阶段是从 2009 年到 2010 年，受整体需求下降的影响，劳动力的流动量比 2008 年下降了 41%，特别是在 2004 年到 2008 年，劳动力流动增加较多的东欧国家出现了极大的下滑。第二个阶段是 2011 年至今，劳动力的流动量开始回升，特别是复苏缓慢并且紧缩政策影响严重的南欧国家劳动力出现了较大幅度的流动。与 2007 年到 2008 年相比，2012 年希腊增加了 170%，西班牙增加了 107%，爱尔兰增加了 64%，匈牙利增加了 58%，拉脱维亚增加了 39%。

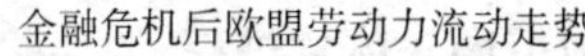

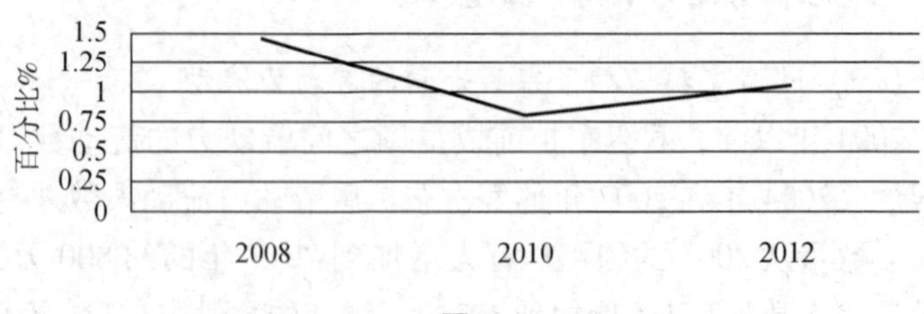

图 2

数据来源：欧洲统计局和欧盟委员会（2014）。

（三）高失业率增加了青年劳动力的流动

截至 2014 年，欧盟 28 个成员国平均青年失业率高达 22%，几乎是 2008 年的两倍，希腊和西班牙最为严重，失业率分别达到了 57.7% 和 54%，每两个青年人中就有一个没有工作。2012 年底欧盟制定了“青年保障”的就业援助计划，每年计划投入 100 亿欧元援助各国青年就业，但实施效果并不显著，许多青年人不得不背井离乡去别的国家寻找就业机会。

（四）医疗和社会保障体系的推动

劳动力要素流动的一个特殊性在于，即使允许劳动力在国家间完全自由流动，但它也不仅决定于劳动力市场对劳动要素的供给需求，还受制于劳动力的生存环境，如与之配套的养老、医疗社会保障体系。欧盟委员会为推动劳动力在成员国间的流动在这方面做了一系列努力。比如，在欧盟成员国临时工作的国外工作者可以在其母国继续享有两年的社会保险金，并且会受到工作所在国的最低工资保障法律的保护。还没有找到工作的人享有失业保险的保障，仍然可以领到上一个工作单位所在国的 3～6 个月的失业救济金。

三、欧盟劳动力市场一体化的原因

首先，依照新古典经济学理论，假设两国工人能自由流动时，这一流动会减少流出国的劳动力，并使其实际工资提高，如果没有障碍阻止流动，这一进程将一直持续到两国边际劳动产出一致为止，导致两国实际工资率趋同，使得两国实际总产出增加。

其次，根据蒙代尔1961年的最优货币区理论，实行单一货币有一个最大的缺点，就是当需求变动或其他“非对称冲击”要求特定区域削减实际工资的时候，维持就业会出现困难，为应对冲击劳动力要素的流动就极为重要。因此，从理论上讲劳动力要素的自由流动可以增进欧盟成员国的整体福利，实现劳动要素的自由流动才能使得欧元区稳固地应对外来冲击。

近年来欧盟委员会加大力度推动对劳动力要素流动的一个重要原因是，如果把失业率作为宏观政策问题来解决的话，当欧盟成员国一体化进程中为保证资本自由流动，各国放弃了独立的货币政策，从而失去了一项应对失业问题的有力工具。因此，以劳动力的自由流动来解决各个成员国的失业问题成为欧盟委员会目前的一项重要任务。

四、欧盟劳动力市场一体化中的利益博弈

尽管从理论上讲欧盟劳动力市场一体化会增进每个国家的福利，但欧盟一体化进程中一直是阻力重重，这些阻力直接限制来自于准入过渡期安排、医疗社会保障体系不便、语言文化障碍、用人公司对流动劳动力的歧视，以及民众对流动劳动力的恐慌和抗议。更为隐蔽的一种形式是对劳动力从技能上的挑选。

（一）*劳动力流动对输入国的冲击*

根据上文提到的劳动力要素流动理论，劳动要素的自由流动会对两国劳动力产生再分配作用，在导致两国实际工资率趋同的过程中，劳动力输出国因劳动力的减少使得国内工资上升，

劳动力输入国的工人工资下降。那些原先在劳动力输出国工作的人可以获得更高的实际工资，而原先在劳动力输入国工作的人的工资却会下降。因此，出于工资方面的以及对外来流动劳动力对自己国家居民福利挤占的考虑，2004 年欧盟东扩入盟协议中允许原成员国对除马耳他和塞浦路斯以外的 8 个中东欧国家劳动力进入进行 7 年过渡期的限制，英国、爱尔兰和瑞典等国率先对 8 国开放劳动力市场。西班牙、芬兰、葡萄牙三国在两年过渡期后于2006 年 5 月 1 日宣布取消对中东欧国家劳工流动限制。但奥地利、德国以及法国一直存有对新盟国“社会倾销”和“服务倾销”的疑虑迟迟不愿放开劳动市场准入。

（二）技术外溢的影响

当把劳动者按技能划分为高技能劳动者和低技能劳动者时，越来越多的研究发现欧盟成员国的流动劳动力很大一部分是受过高等教育和高技能的劳动者。这类劳动者熟练的技术和经验可以在同事之间传播，为所在公司带来更大的利润，劳动力输入国和工人因此收益，输入国原有技能工人的工资水平也会普遍提高，值得注意的是，由于不少国家的公司仍未完全给予流动劳动力同等的福利待遇等原因，同等技能的输入国原有劳动者的所获报酬普遍高于流动劳动者的工资报酬（Andrey，Stoyanov，2014）。不同于以往对流动劳动力学历和技能的认识，欧盟委员会的一项调查研究发现，流动劳动力中很大一部分受过高等教育，并且其中的 50% 来自于欧洲中部和东部国家。但遗憾的是，这些受过高等教育的劳动者中有 35% 的人并不能从事与之能力相匹配的工作，而是从事中低技能的劳动，因此所获报酬也会低于输入国原有劳动者。因此，在存在技术外溢的情况下，劳动力流动的收入再分配方向是会发生改变的，劳动力的流入有利于流入国高技能工人群体，但对低技能群体会产生不利影响。劳动力流入国因拥有越来越多的高技能劳动者而使企业利润增加，国家经济增长。短期内劳动力流出国会因高技能人才的流失而受损，长期内有待于流出劳动力的回流而受益。出于这一考虑，目前欧盟成员国对劳动力市场的开放实际上是有选择的开放，一方面是劳动力市场竞争的结果，另一方面存在各国出于本国利益政策上的指引。如欧盟国家推动劳动力要素流动的一项措施是利用网络建立企业和员工双方信息匹配系统，试图在全欧盟范围内完成这一匹配，但是不少国家对国外工人提供的职位空缺是偏向于高技能工人的。再如，欧盟成员国之间的劳动力自由流动仅仅针对试图找工作的劳动者开放，求职者允许逗留的时间是有限制的，而对于家属或以养老为目的移民是需要提供财产证明的，以保证不会对劳动力流入国造成社会负担。

五、结论

理论上劳动力流动双方国家都受益，实践中却出现了来自于双方国家的抗议，一边是对流入劳动力的恐慌，另一边是对人力资源流失的担忧，背后原因就是劳动要素流动所产生的利益再分配。正是因为技术外溢，短期来看欧盟劳动力市场一体化进程利益偏向于劳动力流入国，冲破各方利益的局限与冲突，实现全面劳动力市场的一体化将需要更多的政策支持和协调措施。

【参考文献】

1. 丁纯、范雅婷："欧盟老成员国向新成员国开放劳动力市场浅析"，载《世界经济研究》2007 年第 9 期。

2. 唐朱昌、杨希燕："从新成员国对外移民的特点看劳动力西移对母国的经济影响——以波兰为例"，载《欧洲一体化研究》2007 年第 4 期。

3. Andrey Stoyanov, Nikolay Zubanov, "The distribution of the gains from spillovers through worker mobility between workers and firms", *European Economic Review* 70, 2014, pp. 17 ~ 35.

4. Dasgupta, K., "Learning and knowledge diffusion in a global economy", Int. Econ., 87 (2), pp. 323 ~ 336.

5. Constant, Amelie F. and Zimmermann, Klaus F., "International Handbook on the Economics of Migration", Edward Elgar Publishing Ltd., Cheltenham, 2013.

6. European Commissioner responsible for Employment, Social Affairs and Inclusion, Labour Mobility in the European Union-The Inconvenient Truth, Lecture at University of Bristol Bristol, 10 February, 2014.

China, the EU and the Future of the International Human Rights Regime: Identities, Discourses and Strategies

Gustaaf Geeraerts[1]

1. Introduction

The focus of this paper is on the EU-China relationship and its impact on the future of the international human rights regime. The latter is understood to be the system of principles and norms based on the Universal Declaration of Human Rights (UDHR), and encompassingin terms of procedures "various UN institutions including the Human Rights Council and bodies that monitor implementation of international human rights treaties" (Sceats and Breslin 2012). The chapter zooms in on how the shifting constellation of world power has fundamentally altered the distribution of capabilities and identities. It particularly looks into how this development is affecting the respective

〔1〕 古斯塔夫·杰拉尔茨, Brussels Institute of Contemporary China Studies (BICCS), Vrije Universiteit Brussel (VUB).

posture and strategies of the EU and China with regard to international human rights.

The paper first canvasses the changing global context of the international human rights regime and its implication for the EU-China relationship in this area. Then it takes a closer look at the EU's and China's respective identities. An agent's identity, e. g. whether he is a modern or a postmodern actor, will have a bearing on his beliefs about the nature of world society and also affect his beliefs about what works and what is right or wrong in world society-also in the realm of human rights. The EU and China differ fundamentally in their identities and this sheds light on their different understandings and causal beliefs about the salience and workings of the international human right regime. Whilst both the EU and China support the international human rights regime, their discourses are substantially different from each other. They also adhere to dissimilar strategies for the realisation of their goals in the field of human rights. The paper concludes that the changing constellation of world power is pushing China and Europe into the direction of reciprocal socialization-an exercise in which they try to renegotiate the international human rights regime and reach a pragmatic consensus on how to reconcile their distinctive identities, discourses and strategies, a process that will inevitably have to be commensurate with the two players' internal development, also at the level of human rights.

2. The changing global context and the international human rights regime

The issue of human rights has been one of the most sensitive ele-

ments in the EU-China relationship. It is difficult to deal with in the official relationship between the EU and the Chinese government, and has caused controversy in public opinion and in the media. The question of human rights often appears as the aspect of the relationship between Europe and China that constitutes the greatest and most destabilizing of differences between them (Freeman and Geeraerts 2012).

With the global context of their relationship changing, the relationship between China and the European Union at the level of values and human rights has even become more of a challenge (Fox and Godement 2009; Smith 2014b). China's re-emergence and mounting influence are not only affecting Europe's position in the global distribution of forces, it also constitutes a challenge of sorts to Europe's very identity (Geeraerts 2013). China's successful economic growth is probing the present international order, which largely mirrors the Western liberal worldview of free markets and democracy and in which Europe was so comfortably nested in the shadow of the United States. While for more than half a century the United States, in tandem with Europe, has watched over the provision of global public goods such as monetary stability and free trade, and has propagated the practice of good governance, human rights, international trade regulations, humanitarian intervention, and state-building, recently both the US's and Europe's credibility as political drivers of global governance stand to the test (Acharya 2014; Kupchan 2012). As much as the US weighed by debt and deficits is struggling to maintain its superpower status, the EU faced with the Eurozone debt crisis is struggling for its very survival.

Meanwhile, China's growing economic clout increases its political influence well beyond its borders and is turning into a more confident player. Gradually Beijing is also developing as an alternative discourse of modernity and spelling out its narratives of good governance (Breslin 2013; Pan 2012; Schweller and Pu 2011). Part of these narratives questions the present global governance regime's ability in providing economic and monetary stability as well as its authority in setting norms of good governance and human rights. As a rule emerging powers tend to be suspicious of existing international regimes, which tends to favour established powers. As such China's successful development is putting the Western liberal worldview to the proof and poses the question whether liberal democracy will guide global governance in the future or be challenged by alternative models (Acharya 2014). The more so as the contestation of Western hegemony appears to be part of a broader development pattern. Based on their new economic power and starting from an understanding of national sovereignty built upon strict non-intervention, the emerging countries are slowly but steadily changing the degree to which Western global governance is universally accepted (Hurrell 2007; Terhalle 2011). Continuing disputes over "Western policies and principles (good governance, human rights, coercive humanitarian intervention, trade regulations, and state building), point to the larger phenomenon of a mistakenly assumed global definition of order" (Terhalle 2011) -there is no "bargained consensus" on a legitimate international order. As a result, an already weak system of global governance is apparently becoming more so (Goldin 2013). As Ruggie (Ruggie 2014) points out "global governance architectures, legal and institutional, are said to be fragmenting. Traditional forms of international legalization and negotiation through universal consensus-based institutions are stagnating. Regime complexes that embody divergent norms dominate often

previously coherent rule systems. The decline of the West and the rise of the rest add to the centrifugal pull, not only in material terms but also in animating visions".

Against this background, the sustainability of the international human rights regime is by no means certain. In the last few years the promotion of human rights by the West has been considerably contested as developed countries increasingly cede influence to emerging countries "many of which have traditionally been sceptical of the human rights framework owing to its rootedness in Western philosophy and association with the geopolitical dominance of the West in modern times" (Sceats and Breslin 2012). With China becoming an ever more pivotal economic player and potential role model for developing countries, there is a growing concern within Western countries to what extent China's growing economic and political clout will affect the international human rights regime. Whilst Europeans continue to consider China as an important global player that should be integrated in the international community, they are increasingly speculating whether China is ever to accept what they consider to be universal norms and values and whether Brussels is at all able to incite Beijing's commitment to the rule of law and human rights (Freeman and Geeraerts 2012; Pan 2012).

3. The EU and China: different identities

While Europe and China are the second most important economic relationship in the world and have clear incentives to build a solid cooperation, they have failed so far to establish a genuine strategic partnership (Geeraerts 2013). A major reason is that even though the

EU and China have become highly interdependent and affect each other materially, they are very distant and different from each other with regard to geography, culture, development path, political system and societal values. China and the EU have distinct identities and hold onto different ideas and beliefs. For example, whereas Chinese and Europeans may agree on the importance of multilateralism and democracy as political goals, their understanding of these concepts differs substantially (Pan 2012). Europeans hold onto a concept of multilateralism based on rule-based management of economic interdependence and political integration, including the pooling of sovereignty in supranational institutions. This "post-modern" view of sovereignty also makes Europeans believe that states have the responsibility to protect in case of serious breaches of human rights. Chinese have a sceptical view of supranational authority and cling strongly to a traditional-some would say "modern" -conception of national sovereignty (Geeraerts, Chen, and Macaj 2007). They hold onto an inter-governmental conception of multilateralism in which sovereignty reigns supreme. Similarly, when the Chinese talk about democracy and good governance they focus on responsibility, responsiveness and performance of government authorities, while for European it is all about a free civil society, rule of law and respect for political and civil rights (Pan 2012).

The EU-China relationship is yet another illustration that international relations are not only about material factors but also about concepts and beliefs (Wendt 1999). The nature of the interaction between international agents is not merely the result of objective, material aspects, such as the balance of trade or GDP figures. As in any relationship the interaction between the EU and China is also shaped

significantly by subjective factors, i. e. the concepts and beliefs that make the agents involved to interpret events and data in specific ways (Geeraerts 2006, 2012). Concepts and beliefs can refer to the identities of the actors involved: how do they see themselves and how does this affect their relationships with each other. They can also relate to "strategic cultures", i. e. sets of beliefs about the nature of world society and the best ways to govern it. Finally, they can convey "norms", i. e. beliefs about what works and what is appropriate in the global arena (Friedberg 2005). While it is useful to analytically distinguish between the three categories one should bear in mind that they are highly interlinked and consequently feed back on each other. The identity of an agent, e. g. whether he is a modern or a postmodern actor, will have a bearing on his beliefs about the nature of world society and also affacts his beliefs about what works and what is right or wrong in world society.

The EU's identity is often understood to be that of a normative actor, founding its policies on values, institutions and cooperation rather than power politics (Smith 2014a). As such the EU constitutes an effort to reshape the power politics paradigm to reflect a new kind of power in global politics. As stated in its 2003 Security Strategy the EU aims at the "development of a stronger international society, well functioning international institutions and a rule based international order" (EuropeanCouncil 2003). The rules underpinning this new international order are to be founded on Europe's liberal political norms, its views of an open global market and its preference for highly institutionalized multilateralism.

Similarly, the relations with emerging powers like China are largely constructed from the belief that the latter should adapt their international political norms to the European (universal) standards. Normative convergence is thus the starting point for developing relations with emerging countries. Europe's policy towards China has been one of conditional cooperation. The EU is prepared to help the PRC, to invest in the development of the country, but in turn, China must meet a number of standards and demands. This is a rather unique way of dealing with a rising power. In contrast to the United States, Europe is not gearing up for a confrontation if needed. So-called 'hard power' is hardly on the agenda. European nations are not taking up bases in Asia to curb Chinese influence in case this might be necessary. On the contrary, Europe wishes to forge a tighter link and strengthen its influence through ever-increasing economic interdependence and shared values. In this process, Europe sees itself as someone the model China should aspire to. EU policy is based on the belief that "human rights tend to be better understood and better protected in societies open to the free flow of trade, investment, people, and ideas. As China continues its policy of opening-up to the world, the EU will work to strengthen and encourage this trend" (EuropeanCommision 1995).

China's identity is quite different. Like any other national identity, the Chinese self-image is inextricably linked to its history. What happened in the past and what the lessons derived from make up the building blocks of China's identity. Once a national identity has been established, it serves as a guiding principle for policy. A national identity is not a static concept, however. It does evolve through time as a result of profound economic and political changes. Past experiences are constantly interacting with the present. In China this process has resulted in an obsession with modernity and growth. China must again be able to grow into a regionally and internationally distinguished power. The continuity of this objective in the past decades is closely linked to China's sense of history. National pride takes centre stage in this regard. To the Chinese mind, it is the cultural greatness of a country like China that has scaled such heights deserves to be influential and acknowledged (Iriye 1979). Seen in this light, the century of national humiliation was a bitter pill to swallow. It practically decimated the sense of superiority that is so innate to Chinese self-image, and injected an element of inferiority into the national identity that has remained to this day. In this respect, one should not just view the "liberation" of 1949 as the end of foreign interference and domestic chaos; it also provided the impetus for the regaining of China's former glory. This historical development supplies the foundation of China's current identity, which is essentially ambivalent in nature, consisting of both a sense of inferiority and superiority (Geeraerts 2006). In its foreign relations the country will at times present itself as a glorious nation and potential great power, taking for granted that it is on course to achieving the power and prestige it is rightfully entitled to. At other times it sees itself as a developing country that has been wronged by the imperialists and therefore feels the need to, as it were, redress the balance.

The weak side of China's identity, this notion of China as a developing nation, draws attention to the fragile aspects of the Chinese economy and other sectors of society. By proclaiming that China is a developing country, China's leaders have repeatedly asserted that economic development and modernization should be the countries' priority. In this vain, they are urging Western countries to show the necessary patience and understanding when assessing China's performance in sensitive areas such as human rights and the environment. Chinese leaders believe these to be issues that can only be tackled adequately once the country has attained a certain level of prosperity and it can meet the livelihood demands of the larger part of its population. The strong side of China's double identity sees the People's Republic as a potential great power. With time, two variations on the strong version of Chinese identity have emerged (Zhang 2005). A first variant emphasizes China's status as a "global power" and heavily stresses the need for a multi-polar world. The second variant champions China's evolution towards being a "responsible power". The first variant does not depict China as a world power yet, but it does believe it is well on its way to becoming one. This version wishes China to play a greater part in global politics. The hope is that the Chinese nation will blossom again and become prosperous and strong in the present century. To this end, China must safeguard its sovereignty at all cost and build up its capacity to maintain its position in the budding multi-polar order. The second variant places a stronger emphasis on the growing importance of interdependence in a globalised world and on the corresponding need for China to become more firmly integrated in the international society. China must seek to join the international society by projecting itself as a responsible country (Z. Chen 2009). For this purpose, it must become more attuned to the interests and perceptions of other countries and take into account the current international rules and norms. In this way it will be able to gradually augment its image abroad and optimize its international relations (D. Chen 2009). The best option for China is to play a constructive role in the international system, and participate in the creation of international institutions. After all, China has been developing within the existing system of strongly established international institutions, which it has been making ample use of to sustain its growth. As China is firmly integrated in the current international regimes and benefits from their smooth functioning, Beijing actually has a profound interest in seeing that the international rules and institutions keep on functioning effectively.

4. The EU's discourse and strategy: universality and constructive dialogue

Whilst both the EU and China support the international human rights regime, their discourses are substantially different from each other. They also adhere to dissimilar strategies for the realisation of their human rights aspirations and goals. As a normative power the Union has set itself the task to spread certain norms such as respect for human rights to other countries and to strengthen the international human rights regime (Men 2011; Smith 2014a). The EU is committed to the promotion of human rights and fundamental freedoms all over the world. It regards human rights as a vital issue for the long-term social and political stability of any country. Whilst the EU's founding documents do not explicitly mention the promotion of human rights as a foreign policy goal, "since the 1990's the EU has repeatedly declared that the promotion of human rights is at the 'heart' of its foreign policy" (Smith 2014b). This commitment continues to figure central stage in the Lisbon Treaty and even got a specific executive embodiment when in 2012 a EU Special Representative for Human Rights was appointed. The Special Representative's job includes enhancing dialogue with third countries and action within international organizations.

For the EU, human rights are universally applicable legal norms, which are indivisible and interdependent. The EU is committed to the promotion and protection of all human rights, whether civil and political, or economic, social and cultural. It is a strong supporter of the international human rights regime as it calls "on all States to implement the provisions of the Universal Declaration of Human Rights and to ratify and implement the key international human rights treaties, including core labour rights conventions, as well as regional human rights instruments. The EU will speak out against any attempt to undermine respect for universality of human rights" (CounciloftheEuropeanUnion 2012). When it comes to implementation, however, priority is given to political an civil rights, rather than economic and social rights, something which puts the Union at odds with many developing and emerging countries who consider economic and social rights to be more important (Smith 2014b).

At the level of implementation the EU and its member states commonly favour a cooperative approach, but maintain that harsher action is needed when governments are hesitant or unwilling to implement human rights standards. In practice, however, policies are much less straightforward. As Smith remarks, "while the EU shares the 'principled belief' that promoting human rights is a legitimate aim of foreign policy, it has been divided over 'causal beliefs', or what sorts of policies promote human rights most effectively and what to do in particular cases of human rights violations. There are innumerable cases in which other interests trump considerations of human rights (for example, Egypt or Tunisia until the Arab Spring). There are also genuine dilemmas: the promotion of human rights is not the EU's only policy objective, and other objectives or security imperatives can be prioritised in any particular instance; resources are finite and hard decisions have to be taken about how to deploy them. In addition, gauging the seriousness of violations in particular cases can be a matter of (subjective) judgment, and whether to use negative or positive measures is not a clear-cut issue" (Smith 2014b). In general however, there seems to be a preference for dialogue over confrontation, and incentives over sanctions.

The UN's human rights regime is the realm where the impact of the changing international context on the EU's relative influence shows most strongly. At this multilateral level the EU is in a minority position and insistently contested. It is here that the EU member states seek to raise awareness and canvass support for their unified initiatives and positions in the Human Rights Council (HRC). It concerns perhaps the most critical stage in the EU's engagement in the HRC: building the necessary support, and when needed winning coalitions, in order to reach its collective objectives. This is crucial because the EU cannot succeed in the HRC if it does not manage to persuade non-EU countries to support its proposals and positions. Not only is this necessary when the HRC decides by voting, since it occupies a minority position, but also and most importantly during the entire work of the HRC, given that the EU operates mostly in seclusion from non-EU countries and therefore needs to establish a connection with the outside world at some point in order to validate the internal efforts to reach EU actions in the first place. Given that EU outreach involves primarily building support for its unified responses to non-EU initiatives—since it has very few of its own—it is much harder for EU to agree in a timely fashion on initiatives the content of which they can not predict or control and then to build the necessary support for their interpretation of non-EU initiatives from amongst non-EU countries. Thus the EU needs to find a way to engage in effective outreach when it is most difficult to yield results (Macaj 2014).

What is more, EU outreach is flawed both in its conception and application. Despite the extensive mechanism put in place and the huge diplomatic potential that EU institutions and EU states posses, outreach is applied sparingly and intermittently in the HRC without being able to establish and maintain functioning and working relations with non-EU countries, especially non-Western countries. It excludes co-authorship from non-EU countries and relies solely on standard explanations that are delivered through one-directional monologues. By delivering its positions in a take-it-or-leave-it attitude, which essentially implies getting the signatures from non-EU countries, the EU creates an implicit hierarchy between the EU and the rest, which can harm the EU's overall standing. Non-EU countries may reject EU positions not because of what they say, but simply because of the way in which they are conveyed and delivered, regardless of the substance (Macaj 2014).

Finally, the EU's almost exclusive focus on civil and political rights, whilst neglecting social and economic rights coupled with selective inaction in relation to human rights violations committed by Israel or the USA, undermines its standing and credibility (Macaj 2014; Smith 2014b). This clearly undercuts the EU's self-proclaimed role of championing the universality of human rights and gives ground to the emerging countries resentment and rejection of the EU's official discourse as well as its inclination to present its particular vision of human rights as an advancement of universal rights.

5. China's discourse and strategy: non-interference and development first

While international human rights represent a peripheral concern to the Chinese leadership, China has significantly expanded its participation in the international human rights regime over the past 35 years, having signed important international treaties and interacted with various international human rights institutions (D. Chen 2009; Sceats and Breslin 2012). It has signed the two most important international human rights covenants of the UN, the International Covenant on Economic Social and Cultural Rights (ICESCR) and the International Covenant on Political and Civil Rights (ICCPR), respectively in 1997 and 1998. While China is still considering ratifying the ICCPR, it has done so for the ICESCR in 2001. Besides that, it has ratified seven other important human rights treaties. [1] In recent years it also officially accepted the universality of human rights (Sceats and Breslin 2012).

In the meanwhile, China's view of human rights differs from that of the European understanding and the Western view in general. It continues "to view human rights in strongly aspirational rather than legal terms. It argues for priority to be placed on socio-economic rights

[1] These are the Convention on Children's Rights (CRC), the Convention against Torture and other Cruel, Inhuman or Degrading Treatment or Punishment (CAT), the Convention on Elimination of Discrimination against Women (CEDAW), the Convention on Elimination of Racial Discrimination (CERD) and the Convention on the Rights of Persons with Disabilities (CRPD). See Guo, SanZhuan, "Implementation of Human Rights by Chinese Courts: Problems and Prospects", *Chinese Journal of International Law* 8, 2009, *p.* 162.

and the right to development, and continues to insist that human rights should be implemented according to a country's national conditions" (Sceats and Breslin 2012). Accordingly, and in line with the principle of non-interference in domestic affairs, it is up to countries themselves to decide which human rights they are able to accept at any given time. So China attaches to a notion of national sovereignty that attempts to limit influence from outside. It strongly favours cooperative approaches to promoting human rights, "meaning that the state concerned consents to measures, which are supportive in nature-such as technical assistance to help the government implement human rights-and that praise, not 'naming and shaming', encourages governments to protect human rights. The cooperative approach prioritises state sovereignty" (Smith 2014b).

The Chinese leadership's choice for "reform and opening up" as the strategy of choice for China's modernization at the end of 1970s has made for a profound impact on the human rights discourse in China. As Men (2011: 543) points out " 'Class struggle' and 'politics in command' have been replaced by 'getting rich is glorious'. The emphasis on citizens' duties to the state has been replaced by concern about citizens' basic economic needs or rights. The key task of the Chinese government is to develop its economy so that people could have enough to eat and wear. Right to subsistence is the most fundamental right. In view of the Chinese government, to guarantee the right to subsistence is a better way to realise equality, liberties and democracy. In other words, economic development level affects China's understanding on human rights and policy making. The Chinese government divides the realization of human rights into two steps: the first step is to gain the economic and development rights,

and the second step is to realise political freedom and liberal democracy". Political reform is secondary to economic reform. Reminiscent of the implosion of the Soviet Union, the Chinese leadership associates rapid political change with the likelihood of chaos and collapse of the country. Maintenance of stability is the primary goals and comes at the expense of political rights including freedom of expression.

While it has not been particularly timid in exposing these views, China has generally adopted a defensive posture within the international human rights regime, both by active efforts in the UN to block resolutions criticizing China and trough dialogue with major western countries (Men 2011; Sceats and Breslin 2012). As shown in recent sessions of the Human Right Council, however, China appears "increasingly prepared to step forward and build coalitions in support of its views about such matters as the paramount responsibility of the state to secure public order and the permissibility of restricting individual liberties towards this end" (Sceats and Breslin 2012).

The Chinese leadership remains highly sensitive to criticism of China's domestic human rights record as this issue is linked to its preoccupation with maintaining political control and social stability. So any change in its approach towards the international human rights regime will strongly depend on the evolution of China's domestic development path. As Sceats and Breslin observe there is probably "no coincidence that moves towards a more internationalist perspective-for example by recognizing the universality of human rights and permitting more open debates within China about the limits to non-interference-have occurred during periods when China has been relatively stable" (Sceats and Breslin 2012). Following that logic it is conceivable that in case of a successful transition to an innovation-driven high income economy, "China will begin to adopt a less defensive attitude towards human rights both at home and abroad and that new possibilities will open up for joint working with Western states on international human rights issues." If instead China gets stuck in the middle-income trap, the leadership "can be expected to continue with its more hardline position on the responsibility of sovereign states to act robustly in the face of internal unrest without the threat of intervention authorized by the Security Council or condemnatory resolutions by the Human Rights Council" (Sceats and Breslin 2012).

6. The way ahead: reciprocal socialization?

An important factor to recognise is that the boundary conditions of the EU-China human rights dialogue are fluctuating. The shifting constellation of world power has fundamentally altered the nature of the EU-China relationship (Geeraerts 2011). China and the other rising non-Western states are permeating the existing Western order and while they are socialised into that order, at the same time they are reshaping it as they enter (Acharya 2014; Kupchan 2012; Terhalle 2011). Europeans must come to grips with the fact that "the West does not enjoy a predestined supremacy in international politics that is locked into the future for an indeterminate period of time" (Layne 2012). The EU's normative power has been weakened: the values and norms the EU stands for seem to have lost some of their appeal and weight (Balducci 2010; Geeraerts 2013; Smith 2014a). The changing international environment is diminishing the sway of the conditional policies the EU has used to promote human rights and democracy, and exposes weaknesses in the EU's approach which were

less evident when the global distribution of capabilities and identities were more favourable (Smith 2014b). As Smith (Smith 2014b) points out "when the EU tries to encourage other countries to protect human rights, or to strengthen the international human rights regime, its appeals do not fall on fertile ground".

China, for example, may well recognize the advantages of cooperating with the EU and be willing to learn from it in certain areas, but it is certainly not willing to accept the tutelage of the EU, certainly not with regards to issues like human rights which it considers to be a domestic affair. Moreover, China not only holds onto a different conception of human rights (Men 2011; Sceats and Breslin 2012), but it is also not a prospective EU member, nor does it see itself as a weak nation, depending solely on the EU for support in its political and economic reform process. The strongest incentive the EU has to offer is its attraction as a successful society and a lucrative market, both of which are now under challenge as a result of the Great Recession and the related European sovereign debt crisis. The success of the EU's policies towards China, also in the realm of good governance and human rights, will to a large extent rest on recognition of common interests, in areas such as the environment and energy, but also in trade and investment. The degree to which China's interests match those of the EU will determine the overall success of their mutual relationship. In the end, both the EU and China are looking for ways how to generate sustainable development against the background of a global economy that is very much in flux. Clearly, the 2008 financial crisis and the subsequent economic downturn have demonstrated the necessity for both Europe and China to rebalance their economies. In this sense, China faces a similar challenge to stagnant Europe.

The challenge for China's leadership is to rebalance aggregate demand, shifting the economy away from fixed asset investment and exports towards domestic consumption. Pushing through such fundamental restructuring would create avenues for sustainable domestic growth and assure social stability. A successful transition to a more sustainable economic model is likely to make Beijing less defensive about human rights both at home and abroad and would open new opportunities for working with Western states on international human rights issues. Success with domestic reform in China would also auger well for the sustainability of the EU-China relationship as it would offer new export and investment opportunities to European business, thus creating possibilities for alleviating the EU's trade deficit with China and shaping the boundary conditions for a more balanced trade relationship. In the meanwhile it would also strengthen the conditions for cooperation and open avenues for reciprocal socialization (Terhalle 2011). As we know from social psychology, success in mutual activities is a sure way to deepen cooperative relationships and to eliminate "we-they distinctions", which are so prominent in human rights and good governance discourses. Deeper cooperation will also facilitate reciprocal socialization-an exercise in which China and the EU try to reach a pragmatic consensus on how to reconcile their distinctive identities, discourses, and strategies. If successful, they would both take the lead in the on-going renegotiation of the international human rights regime.

【References】

1. Acharya, Amitav, *The End of American World Order*, Cambridge: Polity, 2014.

2. Baker, Philip, "Human Rights, Europe and the People's Republic of China", *The China Quaterly*, 169, March 2002, pp. 45 ~ 63.

3. Balducci, Giuseppe, "The Limits of Normative Power Europe in Asia: The Case of Human Rights in China", *East Asia* 27, 2010, pp. 35 ~ 55.

4. Breslin, Shaun, "China and the Gloabal Order: Signalling Threat or Friendship?", *International Affairs* 89, 2013, pp. 615 ~ 634.

5. Chen, Dingding, "China's Particpation in the International Human Rights Regime: A State Identity Perspective", *Chinese Journal of International Politics* 2, 2009, pp. 399 ~ 419.

6. Chen, Zhimin, "International Responsibility and China's Foreign Policy", Iida Masafumi (ed.), *China's Shift. Global Strategy of the Rising Power*, Tokyo: The National Institute for National Defense Studies, 2009, pp. 8 ~ 28.

7. Council of the European Union, *EU Strategic Framework and Action Plan on Human Rights and Democracy*, document no. 11855/12, 25 June, 2012.

8. Fox, John, and François Godement, *A Power Audit of EU-China Relations*, Brussels: European Council on Foreign Relations, 2009.

9. Freeman, Duncan, and Gustaaf Geeraerts, "Europe, China and Expectations for Human Rights", Zhongqi Pan (ed.), *Conceptual Gaps in China-EU Relations*, *Global Governance*, *Human Rights and Strategic Partnerships*, Houndmils: Palgrave, 2012, pp. 98 ~ 112.

10. Friedberg, Aaron L, "The Future of US. – China Relations: Is Conflict Inevitable?", *International Security* 30, 2005, pp. 7 ~ 45.

11. Geeraerts, Gustaaf, "In the Eyes of the Dragon: Chinese Perceptions of the EU", *Asia Papers* 1, 2005.

12. "China, the EU, and the New Multipolarity", *European*

Review 19, 2011, pp. 57 ~67.

13. "Foreword: Concepts and Beliefs Do Matter in China-EU Relations", Zhongqi Pan (ed.), *Conceptual Gaps in China-EU Relations. Global Governance, Human Rights and Strategic Partnerships*, Houndmills: Palgrave, 2012, pp. x ~ xiii.

14. "The Changing Global Context of China-EU Relations", *China International Studies* 42, September/October, 2013, pp. 53 ~69.

15. "EU-China Relations", Thomas Christiansen, Emil Kirchner and Philomena Murray (eds.), *The Palgrave Handbook of EU-Asia Relations*, 2013, Houndmills: Palgrave, pp. 492 ~508.

16. Geeraerts, Gustaaf, Zhimin Chen and Gjovalin Macaj, "The Reform of the UN", Stanley Crossick and Etienne Reuters (eds.), *China-EU: A Common Future*, Singapore: World Scientific, 2013, pp. 57 ~69.

17. Geeraerts, Gustaaf and Jonathan Holslag, "China Engages the World", Dries Lesage and Pierre Vercauteren (eds.), *Contemporary Global Governance: Multipolarity vs New Discourses on Global Governance*, Brussels: Peter Lang, 2009, pp. 29 ~50.

18. Goldin, Ian, *Devided Nations: Why Global Governance is Failing, and What We Can Do About It*, Oxford University Press, 2013.

19. Guo, Sanzhuan, "Implementation of Human Rights by Chinese Courts: Problems and Prospects", *Chinese Journal of International Law* 8, 2009, pp. 161 ~179.

20. Hurrell, Andrew, *On Global Order. Power, Values, and the Constitution of International Society*, Oxford University Press, 2007.

21. Iriye, Akira, "Culture and Power: International Relations as Intercultural Relations", *Diplomatic History* 3, 1979, pp. 115 ~128.

22. Kupchan, Charles A, *No One's World: The West, The Rising*

Rest, and the Coming Global Turn, Oxford University Press, 2012.

23. Layne, Christopher, "The End of Pax Americana: How Western Decline Became Inevitable", *The Atlantic April* 26, 2012.

24. Macaj, Gjovalin, *Dysfunctional Endeavour: The Pursuit of EU Unity in The UN Human Rights Council*, Vrije Universiteit Brussel: PhD Dissertation, 2014.

25. Men, Jing, "Between Human Rights and Sovereignty-An Examination of EU-China Political Relations", *European Law Journal* 17, 2011, pp. 534 ~ 550.

26. Pan, Zhongqi, "*Conceptual Gaps in China-EU Relations*", *Global Governance, Human Rights and Strategic Partnerships*, Basingstoke: Palgrave Macmillan, 2012.

27. Roth, Kenneth, "A Façade of Action: The Misues of Dialogue and Cooperation with Rights Abusers", *Human Rights Watch World Report* 2011, Human Rights Watch: Human Rights Watch.

28. Ruggie, John Gerard, "Global Governance and 'New Governance Theory': Lessons fom Business and Human Rights", *Global Governance* 20, 2014, pp. 5 ~ 17.

29. Sceats, Sonya, and Shaun Breslin, *China and the International Human Rights System*, London: Chatham House, 2012.

30. Schweller, Randall and Xiao Pu, "After Unipolarity: China's Visions of International Order in an Era of U. S. Decline", *International Security* 36, 2011, pp. 41 ~ 72.

31. Smith, Karen E, "Is the European Union's Soft Power In Decline?" *Current History* 113, 2014, pp. 104 ~ 109.

32. "The EU as a Diplomatic Actor in the Field of Human Rights", Joachim Koops and Gjovalin Macaj (eds.), *The European Union as a Diplomatic Actor*, 2014b, Basingstoke: Palgrave Macmil-

lan.

33. Terhalle, Maximilian, "Reciprocal Socialization: Rising Powers and the West", *International Studies Perspectives* 12, 2011, pp. 341 ~361.

34. Wendt, Alexander, *Social Theory of International Politics*. Cambridge: Cambridge University Press, 1999.

35. Zhang, Tie Jun, "China: Towards Regional Actor and World Player", Mary Farrell, Hettne Björn and Luk Van Langenhove (eds.), *Global Politics of Regionalism*, *Theory and Practice*, London: Pluto, 2005, pp. 237 ~251.

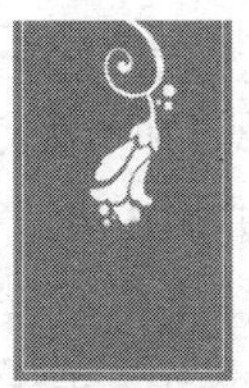

后危机时代中欧经贸关系前瞻分析

方俊韬〔1〕

引 言

中国与欧盟已正式建交近半个世纪，期间双边关系虽有起伏波折，但总体上保持平稳健康发展，特别是中欧建立全面战略伙伴关系的最近十年里，本着友好、合作、互利的精神，双方在贸易、投资、技术和资金等各个领域的交流与合作都取得了长足的发展，中欧双边合作不断深入加强。作为亚洲经济发展领头羊的中国，其迸发出的经济活力和巨大的市场空间使得经济持续快速增长，中国的政治经济国际地位不断攀升。而欧盟作为世界上一体化发展程度最高的区域经济组织，在全球经济一体化的背景下，中欧关系成为世界上最重要的双边贸易关系之一。中欧经贸关系的快速发展，使得双方都成长为对方最重要的经贸伙伴之一，且友好关系持续升温，双方的深入合作符合各自的根本利益，有长远发展的坚实基础，因此中欧经贸

〔1〕 方俊韬，中国人民大学经济学院博士研究生。本文为教育部人文社会科学重点研究基地重大项目《新入盟成员国与欧盟经济整合研究》的阶段性成果之一，项目批准号为［05JJDGWO11］。

关系应引起我们的足够重视。步入后危机时代，中欧关系呈现出一些不同以往的特点，我们应该采取一些新的思路和方法来把握其中的机遇，战胜其中的困难，促进中欧经贸关系进一步发展。本文在展现后危机时代中欧经贸发展现状的基础上，展望双边关系在未来合作发展中的重大机遇和挑战，并针对当前形势，提出加速双边经贸关系不断发展的思路和建议。

一、后危机时代中欧经贸关系现状

金融危机对中欧双方经济贸易都产生了较大的冲击，经过双方政府的不懈努力，双方都从危机中逐渐恢复过来。进入后危机时代，中欧经贸关系继续保持以往互利双赢、携手发展的良好态势。与此同时，双边贸易、投资情况也呈现出一些新的特点。在双边贸易方面，新特点主要体现在以下三个方面：

1. 中欧贸易进出口规模持续增长，增幅降低，欧盟巨大贸易逆差有所减少。危机过后，从 2009 年至 2013 年，中欧进出口贸易总额从 2966 亿欧元一路攀升到 4273 亿欧元，5 年内增长了 44%。中欧之间进出口贸易总额保持在 4000 亿欧元以上，但增速逐渐放缓，甚至出现负增长。而在危机前，从 2004 年到 2008 年，5 年内中欧贸易总额增长了 84%，增速明显高于危机后。从图 1 中还可以看到，中欧贸易额在 2010 年有一个明显的反弹，此后贸易额基本保持低速增长甚至负增长。

欧盟对华贸易逆差在 2009 年达到最低点，虽然在 2010 年出现一个明显的反弹，贸易逆差达到 1691 亿欧元，但随后持续保持稳步下降趋势，到 2013 年贸易逆差已经减少了近 400 亿欧元，达到 1309 亿欧元。从图 2 中可以清楚地看到欧盟对华贸易逆差持续、迅速下降的趋势。

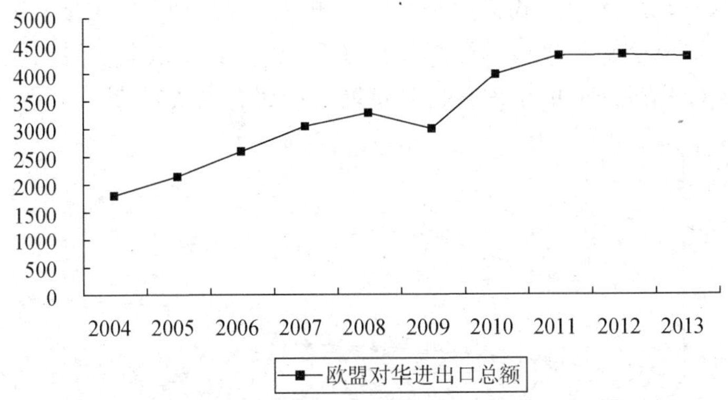

图 1　欧盟对华贸易进出口总额

数据来源：欧盟统计局网站，http：//epp. eurostat. ec. europa. eu.

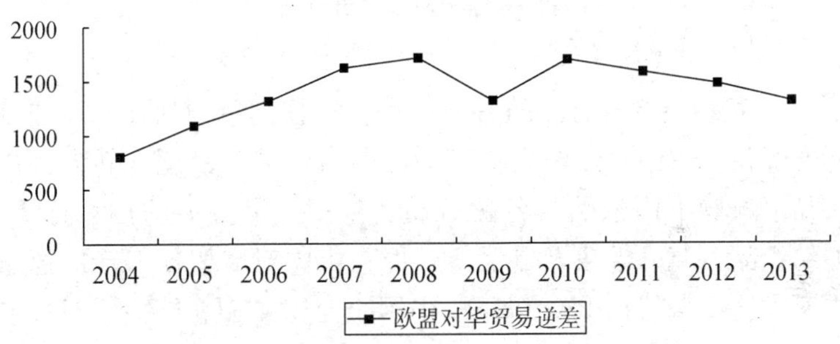

图 2　欧盟对华贸易逆差趋势图

数据来源：欧盟统计局网站，http：//epp. eurostat. ec. europa. eu.

2. 欧盟对华出口持续增长，对华进口出现衰退。自危机后，欧盟对华出口额保持在 1000 亿欧元以上，且保持较高的增长速度。从 2009 年的 824 亿欧元增长到 2013 年的 1482 亿欧元，5 年时间增长了 80%。而危机前的 5 年时间内，从 2004 年至 2008 年，出口额仅增长了 60%。通过对比，可以明显感受到危机后欧盟对华出口的持续走强。到 2013 年，欧盟对华出口比重占欧盟对外出口总额的 8.5%，中国成为除美国外欧盟最重要的出口国家。从图 3 中，我们可以看到危机后欧盟对华出口的快速增长。而欧盟对华进口额虽然保持在 2000 亿欧元以上，但已经连续两年出现微弱的负增长，且负增长速率有加快趋势。

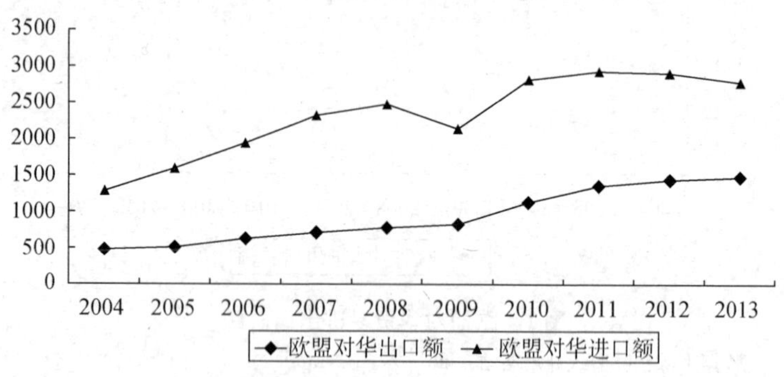

图 3　欧盟对华进出口额

数据来源：欧盟统计局网站，http：//epp. eurostat. ec. europa. eu.

3. 贸易结构升级。随着中国自身科技创新的加强和产业结构的优化，中国对欧盟出口商品已经由低端产品逐渐转向高端产品。虽然中国依然具备在劳动密集型产品方面的比较优势，如纺织品，革、毛皮及制品等，但在中国对欧盟出口产品总量中所占比例保持在 15% 以下。中国企业产品创新能力和科技研发能力增强，使得中国产品竞争力得以稳步提升。危机过后，中国对欧盟出口产品由劳动密集型向高新技术产品方向转型效果显著，其中机械和交通设备占比从危机前的 47. 39% 提升至 50. 21%，自动数据处理设备及零部件、船舶、半导体器械等构成了中国较为主要的对欧出口产品，而欧洲同类产品对华出口的比例则逐步下降。

服务贸易一直是欧盟对华贸易的优势项目，危机后这个优势得到了进一步扩大。危机过后，欧盟对华服务贸易顺差从 50 亿欧元迅速扩大到 100 亿欧元以上，与此同时，欧盟对华货物贸易逆差进一步增长 10%。虽然目前中国是欧盟服务贸易的第三大出口市场，但服务贸易额占货物贸易额的比例仅为12%左右。服务贸易可以有进一步的合作和发展。

而在双边投资方面，中欧经贸关系主要有以下两个新的特征：

1. 欧盟对华投资总量持续增长，投资占比依然很低。欧盟对华投资总体保持增长态势。从危机前的2004年到2007年，欧盟对华投资流量从38.68亿欧元增长至71.44亿欧元，增长约85%。危机中投资流量受到很大影响，在2008年出现明显的下降，但危机后投资流量迅速回升，截至2012年初投资流量已经增长到2008年流量的3倍。2013年，欧盟28国对华直接投资已达72.14亿美元，同比增长18.07%。尽管如此，欧盟对华投资占欧盟对外投资的份额依然很小。危机后欧盟对华投资存量激增，5年内实现存量翻番。截至2013年底，欧盟对华累计投资超过900亿美元，但欧盟对华投资的存量占对美国投资存量的比例也仅为10%左右。欧盟对外直接投资中只有2.1%在中国，双方还有宽广的投资合作空间。

2. 中国对欧投资规模迅速扩张，投资占比同样很低。2010年之前，中国对欧盟投资额一直小于欧盟对华投资额。而在2010年，中国对欧投资为59.6亿美元，超过欧盟当年对华投资的55.7亿美元，实现了“历史性转变”。2011年和2012年中国企业对欧投资有所波动，分别达75.6亿美元和61.2亿美元，但投资规模仍分别大于当年欧盟对华投资额。2013年，中国对欧盟直接投资36.2亿美元，增加6.2%。据商务部统计，截至2012年底，中国对欧盟累计投资315亿美元，覆盖欧盟所有成员国，在欧盟设立企业近2000家，为欧盟创造了4.2万多个就业岗位。

二、中欧经贸关系前瞻

中欧经贸关系自2013年起进入一个全新的发展周期，中欧高层互访不断，战略合作依次拉开序幕，恰逢中国政府确定了进一步深化改革开放的方针，欧盟完成了《里斯本条约》生效后的首次欧洲议会选举并任命新的欧盟委员会主席。这些新的变化奠定了未来5年~10年中欧经贸关系的方向，其中蕴藏着无数的机遇，而最主要的机遇体现在以下四个方面：

（一）优势互补，相互依赖

中国与欧盟作为国际社会中两个重要的大规模的开放经济体，在贸易增长方面具有较强的相互依赖性和互补性。中欧成为全面战略伙伴已经十余年，双方贸易往来日益紧密，欧盟是中国第一大贸易伙伴、最大技术来源地，中国常年保持欧盟第二大贸易伙伴。双方合作领域涉及金融、科技、教育、能源、基础设施建设等各个方面。截至2013年，中欧双边进出口贸易额达到4273亿欧元。中欧贸易顺差降低到1309亿欧元，达到近5年最低水平，且有继续下降趋势，可见中欧贸易进一步趋于平衡，相互依赖性不断增强。中欧双方处于不同的产业链与价值链梯次，作为中国最大的贸易伙伴、最重要的技术来源地和主要投资方，欧盟对中国经济的重要意义不言而喻；而中国作为欧盟的第二大贸易伙伴和增长最快的出口市场，不仅为欧盟提供了低廉的消费品、庞大的出口市场和投资场所，更为欧盟产业转移和升级提供了必不可少的动力和机遇。中欧目前同处经济转型与产业结构调整的关键时期，这不仅为双方深挖传统领域的合作潜力创造了有利条件，也为拓展双方在低碳技术、生物科技、新能源等新兴产业领域的合作提供了广阔空间。

（二）政治互信加强，战略合作不断深入

2013年以来，中国高层访欧频繁，范围广泛。2013年5月，李克强总理访问瑞士与德国，并与瑞士签订与欧洲的首个“自由贸易协定”，在欧盟以外叩开欧洲自由贸易大门。同年11月底，李克强访问中东欧16国，将中国影响力在欧洲小国广泛释放。2014 年 6 月，李克强总理访问英国，中英政治关系实现完全“破冰”，而且在各个领域均进入健康发展期。2013 年 3 月，习近平主席成功访问荷、法、德，成果丰硕，实现中国元首首访欧盟总部，战略象征意义重大。同年，英国首相与法国总统相继访华。2014 年 6 月，德国总理默克尔访华，凸显中德关系热度。这也说明，欧洲大国在调整其全球视野下的外交战略方面，正与中国“相向而行”。

除了政治上互信增强，中欧战略合作也不断加深。2013 年 11 月 21 日，中欧双方共同制定《中欧合作 2020 战略规划》，这一全面战略规划确定了中欧在和平与安全、繁荣、可持续发展、人文交流等领域加强合作的共同目标，将促进中欧全面战略伙伴关系在未来数年的进一步发展。2014 年 6 月，李克强总理与英国女王伊丽莎白二世举行了会晤，中英双方签署了 300 亿美元合作大单。在中英全面战略伙伴建立 10 周年、中英建交 30 周年之际，中英经贸关系有了更深入的发展。中国与欧洲主要经济体均建立了深入合作，为进一步发展打下良好基础。

（三）金融合作不断深化，营造良好贸易环境

2014 年，中国和英国金融合作不断深入，中国建设银行成为伦敦人民币清算中心，中国农业银行和中国银行与伦敦证券交易所签署战略合作协议，中国央行批准人民币兑英镑直接交易。伦敦作为世界金融的中心之一，在伦敦以人民币清算行为中心搭建起离岸人民币市场的清算网络，将使人民币得以在亚洲时区以外直接进行清算运作，借助伦敦的时区优势，将有利于人民币资金在欧洲乃至全球范围内更加高效便捷地运行。而中英两国货币互换，吸引两国更多的企业相互投资，降低汇兑风险，营造出良好的金融环境。除伦敦外，法兰克福、卢森堡、巴黎等欧洲金融中心和成熟市场也竞相角逐人民币国际化的欧洲交易中心。2014 年 3 月，中国央行与德意志联邦银行签署了

人民币清算安排的合作备忘录，也同样立足于两国产业的完美对接，让德国政府力推的“工业4.0”战略与中国“新四化”进程紧密结合，让双方在节能环保、交通、高端制造业、新技术、新能源、新材料等领域的合作都能找到新的增长点和平台。

（四）无根本利害冲突，具备持续发展条件

中国地处亚洲东部，同欧洲互不接壤。中欧之间不存在边界问题或领土纠葛。中国通过和平谈判，同英国、葡萄牙分别妥善解决了历史遗留下来的香港和澳门问题。这不仅消除了双边关系中的政治障碍，而且使得香港和澳门成为推进中英、中葡以至整个中欧关系的“纽带”。中欧之间从未发生过直接冲突，也互不构成威胁。中国坚定地走和平发展的道路，致力于构建持久和平、共同繁荣的和谐世界。欧洲国家走的是和平联合、发展自己的道路。中欧双方在处理国际问题的理念和主张上有不少契合和相似之处。例如，双方都反对任何国家采取单边主义政策，主张发挥以联合国为主的多边国际机构在世界事务中的主导作用；都主张世界各国按照联合国宪章的精神和原则和平相处，通过对话、谈判解决国际争端，反对动辄诉诸武力或武力威胁；都反对单凭军事手段，采取“以暴抑暴”的办法对付恐怖主义，主张国际社会通力合作，通过政治、法律、经济等多种手段，标本兼治，从根源上化解恐怖主义问题；等等。不仅如此，在当今的时代，中欧双方都面临着越来越多需要国际社会共同努力应对的问题，如全球化、气候变化、恐怖主义、防止核扩散、疾病流行等。中欧之间非但不存在根本利害冲突，反而存在越来越多的合作领域，可以成为长期持续发展的合作伙伴。

在细数中欧双方所拥有的重大机遇后，我们也应该注意到，虽然中欧光伏产品贸易争端以“友好方式”得到解决，虽然欧盟在宣布对中国无线通信设备“原则上”启动双反调查后也决定等待“适当时机”再正式启动，然而中欧之间依然存在着很多摩擦、隐患和问题，其中最主要的挑战有以下两方面：

1. 贸易失衡严重。中欧贸易失衡严重，近年来虽然中欧贸易顺差逐渐减少，截至2013年，仍然高达1209亿欧元。由此给中国带来许多不利影响，如中欧贸易摩擦日渐增多，人民币面临巨大的升值压力，造成中国出现流动性过剩等。中欧之间贸易摩擦案件数一直居高不下，平均每年50件左右，是所有双边国家中摩擦最多的。而摩擦的争执点从单个产品扩展到整个产业，从低附加值产品扩展到高附加值产品，贸易领域扩展到服务贸易、投资领域、知识产权等，中欧贸易摩擦有全面升级到各个领域的趋势。此外，人民币一直顶着巨大的升值压力，从2009年的1欧元等于10.8元人民币一直升值到1欧元等于8.6元人民币。中国的出口企业也因此一直蒙受利润缩减的压力，许多中国企业因此而倒闭。巨大的贸易顺差，导致中国国内流动性过剩，房价泡沫、股市泡沫、物价高涨等，都有流动性过剩的巨大影响。中欧贸易失衡的影响，在今后很长一段时间内会一直存在，甚至加剧。

2. 贸易壁垒加深。中国作为全世界最大的贸易出口国，世界各国都收紧对华贸易政策，加强对华贸易壁垒，欧洲也不例外。从2008年至2012年，欧盟发起“双反”调查案件89件，其中中国的案件达35件，占比达到40%。中国成为欧盟设置贸易壁垒最多的国家。近年来，欧盟对中国出口的光伏产品、陶瓷产品等不断发起“双反”调查，对中国相关产业产生重大影响。2011年，欧盟决定对中国瓷砖征收最高达69.7%的反倾销税，导致中国瓷砖出口量锐减，欧洲企业对中国陶瓷的进口量下降30%。欧盟对华贸易壁垒涉及的产业不但包括服装、纺织品和低端制造业产品，而且逐渐过渡到高端产业，如光伏产业等，且案件涉及的数额巨大，造成的影响也越来越大。以光伏产业为例，2012 年底欧盟对中国光伏产品先后进行的“双方”调查，涉及中国 200 多亿美元的对欧出口，占中国对欧出口总额的 7% 左右，占中国光伏产品出口总额的 80% 左右，关系到中国上千家企业的生存和 40 多万人的就业。这不仅对中国企业造成重大影响，也对欧盟企业造成重大影响。

三、提升中欧经贸关系的思路与建议

放眼望去，这是一个机遇与挑战并存的时代，我们只有抓住机遇，克服困难，才能让中欧经贸关系更好地发展。针对中欧经贸关系中的重大机遇和挑战，中欧双方可以从以下四个方面共同努力，进一步深化双边经贸合作，释放双方合作的巨大潜能：

（一）签署中欧自由贸易协定，成为对方最大贸易伙伴

危机过后，欧盟一直在积极推动与各主要贸易伙伴签署自由贸易协定，力求全面实现经济复苏与发展。而与中国却迟迟没有达成协议，甚至没有提上议程。2014 年 4 月，欧盟承诺考虑与中国签署规模为数十亿美元的自由贸易协定。虽然双方之间尚有分歧无法化解，但双方都该以此为契机，积极进行磋商，对于一些摩擦和分歧作出一定的妥协和让步，力求尽快达成协议，以此降低中欧间贸易摩擦和贸易壁垒，促使中欧贸易额和合作力度大幅提升，促使双方成为对方最大的贸易伙伴。由于中欧之间相互依赖度强，优势互补，不存在根本的利益冲突，双方具备巨大的合作空间，可以长久和谐地共同发展，因此如果能加深战略合作，互相成长为对方最大的合作伙伴，对两国经贸的稳定、健康、持久的发展都有很大好处。双方应视对方为最重要的合作伙伴，积极为实现共同发展而不断努力。

（二）深化双边金融合作，推动人民币国际化

欧债危机让国际社会进一步感受到中国的影响力。中国积

极参与欧债危机的解决和救助，树立了良好的国际形象，也加深了与欧盟的金融合作。2014 年，中国在英国建立人民币离岸清算中心，签订人民币与英镑的互换协议，英国作为世界最重要的金融中心之一，具有很大的影响力和旗帜效应，中国应该以此为契机，尽快与欧洲其他国家签署货币互换协议，并且加大互换的规模，最终实现中欧全面货币互换，从而极大地推进人民币国际化进程，提升中国的影响力。而人民币国际化的推进，为企业融资和交易提供便利性，可以促进中欧双边贸易和双边投资大幅提升。

（三）增强中国企业竞争力，完善相关制度建设

当前中国出口产品主要集中在低附加值产品，许多产品无法达到欧盟的标准和要求。因此，我们应努力优化出口产品结构，提升出口产品技术含量，提高中国企业的竞争力，提升出口产品的品质，从而降低技术性贸易壁垒对中国出口的损害。同时，中国应建立完善政府、企业和中介组织三者分工合作的贸易摩擦应对机制，培养应对贸易摩擦的专业人才，以便减少贸易摩擦中受到的损失。相关行业要重视国际规则和标准，加强知识产权保护，积极利用世贸组织争端解决机制来应对贸易摩擦，特别是要充分发挥中介组织在化解贸易摩擦中的作用，增强企业主动采取措施避免贸易摩擦的意识，进一步发挥企业应对贸易摩擦的主体作用。

（四）加强相互了解，建立互信友好关系

中欧虽建交多年，但彼此在许多方面依然存在着较深的误解，无论是中欧贸易摩擦问题还是承认中国市场经济国家地位的问题，许多类似问题的存在很大程度是由于双方了解不够深入，存在一定的误解。因此，中欧双方需要进一步加强中欧高层的互访和对话，将更多的沟通交流渠道常态化；中国和欧盟都是世界上重要的经济体，在许多全球性问题上都有不可推卸

的重要责任，比如全球气候问题、反恐问题等，双方应更多地在这些重大问题上寻找合作点，在共同应对此类重大问题上相互协作，加深了解；推动除政治、经济外其他领域的沟通交流，如文化、体育等方面，让两国全方面了解对方，消除误会，建立坚实的互信友好关系。

【参考文献】

1. 中国社会科学院欧洲研究所“中欧关系”重点学科课题组：“2010 年中欧关系的回顾与展望”，载《欧洲研究》2011 年第 1 期。

2. 保建云：“中欧贸易与经济增长的相互依赖性及贸易保护主义治理”，载《国际贸易问题》2010 年第 5 期。

3. 崔洪建、童天齐：“后危机时期的中欧经贸关系”，载《国际问题研究》2010 年第 5 期。

4. 冯仲平：“新形势下欧盟对华政策及中欧关系发展前景”，载《现代国际关系》2011 年第 2 期。

5. 吴兴唐：“世界大势中的欧债危机与中欧关系”，载《当代世界》2012 年第 7 期。

6. 郭昊、宋晴：“欧债危机影响下的中欧经贸关系现状及展望”，载《人民论坛》2012 年第 14 期。

7. 周勇：“中国与欧盟经贸发展的新特点”，载《经济纵横》2012 年第 5 期。

8. 郑腊香：“欧债危机下政治因素对中欧贸易关系的影响及其对策研究”，载《国际经济探索》2012 年第 8 期。

9. 郝洁：“欧债危机下的中欧经贸摩擦新动向、趋势及应对”，载《国际贸易》2012 年第 11 期。

10. 王洪庆：“欧盟在华直接投资对中国与欧盟贸易的影响”，载《国际贸易问题》2007 年第 4 期。

11. 单丹：“中美贸易失衡的结构特征及原因研究”，天津财经大学2008年硕士论文。

12. 李俊、崔艳新、赵囡囡："中国——欧盟贸易差额现状及其原因的实证分析"，载《国际贸易问题》2007年第11期。

13. 方福前、杨旭："欧元流通对我国向欧元区出口规模的影响分析"，载《经济学家》2009年第11期。

14. Amrnaldo Gonçalves, "The EU and China Bilateral Relationship: Looking for a Fresh Restart", *Journal of Comparative Politics*, Vol. 5, No. 2; 2012.

15. Fung, K. C. and Lawrence, "The China-United States Bilateral Trade Balance: How Big Is It Really", *Pacific Economic Review*, 2, 1998, pp. 85 ~ 91.

16. Eckaus, Richard, "Should China Appreciate the Yuan", MIT Department of Economics: Working Paper Series Working Paper, 4, 2004, pp. 1 ~ 19.

17. Asseery, A., Peel. D. A., "The Effects of Exchange Rate Volatility on exports: Some New Estimates", *Economic Letters*, 37, 1991, pp. 173 ~ 177.

18. Patel, P., Pavitt, K., "Larger firm in the production of the world's technology: an important case of non-globalization", *Journal of International Business Studies*, 22, 1991, pp. 1 ~ 21.

19. Rafael Leal-Arcas, "EU-China Trade Relations: Current difficulties and ways to Improve Them", *International Security Forum*, Vol. 28, No. 11, 2010, pp. 156 ~ 159.

后危机时代中欧对外经济政策分析及经济合作前景展望

屈　熠[1]

一、引言

自1975年建交以来，中国同欧洲逐渐形成了全方位、宽领域、多层次的合作，双方的经贸往来，无论是在深度还是广度上都有了质的飞跃。以1995年欧盟委员会出台的第一个对华政策为起点，标志着欧盟的对华政策走出了以冷战思维为指导的阶段，转为强调双方的长期合作发展的新阶段，开启了中欧关系的新局面。中国和欧盟的关系在1995～2004年的10年中经历了一个良性发展、关系不断提升的“蜜月”时期[2]。自2004年以来，欧洲成了中国的第一大贸易伙伴，双方的经贸关系，在原来合作互补的基础之上，竞争的成分凸显，中欧的经贸关系呈现出了复杂化的态势，而2008年中方“无限期推迟中欧领

---

〔1〕 屈熠，中国人民大学经济学院博士研究生。本文为教育部人文社会科学重点研究基地重大项目《新入盟成员国与欧盟经济整合研究》的阶段性成果之一，项目批准号［05JJDGW011］。

〔2〕 陈志敏：“新多极伙伴世界中的中欧关系”，载《欧洲研究》2010年第1期。

导人会晤”的声明，更为双方的经贸合作蒙上了阴影。始于2008年的美国次贷危机在全球迅速蔓延，2009年12月，三大评级机构相继调低希腊的主权债务评级，标志着欧洲主权债务危机的爆发。当今的中国已经深入参与到全球化的进程当中，在全球金融危机的背景下，中国自然无法独善其身。面对危机，中国政府在调整内部经济结构的同时，也积极展开同其他国家的经济合作，以达到合作互助，共同复苏经济的愿景。互为第一大贸易伙伴的中欧双方，在危机后展开更加广泛而深层次的经济合作不仅是双方的愿望，同时也是历史的必然。

二、危机后欧洲重整对外经贸政策

欧洲债务危机爆发后，欧洲议会出台了一系列的政策，来挽救处于危机中的欧盟。对内的经济政策主要包括：将欧洲金融稳定工具（EFSF）通过杠杆化，从4400亿欧元扩大至1万亿欧元；欧洲银行业为希腊债务减记50%；启动希腊救助计划，为希腊注入总额高达万亿欧元的救助基金；同时计划在2014年6月前向欧洲银行业注入近1000亿欧元，将其核心资本充足率提高到9%。

对外的经济政策则主要体现在贸易政策上：通过降低贸易救济调查的门槛，增加反倾销、反补贴的调查；频繁使用技术贸易壁垒，减少进口；修改普惠制方案，减少发展中国家的贸易红利；同时，欧盟积极地同其他国家和地区展开自由贸易区（FTA）的谈判，为欧盟的贸易增长拓宽空间。欧盟甚至将自贸区的谈判明确地列入其新的贸易战略《贸易、增长和世界事务》中，将贸易视为欧盟2020战略的核心组成部分，力争至2015年与自贸伙伴的贸易额覆盖欧盟对外贸易的50%。欧债危机后，欧盟在自由贸易区方面的谈判，可谓是成绩斐然：正式与韩国、黑山、塞尔维亚等国建立自由贸易区；与新加坡、秘鲁和哥伦比亚签订了自由贸易协定。此外，欧盟正在积极与东盟、印度、日本和美国等国家和地区展开自贸区谈判。

在同广大新兴经济体及发展中国家展开自贸协定谈判及自贸区建立的同时，欧盟也把目光对准了同世界第一大经济体的合作。2013 年 6 月，美欧正式宣布启动“跨大西洋贸易与投资伙伴协议”（Transatlantic Trade and Investment Partnership，简称 TTIP）的谈判。TTIP 的主要目标包括：①削减关税，将目前美欧之间平均 3% ~5% 的关税削减至 0；②减少非关税壁垒，即减少美欧之间由于标准和规则不同所带来的贸易壁垒；③促进经济增长和就业；④为实现美欧的共同经济目标作铺垫。美欧约占世界国内生产总值的一半，世界贸易额的 1/3，平均每天贸易额达 27 亿美元，相互投资达 3.7 万亿美元。该协定一旦达成，将成为历史上最大的自由贸易协定：美欧关税降至零、覆盖世界贸易量的 1/3、全球 GDP 的 1/2。据欧盟独立研究报告，TTIP 生效后，欧盟对美国出口总体上将增长 28%，欧盟每年将从中受益 1190 亿欧元，按平均计算，欧盟每个四口之家每年将增加 545 欧元的可支配收入，同时也将为世界带来 1000 亿 GDP 增长。通过上述分析，可以看出，TTIP 的签订对于欧美双方而言都意味着巨大的收益，在后危机时代的今天，美国经济率先复苏，而欧洲经济仍然复苏乏力的背景下，对于希望迅速走出危机影响，实现经济复苏的欧盟而言，TTIP 则更具诱惑力。但是，收益的背后是成本的付出。美欧之间的 TTIP 谈判，只有在克服双方由来已久的巨大分歧的前提下，才能获得成功。

20 世纪 90 年代中期，美欧双方就曾有意推动建立跨大西洋地区的自贸区，进而构筑新的欧美同盟关系。1995 年，欧美在马德里举行的首脑会议上签署了《跨大西洋新议程》，旨在在欧美之间形成综合性的合作框架，并就建立跨大西洋自由贸易区进行了讨论，然而跨大西洋自由贸易区并未成形。此后双方就这一话题，反复磋商谈判，均未产生实质性结果。而这一次TTIP的提出，不外乎是曾经的跨大西洋自贸区的旧事重提。不同之处在于，在全球金融危机的背景下，双方的经济均遭受重挫，虽然美国率先复苏，但是经济缺乏活力，而欧洲仍然处于低谷，经济复苏乏力，在后危机时代，双方出于自身经济利益的考量，产生了利益共鸣，因而均对该协议表示出浓厚的兴趣。20年前，双方由于无法调和的分歧，使得跨大西洋自贸区谈判无果而终，20年后的今天，对于TTIP而言，欧美双方由来已久的分歧仍然存在，甚至更加广泛：

1. 标准和规则难以统一。一直以来，关于各种标准和规则的谈判就是美欧双方贸易谈判中的一个重要议题，但是双方出于对本国企业和利益团体的保护，始终未能在该领域的谈判有实质性的进展，而跨大西洋自贸区谈判的搁浅，很大程度上也源于双方在标准和规则统一上的争议。可见，这一争议由来已久，双方想要在TTIP的谈判上有进展，必然要在这一领域各自有所让步。

2. 贸易保护仍然盛行。欧盟各国的发展程度有所不同，产业也强弱有别，整个欧盟的经济发展状况在很大程度上存在着强烈的不对称性，各个国家基于本国现状的利益诉求也各不相同。而TTIP的谈判对象是以欧盟为整体进行谈判的，关税减低为零，削减非关税壁垒等谈判内容，都忽略了欧盟内部国别差异，这样的谈判，对于欧盟内部而言，很难形成统一有效的意见。

3. 投资协定对于国家带来新的挑战。TTIP是在WTO框架下贸易谈判停滞不前，为了促进全球贸易而设立的新的谈判框架，其不仅保留了传统自贸协定中关于削减关税、降低非关税壁垒等一般性条款，还包含了投资伙伴协定。在该协定下，跨国公司被赋予更大的权利和灵活度，其中所设立的投资者与国家纠纷仲裁机制（ISDS），甚至将国际企业和主权国家等同起来，负责调解跨国公司和主权国家之间的纠纷。在这样一种全新的投资协定下，国家的主权在不同程度上受到了挑战，因此，参与谈判的国家必然会更加小心谨慎。而欧盟是一个国家实力极不对称的国家联盟综合体，想要在实力不均衡的国家之间寻求一种平衡，无疑是难上加难。

纵观危机后的欧盟，对外经济政策有了新的转变，以提振经济为口号、贸易保护为实质的“重商主义”政策，实质上仍然是以邻为壑的贸易思想的体现，在短期内，贸易保护政策可以起到稳定经济和增加就业的作用，有助于欧盟经济的复苏，但是也只能起到减缓阵痛的效果。与欧盟有深入经贸往来的国家，必然会在受到贸易保护主义政策的影响下采取相应的反制措施，对于双方而言，均存在无效率损失，因此在短期内，欧盟的贸易保护政策能否达到预期的政策效果也未可知。而从长期来看，这是治标不治本的短视政策，这样的政策无论是在经济层面还是政治层面都无法得到长久的支撑，相信在欧洲经济复苏后，这一政策导向也会发生转变。而TTIP的谈判则需要从长计议，中短期之内，由于欧美双方在诸多领域的分歧，也不会产生实质性的突破，对于希望在短期内提振经济，走出危机的欧盟而言，只能是望梅止渴。而广大的新兴经济体以及发展中国家有着巨大的市场深度和广度，同欧洲经济也具有充分的互补性，双方依据自身的比较优势，展开广泛的经济合作，会产生双赢的局面。而自贸协定的签署以及自贸区的建立，可以进一步地降低贸易壁垒，促进贸易的自由化，为双方的经济注入活力，有助于双方走出危机的阴影，实现经济的复苏。因此，在中短期内，能够让欧盟走出危机、实现经济复苏的最有效且最直接的经济政策，是同广大的新兴经济体以及发展中国家开展广泛的经济合作，实现合作共赢。

三、后危机时代中国的对外经贸关系

受到全球金融危机的影响，2009 年世界经济全面下滑，尤其是发达经济体更是受到巨大的冲击。发达国家经济的衰退，导致了全球贸易的萎缩，2009 年全球货物贸易额下降 24.5%，服务贸易额下降 10.9%，而中国一直以来所施行的出口导向型的经济政策，在此轮经济危机的冲击下，同样受到了较大的冲击。2009 年中国对外贸易进出口总值同比下降 13.9%。而 2013 年，中国对外贸易对我国经济增长的贡献度甚至降为 -4.4%。可见，经济危机的冲击使全球需求骤降，对中国的经济产生了巨大的影响。为了应对经济危机对中国经济带来的冲击，中央政府通过增加投资计划、扩大内需、调整经济结构等一系列的对内经济政策，使中国的经济实现了经济危机背景下的平稳过渡。总体而言，世界并未走出经济危机带来的阴影，围绕世界经济的主题仍然是经济复苏与振兴。在后危机时代的背景下，中国的对外经贸政策也有所转变：

1. 促进外贸发展方式转变，引导企业优化出口产品结构、提高出口产品的质量，取消部分钢材、有色金属加工材料等个税的退税率。

2. 促进对外贸易、利用外资与“走出去”战略协同发展。加快实施自贸区战略，积极参与多边及区域经贸合作，营造良好的外部环境。加强知识产权保护，扩大双边及多边知识产权领域的交流与合作。危机后，中国先后同新加坡、秘鲁、哥斯达黎加、冰岛、瑞士等国签订了自贸协定，正在进行自贸协定谈判的国家包括澳大利亚、挪威、韩国、哥伦比亚等。

3. 建立和完善与贸易发展水平相适应的全方位金融支持体系，鼓励商业银行开展进出口信贷业务，发挥中国进出口银行对外贸发展的支持作用，加大对中小企业进出口信贷的支持力度。充分发挥出口信用保险的政策导向作用，支持与国家经济结构调整方向相一致的货物、技术和服务的出口。

危机后中国的对外贸易政策，集中体现在外贸发展方式转变、“走出去”战略和自贸协定的谈判上，政府的核心目的在于依托自贸协定带来的贸易便利，为出口企业提供信贷支持和政策引导，打造具有国际竞争力的市场经济主体。通过分析危机后的中欧对外贸易政策，可以发现，尽管双方在诸多领域所采取的经贸政策有所不同，但是加速自贸区的建立和自贸协定的签署是双方政府的共识。因此，后危机时代的中欧两大经济体，可以依托这样的共识，展开更宽泛的经济合作。2013 年的第十六次中欧峰会上，中欧双方领导人也就启动“中欧投资协定”达成了共识，这无疑为将来中欧自贸协定的谈判释放了积极的信号。

四、中欧经济合作的契机及障碍

经历了经济危机的洗礼，中欧双方的外部和内部环境都有所改变，但是整体而言，双方的经济关系并未出现质的改变，仍有巨大的合作空间。一方面，中欧经济整体上的互补性格局，仍然是当今乃至以后较长一段时间内的常态，欧洲在人均 GDP、科技实力、高端制造业等方面仍远远领先于我国。另一方面，中欧双方良好的政治关系没有变化，合作基石仍然非常牢固。经济危机后，中欧双方产生了利益共鸣，为双方展开更深层次的经济合作带来了新的契机：一方面，欧洲方面希望中国加大对欧投资和采购力度，以保证欧洲的经济增长和就业创造，同时，希望中国对欧洲进行救助措施，以帮助欧洲摆脱债务危机，实现经济复苏；另一方面，中国则希望扩大对欧的进口，尤其是科技含量高，有助于我国产业升级的产品和技术，同时在风险可控的前提下，我国对欧的直接资金援助，也可以实现我国外汇储备资产的多元化。

通过对危机后中欧双方对外经贸政策的分析，可以看出，尽管双方的对外政策各有侧重，但不可否认的是，双方都将自由贸易协定的谈判以及自贸区的建立，视为各自对外经济政策的战略核心。纵观当今世界的各大经济体的对外经济政策，不难发现，各国都将自由贸易协定的谈判当作各国对外经济政策的一个战略核心，因此，自由贸易协定不仅是中欧双方政策层面上的共识，更是未来世界经济发展中，对外经济政策的潮流。中欧双方在经济层面上具有可以深入合作的契机，在政策层面上同样具有深入合作的共识，因此，中欧双方未来的经济合作，可以尝试向着自由贸易协定的方向共同努力。

从贸易总量上来看，中欧贸易总量仍然占据着绝对优势，双方互为各自的第一大贸易伙伴，并且保持着较高的增长率。在 2013 年的中欧峰会上，双方签署的《中欧合作 2020 战略规划》更是展望在 2020 年，双方的贸易量达到 1 万亿美元，因此，双方拥有坚实的贸易基础。从贸易结构上看，近年来中国对欧盟的出口主要集中在以机电产品、纺织品、杂项制品和贱金属及制品等产品为主的劳动密集型产品上，总量超过了对欧出口的 70%；而中国从欧盟进口的产品则主要集中在以机电和运输设备、化工产品、贱金属及制品、光学、钟表、医疗设备等产品为主的技术密集型产品上，占比超过进口总额的 70%。由于中国和欧盟的经济发展阶段差异较大，产业结构也有很大的不同，双方之间的贸易以产业间贸易为主，贸易互补性很强。尽管双方拥有坚实的贸易总量以及互补性的贸易结构作为自贸协定谈判的基础，但不可否认的是，双方充分展开自贸协定谈判仍面临阻力：

1. 经济危机后，贸易保护主义抬头，欧盟委员会单方面实施了贸易保护政策，针对中方的反倾销、反补贴的调查案例较之经济危机前明显增多，使得中方的出口受到影响，出口企业遭受严重损失，为双方的深入合作蒙上了阴影。同时，一直以来欧盟对华的武器禁运和技术保护政策始终未有实质性改变，这也导致中欧双方在高层次领域的合作面临重重障碍。

2. 欧盟一体化的深入发展与内部双层机制增加了中欧贸易的复杂性。欧元的正式流通，标志着欧洲一体化进程达到了新的阶段，内部也已经建立起了单个成员国和欧盟整体双层的组织结构。欧盟内部的各个国家经济发展程度和产业结构各有不同，经济具有极大的不对称性。作为与中国的贸易结构具有较强互补性的发达国家（如德国），对待自贸协定的谈判，自然表现出了积极的一面，但是同中国贸易结构相仿，经济发达程度低的国家，对待自贸协定消极的态度，也成了必然。因此，欧盟内部的各个国家，从自身利益角度出发，对待自贸协定谈判的冷热程度不一，使得中欧双方很难在宏观层面上与欧盟达成整体一致的协定。

3. 危机过后，欧盟同一些新兴市场国家及发展中国家展开了广泛的自由贸易协定的谈判，并取得了相当丰硕的成果。而这些国家同中国的贸易结构相仿，在某些方面具有同质产业竞争关系，这无疑会削弱欧盟同中方展开自贸协定谈判的动力。

4. 中欧之间由于政治体制、见解、人文等方面的差异，双边贸易在积极发展的同时也穿插了许多不和谐的因素。双方意识形态上的分歧，为双方的自贸协定的谈判也添加了诸多政治上的不稳定因素。

五、中欧经济合作前景展望及政策建议

经济危机后的中欧关系，错综复杂。一方面，在多极世界中，中欧关系有离散效应的特征，根据新现实主义的力量制衡

理论，二等大国将会联合起来以防止主导大国确立支配地位[1]。苏联解体后，世界格局形成了一超多强的格局，美国成了唯一的超级大国，而处于次一级地位的欧盟出于自身利益的考量，必然会联合其他大国，遏制美国的强势地位，因此，中欧双方经历的十年“蜜月期”也就不难理解了。但是，随着美国次贷危机的爆发，美国的经济实力有所减弱，而此时的中国已经悄然崛起，成为仅次于美国的第二大经济体。此时，中欧双方在某些领域已然形成了竞争的格局。因此，中欧经济合作中，欧盟自然会表现出其消极的一面。而另一方面，欧洲又迫切希望中国能够增加对欧的投资、采购力度，帮助欧洲实现经济增长和稳定就业，更加迫切希望中国对欧进行直接的资金支持，帮助欧洲尽快走出债务危机所带来的衰退。因此，中欧经济合作中，欧盟又具有积极的一面。综合两方面的情形来看，积极的因素仍占主导地位，尽管美国遭受次贷危机的冲击，经济有所衰退，但是发达经济体中，美国率先复苏，超级大国的地位仍然没有实质性改变，中欧双方仍然是二等大国，综合其他因素来看，中国相对于欧盟在世界的影响力而言，仍有不小的差距，因此，欧盟仍有联合中国遏制超级大国主导世界政治格局的必要。更为重要的是，欧洲债务危机拖累了整个欧盟的经济发展，如果不尽快摆脱危机造成的阴影，可能对欧盟的政治体制造成不可挽回的影响，而中国拥有世界最多的外汇储备和世界上最具深度和广度的消费市场，这样的一个合作伙伴，对于欧盟而言是利大于弊的。出于自身利益和现实因素的考虑，相比遏制中国这样一个未来的竞争者而言，欧盟更加希望展开同中国的经济合作。因此，未来中欧的经济合作关系仍有广阔的发展空间，双方可以在诸如贸易、投资、金融等领域加深合

---

〔1〕［美］肯尼思·华尔兹著，信强译：《国际政治理论》，上海人民出版社2003年版。

作，互惠共赢。

对于中国而言，在未来的中欧经济合作中，可以考虑从以下几个方面着手，以保证自身的发展：

1. 针对目前及未来一段时间内欧盟有所抬头的贸易保护主义政策，我国应该切实推进贸易以及产业结构的优化升级，合理防范和妥善应对贸易摩擦，同时加强双边以及多边谈判，为我国出口企业争取公平的贸易待遇。

2. 利用危机后人民币相对于欧元的升值的机会，扩大从欧洲的进口，同时加大对欧洲的直接投资，依托第十一次中欧峰会签署的《中欧中小企业合作共识文件》、《中欧科技伙伴关系计划》等文件，配合我国提出的“走出去”战略，鼓励中小企业及科技类企业通过海外直接投资、并购等方式，获取欧洲的先进技术和成熟的管理经验，将进口和投资同我国产业结构优化升级结合起来，为我国进行技术和竞争软实力的储备。

3. 中国已经同冰岛、瑞士等欧洲国家签署自贸协定，可以依托成功的谈判经验，同欧盟“亲中”的成员国进行会谈。例如，占中欧贸易总量接近30%的德国，这类国家的贸易结构与中国通常具有互补性，而且贸易量较大，他们对于中欧自贸区的建立一向表现积极，在不违反欧盟共同行事准则的情况下，中国可以同具体成员国达成相应的投资、贸易等方面的共识和协定，为将来的中欧自贸协定的谈判增添砝码。

4. 在“中欧投资协定”的共识上，展开投资协定的谈判，为我国企业对外直接投资创造便利性条件。同时，为我国企业在欧洲的投资创造融资便利，配合我国的“走出去”战略，打造中国的大型跨国企业。

5. 在国内劳动力成本上升、劳动力红利减少，以及欧盟广泛地同新兴市场国家展开自贸协定谈判的双重挑战下，中方应更快地进行我国产业结构与贸易结构的升级，建立新的比较优势，同时中方应尽快地展开同欧盟的自贸协定的谈判，为我国的发展赢得有利的外部空间。

【参考文献】

1. 夏玮："TTIP：美国推行'新生代'自由贸易协定的新发展"，载《世界贸易组织动态与研究》2013 年第 6 期。

2. 任成、林海："TTIP 的起源、作用及中国的应对措施"，载《WTO 经济导刊》2013 年第 9 期。

3. 牟岚："欧盟贸易政策的发展趋势及对中欧经贸关系的影响"，载《特区经济》2014 年第 1 期。

4. 陈长缨："欧债危机为中欧经贸带来挑战和机遇"，载《中国经贸》2013 年第 8 期。

5. 李稻葵、张双长："欧洲债务危机：预判与对策"，载《经济学动态》2010 年第 7 期。

6. 关嘉麟："转型时期中国对外贸易政策研究"，吉林大学 2013 年博士论文。

7. 冯仲平："新形势下欧盟对华政策及中欧关系发展前景"，载《现代国际关系》2011 年第 2 期。

8. 牟岚、艾莘凯："中欧贸易发展现状与问题分析"，载《中国经贸导刊》2013 年第 35 期。

9. Joseph Francois, "Reducing transatlantic barriers to trade and investment: an economic assessment", Centre for Economic Policy Research, 2013.

10. C. M. Reinhart, K. S. Rogoff, "From financial crash to debt crisis", NBER Working Paper, 2010.

11. John Goddard, Phil Molyneux, John O. S. Wilson, "The financial crisis in Europe: evolution, policy responses and lessons for the future", *Journal of Financial Regulation and Compliance*,

Vol. 17, Iss: 4, pp. 362 ~ 380.

12. David Shambaugh, "China and Europe: the emerging axis", *Current History*, 9, 2004, pp. 243 ~ 248.

13. Thomas Renard, "The treachery of strategies: a call for true EU strategic partnerships", *Egmont Papers*, No. 45, April 2011, p. 23.

14. John Fox, Francois Godement, "A power audit of EU-China relations", European Council on Foreign Relations, 2009.

浅析中欧贸易结构与全球治理结构的重建

——基于贸易互补性与竞争性的分析视角

胡　玫〔1〕　樊　琦〔2〕

欧洲联盟是当今世界一体化程度最高的一体化组织，在世界经济与政治中占有举足轻重的地位。经过近40年的发展，在经济全球化和政治多极化发展的推动下，中国与欧盟的关系已经发展成为相互依存度较高的复合型关系，对全球经济政治格局产生了重要影响。中国与欧盟皆为全球治理体系中的重要伙伴，在改革国际金融与货币体系、致力于全球自由贸易和相互开放投资等方面，中欧之间开展了全方位的战略合作。例如，在欧债危机的背景下，欧洲经济增长乏力，边缘国家债务缠身，债券市场存在潜在风险。中国对欧洲的支持，不仅表现在道义上，还表现在中欧之间强有力的贸易纽带。中国经济一方面被视为拉动欧洲经济特别是出口的重要因素；另一方面，欧洲经济企稳、债务危机得到缓解，也为中国的出口和国际贸易迎来

〔1〕 胡玫，对外经济贸易大学国际经济研究院博士后，副教授。本文得到了教育部人文社会科学重点研究基地重大项目“世界经济失衡与中国经济发展模式选择”（10JJD790006）和国家社科基金青年项目“中日韩自贸区推进新思路：新功能主义框架下的理论建构与机制设计”（13CJL042）的资助。

〔2〕 樊琦，中央财经大学国际贸易学院博士研究生，浙江树人大学现代服务业研究中心讲师。

新的发展机遇。中国在欧债危机期间为了促进贸易、稳定欧元、提振欧洲经济所做的努力，极大地增进了中欧之间的战略互信，中欧之间经济上的相互依存度不断提升。

一、全球化背景下中国与欧盟的经贸格局

中欧经贸关系是中欧全面战略伙伴关系的重要组成部分，双方经济基础良好，欧盟是中国第一大贸易伙伴和进口市场，中国是欧盟第一大进口市场和仅次于美国的第二大贸易伙伴。2013 年，中国对欧出口 3390 亿美元，增长 1.1%；从欧盟进口 2201 亿美元，增长 3.7%。欧盟还是中国最大技术引进来源地，2013 年累计签订技术引进合同 1500 亿美元。双方合作领域已从传统经贸范畴扩展至新能源、绿色经济、城镇化等新领域。2013 年中欧双边贸易额达到 5591 亿美元，同比增长 2.1%，双方在相互投资领域也开展了互利共赢的深入合作。中欧经贸合作正呈现出规模越来越大、水平越来越高的特征，同时也进入一个飞速发展的新阶段。

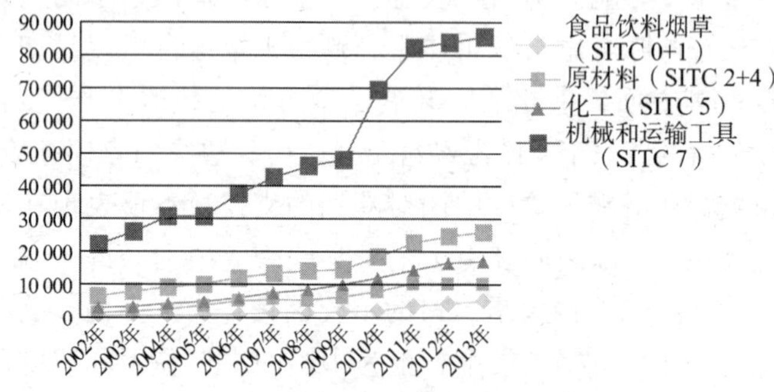

图 1　中欧贸易出口产品分类情况

数据来源：欧盟统计局（Eurostst）。Eurostst：http：//ec. europa. eu/eurostat，单位：百万欧元。欧盟统计局所用数据单位均为欧元，图表中所引用数据单位为百万欧元，文中说明部分换算为亿美元。

中欧双边贸易额从 2002 年的 482 亿美元增至 2013 年的 5591

亿美元，中国对欧盟的出口增长速度大于进口增长速度，处于顺差的位置。欧盟国家的产业是资本密集型的，技术含量高，所以，中欧贸易多集中在机械、运输工具、化工和能源等行业。2013 年欧盟对外出口高达 3390 亿欧元，其中最大的三类产品是机械运输、能源和化工，分别占到欧盟出口的 2012 年的 16.4%、41.9%、22.5% 和 2013 年的 15.7%、40.8%、22.1%〔1〕。2000 年以来，中欧高新技术产品贸易额增长年均 32.6%，欧盟超过美国成为中国机电产品出口第一市场，涉及产品类型为计算机零部件，家电消费类电子产品、通信设备和零件，这些产品的贸易形式多为加工贸易。

二、中欧贸易结构的互补性与竞争性分析

（一）采用的指标体系

1. 贸易互补性指数。贸易互补是指两国由于资源、劳动、技术差异引起的贸易的可能性，即一个国家出口的商品即是另一个国家进口的商品。通常用贸易互补性指数来衡量两国贸易关系的匹配程度（Trade Complementarity Index），计算公式：$TCI_{ij}{}^{k}=RCA_{xi}{}^{k}\times RCA_{mj}{}^{k}$，其中，i 和 j 代表国家，k 代表产品部门。RCA 是显示性比较优势指数，x 代表出口，m 代表进口。RCA 指数衡量一个国家某种产品出口占该国出口的比重相对于世界贸易中该产品出口所占的比重。它主要衡量一国整体的贸易规模和某种产品的出口情况。贸易互补性指数越高，表示两个贸易产品类别越吻合，通常认为 $TCI>1$ 表示两国贸易关系的互补性较强，$TCI<0.5$ 表示两国贸易产品吻合度偏低，互补性较小。

2. 出口强度指数。出口强度指数 T_{ij} 可以用来测度贸易互补

〔1〕 资料来源：欧盟统计局 Eurostst（http：//ec. europa. eu/eurostat）.

程度，是一国的出口额在贸易伙伴国所占比重与世界对该国贸易比重所占比值。计算公式：$T_{ij} = (X_{ij}/X_i) / (X_{wj}/X_w)$，$X_{ij}$表示 i 国对 j 国的出口额，$X_{wj}$表示世界对 i 国的出口额。均衡时，$T_{ij} = 1$。如果 $T_{ij} > 1$，说明两国贸易关系依存度高，互补性强。

3. 产业内贸易指数[1]。产业内贸易指数目前也是衡量两国贸易互补性关系的指标之一。计算公式为：$IIT = 1 - (X_{ij}^k - M_{ji}^k) / (X_{ij}^k + M_{ji}^k)$，其中 X_{ij}^k表示 i 国出口 j 国 k 产品的双边贸易量，M_{ji}^k表示 j 国出口 i 国 k 产品的双边贸易量。当 IIT = 1 时，即贸易均衡时，两国 k 产品为产业内贸易，反之，失衡。IIT 越高，产业内贸易比重越大。

4. 贸易竞争指数。贸易竞争性意味着两国出口产品的相似性高，在世界市场上存在竞争关系。衡量指标有贸易竞争指数（Trade Competitive Index）计算公式：$TC = (X_i^k - M_i^k) / (X_i^k + M_i^k)$，其中 i 代表国家，k 产品，X 表示出口，M 表示进口。该国进出口差额占总贸易额的比重，取值（-1，1），TC 越接近 1，贸易竞争优势越大，反之，TC 越接近 -1，竞争越处于劣势。

5. 显示性比较优势指数。所谓显示性比较优势指数，即 RCA 指数[2]，其计算公式如下：$RCA_{ij} = \frac{X_{ij}/X_{tj}}{X_{iw}/X_{iw}}$，$X_{ij}$表示国家 J 出口产品 I 的数量，$X_{tj}$表示国家 J 的总出口值，$X_{iw}$表示世界出口产品 I 的总值，$X_{iw}$表示世界总出口值。它可以反映不同贸易部门之间的相对比较优势程度。RCA 值接近 1，表示中性的相对比

〔1〕 由于产业内贸易测度的差异性较大，目前应用比较广泛的是 Bergstrand Jeffrey H. 提出的双边产业内贸易衡量。

〔2〕 巴拉萨显性比较优势指数（Revealed Comparative Advantage Index，简称 RCA）还考虑了比较优势绝对值的核算。一般认为，若 RCA >2.5，则具有强竞争优势；若 1.25 < RCA <2.5，则具有较强竞争优势，若 0.8 < RCA < 1.25，则具有中等竞争优势；若 RCA <0.8，则具有弱竞争优势。

较利益，无所谓相对优势或劣势；RCA 值大于 1，表示该商品在国内的出口比重大于在世界的出口比重，则该国的此产品在国际市场具有比较优势，具有一定的国际竞争力；RCA 值小于 1，则表示在国际市场上不具有比较优势，国际竞争力相对较弱。

6. 出口相似度指数。出口相似度指数可以从市场和产品两个角度测度双边贸易的竞争关系。

（1）从双边贸易总额角度，其计算公式：

S_{ij} = [（X_{ik} + X_{jk}）/X_i + X_j] ＊ [1 − |（X_{ik}/X_i）−（X_{jk}/X_j）/（X_{ik}/X_i）+（X_{jk}/X_j）|] ＊100。

（2）从产品出口分类角度，其计算公式：

S_{ij} = [（X_{ik}/X_i + X_{jk}/X_J）/2] ＊ [1 − |（X_{ik}/X_i）−（X_{jk}/X_j）/（X_{ik}/X_i）+（X_{jk}/X_j）|] ＊100。其中，X_{ik} 表示 i 国出口 k 产品的贸易额，X_{jk} 表示 j 国出口 k 产品的贸易额。出口相似度指数的范围通常 1～100，指数越大，说明两国在世界市场上出口的产品越类似，结构越相同，竞争越激烈。反之，两国在世界市场上的出口的产品种类不同，结构差异性大，竞争程度低。

（二）数据来源与分析

1. 指标说明。本文计算指标体系的数据来源主要有联合国商品贸易统计数据库（UN Comtrade）、WTO 数据库、欧洲统计局、中国统计局和中国海关的贸易数据库。其中，产品分类方法以《联合国国际贸易标准分类》SITC 第三次修订为主。欧洲统计局公布的欧洲产品贸易数据分类：SITC0 + 1（食品、饮料和烟草）；SITC2 + 4（原材料）；SITC5（化工产品）；SITC7（机电产品设备）；SITC8（其他制成品）。贸易的计量单位是“百万欧元”，选择的数据样本是欧盟 28 国。中国公布的官方贸易数据产品分类与联合国类似，计量单位“亿美元”。因此，本文分析和计算过程中，对中欧贸易数据进行了一定处理和贸易额的换算。

2. 数据计算与结论。根据商务部数据显示，中欧每天贸易往来约15亿美元，预计2020年中欧双边贸易额将达到10 000亿美元。中欧经贸格局在频繁的贸易往来中不断发展，双方贸易关系是互补还是竞争，贸易结构未来是否会发生变化，是非常值得研究的课题。本文的数据研究发现：随着中国产业结构调整，劳动力价格上涨，产业逐步升级，中欧在初级产品市场上的竞争关系逐步增强。但是，中国依然处于特定的经济发展阶段，与欧盟在劳动、资本和技术密集型产品上依然有很强的互补关系。

根据欧洲统计局公布的数据，整理2002～2013年中欧贸易产品分类进出口总额、进出口差额及比重，如表2所示。中欧贸易产品类别以资本、技术和劳动密集型产品为主，初级产品贸易额偏小，2013年初级产品贸易额只有1500万欧元，占中欧贸易额的27.9%，说明中欧贸易主要产品以劳动密集型产品和资本、技术密集型产品为主。欧盟从中国进口劳动密集型产品，2013年交易额高达11.94亿欧元，占欧盟进口总额的31.3%。欧盟出口中国技术和资本密集型产品，2013年交易额高达10.29亿欧元，占欧盟出口总额的20%。表2中的欧盟产品分类贸易数据表明，中欧贸易呈现互补性特征，即欧盟进口中国的初级和劳动密集型产品，而中国出口劳动密集型产品至欧盟。

为了进一步分析中欧贸易关系的互补和竞争关系，根据巴拉萨显性比较优势（RCA）的计算方法，分析中欧贸易产品在中欧出口市场和世界出口市场上的份额，计算不同产品的出口比较优势。理论上，RCA <0.8比较优势较弱，0.8 < RCA < 1.25比较优势中等，1.25 < RCA <2.5比较优势较强，RCA >2.5比较优势强。根据欧洲经济局和中国统计局公布的官方数据（2004年～2012年）来计算欧盟和中国出口产品的比较优势，如表3、4所示。

表 1　中欧贸易交易总额及占世界贸易总额比重

（单位：百万美元、%）

	2002	2003	2004	2005	2006	2007	2008	2009	2010	2011	2012	2013
中欧贸易总额	32 559.6	43 822.8	59 332.6	76 195.3	96 893.5	122 006	143 069	120 165	157 776	567 200	546 040	565 990
世界贸易总额比重	14.81%	16.47%	18.06%	18.86%	19.20%	20.09%	20.47%	19.66%	19.72%	19.06%	19.45%	20%

数据来源：欧盟统计局（Eurosts）、中国统计局、中国海关数据库。

表 2　中欧盟贸易产品分类交易额及占欧盟进出口总额的比重

（单位：百万欧元、%）

食品、饮料、烟草（SITC0 +1）	**2002**	**2003**	**2004**	**2005**	**2006**	**2007**	**2008**	**2009**	**2010**	**2011**	**2012**	**2013**
出口	465	531	626	797	885	1190	1322	1544	2237	3334	4362	4918
进口	1514	1679	1825	2275	2817	3374	3566	3323	4030	4465	4347	4351
进出口差额	1050	1148	1199	1478	1932	2184	2243	1779	1793	1131	15	566
进口比重	2.6	2.9	3.1	3.6	4.2	4.5	4.4	4.5	5	4.9	4.7	4.7
出口比重	0.9	1.1	1.3	1.5	1.5	1.9	1.9	2.5	3	3.8	4.4	4.7
原材料（SITC2 +4）	**2002**	**2003**	**2004**	**2005**	**2006**	**2007**	**2008**	**2009**	**2010**	**2011**	**2012**	**2013**
出口	1337	1659	2304	3305	4912	5332	5265	5751	7690	10 140	10 033	10 048

续表

原材料（SITC2 +4）	2002	2003	2004	2005	2006	2007	2008	2009	2010	2011	2012	2013
进口	1476	1524	1855	2419	2576	2796	2948	1949	2687	3187	2938	2658
进出口差额	139	135	449	886	2337	2535	2317	3802	5004	6953	7095	7390
进口比重	3. 3	3. 6	3. 8	4. 6	4. 1	4	3. 9	4. 1	3. 8	3. 7	3. 6	3. 5
出口比重	7. 3	9. 2	11	14	17. 4	17. 7	16. 4	20. 6	20. 4	22. 5	21. 1	22. 2
化工产品（SITC5）	**2002**	**2003**	**2004**	**2005**	**2006**	**2007**	**2008**	**2009**	**2010**	**2011**	**2012**	**2013**
出口	3309	3762	4450	5183	6072	7408	8353	10 109	12 462	14 815	16 878	17 325
进口	3350	3843	4095	5206	6299	7576	9339	7970	11 043	13 083	13 014	13 128
进出口差额	40	81	355	23	227	168	985	2139	1418	1731	3864	4197
进口比重	4. 2	4. 8	4. 6	5. 4	5. 8	6. 3	7. 5	7. 1	8	8. 4	8	8. 3
出口比重	2. 4	2. 7	2. 9	3. 2	3. 3	3. 8	4. 2	5. 2	5. 4	5. 8	6. 1	6. 3
机器运输设备（SITC7）	**2002**	**2003**	**2004**	**2005**	**2006**	**2007**	**2008**	**2009**	**2010**	**2011**	**2012**	**2013**
出口	22 436	26 382	30 802	31 004	37 835	42 643	46 605	48 301	69 614	82 337	84 217	85 581
进口	37 657	48 507	62 837	75 430	94 240	107 979	115 295	101 966	145 452	146 183	146 299	139 251
进出口差额	15 220	22 125	32 035	44 426	56 405	65 336	68 690	53 666	75 838	63 846	62 082	53 670
进口比重	11. 4	14. 8	17. 7	19. 5	22. 8	25. 2	27. 1	28. 9	32. 6	32. 8	32. 3	32. 1

续表

机器运输设备（SITC7）	2002	2003	2004	2005	2006	2007	2008	2009	2010	2011	2012	2013
出口比重	5.6	6.6	7.2	6.6	7.5	7.8	8.2	10.5	12.2	12.7	11.9	12.1
其他制成品（SITC6+8）	2002	2003	2004	2005	2006	2007	2008	2009	2010	2011	2012	2013
出口	6562	8156	9208	10 272	12 423	13 521	14 378	14 740	18 529	22 698	24 853	26 216
进口	45 609	50 012	57 074	74 375	88 733	110 143	115 972	98 866	118 866	126 206	123 528	119 399
进出口差额	39 047	41 856	47 865	64 103	76 310	96 621	101 594	84 126	100 337	103 509	98 675	93 183
进口比重	18.7	21	21.8	25.6	26	28.8	30.9	33.3	32.8	31.4	31.8	31.3
出口比重	2.8	3.7	3.8	3.9	4.3	4.4	4.6	5.7	6	6.5	6.6	6.8

数据来源：欧盟统计局（Eurosts）、中国统计局、中国海关数据库。

表3　欧盟出口产品显性比较优势

欧盟	2004	2005	2006	2007	2008	2009	2010	2011	2012
食品、饮料、烟草	0.7143	0.7317	0.6977	0.6977	0.7143	0.7317	0.7500	0.6818	0.6977
原材料	0.4667	0.4375	0.6667	0.8462	0.8462	0.7857	0.7667	0.8111	0.8538
矿物、润滑剂	1.0273	1.0158	0.9977	0.9933	0.9887	0.9071	0.8941	0.8968	0.9069
化工产品	1.6000	1.7333	1.5900	1.5143	1.4804	1.6887	1.5221	1.4775	1.6400

续表

欧盟	2004	2005	2006	2007	2008	2009	2010	2011	2012
机器和运输设备	1. 7500	1. 9130	2. 0400	2. 0000	2. 0968	1. 8000	1. 8710	1. 7297	1. 8750
其他制成品	1. 0000	1. 0040	1. 0080	1. 0206	1. 0302	0. 9553	0. 9620	0. 9826	0. 9259
其他商品交易	2. 3000	2. 2500	1. 6000	1. 5714	3. 0000	1. 7647	1. 8000	1. 6154	1. 0714

数据来源：Eurostst、中国统计局、中国海关数据库。

表 4　中国出口产品显示性比较优势

	2004	2005	2006	2007	2008	2009	2010	2011	2012
食品、饮料、烟草	0. 2143	0. 1951	0. 1628	0. 1628	0. 2381	0. 3902	0. 4000	0. 2955	0. 3721
原材料	0. 6667	0. 6250	0. 6667	0. 7692	0. 7692	0. 7143	0. 6667	0. 5556	0. 7692
矿物、润滑剂	1. 0000	0. 8696	0. 8000	0. 7407	0. 6452	0. 6667	0. 6452	0. 5405	0. 5000
化工产品	0. 4000	0. 5556	0. 5000	0. 4762	0. 5882	0. 4717	0. 5310	0. 5405	0. 6000
机器和运输设备	0. 3273	0. 4429	0. 6682	0. 7607	0. 8658	0. 9605	1. 0466	1. 1215	1. 2173
其他制成品	1. 7117	1. 846	2. 321	2. 521	2. 31	1. 9163	1. 9127	1. 9435	1. 9720
其他商品交易	0. 1900	0. 1750	0. 1533	0. 1286	0. 1091	0. 0765	0. 0000	0. 0462	0. 0000

数据来源：Eurostst、中国统计局、中国海关数据库。

如表3所示，欧盟出口产品具有的比较优势集中在机器设备和化工产品，比较优势指数在1.4~2之间，说明欧盟在资本和技术密集型产品上具有较强的出口比较优势。而在食品、原材料、矿物等初级产品上，欧盟出口比较优势指数偏低，均小于0.8，说明欧盟在初级产品比较优势偏弱，甚至劳动密集型产品的比较优势指数都接近1。

中国的出口产品比较优势指数与欧盟相比，在劳动密集型产品上具有强的比较优势，如表4所示，比较优势指数接近2，2004年超过2，2005年超过2.5，劳动密集型产品具有强的比较优势。然而自2009年起，比较优势指数低于2，有逐渐下降的趋势。而机器设备化工产品的比较优势指数逐渐变大，说明我国自2008年经济危机后，出口结构逐步调整，随着劳动力成本逐渐上升，全球生产格局变化调整，我国劳动密集型产品优势在减弱。但资本和技术密集型产品出口比较优势指数逐渐增大的趋势，进一步论证了出口产品学习效应，中国在参与全球化竞争中，技术外溢效应提升了出口产品要素的技术和资本密集度。

表3、4对比分析说明：欧盟在资本和技术密集型产品具有比较优势，中国在劳动密集型产品上具有比较优势，中欧贸易具有互补性特征，而初级产品双方的优势指数均偏低，说明双方在初级产品出口上也许存在竞争关系。进一步分析双方贸易互补性程度，计算出中欧贸易的互补性指数，如表5所示。

表5　中欧贸易互补性指数

年份	2004	2005	2006	2007	2008	2009	2010	2011	2012
中国出口欧盟的贸易互补性	0.8834	0.8745	0.8857	0.9012	0.9121	0.9240	0.9287	0.9451	0.9601
欧盟出口中国的贸易互补性	0.9345	0.8846	0.8913	0.8972	0.9046	0.9275	0.9301	0.9376	0.9412

数据来源：Eurostst、中国统计局、中国海关数据库。

表5 的数据表明：欧盟和中国双边贸易互补程度较高，双方的互补指数都高达0.9 左右，接近1，而且互补指数有不断上升的趋势。随着贸易自由化和中欧自由贸易协定的签署，双方的贸易互补依赖程度逐渐增强。中国是欧盟第一大贸易伙伴，双方在资源禀赋、产业结构和消费需求等方面都有很强的互补性。

中欧双方的贸易形式主要是以垂直性行业间贸易为主还是产业内贸易为主，可以通过根据产业内贸易指数公式计算出的中欧双方产业内贸易指数来显示。如表6 所示。

表6　中欧产业内贸易综合指数

年份	2004	2005	2006	2007	2008	2009	2010	2011	2012
食品、饮料、烟草	0.636	0.64	0.611	0.631	0.75	0.752	0.761	0.80	0.87
原材料	0.612	0.684	0.691	0.697	0.704	0.727	0.73	0.84	0.843
矿物、润滑剂	0.634	0.658	0.682	0.685	0.678	0.688	0.716	0.731	0.725
化工产品	0.781	0.792	0.81	0.821	0.836	0.852	0.863	0.877	0.884
机器和运输设备	0.846	0.848	0.852	0.862	0.868	0.872	0.892	0.9	0.912
其他制成品	0.581	0.612	0.643	0.652	0.642	0.653	0.661	0.672	0.683

数据来源：Eurostst、中国统计局、中国海关数据库。

表6 的数据表明：资本密集型产品产业内贸易比重偏高，高达0.9 左右，劳动密集型产品产业内贸易指数中等，在0.5 和0.6 之间，初级产品产业内贸易指数在0.7 和0.8 左右，比较高。而产业内贸易指数最高的（如化工和机器设备）指数继续扩大的趋势说明我国参与全球化生产程度逐步提高，成为全球价值链生产上重要的生产环节，体现出技术、设备和机器等产业层级差异。由于产品差异包括产品外观和质量，导致中欧产业内贸易指数在初级、劳动和资本及技术密集型产品的产业内

贸易指数普遍偏高。

表 7　中欧贸易强度指数

年份	2004	2005	2006	2007	2008	2009	2010	2011	2012
中欧贸易强度	0.16	0.15	0.19	1.1	1.2	1.21	1.3	1.35	1.42

数据来源：Eurostst、中国统计局、中国海关数据库。

如表 7 所示，中欧贸易强度指数自 2007 年起超过 1，说明中欧贸易关系日益密切，到 2012 年高达 1.42，更加证明中欧贸易关系互补性高。数据进一步证明欧盟是中国第一伙伴国的重要贸易地位。

中欧贸易的竞争性分析可以用产品竞争指数和出口相似度指数进行论证，如下，参见表 8 与表 9。

表 8　中欧出口产品竞争性指数

年份	2004	2005	2006	2007	2008	2009	2010	2011	2012
食品、饮料、烟草	0.716	0.74	0.824	0.831	0.846	0.853	0.864	0.87	0.88
原材料	0.712	0.88	0.89	0.897	0.904	0.927	0.90	0.92	0.943
矿物、润滑剂	0.434	0.458	0.482	0.418	0.434	0.44	0.416	0.431	0.425
化工产品	0.28	0.29	0.40	0.42	0.432	0.451	0.463	0.443	0.462
机器和运输设备	-0.546	-0.543	-0.531	-0.51	-0.478	-0.462	-0.431	-0.421	-0.364
其他制成品	-0.742	-0.771	-0.783	-0.811	-0.814	-0.821	-0.823	-0.831	-0.852

数据来源：Eurostst、中国统计局、中国海关数据库。

如表 8 所示，中国和欧盟国家的竞争主要集中在食品、原材料等初级产品，其指数接近 1，说明竞争程度较高；而机器和运输设备互补性较高，因此竞争指数为负，接近 -1，说明竞争程度偏低。同理，劳动密集型产品的竞争程度也不高，竞争指数接近 -1。表 8 中欧贸易竞争指数进一步验证中欧双边贸易的特点：中国出口欧盟以劳动密集型产品为主，从欧盟主要进口资本和技术密集型产品。因此，在国际市场上初级产品的贸易竞争指数接近1，资本和技术密集型产品以及劳动密集型产品竞争指数接近-1。这与中欧贸易实证一致，符合国际贸易要素禀赋和比较优势理论。

表9　中欧贸易出口相似度指数

年份	2004	2005	2006	2007	2008	2009	2010	2011	2012
中欧出口相似度指数	16.94	17.15	16.79	17.21	17.32	17.45	17.52	18.12	18.14
中美出口相似度指数	32.05	32.77	34.07	34.32	34.13	34.77	34.83	35.01	35.12

数据来源：Eurostst、中国统计局、中国海关数据库。

为了进一步研究中欧贸易关系的竞争程度，本文选择中美贸易作为参照，表9中比较中欧和中美出口相似指数发现：2004年以后，中欧和中美的相似度指数都在逐年上升，但中美的出口相似度指数明显高于中欧，中欧出口相似度指数在17.5左右，美国出口相似度指数高达34左右。这说明在世界市场上中欧贸易竞争性偏低，中美竞争程度更高。随着中国产业结构调整，出口产品技术的升级，中欧出口相似度指数进一步上升，说明中欧贸易竞争程度会逐步加强。但是，目前的数据显示中欧贸易竞争程度偏低。

综合以上计算分析，可以得出结论：当前中欧贸易格局应为互补程度大于竞争程度，贸易强度指数不断上升，说明中欧经贸关系日益紧密。尽管中国不是欧盟第一出口国，但显示性比较优势指数和中欧贸易互补指数都显示中欧经贸关系存在很强的互补性，中国在劳动密集型产品上有很强的比较优势，欧盟在资本和技术密集型产品上具有比较优势。然而，一个不能回避的问题是：随着中国产业结构调整和全球经济一体化发展，中国的产业选择逐渐开始向全球价值链的两端延伸，不仅只是承接加工贸易和出口劳动密集型产品，在资本和技术密集型产品中，其比较优势指数也逐渐上升，向欧盟开始逐渐追逐差距，在数据中也显示，资本、技术密集型产品的产业内贸易指数也是开始逐渐上升。全球化背景下，国际经济贸易格局酝酿深刻变化，中欧关系互补性强，可持续发展潜力大，在很多维度已经超越双边经贸关系，对推动全球治理结构的重建发挥了重要影响。

三、中欧在全球治理领域内竞合格局的变化

强大的综合实力和在创建国际机制过程中的先导作用使欧盟成为战后构建全球治理体系的赢家。"新功能主义"[1]作为一体化理论的重要分支，提出应该从最容易达成共识的技术领域开始合作，在合作的过程中构建心理层面的信心与信任，然后再去拓展更广泛领域的合作。这种思路不仅很好地指导了欧洲经济一体化进程，同时对于研究其他地区的经济一体化建设和构建全球治理体系中的中欧具体问题也有借鉴意义。

全球化背景下，国际经济贸易格局酝酿深刻变化。一方面，美国政府近年来紧锣密鼓地推进经贸跨太平洋伙伴关系协议

〔1〕"功能"、"外溢性"和"超国家"是新功能主义的核心概念。随着新功能主义理论的发展，也有一些学者对这种理论提出了质疑。对新功能主义的批评主要集中在如下几个方面：①经济事务是很难与政治事务截然分开的。经济事务往往与政治事务相联系，很容易受到政治事务的影响。②经济和社会领域中的合作能否扩展和外溢到政治领域是不确定的。政治矛盾的顽固和复杂有时仅靠经济领域的合作是难以打破的。由经济领域向政治领域的渗透往往需要时日，而政治事件对经济合作的影响却是立竿见影。③新功能主义常被批评为具有"精英主义"倾向，它过于强调政治精英人物在一体化中的态度和影响，而容易忽视微观主体对于推动经济一体化的潜移默化的作用。这一点与功能主义理论的局限性有相似之处。

(TPP)[1]和大西洋贸易与投资伙伴关系协定(TTIP)[2]，意在谋求全球治理和经贸规则主导权；另一方面，很多发展中国家也在加紧推进区域一体化进程，如中国—东盟自贸区的升级谈判和中日韩自贸区等。全球经贸规则主导权之争日益激烈。

欧盟的全球治理战略经历了从“发展优先于安全”到“安全是发展的前提”的过程[3]，与新兴国家发展双边伙伴关系是欧盟全球治理战略的重要转折。新兴力量应该参与全球治理机制[4]，中欧关系早已超越双边关系的维度，对推动全球治理进程发挥重要影响。

欧盟是中国第一大贸易伙伴，中国是欧盟仅次于美国的第二大贸易伙伴，中欧之间经济互补性强，关系稳定健康，可持续发展动力强劲。2013 年，中欧双方贸易额是 5591 亿美元，同比增长 2.1%，其中，中国对欧出口 3390 亿美元，增长 1.1%；从欧进口 2201 亿美元，增长 3.7%。2014 年，中国与欧盟贸易依旧呈现了快速发展的良好势头，欧盟是中国累计第四大实际投资来源地。2013 年底，欧盟对华累计投资超过 900 亿美元；中国对欧盟累计直接投资也已经超过了 350 亿美元。随着中欧全面战略伙伴关系的稳定发展，欧盟全球治理新思路更加重视价值观与现实利益的平衡，力求在新兴力量和大西洋关系的平

---

[1] 跨太平洋伙伴关系协议（Trans-Pacific Partnership Agreement），简称 TPP。

[2] 跨大西洋贸易与投资伙伴关系协定（Transatlantic Trade and Investment Partnership），简称 TTIP。

[3] Jolyon Howorth, “The EU as a Global Actor: Grand Strategy for a Global Grand Bargain?”, *Journal of Common Market Studies*, Vol. 48, No. 3, 2010.

[4] Churruca Cristina, “Criticizing the EU Security Strategy: The EU as a Regional Cooperative Security Provider”, *Revista Electrónica de Estudios Internacionales*, No. 10, 2005.

衡中推动全球治理[1]。

中国与欧盟在改革国际金融与货币体系，致力于全球自由贸易和相互开放投资等方面，也有着广阔的合作空间。中欧之间经济上的相互依存日益明显，中国在欧债危机期间为了稳贸易、稳欧洲、救欧元所做的努力，极大地增进了中欧之间的战略互信。

四、中欧经贸格局发展的政策建议及启示

中欧关系早已超越双边关系的维度，对推动全球治理进程发挥着重要影响。欧盟对中国在全球治理领域内合作的目标亦已发生转变，从最初将中国作为治理的“客体”，纳入其主导的国际治理体系之中，逐渐演变为将中国作为全球治理的主要伙伴，要求中国承担责任，参与全球治理，应对全球挑战。因此，全球治理格局的演进不仅对中欧双边关系产生影响，也会改变双方在全球治理领域内合作的重点与方式，双方在观念与利益竞争加剧的同时，务实与平等合作的机会也相应增加。

（一）建立对话机制

欧盟全球治理新思路的一个重要特征是务实性，对待其“核心利益”的周边地区，通过援助和贸易附加更多的条件。欧盟重视意愿联盟并灵活构建多边机制的方式，对于全球治理和中欧关系同样存在两面性[2]。欧盟一方面重视加强与中国合作，共同应对挑战；另一方面，却又担心中国的利益、观念和主张对其全球治理主张构成挑战。因此，欧盟在政策选择上表

---

〔1〕 Barbara Delcourt and Eric Remacle, “Global Governance: A Challenge for Common Foreign and Security Policy and European Security and Defence Policy”, in Mario Telo (ed.), *The European Union and Global Governance*, Routledge/GARNET Series: Europe in the World, 2009, p. 250.

〔2〕 金玲：“欧盟全球治理新思路及对中欧关系的影响”，载《国际问题研究》2013年第2期。

现为：在加强双边关系的同时，在多边场合更注重构建意愿联盟，向中国施压。中国与欧盟在多边场合的竞争局面将会依据不同的议题有不同程度的加强，需要双方进一步建立对话机制。

（二）加快产业升级，提高自身经济实力

中欧之间的战略伙伴关系的建设，需要双方都付出巨大的努力。这要求中国努力提高自身参与国际贸易事务和制订国际贸易规则的能力，进一步增强自身的经济贸易实力。一直以来，欧盟一直努力通过贸易、援助、制度合作等手段，推动全球不同层次的机制建设，输出规则、规范和观念。中国应该利用欧盟在全球治理路径选择和议程推进中注重其现实利益获得的趋势，加强中欧贸易关系，稳定贸易互补性，扩大我国产业升级，加大从欧盟进口高科技和新兴产业发展所需的先进设备、技术和关键零部件。另外，扩大对欧投资，充分利用欧洲的先进资源促进我国产业升级，利用欧债危机后我国对欧洲投资机会增加的有利时机，重点扩大资源导向型和技术获取型的对外直接投资，鼓励我国企业通过并购等方式获得欧洲制造企业、研发机构、销售渠道和品牌；通过对外直接投资，获取先进理念、制度、技术、管理等要素和成熟的品牌、渠道，利用欧洲的优质资源为我国产业和企业服务。

（三）形成产业内分工，妥善应对国际贸易摩擦

在中欧双方要素禀赋差异逐渐减小背景下，可利用中欧双方巨大市场规模形成产业内分工关系，减少双方产业直接竞争，减少爆发贸易摩擦的可能性。认真研究中欧比较优势，相互扩大贸易和投资准入范围、增加便利化程度，使双方企业在单一产品上通过规模经济降低成本，最终实现在产品层次的错位发展。中欧应联手推动国际经济治理结构改革，中欧在 G20 的作用职能、IMF 职能和投票权分配等问题上进行协调，争取在涉及国际经济治理结构改革的重大问题上相互支持和配合，构建

对双方均有利的国际经济新秩序。

(四) 中欧经贸格局的发展与稳定是诸多因素博弈结果

最后，在探讨中欧贸易结构和全球治理体系的重建时，我们还需要正视诸多复杂因素的作用。正如著名的国际政治经济学家Susan Strange（1990）所言："国际贸易的交换不仅仅是市场力量及其与之相关的供求关系所造成的。恰恰相反，它们是部分经济、部分政治的博弈并相互交织在一起的结果。在这种复杂因素相互交织在一起的博弈过程中，经济是根本无法与政治完全分离的，所以不能简单地判定在这一过程中最大的博弈力量究竟是政治的，还是经济的。"〔1〕

【参考文献】

1. 肖琳："中国与欧盟外交关系的再思考——以中欧全面战略伙伴关系为例"，载《太平洋学报》2014 年第 6 期。

2. 中国社会科学院欧洲所课题组、周弘："反思 2008 年的中欧关系"，载《欧洲研究》2009 年第 3 期。

3. 丁一凡："中欧双方的期待不同成为中欧关系中的不和谐因素"，载《欧洲研究》2009 年第 5 期。

4. 金玲："欧盟全球治理新思路及对中欧关系的影响"，载《国际问题研究》2013 年第 2 期。

5. 王国安、范昌子："中欧贸易互补性研究——基于比较优势理论和产业内贸易理论的实证分析"，载《国际贸易问题》2006 年第 3 期。

6. Jolyon Howorth, "The EU as a Global Actor: Grand Strategy for a Global Grand Bargain?", *Journal of Common Market Studies*, Vol. 48, No. 3, 2010.

〔1〕［英］苏珊·斯特兰奇著，杨宇光等译：《国家与市场：国际政治经济学导论》，经济科学出版社 1990 年版，第 128 页。

7. Barbara Delcourt and Eric Remacle, "Global Governance: A Challenge for Common Foreign and Security Policy and European Security and Defence Policy", in Mario Telo (ed.), *The European Union and Global Governance*, Routledge/GARNET Series: Europe in the World, 2009, p. 250.

8. Churruca Cristina, "Criticizing the EU Security Strategy: The EU as a Regional Cooperative Security Provider", *Revista Electrónica de Estudios Internacionales*, No. 10, 2005.

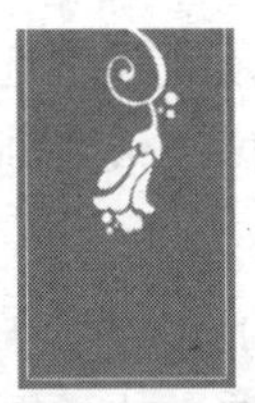

新丝绸之路经济带开创中欧经贸新格局

——兼论跨亚欧高铁的战略价值

黄卫平[1]　赖明明[2]

一、引言

2013 年 9 月，习近平主席在出访哈萨克斯坦期间，首次提出了建设新丝绸之路经济带的战略构想（以下简称“新丝路战略”）。2014 年 5 月，在亚信峰会上，中国领导人再次倡导加快推进丝绸之路经济带和 21 世纪海上丝绸之路建设。中国重提丝绸之路，显然，并不旨在克隆这条“源自汉、盛于唐”的丝绸之路，而是赋予丝绸之路全新的内涵。从这个视角观察，丝绸之路之于新丝路战略，更多的是象征意义，它准确而形象地表达了中国重视发展与中亚、俄罗斯、伊朗、土耳其乃至欧洲经贸关系的国家战略。在中欧贸易进入了崭新发展时期的今日，新丝路战略既是中欧经贸往来从量变到质变的一个飞跃，也是激活持续几千年“中国向西，欧洲向东”欧亚梦的构想，它一

[1] 黄卫平，中国人民大学经济学院教授，世界经济研究中心主任，让·莫内讲席教授。

[2] 赖明明，中国人民大学经济学院博士，汕头大学长江新闻与传播学院副教授。

方面是中国与欧洲实现双赢的战略选择，另一方面是中欧与中亚地区、海湾与阿拉伯地区、俄罗斯、伊朗、土耳其实现多边共赢的战略选择。

公元前138年与公元前119年，张骞受命于汉武帝两度出使西域拓展丝绸之路。人们常说的丝绸之路，通常是指向西延伸的陆上丝绸之路，即：西汉时张骞和东汉时班超出使西域开辟的以长安（今西安）、洛阳为起点，经甘肃、新疆，到中亚、西亚，并联结地中海各国的陆上通道。这条商路总长大约7000公里，以丝绸制品与贸易为主，故名丝绸之路。广义的丝绸之路，除了这条西北陆上丝绸之路，还包括南方陆上丝绸之路与海上丝绸之路。南方陆上丝绸之路也称蜀身毒道，是指中国古代的一条从四川成都出发、经贵州和云南、进入缅甸和泰国、最终达到印度的通商孔道。其总长约2000公里，是中国最古老的国际通道之一。海上丝绸之路是指古代中国与外国交通贸易和文化交往的海上通道。海上丝绸之路繁荣于宋元时期。丝绸之路一词最早来自于德国地理学家费迪南·冯·李希霍芬1877年出版的《中国》。

本文论及的新丝路，特指西向的陆上丝绸之路，本文将新丝路战略与中欧经贸发展结合起来观察与研究，兼论跨亚欧高铁在这一过程中发挥的作用。

二、文献回顾

鉴于本文从新丝路战略的角度研究中欧经贸发展，文献回顾覆盖中欧经贸与新丝路两个方面。

有关中欧经贸研究的相关文献都关注到这样一个事实，即：中欧经贸保持良好的增长势头，在经贸领域的合作不断加深。但是，双方在知识产权保护、环保、新兴产业等领域分歧有所扩大。20世纪90年代以来，中国一直是欧盟反倾销的主要对象国之一。2013 年以来，中欧贸易摩擦不仅没有下降，反而不断上升。王莉（2013）认为中国与欧盟拥有共同利益，双方都把对方视为重要的贸易伙伴，双边经贸关系的发展呈良好势头，但是，经贸摩擦不断。姚玲（2013）认为欧元主权债务危机对中欧经贸合作的外溢影响将进一步显现。对于中欧进一步加强合作的问题，有的研究已经注意到应该从战略视角审视中欧关系，建议全面提升中欧关系。韩秀云（2013）认为中欧之间的贸易摩擦加剧，提出欧洲应从战略高度认识中欧贸易的重要性，中国应加强在高科技与新兴产业领域与欧洲的合作。牟岚（2014）提出加强与欧盟进行自贸区谈判。李罡（2014）认为中欧关系需要全面升级，提出在经贸、人文社会、科技、金融货币、全球治理五个方面加强合作。

对于新丝路战略的研究，有的从国内区域经济发展的视角进行研究，有的从国际区域经济合作的视角进行研究。本文主要关注后一部分的研究。陈玉荣、汤中超（2014）认为，“丝绸之路经济带”的构建将给沿线国家的经济发展带来新的历史契机，符合相关国家的利益，并指出这一倡议有待补充具体内容。郭田勇、李琼（2014）注意到了新丝路经济带战略对中亚地区的推动，认为这不论对中国还是中亚五国来说，都是一次难得的机遇。白永秀、王颂吉（2014）认为建设丝绸之路经济带不仅有助于加强区域经济合作、促进世界经济发展，还有助于保障战略安全，关注到丝绸之路经济带战略对于地缘政治的影响。冯宗先（2014）不仅将新丝路与中亚，还与欧洲联系起来考虑，建议将新丝路国外路段划分为三个地段，即：中亚地段，南亚地段，中东欧地段以及相关的俄罗斯和西欧、北欧地段。梅兆荣（2013）关注到作为欧盟内中国最大贸易伙伴的德国在中欧关系中的作用与地位，认为中德关系是中欧关系的重中之重。

分析研究如上文献，得出的主要结论是：业已取得良好发展的中欧经贸关系只有站在战略的高度，开辟中欧未来发展的方向，才能走出中欧经贸摩擦的死胡同，新丝路战略有助开创中欧经贸新格局。

三、中欧经贸关系寻找新突破

自2004年中欧建立全面战略伙伴关系以来，经贸往来日趋密切，合作领域不断扩大，欧盟一跃成为中国第一大贸易伙伴，中国也稳居欧盟第二大贸易伙伴地位，中欧贸易已经超越中日、中美贸易，中欧经贸关系成为双边最重要的经贸关系。目前，德、荷、英、法、意是中国在欧盟中最大的五个贸易伙伴，英、德、法、荷位居欧盟投资中国前四位，中欧贸易额不断创历史新高，因此，中欧双边经贸合作的领域与范围不断向纵深发展、从经贸合作向全面合作推进是有基础的。

图1显示，中欧贸易在2004～2007年期间拾级而上，于2008年达到阶段性高峰。由于2008年全球金融海啸冲击，中欧贸易在2009年出现滑坡，其后再度回复增长，2013年，中欧贸易额高达72997亿美元。欧盟一跃成为中国第一大贸易伙伴。

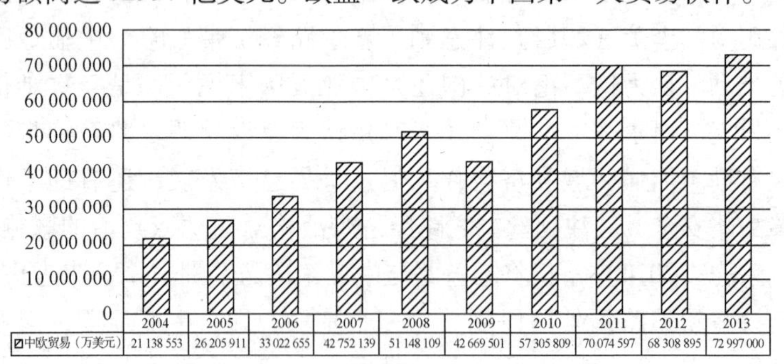

图1　中欧贸易额（2004～2013）

单位：万美元。

数据来源：国家统计局。

图 2 显示，中欧贸易与中美贸易有同步增减的特点，但是，中欧贸易额一直超越中美贸易额。2008 年以来，中欧贸易额占中国进出口总额的比重平均为 19%，中美贸易额占中国进出口总额的比重平均为 13%。两者差距是 6%。

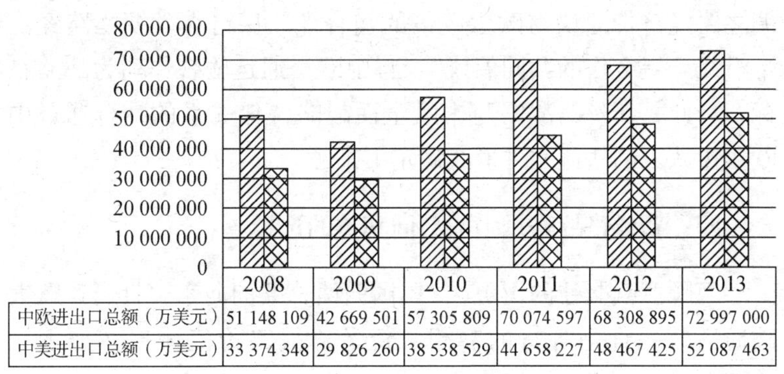

	2008	2009	2010	2011	2012	2013
中欧进出口总额（万美元）	51 148 109	42 669 501	57 305 809	70 074 597	68 308 895	72 997 000
中美进出口总额（万美元）	33 374 348	29 826 260	38 538 529	44 658 227	48 467 425	52 087 463

图 2　中欧与中美贸易额比较（2008～2013）

单位：万美元。

数据来源：国家统计局。

综上所述，中欧贸易额已经具有相当大的规模，中欧经贸往来已经步入了成熟与稳定发展阶段，中欧具备了携手规划未来合作与发展的条件。

随着欧洲逐步走出主权债务危机，十八届三中全会确定全面深化改革的战略目标，中欧双方都认识到进一步加强全面合作、寻找新的增长点的重要性。一个强大的欧洲有利于中国的发展，一个强大的中国同样有利于欧洲的发展。

正是在这样的背景下，应欧洲理事会主席赫尔曼·范龙佩和欧盟委员会主席若泽·曼努埃尔·巴罗佐的邀请，习近平主席于 2014 年 3 月 31 日至 4 月 1 日对布鲁塞尔欧盟总部进行访问。中欧共同发表了《关于深化互利共赢的中欧全面战略伙伴关系的联合声明》，声明表示中欧肩负着继续拉动世界经济增长、实现共同繁荣的重要责任，强调共同维护开放型世界经济，反对保护主义，推动从经贸合作入手的全面合作，中欧双方一致同意共同打造未来十年和平、增长、改革、文明的伙伴关系。

该声明的其中一个亮点是确定“双方决定共同挖掘中国丝绸之路经济带倡议与欧盟政策的契合点，探讨在丝绸之路经济带沿线开展合作的共同倡议”，将中欧交通运输合作列为战略目标。自此，新丝路战略与中欧全面战略伙伴关系的结合通过中欧双边认可的法律文件形式确定下来了。

四、新丝路战略是中欧共同利益的选择

回顾亚欧交往的历史，“中国向西，欧洲向东，打通亚欧大陆通道”一直是各自的梦想。新丝路战略价值体现在如下三方面：

第一，新丝路战略符合中欧共同利益。对于中国而言，丝绸之路意味着繁荣、稳定、文明、进步。自张骞通西域以来，通过丝绸之路，中国的凿井、冶铁等技术传到西方；中亚的葡萄、黄瓜、胡萝卜、大蒜等农作物，罗马的毛织品、玻璃等手工业品和杂技以及印度的宗教传入中国。丝绸之路不仅是中国联系西域、中亚的重要商道，也是整个古代中外经济及文化交流的国际通道，丝绸之路推动了中西的贸易、文化、人员往来。国力盛衰与丝绸之路的兴衰成正向关系。汉唐盛世，丝绸之路驼铃喧嚣；在乱世及羸弱年代，丝绸之路鞍马罕见。对于欧洲而言，寻找通向东方的道路一直是欧洲人的梦想。15 世纪横跨欧亚的奥斯曼帝国控制了欧亚大陆交通线，欧洲才从陆上转向海洋寻找通往东方的通道，自此开启了欧洲的大航海时代。

新丝路战略描述了进一步密切中欧全面战略伙伴关系，加快拓展国际区域经济合作，最终建立亚欧大陆通道的宏伟蓝图。中欧携手推进新丝路战略，打通亚欧陆上交通，基于短期视角

观察，不仅有助于在现有基础上将中欧贸易提升到一个新的台阶，而且有助于推动丝路经济带周边国家的区域合作；基于长期视角观察，新丝路是欧洲复兴、中欧两个古老文明焕发活力的复兴之路，新丝路战略符合中欧及周边国家的共同利益。

第二，新丝路战略是中国全面开放的必然选择。世界贸易组织秘书处的统计数据显示，2013 年中国货物出口额为 2.21 万亿美元，进口额 1.95 万亿美元，进出口总额为 4.16 万亿美元（折合为 25.83 万亿人民币），中国已成为世界第一货物贸易大国。按理中国应该在亚太区域贸易合作及经济一体化进程中扮演主要角色；但是，美国主导的跨太平洋伙伴关系协议（Trans-Pacific Partnership Agreement，TPP）刻意排挤中国。2011 年 11 月 10 日，日本正式决定加入 TPP 谈判，而中国没有被邀请参与 TPP 谈判。

从目前的发展态势分析，即便中国最终被 TPP 吸纳，在美日联手挤压下也较难发挥主导作用，这为中国持续发展的对外贸易增添了不确定因素。因此，在继续对 TPP 采取开放态度的同时，中国提出新丝路战略，推动亚欧大陆的国际区域经济合作，这不仅是冲破美国重返亚太围堵中国的明智决策，也是实现中国从贸易大国到贸易强国，推动全面改革与全方位开放战略的必由之路。中国对外贸易也将随着新丝路所推动的国际区域经济合作的出现而赢来可持续发展的未来。

第三，新丝路战略助推欧洲复兴。新丝路对于欧洲的意义不仅体现在经济上。经过两次世界大战，欧洲的经济被打垮，欧洲的世界霸主地位也随之被美国取代，欧洲国家沦为美国的陪衬。发端于欧洲煤钢联盟、经过欧洲共同体的磨合并最终建立的欧盟承载着欧洲复兴之梦，并非一帆风顺。1991 年 12 月，欧洲共同体马斯特里赫特首脑会议通过《欧洲联盟条约》，通称《马斯特里赫特条约》（以下简称《马约》）。1993 年 11 月 1 日，

《马约》正式生效，欧盟正式诞生。1999 年 1 月 1 日，欧元正式诞生。也即在欧元推出的两个月后，美国牵头打响了科索沃战争，战争从 1999 年 3 月 24 日至 6 月 10 日持续 78 天。这场发生在欧洲境内的战争使得欧元兑美元大幅度下跌，也让意欲减少美元外储转向欧元的国家抱着观望态度。2008 年，在发端于华尔街的全球金融海啸冲击下，美国第四大投资银行雷曼兄弟按照美国公司破产法案的相关规定，于 2008 年 9 月 15 日提交了破产申请，成为美国有史以来倒闭的最大跨国金融公司。对于美国为何要救美资为主的房贷美、房利美而不救以欧洲资金，尤其是德国资金为主的雷曼兄弟，其实，欧洲人是有难言之隐的。

所有迹象显示，与当今世界霸主美国携手的欧洲复兴之路是不现实的。欧洲只有开辟一条属于欧洲自己的复兴之路，从战略高度看待与推进中欧合作，才能重振欧洲经济，再铸昔日辉煌。

五、新丝路战略是国际区域经济合作的新尝试

输油管道、跨境高速公路、高铁是新丝路的主要载体，其中，跨亚欧高铁是新丝路的重要标识，发挥着重要的作用。新丝路战略一方面覆盖国际贸易、国际技术合作、国际投资合作、国际区域经济合作等多个领域；另一方面，既有中欧建立跨亚欧大陆区域经济合作的远景，又有中国与中亚五国、伊朗、俄罗斯等建立多边或双边国际区域经济合作的近期目标，最终将形成一个多层次、多模式的国际区域经济合作架构。高铁在新丝路战略所导向的国际区域经济合作扮演着重要的角色。

1. 高铁改变了国际运输格局，促进了所经过区域的资源更有效配置。贯通中欧的新丝路覆盖中亚五国、伊朗、俄罗斯、土耳其，高铁降低了所经过地区的人、财、物的流动成本，通

过高铁的“线”带动区域经济发展的“面”，最终形成新丝路经济带。

第一，从运输角度观察。与海运相比较，陆运的运量少，成本高；陆运在客运方面的优势也被空运所取代。正是由于陆上运输的如上缺陷，使得亚欧大陆桥贸易长期以来发展缓慢。但是，国际运输的这种局面随着高铁技术的发展正在逐步被改变。高铁的速度与运载量突破了陆上运输的发展瓶颈，在国际运输上的竞争优势日渐凸显。高铁在中短途客运与货运上对空运具有替代效应，在长途货运上对海运具有互补效应。此外，全球内陆国家绝大多数位于欧亚大陆，位居亚欧大陆中心区域的中亚五国对陆运的依赖超过其他国家，远离大西洋的东欧国家也希望开辟通往中东与远东的陆上交通运输线，中欧新丝路经济带对高铁运输存在庞大的潜在需求。

第二，从贸易角度观察。形成国际贸易的其中一个原因是地区差异、禀赋差异。联合国开发计划署在一份关于中亚贸易发展的报告中称，中亚五国外贸出口对原材料的依赖性增加，哈萨克斯坦、土库曼斯坦和塔吉克斯坦三国的能源、矿产、棉花和金属已占其出口总额的90%。中国与中亚五国在经济结构与对外贸易商品结构上具有较强的互补性，中国的纺织、服装、轻工品与电子产品在中亚具有较强的竞争力，中亚五国能源出口中，中国是运输成本最低、规模效应最大的选择。中国与中亚五国乃至新丝路所经过的伊朗、俄罗斯等国在产业结构、商品结构、贸易结构上都存在着互补性，因此，通过国际区域合作推动相互之间的贸易有利于各方的利益。

2. 中国高铁向境外延伸已经具备条件，贸易互补奠定了国际区域合作的基础。

第一，中国高铁的技术成熟，具备向境外规模发展与投资的条件。中国高铁自2005年开始大规模引进并自主开发，中国高铁技术吸收了法国阿尔斯通公司、德国西门子公司、加拿大庞巴迪公司和日本川崎的技术，自主研制出时速超过 350 千米的高速列车，高铁代表着中国的高科技实力与经济实力。中国在高铁领域的科技优势与生产实力处于世界领先地位，中国申请的高铁技术专利已经达到了 2000 件以上。在中国高速铁路技术专利申请中，中国的申请占据 70%，其后依次为日本、美国、欧洲，分别占到了 13%、8%、7%。除此之外，中国高铁之所以在国际上具有竞争力，主要还是因为中国高铁是高科技与实用性的结合。中国高铁的特点是速度快、运行稳定、成本相对较低。2014 年 7 月，世界银行驻中国代表处在一份关于中国高铁建设成本的报告中指出，中国高铁的加权平均单位成本是：时速 350 公里的项目为 1.29 亿元/公里；时速 250 公里的项目是 0.87 亿元/公里，这远远低于每公里 3 亿元以上的国际高铁建设成本。因此，中国不仅有技术能力，而且有经济实力将高铁修到国外。

第二，中国与中亚五国经贸往来密切，奠定了以高铁为纽带的区域经济合作基础。中欧携手共建贯通亚欧大陆的交通动脉——新丝路的第一步是中国打通与中亚五国的经贸通道，中亚五国成为新丝路战略迈出国门的关键。中亚五国包括哈萨克、吉尔吉斯、塔吉克、乌兹别克和土库曼。1992 年，中国与中亚五国建交之初，双方贸易额仅为 4.6 亿美元，而 2012 年这一数字达到 459.4 亿美元。目前，中国已成为哈萨克斯坦、土库曼斯坦的第一大贸易伙伴，乌兹别克斯坦、吉尔吉斯斯坦的第二大贸易伙伴，塔吉克斯坦的第三大贸易伙伴。

目前，一个连接中国西部与中亚国家的高速铁路网在计划筹建中，最终会与欧洲铁路网连接。建成后的高铁客运速度高达 300 公里/小时，货运速度高达 200 公里/小时，将把中国的乌鲁木齐与中亚的哈萨克斯坦、乌兹别克斯坦和土库曼斯坦等国

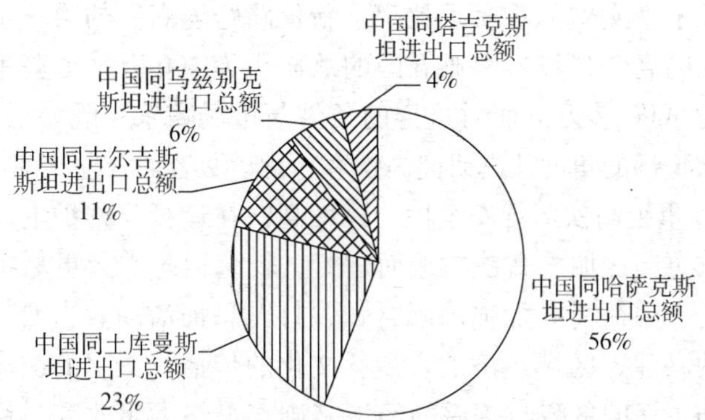

图 3　中亚五国在与中国进出口贸易中各自所占份额（2012）

数据来源：国家统计局。

连接起来。另外，中国与伊朗、巴基斯坦就铺设高铁线正在商谈中。

六、跨境高铁的 SWOT 分析

运用 SWOT 模型对跨亚欧高铁进行分析研究的结论是：跨亚欧高铁的风险与机会并存，有必要关注如下几类问题。

1. 关注高铁投入与产出。从短期角度看，跨境高铁建设短期投入大、收入小，需要协调不同国家的意见以及统一高铁的技术标准，沿线国家的铁路轨距是否相同，货物运输是否安全，边检手续是否便捷，这不仅涉及硬件的对接问题，而且需要政策的配合与软件的支持，因而使得高铁建设前期工作的难度增加。但是，从一个较长的时期看，高铁所带来的直接经济效益与间接的文化、发展效应是确定且明显的。正确处理跨境高铁建设短期与长期的关系，通过科学调研确定跨境高铁建设方案是关键，一方面可以避免由于跨境高铁建设存在难度而放弃发展，另一方面也能够避免由于预期高铁建设能够带来稳定的效益而盲目大规模投入。

2. 把握好高铁客货运比率。新丝路跨境高铁的第一步是中亚五国的高铁建设。中亚五国的总面积为400万平方公里，总人口为5000多万。面对这样的条件与市场需求，既要从当下，也要从长远的角度认真研究高铁客、货运两者的合理比率。

3. 重视高铁运行安全性。跨境高铁在运行与维护上对安全性要求更高；加之高铁在地面运行，较海运与空运更易招致恐怖袭击，因而需要加强国际合作、打击恐怖活动。当然，随着高铁的兴建，区域经济的发展，文化的传播，文明的交流，滋生恐怖主义的贫穷与落后的经济基础将最终发生改变，目前的问题是如何完成在这一转变的过程中，保障高铁安全运行。

表　跨亚欧高铁SWOT分析法

内部能力 / 外部因素	优势 STRENGTH	劣势 WEAKNESS
	1. 技术含量高。 2. 运行稳定。 3. 成本优势。	1. 高铁投入不低。 2. 协调不同国家态度。 3. 高铁运行对管理要求高。
机会 OPPORTUNITIES	优势与机会 SO	面对机会克服逆势 WO
1. 亚欧大陆经济发展对高铁有需求。 2. 欧洲、中亚与中国经贸合作关系助推高铁。	1. 提升中欧合作层次。 2. 建立亚欧区域经济合作。	1. 加强跨国协调与合作。 2. 分阶段投入与建设。
风险 THREATS	ST	WT
1. 安全运行风险。 2. 恐怖袭击风险。	1. 通过高铁带动区域合作。 2. 致力于消除贫困与愚昧。	1. 培训高铁管理人才。 2. 国际合作打击恐怖活动。

备注：表格中的斜体字为对策与建议。

七、结论

本文经过分析研究，得出以下结论：

第一，中欧经贸发展到目前阶段需要有一个新的突破，从经济、历史、文化、地缘政治、全球格局的综合视角观察，新丝路战略顺应中欧经贸发展大趋势，符合中欧双方的根本利益；新丝路战略是中国致力于发展与亚欧经贸往来的国家战略，充分体现了中国重视将中欧全面战略伙伴关系提升到一个更高的合作层次。从这个角度理解，新丝路战略不仅是中国的发展战略，而且是符合相关国家的国际区域经济合作战略，这种“以线带面”通过新丝路建设带动丝路经济带的发展模式，战略价值早已超越了经济层面，它对提升中欧合作水平、建立国际经济新秩序、撬动世界格局都具有不可低估的作用。

第二，高铁在新丝路战略中扮演着重要的角色。高铁的速度拉近了中欧陆上运输的距离，改变了所经过国家与地区之间人员、物质的流动模式，从而极大地提高了人、财、物的流动效率，降低了资源配置的成本，必将带来一轮新的投资热潮，推动经济发展。同时，跨亚欧高铁开启了中国对外投资与合作的新模式，将高铁延伸到境外也体现了中国愿意与其他国家分享高铁成果与精诚合作的精神，这有助于拓展中国对外投资的新领域，推动中国与高铁所经过国家的深度合作。

第三，对于跨境高铁的投入、客货运比率、安全性等问题，都应予以高度重视。跨境高铁建设的风险与机会并存。中国新丝路战略与高铁外交需要与相关国家展开合作，通过国际合作在发展中解决相应的问题。

综合上述分析，以高铁为标识的新丝路经济带发展战略，开创了中欧经贸新格局，实现了中欧双赢，也推动了中欧与新丝路经济带周边国家与地区的共赢。

【参考文献】

1. 王莉："中欧经贸关系发展趋势及应对"，载《学术探索》2013年第4期。

2. 姚铃："中欧经贸合作面临严峻考验"，载《中国经贸》2013年第1期。

3. 韩秀云："中欧贸易现状及问题分析"，载《国际贸易》2013年第2期。

4. 牟岚："欧盟贸易政策的发展趋势及对中欧经贸关系的影响"，载《特区经济》2014年第1期。

5. 李罡："中欧关系全面升级"，载《经济》2014年第3期。

6. 陈玉荣、汤中超："经济全球化背景下的'丝绸之路经济带'国际学术研讨会综述"，载《国际问题研究》2014年第1期。

7. 郭田勇、李琼："'新丝绸之路'的经贸金融战略意义"，载《人民论坛·学术前沿》2014年第4期。

8. 冯宗宪："中国向欧亚大陆延伸的战略动脉——丝绸之路经济带的区域、线路划分和功能详解"，载《人民论坛·学术前沿》2014年第4期。

9. 梅兆荣："德国重新崛起之道及其在欧盟及中欧关系中的地位"，载《德国研究》2013年第1期。

中欧再携手，“丝路”谋共赢

——后危机时期中欧经济合作的战略构想

彭　刚〔1〕　任奕嘉〔2〕

2014 年 6 月 27 日 ~28 日，由中国人民大学主办，中国人民大学重阳金融研究院承办的“丝绸之路经济带的建设与未来：12 国智库论坛”在中国人民大学世纪馆隆重开幕。来自中国、俄罗斯、中亚五国、伊朗、阿富汗、巴基斯坦、印度、美国等国家的 40 余名智库学者就“丝绸之路经济带的建设与未来”的诸多议题进行了坦诚而深入的交流和研讨。

无独有偶，就在同一天，由国务院新闻办公室主办，中国社会科学院、中国外文出版社发行事业局、新疆社会科学院共同承办的“丝绸之路经济带国际研讨会”，在距离北京万里之遥的中亚重镇、新疆首府乌鲁木齐隆重举行。来自中国、俄罗斯、印度、哈萨克斯坦、吉尔吉斯斯坦、阿富汗、土耳其、美国等 20 余个国家的百余名专家学者，围绕着“丝绸之路：过去、现在和未来”、“共建丝绸之路经济带，打造互利共赢的利益共同

〔1〕 彭刚，中国人民大学经济学院教授。本文为教育部人文社会科学重点研究基地重大项目《新入盟成员国与欧盟经济整合研究》的阶段性成果之一，项目批准号［05JJDGW011］。

〔2〕 任奕嘉，中国人民大学经济学院博士研究生。

体”等议题进行了深入的交流研讨。

显而易见，这两个以同一主题在祖国的首都和遥远的边陲同时举行的研讨会绝不是一个简单的巧合，而是反映了“开拓新丝路，共建新未来”的宏大战略构想不仅在中国，在中亚，甚至在整个世界范围内都正在引起世人的高度关注。如何抓住这一新的发展契机，在新丝路建设这一命题下，充分发挥自身优势、加强国际合作、开拓世界经济稳健发展的新局面，已经成为世界主要国家所面临的共同挑战，也为在后危机时代进一步提升和深化中欧经贸关系提供了新的契机。

一、“新丝路经济带”，中欧提升和深化经贸合作的新领域

2014 年 3 月 31 日 ~4 月 1 日，中华人民共和国主席习近平应欧洲理事会主席范龙佩和欧盟委员会主席巴罗佐的邀请，访问了欧盟总部。这是中欧建交 40 年以来，中国国家元首的首次访问。中国与欧洲，分别是当今世界上最大的发展中国家和最大的发达国家联合体。建交 40 年来，中欧的经贸合作关系，经风雨，见彩虹：欧盟目前是中国的第一大贸易伙伴和第一大进口市场；而中国则是欧盟的第一大进口市场、第二大贸易伙伴。正如习近平主席在访问中所指出的：经过近 40 年发展，中欧关系已经发展成为相互依存度很高的复合型关系。中欧关系不仅事关中国和欧盟各自的发展，还对世界政治经济格局的发展产生重大影响。中方从战略高度看待和重视欧盟，坚定支持欧洲的一体化建设，愿同欧盟不断扩大和深化全面战略伙伴关系。

习近平主席对欧盟的首次访问是中欧关系史上的里程碑，开拓了中欧关系发展的历史新时期。2013 年 11 月，中欧双方领导人在北京制定的《中欧合作 2020 战略规划》和这次习近平主席访欧后双方发表的《关于深化互利共赢的中欧全面战略伙伴关系的联合声明》，描绘出了中欧关系发展的新蓝图。值得我们

强调的是，中欧在共同构建“新丝绸之路经济带”的战略合作，构成了这一宏伟蓝图中浓墨重彩的神来之笔。《关于深化互利共赢的中欧全面战略伙伴关系的联合声明》第14条指出：“中欧加强交通运输关系潜力巨大，双方决定共同挖掘中国丝绸之路经济带倡议与欧盟政策的契合点，探讨在丝绸之路经济带沿线开展合作的共同倡议。”[1]应该指出的是，尽管中欧经贸合作的关系源远流长，但是双方在官方文件中提出在共同构建新丝绸之路经济带的战略下谋求合作共赢却是开创性的。虽然声明中只是列举了加强交通运输关系潜力巨大，但实际上，新丝绸之路经济带构建所涉及的合作空间非常广阔，开辟了一个拓展与深化中欧经贸关系的新领域。

事实上，所谓的“新丝绸之路”，不仅仅是中国人的战略规划。美国和俄罗斯也在试图通过“新丝绸之路”的战略构想，来实现自己的战略意图。早在2011年7月，美国政府便正式出台了美国版的“新丝绸之路”计划。美国所设计的“新丝绸之路”，试图主导以阿富汗为中心，连接中亚、南亚，建立一个区域性地缘政治与经济框架。美国的这一“新丝绸之路”，并非是指一条“丝绸古道”，其真实意图是要构建一个由美国主导和支持的地域广阔的地区交通和经济的联系网络，从而使中亚、阿富汗、南亚地区形成一个共同的经济市场。显然，美国版的“新丝绸之路”与其重返东亚及亚太战略的最新调整相呼应，形成美国全球战略整合的新指向。但由于美国经营阿富汗的失败，使得美国版“新丝绸之路”的战略规划难以有效实施。美国“新丝绸之路”计划的推行必然加剧美俄两国在中亚、南亚地区的竞争态势。基于苏联在阿富汗战争中的沉痛教训，俄罗斯一贯对美国发动的阿富汗战争持谨慎支持态度；对于美国推行的

〔1〕《关于深化互利共赢的中欧全面战略伙伴关系的联合声明》。

大中亚计划，俄罗斯则以实际行动加以应对。俄罗斯早已提出将中亚、南亚地区与俄罗斯西伯利亚地区经济相融合的区域发展构想，在实践中，不仅紧锣密鼓地推进关税同盟、欧亚经济共同体的建设，还提出了欧亚联盟战略来抗衡美国的计划，从而成就了俄罗斯版的“新丝绸之路”规划。

随着中国“新丝绸之路经济带”战略构想的提出，这个极富中国特色，又充满神奇色彩的宏伟蓝图，不仅对中亚、对亚洲、对丝路沿线，而且对整个世界格局，都将产生重大的影响。“新丝绸之路经济带”东牵亚太经济圈，西系欧洲经济圈，辐射40余个国家，波及30亿以上的人口，是世界上最长、最具有发展潜力的经济大走廊，其市场规模和潜力独一无二。2013年9月7日，习近平主席在哈萨克斯坦纳扎尔巴耶夫大学发表演讲时提出：为了使欧亚各国经济联系更加紧密、相互合作更加深入、发展空间更加广阔，可以用创新的合作模式，共同建设“丝绸之路经济带”，以点带面，从线到片，逐步构建跨区域大合作格局。相形之下，欧盟如何在“新丝绸之路经济带”的构建中，寻找到区域经济一体化发展和新丝绸之路经济带建设的契合点，开辟中欧经济合作的新领域，探索中欧经济合作的新模式，就成为在新的历史时期拓展和深化中欧经贸关系的重大课题。

二、“新丝路经济带”，欧盟走出危机、复苏经济的新契机

由美国次贷危机所引发的欧洲主权债务危机自2009年爆发以来，一波三折，旷日持久，范围巨大，影响深远。不仅对欧盟经济造成伤筋动骨之痛，而且对中欧经贸关系和中国经济发展也造成严重的伤害。尽管近期以来，欧盟经济正在摆脱欧债危机的阴影，进入缓慢的复苏过程，然而毕竟是久病初愈，难抵风寒。据欧盟委员会最新发表的经济预测报告称，2014年，

欧盟经济有望继续保持缓慢复苏势头，欧盟和欧元区经济增长率分别可达1.9%和1.1%。报告指出，近两年来，随着国际竞争力的增强和出口部门活力的恢复，欧盟成员国经常项目收支持续改善，净出口增长对欧盟经济复苏作出了重大贡献。但与此同时，随着全球经济增长结构发生变化，外部环境变得更具挑战，净出口增长难以持续成为拉动欧盟经济增长的主要动力。在此情况下，欧盟必须更多地依靠内需拉动经济增长。然而，欧盟内需将会受到失业状况恶化以及财政整顿等因素的制约。欧盟和欧元区在2014年的失业率预计分别为11%和12.2%。失业率居高不下意味着欧盟消费者整体收入的下降和消费信心的严重受挫，将直接影响到欧盟市场的消费需求。正因为此，国际货币基金组织（IMF）于2014年7月14日发布的一份定期报告警告称：出现任何新的冲击都有可能导致欧元区经济的复苏进程戛然而止，并破坏正在改善的市场信心。

从现实来看，正在复苏的泥沼中艰难跋涉的欧盟经济也的确面临着众多新的问题和挑战。近期欧洲银行业问题频发，奥地利最大的银行——奥地利第一储蓄银行旗下的匈牙利和罗马尼亚等东欧业务部门需要大幅提高贷款损失准备金；法国巴黎银行和德国商业银行也遭遇美国的高额罚金；尤其是奥地利和葡萄牙银行危机的爆发，再次给欧洲市场敲响了“警钟”。目前，欧洲银行业相对于全球银行业的市盈率跌至一年来最低。外媒分析认为，奥地利和葡萄牙事件引发欧洲股市“抛售潮”，欧洲银行股频遭抛售又使得现今欧洲银行业处境艰难。随着股票收益的下跌，投资逃离欧洲债市必定导致融资成本上升，从而为欧债危机的死灰复燃埋伏下隐患，欧元区依然处于金融动荡的多事之秋。脆弱的金融体系难以为实体经济提供必需和有效的服务，影响了实体经济复苏进程。2014年5月和6月，欧元区通胀率再度下滑至0.5%，远不及欧洲央行略低于2%的目标，依然面临着严峻的通缩风险。实体经济仍然萎靡不振，部分国家产业空心化严重。[1]

欧债危机不仅使欧盟的经济稳定与发展遭遇到重大挫折，对于中国经济也造成了深刻的影响。自2004年，欧盟就一直是中国最大的贸易伙伴，2007年则超过美国成为中国最大的出口市场，出口额占中国对外出口总额的20%以上。因此，随着欧盟经济体在债务危机的拖累下复苏疲软，中国对其出口必然受到影响，并由此导致中国经济增长乏力。统计数据表明，如果欧美经济保持危机之前的水平。中国的出口可以以15%以上的年增长率增长。若按照2011年和2012年中国的出口额计算，欧债危机可能导致中国的GDP增长下滑至少两个百分点。更为重要的是，中国经济目前正处于转变发展方式、结构转型、提质增效的关键时期。即使欧盟市场强劲如故，那种传统的以高耗能、高污染、高劳动密集而科技含量低、附加值低为特征的贸易模式也难以为继了。展望后危机时期，中欧经贸关系的发展必须要寻找和开拓新的合作领域。而“新丝绸之路经济带”的战略构想集天时地利人和，使中欧在这条商贾古道上不期而遇，千载难逢，一遇如故！

三、“新丝路经济带”，后危机时期中欧合作共赢的广阔天地

如前所述，欧盟经济后危机时期的到来，和中国“新丝绸之路经济带”战略部署的启动，为拓展和深化中欧经贸关系提供了新的契机。欧盟作为中国第一大贸易伙伴国，两国的经贸往来关系密切，意义重大，影响深远。中欧如果能够丝路再携手，古道谋共赢，不仅对中欧双方，而且对亚、欧乃至整个世界经济的复苏与稳定都将发挥重要的作用。

---

〔1〕 参见包蕴涵：“欧债阴霾未散，欧洲仍需提振实体经济”，载《中国经济时报》2014年7月23日。

中欧携手新丝路，可以在三个层面展开合作，惠及双方，影响世界。

第一个层面是在传统的能源、交通领域，双方发挥各自的比较优势，各尽所长，优势互补，共谋双赢。实际上，中欧在能源、交通领域的务实合作，已经紧锣密鼓、稳健扎实地展开了。应英国首相戴维·卡梅伦邀请，中国总理李克强于 2014 年 6 月 16 日 ~ 19 日对英国进行正式访问并举行两国总理年度会晤。在访问期间，英国石油公司（BP）6 月 17 日和中国海洋石油总公司（CNOOC）签署一项为期 20 年、总值 118 亿英镑的液化天然气供应协议，中英还签署价值约 140 亿英镑（约合人民币 1483 亿元）协议。根据协议，中国将有机会直接参与英国能源和交通基础设施的建设。目前，中国已赢得英国一处核电站的所有权和运营权，还将帮英国建高铁。中国在高铁建设上有着可靠的安全记录。针对高速铁路的联合声明，两国政府表示：“双方同意促进中英两国在铁路领域的实质性合作，包括设计咨询、工程建设、装备供应和设施维护等。”

在两国政府随后发表的联合声明中，英国对中国企业近年来加大赴英投资力度表示肯定，欢迎中国企业继续投资英交通、能源等基础设施领域，尤其是核电、高铁、海上风电和光伏项目。两国政府在联合声明中就在上述领域如何加强和开展合作，都作出了具体的规定。[1]

除了英国以外，继李克强总理 6 月 19 日 ~ 21 日访问希腊以后，习近平主席于 2014 年 7 月 13 日再次亲临希腊，对这个极富情调的地中海古国进行访问。习近平强调指出，中方支持中国企业经营好比雷埃夫斯港项目，积极参与希腊铁路技术改造，使希腊成为中欧合作的重要桥头堡和中转站。中方重视希腊在

〔1〕 参见：《中华人民共和国政府和大不列颠及北爱尔兰联合王国政府联合声明》（2014 年 6 月 17 日伦敦）。

地中海和南欧地区的重要地位，希望中希合作能够带动中国同上述地区国家的合作。希腊总统帕普利亚斯表示，希方愿意继续加强同中方的友好合作，积极参与中方关于建设丝绸之路经济带和21世纪海上丝绸之路的重要倡议，扩大海洋、基础设施建设等领域的合作，欢迎中国公司前来投资。希腊总理萨马拉斯也明确表示，希腊正在走出主权债务危机阴影，对两国合作积极性进一步上升，愿意拓展双方在通信、能源、环境保护、科技创新、现代物流等领域的合作，欢迎中国企业扩大对希腊港口、铁路、机场的投资经营，将希腊作为进入欧洲市场的门户。希方愿意积极促进地中海沿岸国家和欧盟国家同中国的友好合作。

丝绸古道，世事沧桑，斗转星移，驼铃悠扬。在经历了数千年的历史演变之后，中欧双方再一次在这条情系亚欧，通达天下的商贾枢纽上相遇了。中国，扼守在新丝路的开端，欧洲，迎候在新丝路的终点。前面我们所讲述的中欧在交通能源等方面的倾情合作，不过是才发生在刚刚过去的一个月中，中欧顶层在新丝路经济带建设中有关交通、能源合作发展的点点滴滴。然而这些合作项目的成功运作，足以标志着中欧在新丝绸之路经济带建设框架下合作发展历史篇章的庄严前奏已经浑然响起，一幕源远流长的时代大剧已经拉开了序幕。根据中国人民大学学者的估判，新丝绸之路经济带建设的时间跨度大约需要35年，新丝绸之路经济带沿线国家国民生产总值占世界总额的55%左右，拥有世界总人口的大约70%和已探明能源资源的75%左右。中欧的新丝路合作，天高海阔，大有作为。

中国自古就有“要想富，先开路”的历史传统，否则就不会有张骞两次出使西域，郑和七次远航西洋，开拓出远古陆上和海上的丝绸之路。今天，交通运输自然也构成新丝绸之路经济带建设的重头戏。早在1990年，横穿中国大陆东西贯通的第二欧亚大陆桥就正式开通，这条被称之为“新亚欧大陆桥”的铁路由陇海和兰新铁路与哈萨克斯坦铁路接轨，东起连云港，向西经陇海铁路的徐州、商丘、开封、郑州、洛阳、西安、宝鸡、天水等站，兰新铁路的兰州、乌鲁木齐等站，经北疆铁路到达边境阿拉山口进入哈萨克斯坦，经俄罗斯、白俄罗斯、波兰、德国，终止于荷兰鹿特丹港。新亚欧大陆桥是目前亚太经济圈至欧盟最为便捷、性价比最高的通道，几乎辐射了中国东西部所有重要的经济区域。

2011 年 3 月，以重庆为起点的第三欧亚大陆桥“渝新欧”正式开通运营。“渝新欧”的开通极大地弥补了第二亚欧大陆桥无法辐射大西南的缺憾。渝新欧铁路经达州、安康、西安、兰州、乌鲁木齐，向西过北疆铁路到达我国边境阿拉山口，进入哈萨克斯坦，再转俄罗斯、白俄罗斯、波兰，至德国的杜伊斯堡，全程11 179公里，不远的将来将直接链接欧盟总部所在国比利时。渝新欧铁路的巨大现实意义正在凸显：一个辐射我国南方及东南亚的大物流圈由此建立起来。目前，从中国南方（如上海、广州）到欧洲，海运一般都要 36 天才能到达，而通过渝新欧铁路，从长三角、珠三角到重庆只需 2 天，从重庆到欧洲仅 12 天，时间大大缩短。而南亚丝绸之路的谋划，将更广泛地辐射西南地区。

2014 年 3 月 29 日，习近平主席来到位于德国西部北威州的杜伊斯堡港参观，目睹了来自中国的满载货物的列车进站。杜伊斯堡港是世界上最大的内河港口和欧洲重要的交通物流枢纽，也是由重庆经新疆跨欧亚直至欧洲的渝新欧国际铁路联运大通道的终点。这趟历时 16 天、行驶上万公里的列车从重庆出发，经过新疆进入中亚，途经哈萨克斯坦、俄罗斯、白俄罗斯、波兰，最终抵达德国的杜伊斯堡，其路线基本与传统的亚欧大陆丝绸之路重叠，而其沿途所经过的地区，便是被我国近年来在战略上高度重视的“丝绸之路经济带”。这条连接中国和欧洲的国际铁路动脉，成为现代版“丝绸之路”的又一个载体及中欧经贸合作广阔前景的象征。

万里丝路，始于足下，在经济全球化已成为不可逆转的客观趋势的今天，新丝绸之路的开通，使中国与欧洲从来没有像今天这样接近，整个中国敞开胸怀拥抱中欧经济合作发展的春天。显然，在后危机时期，新丝路的开通，缩短的不仅是距离，节省的也不仅是时间。在中欧合作，共同构建新丝绸之路经济带的进程中，当然要开拓新领域，包含新内容，这就构成了第二个层面的合作内容。

在经历了数年的金融危机的洗礼之后，无论是欧洲，还是中国，都处在一个经磨历劫、浴后重生的关口。新丝绸之路经济带的建设，绝不仅仅是走出危机后经济的简单复苏或贸易额的数量增长，而是通过利用这一契机，实现经济结构的优化、经济效益的增长与经济质量的提升，中欧的经贸合作要开辟一个历史的新时期。除了传统的贸易往来，在新丝绸之路经济带建设的框架下，中欧之间在发展低碳经济、开发清洁能源、加强金融合作、推进人民币国际化等方面，都有着广阔的合作前景，而所有这些合作，都有益于欧洲在后危机时期的经济复苏和处于经济“新常态”环境中的中国经济的稳健成长。

环境问题从来就是中国经济发展的难隐之痛，在新丝路建设，西部大开发、大发展的关头，这一问题就凸显得更为紧迫。近日，中国、美国、欧盟等 14 个世界贸易组织成员正式启动了世贸组织环境产品协议谈判，旨在实现对环境产品减免关税，推进环境产品的自由贸易。这一谈判将以包含 54 项低能耗、低碳绿色产品的亚太经合组织（APEC）环境产品清单为基础，在世贸组织框架下进一步探讨实现环境产品自由贸易的各种机会，以进一步推进环境保护和可持续发展。而在这个领域，中国和欧盟在包括技术合作、贸易合作、投资合作、金融合作等多个方面都存在着广泛的合作空间。例如，加强清洁生产技术的开发和推广，减少有毒有害原料的使用和有害废弃物的排放等。另一方面，欧盟在低碳经济方面构建的日趋完善的技术性贸易壁垒，如关于生态标签和标识的要求等，增加了中国相关产品的出口成本，有些则明显构成了市场准入障碍。而很多先进的低碳、清洁技术也难以顺利转移，和中国分享。所有这些，都构成了在后危机时代进一步拓展中欧经贸合作的新内容。

金融合作，更是在后危机时期中欧经济合作深度发展的重头戏。在这一合作领域，应该说已经打下了坚实的基础，有了良好的开端。以中英金融合作为例：2012 年 4 月 18 日，伦敦金融城离岸人民币业务中心计划正式启动，其目标是把伦敦打造成人民币业务的“西方中心”，从而扩大人民币在国际贸易和投资中的使用。2013 年 6 月 22 日，英国央行与中国央行签署了规模为 200 亿英镑（2000 亿元人民币）的中英双边本币互换协议，这也是中国和第一个 G7 国家签署的双边本币互换协议。2014 年 6 月 18 日，在中国总理李克强访问英国期间，中国央行发布公告称，决定授权中国建设银行（伦敦）有限公司担任伦敦人民币业务清算银行，这是中国央行首次在亚洲以外的国家（地区）选定人民币清算行。这一系列紧锣密鼓的中英金融合作措施的实施，充分显示出在新的历史发展时期人民币国际化的稳健步伐，这也是进一步开展中欧金融合作的基石。

在新丝绸之路经济带构建中，中欧合作的第三个层面就是在区域经济一体化的建设中，优势互补，共谋双赢。经济全球化与区域经济一体化是当今世界经济发展中两个不可逆转的客观趋势。众所周知，欧盟的经济一体化程度在当今世界上处于前列，而亚洲的经济一体化进程，由于众所周知的原因，历经劫难、举步维艰。然而，在当今激烈的国际竞争中，任何一个国家，尤其是大国，如果没有构建一个以我为主体的区域经济组织，就会处于很被动的地位。中国目前是世界上第二大经济体，而且处于坐二望一的位置，在不久的将来就可以超越美国，成为世界第一大经济体。然而，在区域经济一体化的进程中，中国的处境不容乐观。中国—东盟自由贸易区，虽然号称是世界上规模最大的自贸区，但是其一体化的程度，经济发展的质量，都处于较低的水平。中日韩自贸区的谈判虽已开启，但前景黯淡，遥遥无期。相形之下，中国在这一方面有太多的东西可以向欧盟学习和借鉴。

伴随着欧盟的成功东扩，欧盟不再是同质的发达国家的经济体组合，南北关系的盟内化导致欧盟的组织结构发生了根本性的变化，异质性整合成为欧盟一体化进程所面临的主要任务。区域经济一体化的基础是利益趋同，而经济发展水平的差异又导致了在一体化格局中各方的利益目标难以统一。因此，差异性整合便成了当务之急。差异提供了互补的可能，互补将会促进利益的趋同，整合便成为由此及彼的路径选择。〔1〕然而异质性整合的过程并非是一帆风顺的，非均衡因素的博弈结果往往偏离人们的预期。这次席卷整个欧洲的欧债危机，希腊成了始作俑者，的确有发人深省之处。

在中国新丝绸之路经济带的构建中，所涉及的国家既有中国、印度等典型的发展中大国，也有俄罗斯、中亚五国和东欧等前苏东转轨国家，还有英法德等欧盟的经济发达国家。如何在这个多元的复杂经济体中进行战略规划，操控政策协调，实现利益分配，确实需要和欧盟进行深入的沟通，展开全面的合作。正是通过推进新丝绸之路经济带的建设，使远隔千山万水的中国与欧盟相会交融，合作发展。随着新丝绸之路经济带的

---

〔1〕 参见彭刚、关雪凌："欧盟新入盟成员国经济整合研究"，载《经济管理与经济研究》2008 年第 8 期。

不断推进，新丝路将会像一条金色的纽带，把中国和欧盟，把欧亚两个大陆紧密地联系起来，真诚合作，共谋双赢。

【参考文献】

1. 彭刚、关雪凌主编:《稳健东扩积极整合协调发展——新入盟成员国与欧盟经济整合研究》，中国政法大学出版社 2009 年版。

2. 刘慧:“丝绸之路支撑亚欧大陆经济融合”，载《中国经济时报》2014 年 7 月 1 日。

中国与中东欧十国货物贸易失衡问题研究：2002～2012[1]

尚宇红[2] 景瑞琴[3]

一、引言

2002～2012年，中国与中东欧10国间的货物贸易增速年均高达24.6%[4]，既远高于同期世界货物贸易年均10%的增速，也高于同期中国对外货物贸易年均20%的增速和中东欧10国总体对外货物贸易年均13.7%的增速，但是，与此同时双边贸易也出现了严重的失衡问题：这一期间，中国对中东欧10国的出口总额接近了进口总额的4倍，对个别中东欧国家甚至高达20倍。这已经阻碍了双边贸易的进一步发展，2009年以来双边贸易增速明显放缓，到2012年，中国对中东欧10国的出口总体上已出现了小幅负增长，而且进口增速也大幅放缓。贸易失衡问

---

〔1〕 本文为中央财政支持地方高校发展专项资金建设项目“中东欧研究”（编号：Y13505－08，项目负责人：尚宇红）和上海对外经贸大学“085工程重点学科专业建设”项目（编号：Z085－14404，项目负责人：景瑞琴）阶段性研究成果。

〔2〕 尚宇红，上海对外经贸大学国际经贸学院。

〔3〕 景瑞琴，上海对外经贸大学国际经贸学院。

〔4〕 截至2012年，属于欧盟成员国的中东欧国家有10个，按其英文名字的先后排序分别是：保加利亚、捷克、爱沙尼亚、匈牙利、拉脱维亚、立陶宛、波兰、罗马尼亚、斯洛伐克和斯洛文尼亚。

题也成了双方经贸关系升级和发展战略合作伙伴关系的主要障碍之一，因而对这一问题的研究具有重要的现实意义。

是什么原因造成了双边贸易的严重失衡呢？目前的研究文献还未给出比较合理的解释。本文试图通过实证分析来寻找答案：首先，利用国际贸易标准分类（SITC）对双边货物贸易结构进行剖析，找出双边贸易失衡的来源；其次，利用贸易互补性指标分别就中国制成品出口结构对中东欧10国制成品进口结构的互补性，以及中东欧10国制成品出口结构对中国制成品进口结构的互补性进行定量分析，找出形成双边制成品贸易失衡的原因；最后，有针对性地提出解决中国与中东欧10国贸易不平衡问题的对策。

二、双边贸易增长、失衡及其构成

（一）双边贸易增长与失衡

2002 ~2012 年，中国与中东欧10国的双边贸易增长状况可用表1表示。

表1　2002 ~2012 年中国对中东欧10国货物贸易增速与失衡情况

国家	中国对中东欧10国贸易增速：%				中东欧国家对世界的贸易增速：%			
	总额	出口	进口	出口/进口	总额	出口	进口	出口/进口
保加利亚	31.9	26.9	44.3	3.29	15.8	16.6	15.2	0.72
捷克	24.7	22.9	31.6	3.86	12.3	13.5	11.2	1.04
爱沙尼亚	23.0	24.6	14.2	4.81	14.0	15.4	12.9	0.82
匈牙利	17.4	14.8	30.0	3.66	10.6	11.6	9.6	1.01
拉脱维亚	34.2	34.5	29.4	20.98	16.3	18.7	14.8	0.66
立陶宛	31.6	32.4	22.5	21.08	16.7	18.4	15.4	0.81
波兰	26.4	26.7	24.8	5.58	14.7	16.1	13.4	0.87
罗马尼亚	17.5	22.7	9.6	4.76	15.0	15.4	14.7	0.71
斯洛伐克	46.9	38.7	57.9	1.05	17.6	18.6	16.5	0.98

续表

国家	中国对中东欧10国贸易增速:%				中东欧国家对世界的贸易增速:%			
	总额	出口	进口	出口/进口	总额	出口	进口	出口/进口
斯洛文尼亚	30.7	32.3	24.1	6.52	10.0	10.1	10.0	0.91
10国总体	24.6	23.6	28.1	3.91	13.7	14.7	12.8	0.91

注：表中的中东欧国家排序按其英文国名的字母顺序先后排列。

资料来源：根据UN-comtrade商品贸易统计数据计算而得。

从表1中可以看出：①从总量来看，中国对中东欧10国的贸易增速一致远高于这些国家对全世界的平均水平，平均高出约10个百分点。表明中国与这些国家的贸易关系在此期间得到了快速发展，这是中国和中东欧国家宏观经济快速增长的自然结果，可以由经典的双边贸易引力模型得到合理的解释，即双方的宏观经济增长速度均快于全球平均增速。②在出口方面，中国对中东欧10国的出口增速一致远大于这些国家在全球的进口增速，平均超出约11个百分点，由此2002~2012年间中国在这些国家的市场份额得到了较大幅度的提升。③在进口方面，中国从中东欧10国（除爱沙尼亚和罗马尼亚）的进口增速不但均超过中国从全球进口的20%的增速（平均高出约8个百分点），而且也高于这些国家对全球的出口增速。这些国家在中国的市场份额也因而得到了较大幅度的提升，同时中国市场对这些国家的出口也更加重要了。④在贸易不平衡方面，除斯洛伐克外，中国与中东欧其他国家的双边贸易不平衡度均超出了中东欧10国对全球的贸易失衡水平。2002~2012年，中国对中东欧10国的出口总额比进口总额高达4倍，个别国家（拉脱维亚和立陶宛）这一比例甚至高达20,[1]远远超出了中国对全球的

---

〔1〕 根据这10国的贸易报告数据，2002~2012年从中国的进口额与对中国的出口额比值按表1的国家顺序分别是：5，12，7，5，9，16，10，7，4，12，资料来源同表1。

贸易顺差水平和中东欧10对全球的贸易逆差水平。不过，因为这一期间中国从中东欧10国的进口增速大于出口增速，贸易不平衡有缓解趋势。

（二）双边贸易失衡构成

按照国际贸易标准分类（SITC）一级代码的含义，所有的贸易商品可简单地按其要素禀赋划分为资源密集型产品（$SITC_{0\sim4}$）、劳动密集型产品（$SITC_6$和$SITC_8$）和资本密集型产品（$SITC_{5、7和9}$）三类。据此分类，中国对中东欧10国的贸易结构和顺差来源可用表2表示。

表2　2002 ~2012年中国对中东欧10国的货物贸易结构及顺差来源：%

中国在中东欧的贸易伙伴国	资源密集型产品占比			劳动密集型产品占比			资本密集型产品占比		
	出口	进口	顺差	出口	进口	顺差	出口	进口	顺差
保加利亚	4.3	22.4	-3.6	51.0	58.9	47.6	44.7	18.8	56.0
捷克	1.1	6.1	-0.6	22.4	19.0	23.7	76.4	74.9	77.0
爱沙尼亚	3.5	27.3	-2.8	43.4	17.3	50.3	53.1	55.3	52.5
匈牙利	0.3	1.3	-0.1	23.4	10.7	28.1	76.4	88.0	72.0
拉脱维亚	2.6	53.2	0.1	53.3	13.1	55.3	44.1	33.7	44.6
立陶宛	4.1	42.9	2.2	45.2	40.2	45.5	50.7	16.9	52.4
波兰	4.0	7.4	3.2	48.3	51.1	47.7	47.7	41.5	49.1
罗马尼亚	3.5	22.0	-1.4	58.5	30.2	66.1	37.9	47.8	35.3
斯洛伐克	0.9	0.9	1.3	48.4	5.0	838.5	50.6	94.0	-739.9
斯洛文尼亚	2.6	5.7	2.0	52.6	20.4	58.4	44.8	73.9	39.5
10国总体	2.4	7.3	0.7	39.7	23.5	45.3	57.9	69.2	54.0

资料来源：根据UN-comtrade商品贸易统计数据计算而得。

从表2中可以看出以下三个结论：①中国对中东欧10国三大类产品的进出口比基本上反映了各国的资源禀赋特征：首先，

与中东欧国家相比，中国资源密集型产品相对匮乏，在该类产品上对中东欧10国的进口比重均高于出口比重；其次，中国的劳动力成本较中东欧国家便宜，劳动密集型产品的出口比重均高于进口比重（保加利亚除外）；最后，中国和中东欧国家均属资本净输入国，在资本密集型产品上的进出口比重互有高低。这些特征同时也表明中国和中东欧10国间的贸易以传统的产业间贸易为主，实际上到2012年，中国和中东欧各国的产业内贸易均不足20%（基于国际贸易标准分类3位代码的水平）。②中国与中东欧10国间的双边货物贸易失衡主要来自制成品（即劳动密集型产品和资本密集型产品）之间的贸易不平衡，而在初级产品或者说资源密集型产品方面，双边贸易基本保持了平衡。③在中国与中东欧10国的贸易结构中，中国对斯洛伐克的资本密集型产品出现了大幅贸易逆差，这也是中东欧10国唯一的例外，这主要是斯洛伐克采取了对中国集中出口优势产品策略的结果，这一点下文还会提到。

三、贸易互补性实证分析

（一）贸易互补性指标构建与数据说明

一般认为，如果一国集中出口的产品正好与另一国集中进口的产品一致，那么双边贸易就具有互补性，贸易互补性指标是度量一国对另一国贸易潜力大小的指标（于津平，2003），但其并不对称，如果i国对j国的贸易互补性高于j国对i国的贸易互补性，即说明i国对j国的出口潜力较大，存在贸易优势，继而i国对j国产生贸易顺差就是大概率事件。本研究正是基于这样的逻辑，试图说明如果2002~2012年间中国对中东欧10国的贸易互补性一致高于中东欧10国对中国的贸易互补性，那么就可以将中国对中东欧10国的大幅贸易顺差归因为：中国对中东欧10国较中东欧10国对中国具有更大的贸易潜力。

在目前的国际贸易文献中，贸易互补性的代表性指标有两个：一个是 PetetDrysdale（1967）最早提出的贸易互补性指数（Trade Complementarity index），[1]这一指标用一国的出口比较优势（RCA）与另一国的进口比较劣势（RCA）乘积的加权平均数来表示，取值为 1 时，表示贸易互补性（或贸易潜力）处于世界平均水平，大于 1 时，为较强互补性（吴凤娇，2012）。该指标继于津平（2003）使用之后，在我国双边贸易结构研究领域得到了非常广泛的应用，例如，王国安和范昌子（2006），朱卫新和韩岳峰（2009），杜丽和谢皓（2011），吴凤娇（2012）以及孙致陆和李先德（2013）等。另一个，是 Blázquez-Lidoy 等（2007）提出的贸易潜力（Potential Trade）指标，这一指标用修正的贸易专业化系数（coefficient of specialization）和修正的一致性系数（coefficient of conformity）之简单平均数表示，综合反映了一国出口结构与另一国进口结构的相似程度和相关程度，一些国内学者也把其作为贸易互补性指标来应用，例如，桑百川和李计广（2011）以及武敬云（2011）等。

由于这两个指标在应用中并无明确的优势和一致性，慎重起见，本文实证分析部分将分别利用 PetetDrysdale（1967）和 Blázquez-Lidoy 等（2007）构造的指标来综合评判中国与中东欧 10 国间的贸易互补性，具体公式如下。

1. PetetDrysdale 贸易互补性系数：

$$C_{ij} = \sum_{k} x_w^k \cdot RCA_{ix}^k \cdot RCA_{jm}^k \quad (1)$$

其中，$RCA_{ix}^k = x_i^k / x_w^k$，为 i 国产品 k 的出口比较优势；$RCA_{jm}^k = m_j^k / x_w^k$，为 j 国产品 k 的进口比较劣势；$x_w^k$ 为产品 k 在世界总出口中的比重。

2. Blázquez-Lidoy 贸易互补性系数，这一指标由（修正的）

---

〔1〕 吴凤娇（2012），杜丽和谢皓（2011），具体表达式见下文。

贸易专业化系数和（修正的）贸易一致性系数两部分简单平均而得，具体公式如下：

专业化系数[1]：$CS_m(ij) = 1 - \frac{1}{2}\sum_k |x_i^k - m_j^k|$ (2)

一致系数：$CC_m(ij) = \frac{\sum_k x_i^k \cdot m_j^k}{\sqrt{\sum_k (x_i^k)^2 \cdot \sum_k (m_j^k)^2}}$ (3)

其中，x_i^k表示产品 k 在 i 国出口中的比重；m_j^k表示产品 k 在 j 国进口中的比重。

实证分析中用到的贸易数据均来自联合国商品贸易统计数据库（UN-comtrade），分类标准采用的是国际贸易标准分类的第三版（SITC Rev. 3），并细分到 3 位代码，这主要是考虑到贸易互补的实质是产业间或产业内的互补，目前产业内贸易的计算多细分到 3 位代码。时间从 2002 年开始是因为中国 2001 年底加入了 WTO 组织，贸易制度环境相对统一，截止到 2012 年是因数据的可得性。

（二）实证结果

考虑到 2002～2012 年间中国与中东欧 10 国间的初级产品（SITC0－4）贸易基本平衡，贸易不平衡几乎全部来自制成品（SITC5－9）贸易，实证分析限定在制成品贸易上，这么做也可以减少初级产品贸易对相关性指标的干扰，从而使分析更具合理性。根据以上贸易互补性指标，中国与中东欧 10 国 2002～2012 年制成品（SITC5－9）贸易互补性系数计算结果如表 3 所示。

---

[1] 贸易专业化系数 CS＊m（ij）和 Finger 和 Kreinin（1979）最早提出的贸易相似性指数 ES_{ij} 构造方法完全等价：$ES_{ij} = \sum^k \min\{x_i^k, x_j^k\} = \sum^k \frac{1}{2}[(x_i^k + x_j^k) - |x_i^k - x_j^k|] = 1 - \frac{1}{2}\sum^k |x_i^k - x_j^k| = CS_m(ij)$.

表3　中国与中东欧10国2002～2012年制成品（SITC5－9）贸易互补系数

	贸易互补系数		一致系数		贸易专业化系数	
	C_{ij}	C_{ji}	CC_m（ij）	CC_m（ji）	CS_m（ij）	CS_m（ji）
拉脱维亚	0.96	0.59	0.45	0.23	0.53	0.39
立陶宛	0.97	0.71	0.47	0.23	0.53	0.38
波　兰	0.97	0.65	0.51	0.24	0.57	0.41
捷　克	1.08	0.84	0.47	0.22	0.60	0.49
爱沙尼亚	1.01	0.71	0.43	0.20	0.58	0.39
保加利亚	0.95	0.99	0.42	0.20	0.52	0.37
罗马尼亚	1.02	0.66	0.51	0.23	0.54	0.40
匈牙利	0.98	0.83	0.34	0.18	0.57	0.47
斯洛伐克	1.09	0.68	0.38	0.16	0.59	0.39
斯洛文尼亚	0.94	0.66	0.49	0.20	0.53	0.38

注：表中的i表示中国，j表示中东欧国家。

资料来源：根据公式（1）（2）（3）和UN-comtrade数据计算而得。

从定量分析的角度看，表3中的三个指标没有严格的一致顺序。但从定性分析的角度看，三个指标的度量结果高度一致，在关键属性上可以相互印证，主要表现为以下两点：

一个是2002～2012年间中国对中东欧10国在制成品贸易方面均存在较大优势。除第一个指标中，中国对保加利亚的制成品贸易互补性估计值略小于保加利亚对中国的互补性估计值外，其他结果一致表明：中国制成品出口结构对中东欧10国制成品进口结构的互补性，均在较大程度上高于中东欧10国制成品出口结构对中国制成品进口结构的互补性，即中国对中东欧10国在制成品贸易方面具有一致的结构优势。贸易结构方面的优势代表了其产业结构在世界分工中的优势，也可以说中国制成品产业对中东欧10国的制成品产业构成了较强的补充关系，而中东欧10国的制成品产业对中国制成品产业的补充关系则相对要弱。产业结构在短期内是比较稳定的，因而就容易理解为什么2002~2012年间，中国对中东欧10国会在制成品上出现一致持续的较大贸易顺差了。

另一个是2002~2012年间，中国对中东欧10国制成品贸易的潜力低于世界平均水平。从第一个指标的度量结果看，中国对中东欧10国的制成品贸易互补性基本保持在1左右，与世界平均水平相当，而中东欧10国对中国的制成品贸易互补性大部分小于1，这表明中国对中东欧10国间的制成品贸易潜力并不大，而中东欧10国对中国的制成品贸易潜力则更小。考虑到中国和中东欧10国间的贸易基本集中在制成品上，这一结论又进一步解释了中国对中东欧10国的贸易依存度较低，且中东欧10国对中国的贸易依存度更低的原因。实际上，这一期间中国出口对中东欧10国的市场依赖度不超过0.5，中东欧10国出口对中国的市场依赖度则不足0.15（尚宇红，2013）。

四、解决对策

实证研究结果表明：2002~2012年间，中国对中东欧10国的制成品贸易互补性远大于中东欧10国对中国的制成品贸易互补性，但两者均小于世界平均水平。这一结论说明，在此期间，中国对中东欧10国的制成品贸易具有优势，这也是中国对中东欧10国长期产生较大贸易顺差的主要原因，同时也解释了中国和中东欧10国之间的贸易依存度低于世界平均水平的原因。

综合表2和表3的结论还可以发现：以贸易互补性衡量的中国对中东欧10国制成品贸易的优势大小和贸易不平衡程度并无严格的对应关系，这说明因该种贸易优势而形成贸易顺差的结果是大概率事件，但并非必然结果或充分条件。中国和中东欧 10 国可以采取有效措施来缓解或改善双边的贸易不平衡。

(一) 中东欧 10 国的角度

大部分中东欧国家对中国的出口结构不合理，没有发挥出应有的产品竞争力。中东欧 10 国如果能主动调整对中国的出口结构，对中国的出口更专注于中国进口增长较快的领域，那么这些国家的产品在中国的市场份额将得到提高，进而缓解双边贸易不平衡（尚宇红，2014）。具体来讲，中东欧 10 国对中国出口贸易结构的调整可以采取以下两种对策：

1. 集中增加具有比较优势的制成品出口。在与中国的制成品贸易中，中东欧国家虽然总体处于劣势地位，但可以通过采取有针对性的贸易措施缓解或改善双边贸易不平衡。例如，2002 ~2012 年间斯洛伐克对中国持续集中增加了个人汽车类产品（Motor vehicles for the transport of persons, n. e. s. , SITC – 7812）的出口，2012 年这类产品的出口额已经占到了其对中国出口总额的 81%，这使得近年来中国对中东欧 10 国的贸易中出现了唯一例外的贸易逆差。[1] 再如，保加利亚采用同样的贸易策略，在 2002 ~2012 年间集中增加了对中国的铜合金制品（Copper; anodes; alloys SITC $_{-6821}$）的出口，到 2012 年，这类产品的出口额达到其对中国出口总额的 74%，这一策略使其大大降低了其对中国的贸易不平衡度（贸易不平衡度仅高于斯洛伐克）。而其他 8 个中东欧国家对中国的出口产品相对分散，贸易不平衡度也就相对较大。

2. 增加农产品的出口。中东欧国家农产品品质优良，在大部分农产品上具有较强的竞争力，对中国具有较大的出口潜力。

---

〔1〕 从斯洛伐克在 Uncomtrade 中的报告数据看，2011 ~2012 年斯洛伐克对中国仍旧有较大贸易逆差，但贸易不平衡的幅度远小于其他中东欧 9 国。

中国官方也明确表示愿意扩大从中东欧国家进口优质农产品[1]。中东欧10国应利用双边战略合作的契机，扩大对中国农产品的出口。

（二）中国的角度

中国与中东欧国家的经贸合作日益深入，但目前严重的双边贸易不平衡已妨碍了中国与中东欧10国经贸关系的升级及战略合作关系的发展。因此，从中国的角度来看，应积极采取针对性措施以改善双边贸易不平衡的状况。

1. 增加对中东欧10国的投资，促进产业合作。目前，中东欧国家对中国企业来说具有很大的投资潜力，中国企业一方面可以借助中东欧国家走向整个欧盟市场，另一方面也可以缓解中国部分产能过剩的局面，尤其是在基础建设方面，这也正是中东欧国家目前急需的投资，他们迫切地希望能吸引到中国企业的投资。考虑到投资对贸易的替代效应，通过增加对中东欧10国的投资有望在很大程度上缓解双边贸易失衡问题。同时，还可以增进双方的产业内贸易水平，促进双边经贸关系升级。

2. 对中东欧10国的农产品进口实施特殊的优惠政策。中国大部分农产品对中东欧10国而言处于比较劣势地位。扩大从中东欧10国进口优质农产品的数量在一定程度上可以缓解双边贸易不平衡问题。但同许多国家一样，中国对绝大多数农产品进口实施了配额限制。要扩大从中东欧10国的农产品进口就需要有针对性地实施特殊优惠政策。

总之，解决中国与中东欧10国间的贸易不平衡问题，对中东欧10国来说，关键是调整其出口结构，增加对中国出口具有比较优势的产品，特别是优质农产品和高科技产品，而不是减

---

〔1〕参见吴乐珺、孙天仁："李克强出席中国—中东欧国家领导人会晤——提出深化中国—中东欧合作战略框架发表布加勒斯特纲要"，载《人民日报》2013年11月27日。

少从中国的进口；对于中国而言，则主要是增加对中东欧10国的投资，同时实施贸易优惠政策扩大对中东欧国家优质农产品的进口。这样才能在解决贸易不平衡问题的同时，增加双方的贸易利益，实现合作共赢。

【参考文献】

1. 于津平："中国与东亚主要国家和地区间的比较优势和贸易互补性"，载《世界经济》2003年第5期。

2. 王国安、范昌子："中欧贸易互补性研究——基于比较优势理论和产业内贸易理论的实证分析"，载《国际贸易问题》2006年第3期。

3. 朱卫新、韩岳峰："日本服务贸易模式与中日服务贸易互补性分析"，载《现代日本经济》2009年第2期。

4. 吴凤娇："海峡两岸农产品贸易互补性的动态演化研究：1996 ~2010年"，载《农业经济问题》2012年第11期。

5. 孙致陆、李先德："经济全球化背景下中国与印度农产品贸易发展研究——基于贸易互补性、竞争性和增长潜力的实证分析"，载《国际贸易问题》2013年第12期。

6. 杜莉、谢皓："中美货物贸易互补性强弱及性质的动态变化研究"，载《世界经济研究》2011年第4期。

7. 桑百川、李计广："拓展我国与主要新兴市场国家的贸易关系——基于贸易竞争性与互补性的分析"，载《财贸经济》2011年第10期。

8. 武敬云："中国与南非的经贸关系及发展前景——基于贸易互补性和竞争性的实证分析"，载《国际经济合作》2011年第10期。

9. 尚宇红、高运胜："中国与中东欧10国出口产品竞争力及结构效应研究：2002 ~2011——基于CMSA模型的实证分析"，载《世界经济研究》2014 年第 4 期。

10. 尚宇红、张琳：《中东欧十六国对外货物贸易结构（2001 ~2011）》，上海人民出版社、格致出版社 2013 年版。

11. J. M Finger, M. E. Kreinin, "A Meraure of Export Similarity and its possible Use", *Economic Journal*, No. 89, 1979, pp. 905 ~912.

12. Jorge Blúzquez-Lidoy, javier Rodríguez and Javier Santiso, "Angel or Devil? China's Trade Impact on Latin American Emerging Markets", *OECD Working Paper*, NO. 252, 2007, pp. 46 ~83.

Chinese foreign direct investment in Central and Eastern Europe: an institutional perspective

Agnieszka McCaleb[1] Ágnes Szunomár[2]

1. Introduction

Emerging multinational companies (MNCs) increasingly integrate into the world economy through foreign direct investment (FDI) with Chinese outward FDI being the most spectacular case in terms of rapid growth, geographical diversity and cases of takeovers of established western brands. Chinese firms mainly invest in Asia, Latin America and Africa where they search for markets and natural resources. However, developed economies of Western Europe and the

[1] Agnieszka McCaleb, Research fellow at East Asian Center, World Economy Research Institute of Warsaw School of Economics, Poland, email: agnieszka.mccaleb@doktorant.sgh.waw.pl.

[2] Ágnes Szunomár, Research fellow at Institute of World Economics, Centre for Economic and Regional Studies of the Hungarian Academy of Sciences, Hungary, email: szunomar.agnes@krtk.mta.hu.

United States recently also became their important targets offering markets for Chinese products and assets Chinese firms lack such as advanced technologies, managerial knowledge and distribution networks.

Chinese investment in Central and Eastern European countries (CEECs) constitutes quite a small share in China's total FDI in Europe (10%) (Clegg and Voss, 2011) and is quite a new phenomenon. Since 2006 we could observe rising inflows of Chinese investments in the region which are expected to increase due to the recent political developments: Poland becoming China's strategic partner at the end of 2011, the establishment of the China-Central and Eastern Europe Cooperation Secretariat in September 2012 (the so-called 16 + 1 Initiative).

The aim of the paper is to analyze motivations and location determinants of Chinese FDI in the largest recipient countries within the region (Hungary, Poland, the Czech Republic, Romania and Bulgaria), with special focus on the role of host country institutions such as the impact of institutional change resulting from integration with the EU, Chinese diaspora, promotion policies, privatization etc.

After the introductory section, the paper briefly describes the changing patterns and motivations of Chinese OFDI globally with a special focus on Europe, followed by the discussion of theory and literature on FDI location determinants with special part on FDI determinants in CEECs. The paper's main section contains the authors' findings on characteristics and motivations of Chinese FDI in CEECs and provides a detailed description of the impact of both macroeconomic and institutional factors.

2. Chinese OFDI-changing patterns and motivations

As recently the Chinese economy is facing new challenges and its economic strategy is transforming, the country's global investment position is altering as well, however, a bit more than a decade ago the amount of Chinese OFDI was almost negligible.

In hand with the "Open Door" policy reforms, the Chinese government encouraged the country's investment abroad to integrate China to the global economy, although the only entities allowed to invest abroad were state-owned enterprises (SOEs). The total investment of these first years was not significant and concentrated in the neighboring countries, mainly Hong Kong. The regulations were liberalized after 1985 and a wider range of enterprises-including private firms was permitted to invest abroad. After Deng Xiaoping's journey to the South in 1992, overseas investment increased dramatically, Chinese companies established overseas divisions almost all over the world, concentrated mainly in natural resources. Nevertheless, according to UNCTADstat, Chinese OFDI averaged only 453 million US dollars per year between 1982 and 1989, and 2.3 billion between 1990 and 1999.

In 2000, before joining the World Trade Organization (WTO), the Chinese government initiated the Go Global or *zou chu qu* policy, which was aimed to encourage domestic companies to become globally competitive. They introduced new policies to induce firms to engage in overseas activities in specific industries, notably in trade-related activities. In 2001, this encouragement was integrated and formalized within the 10th five-year plan, which also echoed the importance of the Go Global policy (Buckley et al., 2008). This policy shift was part of the continuing reform and liberalization of the Chinese economy and also reflected Chinese government's desire to create internationally competitive and well-known companies and brands. Both the 11th and 12th five-year plan stressed again the importance of promoting and expanding OFDI, which became one of the main elements of China's new development strategy.

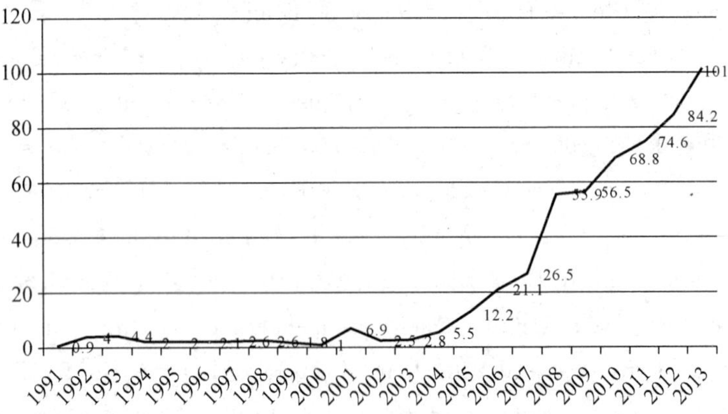

Figure 2. 1　China's outbound FDI flows (USD billion)

Source of chart data: Data for 1991 ~ 2013 are from UNCTAD's FDI/TNC database, available at http: //unctadstat. unctad. org/ (the data before 2006 doesn't include financial OFDI, that is, OFDI in financial services). Data for 2013 is the estimation of UNCTAD's Global Investment Trends Monitor, available at http: //unctad. org/en/PublicationsLibrary/webdiaeia2014d5_en. pdf, which includes financial FDI outflows. According to MOFCOM, Chinese OFDI increased to 90. 2 billion US dollars in 2013, however, this data excludes financial FDI flows.

Chinese OFDI has steadily increased in the last decade (see Figure 2. 1), particularly after 2008, due to the above mentioned policy shift and the changes in global economic conditions, that is, the global economic and financial crisis. The crisis brought more overseas opportunities to Chinese companies to raise their share in the world e-

conomy as the number of ailing or financially distressed firms has increased. While OFDI from the developed world decreased in several countries because of the recent global financial crisis, Chinese outward investments increased even greater: between 2007 and 2011, OFDI from developed countries dropped by 32 per cent, while China's grew by 189 per cent (He and Wang, 2014, p 4; UNCTAD 2012). As a consequence, according to the World Investment Report 2013, in the ranks of top investors, China moved up from the sixth to the third largest investor in 2012, after the United States and Japan, and the largest among developing countries, as outflows from China continued to grow, reaching a record level of 84 billion US dollars in 2012. Due to this rapid increase of China's outward FDI in recent years, China also became the most promising source of FDI when analysing FDI prospects by home region (UNCTAD 2013, p. 21).

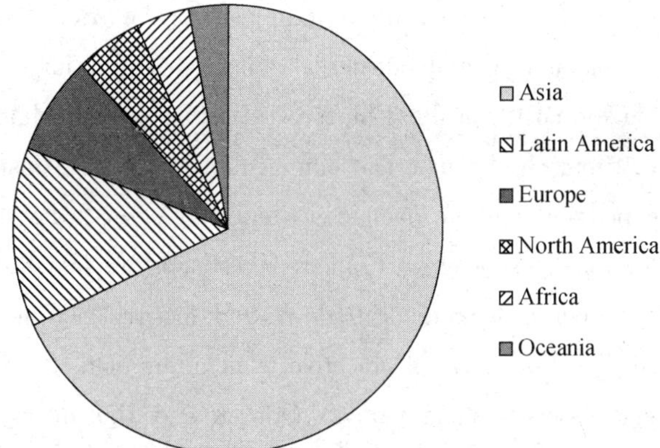

Figure 2.2 Geographical distribution of Chinese OFDI stock, 2012

Source of chart data: MOFCOM and BBVA Research (BBVA, 2013, pp. 6 ~ 7).

Being one of the top investors in the developing countries, since 2008, Chinese investment increased substantially in developed economies as well. Although this increase is impressive by all means, China still accounts for only 7% of total FDI inflows into the EU and 5% to the US (see Figure 2.2). However, during the examination of the actual final destination of Chinese OFDI, Wang found that as a result of round-tripping investments, developed countries receive more Chinese investments than developing economies: according to his project-level data analysis, 60 per cent of Chinese OFDI went to developed economies such as Australia, Hong Kong, the United States, Germany, and Canada (Wang, 2013).

As Clegg and Voss note, the industry-by-country distribution of Chinese OFDI is difficult to determine from Chinese statistics. However, based on their findings, it can be stated that Chinese investments in mining industry are taking place mainly in institutionally weak and unstable countries with large amounts of natural resources and that these investments are usually carried out by SOEs. Investments in manufacturing take place mostly in large markets with low factor costs, while Chinese companies seek technologies, brands, distribution channels and other strategic assets in institutionally developed and stable economies (Clegg and Voss, 2012, p. 19).

In developed economies, Chinese investment are less dominated by natural resource seeking or trade-related motives but more concerned with the wide range of objectives, including market, efficiency and strategic assets seeking motives (Rosen and Hanemann, 2013, p. 69; WIR p. 46). In the case of developed countries, Chinese SOEs usually have the majority of deal value but non-state firms make the greater share of deals (Rosen and Hanemann, 2013, p. 71). In addition to greenfield investments and joint ventures, China's merger and acquisition (M&A) activity in developed countries has recently gained momentum and continue an upward trend since more and more Chinese firms are interested in buying overseas brands to strengthen their own. However, some attempted Chinese acquisitions failed in the United States and Australia in recent years (Davies, 2013, p. 36).

3. Theory and literature review

Majority of research on motivations of FDI apply the eclectic or OLI paradigm by Dunning (1992, 1998) that states that firms will venture abroad when they possess firm-specific advantages, i. e. ownership and internalization advantages, and when they can utilize location advantages to benefit from the attractions these locations are embedded with. Different types of investment incentives attract different types of FDI which Dunning (1992) divided into four categories: market-seeking (Tariff jumping or export-substituting FDI is a variant of market-seeking FDI; Kinoshita and Campos, 2003), resource-seeking, efficiency-seeking and asset-seeking. Localization advantages "comprise geographical and climate conditions, resource endowments, factor prices, transportation costs, as well as the degree of openness of a country and the presence of a business environment appropriate to ensure to a foreign firm a profitable activity" (Resmini, 2005, p. 3). Much of the extant research and theoretical discussion is based on FDI outflows from developed countries for which market-seeking and efficiency-seeking FDI is most prominent (Janicki and Wunnava, 2004; Buckley et al., 2007; Leitao and Faustino, 2010). Chinese OFDI is characterized by natural resource-seeking, market-seeking (Buckley et al., 2007) and recently also by strategic asset-seeking (Di Minin et al., 2012; Zhang et al., 2012).

The rapid growth of OFDI from emerging and developing countries resulted in numerous studies trying to account for special features of emerging MNCs behavior that is not captured within mainstream theories. For example, Mathews extended OLI paradigm with linking, leverage, learning framework (LLL) that explains rapid international expansion of companies from Asia Pacific (Mathews, 2006). Where linking means partnerships or joint ventures that latecomers form with foreign companies in order to minimize risks involved with internationalization as well as to acquire "resources that are otherwise not available" (Mathews, 2006, p. 19). Latecomers when forming links with incumbents also analyze how the resources can be leveraged. They look for resources that can be easily imitated, transferred or substituted. Finally, repeated processes of linking and leveraging allow latecomers to learn and conduct international operations more effectively (Mathews, 2006, p. 20).

Nevertheless, traditional economic factors seem to be insufficient in explaining FDI decisions of MNCs. In the last decade international economics and business researchers acknowledged the importance of institutional factors in influencing the behavior of MNCs (e. g. , Tihanyi et al. , 2012). According to North institutions are the "rules of the game" which are "the humanly devised constraints that shape human interactions" (North, 1990, p. 3). Institutions serve to reduce uncertainties related with transactions and minimize transaction costs (North, 1990). While Meyer and Nguyen (2005, p. 67) argue that informal constraints are "much less transparent and, therefore, a source of uncertainty".

As a result, Dunning and Lundan extended OLI model with the institution-based location advantages which explains that institutions developed at home and host economies shape the geographical scope and organizational effectiveness of MNCs (Dunning and Lundan, 2008).

3.1. Determinants of FDI inflows into European transition economies

The change of CEECs from centrally planned to market economy resulted in significant research on FDI flows to these transition countries. However, most of the studies focus on the period before 2004 which is the year of accession of the eight CEECs[1] into the EU (Carstensen and Toubal, 2004; Janicki and Wunnawa, 2004; Kawai, 2006).

Investors, mainly from EU-15 countries, were attracted by relatively low unit labor costs, market size, openness to trade, and proximity (Bevan and Estrin, 2004; Clausing and Dorobantu, 2005; Janicki and Wunnawa, 2004; WIR 2007).

Extant literature suggests diverse institutional factors that influence inward FDI. In the case of CEECs, the prospects of their economic integration with the EU increased FDI inflows while in the CEECs that lagged behind with implementation of transition policies, which postponed their EU accession, FDI inflows were discouraged (Bevan and Estrin, 2004).

When analyzing the impact of institutional characteristic of CEECs such as form of privatization, capital market development, state of laws and country risk, the studies show varying results. According to Bevan and Estrin (2004, p. 777) institutional aspects were not a significant factor impacting investment decisions of foreign firms. Carstensen and Toubal (2004) argue that they could explain uneven distribution of

[1] Estonia, Latvia, Lithuania, Poland, Czech Republic, Slovakia, Hungary and Slovenia.

FDI across CEECs. Fabry and Zeghni (2010, p. 80) point out that in transition countries institutional weaknesses such as poor infrastructure, lack of developed subcontractor network, and unfavorable business environment may explain FDI agglomeration more than "positive externalities". Campos and Kinoshita (2008) based on a study of 19 Latin American and 25 East European countries in the period 1989 ~ 2004 found that structural reforms, especially financial reform and privatization, had strong impact on FDI inflows.

The example of extra-EU foreign investors in CEECs is presented in a study by Kawai (2006) who analyzed motivations and locational determinants of Japanese MNCs. The author found that by 2004 Japanese investment in CEECs was low when compared with European counterparts and 90% of it was located in the Czech Republic, Hungary and Poland (Kawai, 2006, p. 6). Japanese MNCs' outward FDI in CEECs was motivated by relatively low labor and land costs, well educated labor force necessary in manufacturing sectors and access to rich EU markets (Kawai, 2006; Woon, 2003). Majority of Japanese FDI in CEECs was directed at manufacturing sector (more than 90%), especially transport equipment and electronics. Japanese investors in CEECs from manufacturing sector region preferred countries with lower corporate tax and high rate of GDP growth. Thus, Japanese FDI in CEECs are characterized by efficiency-seeking and market-seeking (Kawai, 2006; Woon, 2003).

Heiduk (unpublished manuscript) divides institutional factors at the EU level that impact the behavior of MNCs and their production networks into two types: Deepening and widening regional integration, Interests groups and protectionism. Heiduk (unpublished manuscript) notes that MNCs investing in CEECs benefit from comparative advantages of a given CEEC and at the same time from "the institutional framework of EU's customs union, single market and monetary union. This unique framework provides internal trade, investment and market access facilitation resulting in reduction of trade costs." Heiduk (unpublished manuscript) also points out that the EU's numerous preferential trade agreements produced incentives for establishing cross-border production networks, especially in automotive and ICT sectors. The second type of EU-level factor is related with EU MNCs that lobby at the EU level for protection of their industries and production networks from external competition.

4. Chinese OFDI in CEECs

Although the countries examined here (Hungary, Poland, Romania, Bulgaria and the Czech Republic) differ in many respects, they have some common features as well. They have been in the process of economic catching up over the last decades, their development paths are defined mainly by the global and European powers, rules, and trends; FDI has a key role in restructuring of these economies. Most of the above mentioned countries became more interested in developing good relations with China (more properly in attracting Chinese investments and boosting trade relations) since the new millennium, however, the economic and financial crisis of 2008 drew the attention of these five countries more than ever to the potential of Chinese economic relationship.

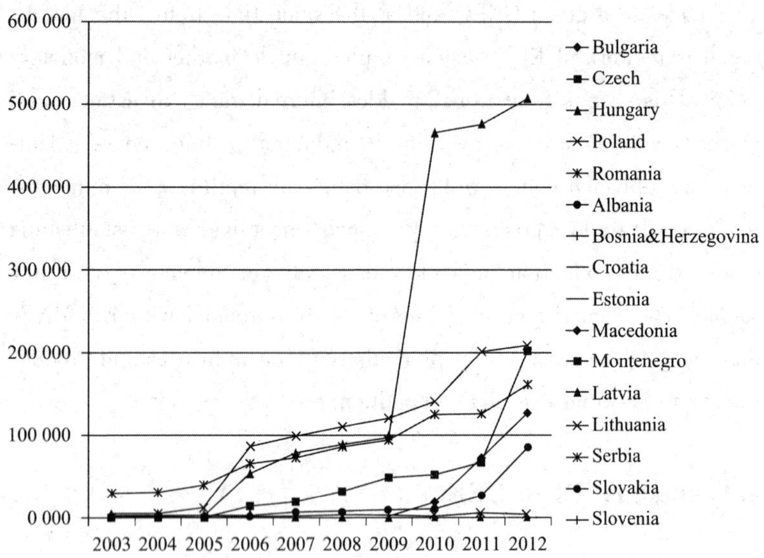

Figure 4.1 China's OFDI stock in CEEC, 2003 ~ 2012, Selected Countries (USD million)

Source: CEIC China Premium Database, 2012; MOFCOM 2013.

4.1. Macroeconomic factors

As mentioned earlier, the role of Chinese capital in Central and Eastern Europe, compared with all the invested capital is still very small, but in the last few years this capital inflow accelerated significantly and also played (and plays) an important role in the region's recovery from the crisis. In the case of the selected countries (with the exception of Hungary) there is a growing demand for attracting Chinese companies in the last two to five years. In Hungary this process has already begun after 2003.

Chinese investors typically target secondary and tertiary sectors of the selected five countries. Initially, Chinese investment has flowed mostly into manufacturing (assembly), but over time services attracted more and more investment as well, for example in Hungary and Poland there are branches of Bank of China and Industrial and Commercial Bank of China as well as offices of some of the largest law offices in China, Yingke Law Firm (in Hungary in 2010, in Poland in 2012), Dacheng Law Offices (in Poland in 2011, in Hungary in 2012). Main Chinese investors targeting these five countries are interested primarily in telecommunication, electronics, chemical industry, transportation and energy markets. Their investments are motivated by seeking of brands, new technologies or market niches that they can fill in on European markets.

The main type of Chinese FDI in the selected countries is market-seeking investment: by entering CEE markets Chinese companies will have access not only to EU market but also to markets of CIS, Mediterranean, EFTA (Wišniewski, 2012, p. 121), and in interviews Chinese investors also speak about the possibility of accessing North American markets. In addition to that, there are cases of Chinese companies following their costumers to CEECs like in the case of Victory Technology (supplier to Philips, LG and TPV) or Dalian Talent Poland (supplier of candles to IKEA).

When searching for possible factors which make the region a favourable investment destination for China, the cost of labour is to be considered first. Labour costs are lower in the CEE region than the EU average, however, there are differences within the region (and the selected five countries) as well; unit labour costs are cheaper in Bulgaria and Romania than in Hungary, Czech Republic and Poland. These differences do not seem to really influence Chinese investors as there is more investment in Hungary, Poland and Czech Republic than in Romania and Bulgaria, however, an explanation for that can be the theory of agglomeration effect as generally OFDI in these countries is the highest in the region (see section 3 on theory and literature). With corporate income tax rate established at 10%, Bulgaria has the most favourable tax regime in the region. Nevertheless, it is the least popular investment destination for Chinese companies in the selected countries.

According to Eurostat's 'Demography Report 2010', Poland and Romania are the biggest markets in terms of the size of population (38.1 and 21.5 million), while the others are medium-sized (10.6 million in Czech Republic, 10 million in Hungary and 7.6 million people in Bulgaria), although from Chinese point of view all of them considered to be rather small. Czech Republic, Poland and Hungary are relatively affluent markets as well: based on IMF WEO database, GDP per capita is highest in Czech Republic (18 600 USD in 2012) somewhat lower in Poland (12 700 USD in 2012) and Hungary (12 600 USD in 2012) but considerably lower in Romania (7900 USD in 2012) and Bulgaria (7000 USD in 2012).

4.1.1. *Hungary*

Chinese investment in Hungary started to increase significantly after the country joined the EU in 2004. According to Chinese statistics, it means a really rapid increase from 0.65 million US dollars in 2005 to 370.1 million US dollars in 2010. In 2010, Hungary itself attracted 89% of the whole Chinese capital flow to the region (Chen, 2012). By 2012, the amount of Chinese investments has further increased and reached 507 million USD according to MOFCOM data, which is by far the highest in the region. Nevertheless, this amount is far greater when taking into account cumulative Hungarian data, since

a significant portion of Chinese investment is received via intermediary countries or companies, therefore it appears elsewhere in Chinese statistics. According to Hungarian reports, Chinese investment in Hungary by 2013 was about 2.5 billion USD. More than 1.5 billion USD from that is the investment of the Chinese chemical company Wanhua, which acquired a 96 per cent stake in the Hungarian chemical company BorsodChem through its Dutch subsidiary in 2010 and 2011. This subsidiary also made some investment for the development of BorsodChem later. It is the largest Chinese investment in CEE so far.

In Hungary, most of the significant Chinese TNCs operate in the manufacturing sector and have started to increase their investments in Hungary in the last few years. Chinese TNCs' investments in Hungary are usually not greenfield investments: Chinese TNCs have bought plants of other companies or replaced former partners of EMS (electronic manufacturing services) providers. Although Chinese TNCs represent a relatively small share of total FDI stock in Hungary, they have saved and/or created jobs and contributed to the economic growth of Hungary with their investments and exports during the crisis. Furthermore, many of them (e.g. Lenovo, ZTE, Huawei, Bank of China) have turned their Hungarian businesses into the European regional hub of their activities (Szunomár et al., 2014).

Hungary's importance as a regional distribution centre can also be observed in the field of trade. Some big retail and wholesale trade, as well as business matching centres in Budapest (e.g. Asia Center, China Brand Trade Center, Budapest Fashion Center, Budapest China Mart[1]) support the distribution of different Chinese (or other

[1] Asia Center and China Brand Trade Center are owned by Strabag SE. Budapest Fashion Center and Budapest China Mart are owned by Chinese investors.

Asian) products[1] in the CEE region and also supply Hungarian customers. Numbers of retail shops run by the Chinese community can be found not only in these centres, but also throughout Budapest and other Hungarian cities and towns. Besides retail, Chinese immigrants often operate restaurants in Hungary.

In addition to manufacturing, the investment of Chinese companies in Hungary covers industries such as chemical industry, telecommunications, trade, wholesale and retail, banking, hotels and catering, logistics, real estate and consultancy, etc. According to the data of the Hungarian Investment and Trade Agency (HITA) more than 5000 Chinese companies operate in Hungary, including several multinationals, but most of them are small businesses operating in the service or retail sector: restaurants, perfumeries, and so called 'Chinese shops', selling bargains that comprise everything from shoes and clothes to plastic toys. According to the Hungarian Central Statistical Office, the number of Chinese-controlled foreign affiliates increased steadily between 2008 and 2010 and then decreased slightly in 2011.

In addition to Wanhua, major investors are Huawei, ZTE Corporation, Lenovo, Sevenstar Electronics Co., BYD Electronics and Comlink. Regarding entry mode, there are examples of quasi-greenfield[2] investments (Huawei, ZTE, Lenovo), as well as M&As (Wanhua) and joint ventures (Orient Solar, BBCA). Another significant investment is the China Brand Trade Center (the investment of the Chinese

[1] e.g. entertainment electronics, household electronics, IT products, bags, gifts, crafts, accessories, jewellery, shoes, footwear, textile, home textile and garments, etc.

[2] Parent companies of Huawei, ZTE or Lenovo haven't built up new operational facilities (as they chose the form of contract manufacturing) but created new long-term jobs by hiring new employees.

company Genertec), which is a market platform for branded and competitive Chinese products and their suppliers. Typically, while Hungary would prefer greenfield investments (as they create jobs), Chinese investors tend to choose mergers and acquisitions and joint ventures when investing in Hungary.

FDI stock in Hungary was around 111 billion US dollars at the end of 2013, based on this and according to our calculations, Chinese investments represents around 2 ~2. 5% of Hungary's total FDI stock.

4. 1. 2. *Poland*

Although Poland is the leading recipient of FDI in the CEE region it attracted little Chinese FDI. Before Poland's entry into the EU Chinese investments were almost insignificant as in 2000 they amounted to 10 USD million and in 2003 increased slightly to 17. 8 USD million (National Bank of Poland website). According to Polish data, by the end of 2012 Chinese FDI stock in Poland increased more than sixteen times to 288. 1 USD million. However their importance is low as they represent only 0. 1% of Poland's total FDI stock.

According to MOFCOM, at the end of 2012 China's FDI stock in Poland amounted to 208 USD million, however, as mentioned above, statistics on China's OFDI differ between MOFCOM's and host countries' national sources (eg., Apoteker, 2012; Clegg and Voss, 2012). In addition to intermediaries or subsidiaries, these differences may result from limitations of Chinese data[1].

[1] MOFCOM data are underreported as they include investments approved by MOFCOM. Thus, in practice investment projects (especially small projects) that do not require approval or unauthorized projects are not included. The recent administrative reforms decentralized approval system of smaller investment projects which may enhance under-reporting (Apoteker, 2012, p. 14; Korniyenko and Sakatsume, 2009).

There are about 700 firms with Chinese capital in Poland but the majority of them (574 firms in 2011) are small companies employing less than 9 persons. Most investors are private companies; SOEs are represented by ZTE, LiuGong Machinery, Nuctech. By 2004, Chinese investors were mainly small companies in wholesale and retail trade. Poland's EU entry attracted mainly companies from electronics sector. Recent years after the global financial crisis mark the emergence of M&As and wider representation of sectors in Chinese FDI in Poland. By 2013, the major investors from China were LiuGong Machinery, Haoneng Packaging, Shanxi Yuncheng Plate-making Group, Sino Frontier Properties Ltd., Suzhou Victory Precision Manufacture Co., and TPV Technology Ltd (Heiduk andMcCaleb, 2014).

Chinese investment in Poland is mainly related with electronics sector, production of TV sets and LCD monitors (TCL Corporation, Victory Technology Polska, Chung Hong Electronics Poland, Digital View), electro-machinery (Nuctech, 2004[1]), heavy machinery (LiuGong Machinery), publishing and printing (Haoneng Packaging), manufacturing of metals and metal products (Shanxi Yuncheng Plate-making Group), hospitality and real estate (Min Hoong Development Co., Sino Frontier Properties Ltd.), distribution of goods (GD Poland Investments Sp. z o. o.), and IT sector (Huawei, ZTE) (Heiduk et al., 2012).

In recent years, Chinese FDI in services increased with establishment of branches of Bank of China (2012) and Industrial and Commercial Bank of China (2012), as well as offices of the largest law offices in China, Yingke Law Firm (2012) and Dacheng Law Of-

[1] The year next to company name stands for its investment year in Poland.

fices.

Most of the Chinese firms investing in Poland engage in greenfield investments. According to Hanemann and Rosen (2012), at the end of 2011 there were 15 greenfield projects. However, recently there were three cases of M&As in the fields of construction machinery (LiuGong), aviation (Lantian Aerospace Industrial Park) and automotive parts (Tri Ring) (PAIZ interview). The latter is said to be the result of Wen Jiabao's visit in 2012. Poland still has about 400 state companies to be privatized which might be attractive for Chinese investors.

Chinese firms enter Polish market also through their M&As in third countries. For example, Beijing West Industry (BWI) Group (a joint-venture of Shougang Corp., Bao'an Investment Corp. and Fangshan State-Owned Asset Management Corp.) in November 2009 acquired the Chassis Division of former Delphi Corporation (USA) together with its subsidiaries which included Polish production plant in Krosno and R&D center in Cracow that employed 200 engineers (AutomotiveSuppliers. pl, 24. 11. 2009; Deloitte, 2012). In 2013, Chinese Shuanghui International acquired the American Smithfoods along with its Polish subsidiary which is one of the most recognized meat producing companies in Poland, Animex.

4. 1. 3. *Czech Republic*

Czech Republic is also one of the most successful CEECs in attracting foreign direct investment although Chinese investments were negligible till 2012. According to Chinese statistics, Chinese FDI in Czech Republic started to increase from 2006 (in 2005 it was 1. 38 million USD, compared with 14. 67 million USD in 2006) and reached 66. 83 million USD in 2011, which was still the lowest amount of the five selected countries. The turning point was 2012 when Chinese statistics showed 202. 45 million USD investment to the Czech Republic[1]. However, there is an inverse discrepancy here as according to data from Czech National Bank, the Chinese FDI in Czech Republic was 76. 6 million USD in 2012[2].

The main companies include electronics production facilities (Shanxi Yuncheng Plating Group, Changhong, Noark), IT (Huawei, ZTE Corp.) and a manufacturer of transport equipment (CITIC Marmes Bicycles), as well as food producer (Shanghai Maling). But there are planned FDI projects in the Czech Republic in the textiles, food, automotive and machinery sectors. With the exception of CITIC Marmes Bicycles, which is a joint venture company founded in 2007, all of these are greenfield investments.

The so far biggest Chinese investment project in Czech Republic before launching of the Warsaw Initiative is the Changhong Europe Electric, the LCD and LED TV manufacturer (approx. 330 million USD) placed in the Nymburk Industrial Zone (central part of Czech Republic). The other relevant Chinese investor is the Shanghai Maling Aquarius, food producer, which established the factory nearby Teplice (north of Czech Republic) with the property 22. 5 million USD in 2007; 90 percent of its production is exported to EU and USA. The IT giants Huawei and ZTE also opened their offices in Czech Republic, so far they employ about 350 of local staff, and their yearly turn over in the Czech market exceeded 80 million USD in

[1] Total FDI to Czech Republic was 10. 6 billion USD according to UNCTAD.

[2] The official statistics explain this huge increase with the recalculation of stock for 2012 after adjustment of historical data. Experts in Czech Republic had no information on the components of this growth.

2010. Huawei and ZTE cooperate with local mobile phone operators in the Czech Republic, and established also their own sale of mobile phones and smartphones. Besides, there are numbers of small Chinese companies that sell consumer electronics in the Czech Republic (Fürst, 2014).

Although Chinese investments in the Czech Republic are mainly associated with manufacturing, in the long term, Czech officials are planning to attract larger and more long-term investments through cooperation in higher value-added projects, such as technology and development centers in cooperation with universities.

4.1.4. *Romania and Bulgaria*[1]

Chinese FDI in Romania was the highest among all CEECs until 2005[2], now, according to Chinese statistics, Romania is only the fourth largest recipient in CEECs after Hungary, Poland and Czech Republic with Chinese FDI worth of 161, 09 million USD[3].

Investment type is mostly greenfield, covering mainly the manufacturing sector in industries such as IT, tobacco, machinery, motorcycles and transportation. Main Chinese investors are Huawei, ZTE Corp., Shantuo Agricultural Machinery Equipment, China Tobacco International Europe Company SRL, DHS (motorcycles), China Shipping, COSCO, Yuncheng Plate Making and F&J Group, an international investment company, which helps Chinese companies that are interested to invest in Europe. The number of firms with Chinese

[1] In the case of Romania and Bulgaria the discrepancy between Chinese and national data is negligible.

[2] In 2005, Chinese investment was 39.43 million USD in Romania according to Chinese statistics, which further increased in the coming years, but to a lesser extent compared to Hungary and Poland.

[3] Chinese FDI in Romania constitutes 0.83% of total FDI.

capital is around 10 000[1], which is the highest in the region, although most of them are mainly small firms operating in the service or retail sectors.

Chinese FDI in Bulgaria started to become noticeable from 2007 when Bulgaria joined the EU. According to Chinese data, it increased seven-fold from 18.6 million USD in 2010 to 126.74 million in 2012[2].

The investments are mainly greenfield with some cases of M&As mainly in the field of agriculture and energy. The targeted industries (telecommunication, television, IT, agriculture, machinery) are similar to those of Romania with two exceptions: car-assembly (Great Wall Motors) and de-sulfurization (Insigma Tech.). Chinese investors are also planning further investments in the field of agriculture (production of tobacco and yoghurt). In addition to that, they are about to invest in Bulgarian firms active in the processing and preservation of foods, which will be then exported to the Asian market.

Main investors are Huawei, ZTE Corporation (telecommunication), Shanghai Video and Audio Electronics Group, Great Wall Motors, Tianjin State Farms Agribusiness Group and Insigma Technology, which operates de-sulfurization facilities.

4.2. Institutional factors

4.2.1. *Supra-national factors*

The change of institutional setting of CEECs due to their economic integration into the EU (in 2004 and 2007) has been the most im-

---

[1] Their share in the total number of commercial companies with foreign capital is 5.58%.

[2] It is 0.214% of all foreign investment to Bulgaria.

portant driver that spurred Chinese OFDI in the region, especially in the manufacturing sector. Majority of Chinese firms that invested in CEECs after their EU accession were motivated mainly by accessing the old EU-15 markets and CEE markets were of secondary importance. CEECs' EU membership allowed Chinese investors to avoid trade barriers and the countries served as an assembly base due to the relatively low labor costs.

Chinese investment in CEECs in the years 2004 ~ 2006 were dominated by firms from electronics sector, especially LCD TVs producers as their exports to the EU were restricted by quota. The examples of such investors are: TCL, Victory Technology, Digital View in Poland; Hisense in Hungary; Changhong in the Czech Republic; SVA Group (Shanghai Video and Audio Electronics) in Bulgaria. Recent EU's anti-subsidy investigation on solar panels from China although resulted in temporary withholding of imposing anti-subsidy tariffs but may encourage Chinese solar panel manufacturers to invest in CEECs. There are already cases of companies from renewable energy sector such as Orient Solar in Hungary and media news informing about some companies from the solar sector that consider investing in Poland. The motive of overcoming trade barriers shows similarity with Japanese investments in CEECs in the second half of the 1990s. Japanese MNCs established assembly plants in CEECs, but sold their products mainly in the affluent Western European markets (Woon, 2003).

Another aspect of the EU membership that is inducing Chinese investment in CEECs is institutional stability (e. g., protection of property rights) as one of the drivers of Chinese OFDI is unstable institutional, economic and political environment of their home country (e.g., Morck et al., 2007). It is in line with the findings of Clegg and Voss (2011, p. 101) who argue that Chinese OFDI in the EU shows "an institutional arbitrage strategy" as "Chinese firms invest in localities that offer clearer, more transparent and stable institutional environments. Such environments, like the EU, might lack the rapid economic growth recorded in China, but they offer greater planning and property rights security, as well as dedicated professional services that can support business development (Witt and Lewin, 2007; Wu, 2011)".

In their investment decisions in CEECs Chinese firms might also be attracted by Free Trade Agreements between the EU and third countries such as Canada, the USA (being negotiated), and the EU neighboring country policies etc., as they claim that their CEECs subsidiaries are to sell products in the host, EU, Northern American or even global markets. For example, Nuctech (Poland), security scanning equipment manufacturer, sells also to Turkey; machinery producers such as Shantuo Agricultural Machinery Equipment (Romania) for which important export markets are Canada, Russia, USA, and Liugong Machinery subsidiary in Poland that targets the EU, North American and CIS markets. This driver might also explain some of the Chinese investment in Bulgaria and Romania before their EU accession, such as SVA Group in Bulgaria. However this type of institutional factor requires further research.

Moreover, Chinese firms' CEE subsidiaries allow them to participate in public procurement. Example is Nuctech company that established its subsidiary in Poland in 2004 and initially targeted mainly Western European market. In 2011, the company stated that the old-EU market became saturated and it focused now more on CEECs which benefit from the EU aid funds. However, in case of government procurement, one of the conditions is "Made in the EU" and Nuctech's Polish manufacturing plant allows it to meet this requirement.

Recently Chinese firms interested in investing in CEECs became more inquisitive about food safety standards and certificates. They would be interested in exporting agricultural products with EU safety certificates to China where food safety has been a problem.

4. 2. 2. *National level institutional factors*

Before their integration with the EU, CEECs were mostly focused on fulfillment of the EU entry criteria and generally neglected relations with countries from other regions, except for Hungary. Only since the aftermath of the global financial crisis we can observe increased interest of the CEECs governments in attracting Chinese investors. For example, Poland started actively promoting itself among Chinese firms since the EXPO 2010 in Shanghai. Since 2010, Polish Information and Foreign Investment Agency (PAIZ) has its website available in Chinese. In 2011, the Agency set up its the only overseas office in Shanghai. In 2013, PAIZ launched website GoPoland. gov. pl in Chinese with the goal of attracting Chinese investors to Poland. Recently, Polish Ministry of Foreign Affairs established a working group for economic cooperation between Poland and China. Moreover, in Poland, there are two special economic zones with support services dedicated to Chinese investors (in Kielce and Koszalin). However, in most of the analyzed countries, there are voices complaining about their governments' lack of unified strategy towards Chinese investors.

Hungary is a country where the combination of traditional economic factors with institutional ones seems to play an important role in attracting Chinese investors. Hungary has had historically good political relations and earlier than other CEECs, since 2003, intensified bilateral relations in order to attract Chinese FDI. Hungary is the only country in the region that introduced special incentive for foreign investors from outside the EU, which is a possibility to receive a residence visa when fulfilling the requirement of a certain level of investment in Hungary[1]. Moreover, Hungary has the largest Chinese diaspora in the region which is an acknowledged attracting factor of Chinese FDI in the extant literature that is a relational asset constituting firm's ownership advantage (e. g., Buckley et al., 2007). Example is Hisense's explanation of the decision to invest in Hungary that besides traditional economic factors was motivated by "good diplomatic, economic, trade and educational relations with China; big Chinese population; Chinese trade and commercial networks, associations already formed" (CIEGA, 2007).

In case of Poland only, recently Chinese firms became also attracted by privatization of state enterprises which provide access to technology (patents), brands, distribution networks, and manufacturing capacity for European markets. Examples are: in early 2012, Liugong Machinery's acquisition of Huta Stalowa Wola's construction equipment division and its distribution subsidiary, Dressta. Until 2005, Dressta was a joint venture between Komatsu America and Huta Stalowa Wola and has sales offices around the world. Secondly, in 2013, China's Tri Ring Group Corporation acquired Polish Fabryka Łozysk Tocznych (the biggest Chinese investment in Poland so far),

[1] Third country nationals are allowed to acquire Hungary's permanent residency status through investing in Special Hungarian Government Bonds that have a minimum 5-year maturity. The minimum initial investment by each subscriber is 250 000 EUR.

producer of bearings for automotive sector.

There are negotiations held on establishing the first Czech-Chinese industrial zone in the North of Moravia, and also on establishing direct flights between Prague and Beijing.

5. Conclusion

The investigation of the motivations of Chinese OFDI in CEECs shows that they mostly search for markets. CEECs' EU membership allows them to treat the region as a "back door" to the affluent EU markets (tariff-jumping FDI). Chinese investors are attracted by the relatively low labor costs, skilled workforce, and market potential. It is characteristic that their investment pattern in terms of country location resembles that of the world total FDI in the region.

Analyzing the difference in motivations before and after the global financial crisis it can be assessed that although it did not have an impact on Chinese-CEE relations from the Chinese side directly, it did have indirectly because the crisis had an effect on CEECs as most of them (not only the selected ones) started to search for new opportunities after the crisis in their recovery from the recession. For example, Hungary's "Opening to the East" policy was initiated after (and partly as a result of) the crisis, but the crisis also made Bulgaria look eastward. China just took these opportunities, which can be the reason of the wider sectoral representation of Chinese firms in CEECs in recent years. Another reason for this higher representation can be the diversification strategy because recently Chinese global investment strategy places great emphasis on the diversification in all respects.

Country-level institutional factors that impact location choice within CEECs seem to be the size of Chinese ethnic population, investment incentives such as SEZs, resident permits in exchange for given amount of investment, privatization, but also good political relations between host country and China (example Hungary's good relations and very high level of Chinese FDI when compared with other CEECs; it is said that Liu Gong's acquisition of HSW might have been delayed because of COVEC's problems with building part of Polish highway).

The study does not touch upon push factors of home country institutions that occurred recently and may enhance Chinese investments in the region. It is especially the case of Poland becoming China's strategic partner (at the end of 2011) and the establishment of the China-Central and Eastern Europe Cooperation Secretariat in September 2012. Also significant is that in 2010 China Investment Promotion Agency (CIPA) opened its European office in Budapest.

【References】

1. BBVA Research (2013), China's outward FDI reaches new highs on strong growth in 2012 – 13, Economic Watch, Hong Kong, December 17, 2013, http://www.bbvaresearch.com/KETD/fbin/mult/131217_ChinaWatch_ODI_EN_tcm348 – 415847.pdf? ts = 1032014, accessed 14.03.2014.

2. Bevan AA, Estrin S (2004), "The determinants of foreign direct investment into European transition economies", *Journal of Comparative Economics* 32, pp. 775 ~ 787.

3. Białek Ł (2012), Overview Foreign Direct Investment in Central and Eastern Europe, CEED Institute, http://ceedinstitute.org/attachments/281/d44b6519328278fe999108afe767da4b, accessed 14.

08.2013.

4. Buckley PJ, Clegg JL, Cross AR, Liu X., Voss H. and Zheng P., "The determinants of Chinese outward foreign direct investment", *Journal of International Business Studies* 38, 2007, pp. 499 ~518.

5. China Daily (2003), No longer poles apart as ties increase, 08. 10. 2013, http://usa. chinadaily. com. cn/epaper/2013 – 10/08/content_17014093. htm, accessed 04. 11. 2013.

6. CIEGA (2007), Investing in Europe, A hands-on guide, http://www. e-pages. dk/southdenmark/2/72, accessed 04. 11. 2013.

7. Clausing KA, Dorobantu CL, "Re-entering Europe: Does European Union candidacy boost foreign direct investment?", *Economics of Transition*, Vol. 13 (1), 2005, pp. 77 ~103.

8. Clegg, J. (2012), Chinese Direct Investment in the European Union, ECRAN Annual Conference, Brussels, 12 ~ 13 June 2013, www. euecran. eu/pdf/Jeremy% 20Clegg – 13% 20June, accessed 04. 03. 2014.

9. Clegg J., Voss H. (2012), Chinese Overseas Direct Investment in the European Union. Europe China Research and Advice Network, http://www. chathamhouse. org/sites/default/files/public/Research/ Asia/0912ecran_cleggvoss, accessed 17. 08. 2013.

10. Davies, K. (2013), China Investment Policy: An Update, OECD Working Papers on International Investment, 2013/01, OECD Publishing, http://dx. doi. org/10. 1787/5k469l1hmvbt-en, accessed 10. 11. 2013.

11. Di Minin A., Zhang JY, Gammeltoft P., "Chinese foreign direct investment in R&D in Europe: A new model of R&D internationalization?", *European Management Journal* 30, 2012, pp. 189 ~203.

12. Dunning J., *Multinational Enterprises and the Global Econo-*

my, UK: Addison-Wesley Publishers Ltd, 1992.

13. Dunning J., "Location and the Multinational Enterprise: A Neglected Factor?", *Journal of International Business Studies*, 29 (1), 1998, pp. 45 ~66.

14. Dunning J., Lundan S., "Institutions and the OLI Paradigm of the Multinational Enterprise", *Asia Pacific Journal of Management*, 25, 2008, pp. 573 ~593.

15. EUROSTAT/European Commission, Demography report (2010), Older, more numerous and diverse Europeans, http://epp.eurostat.ec.europa.eu/cache/ITY_OFFPUB/KE-ET-10-001/EN/KE-ET-10-001-EN.PDF.

16. Fornes G., Butt-Philip A., "Chinese companies' outward internationalization to emerging countries: The case of Latin America", *Chinese Business Review*, Vol. 8, No. 7, 2009, pp. 13 ~28.

17. Fürst R., (2014), A Case Study on Czech-Chinese Relations. preliminary study, Institute of World Economics-MTA KRTK, file:///Users/Macintosh/Downloads/A%20case%20study%20on%20 Czech-Chinese%20relations%20 (1), accessed 15.06.2014.

18. Globerman S., Shapiro D., Tang Y. (2004), Foreign Direct Investment in European and Transition Countries, http://www.bowdoin.edu/~ytang/fdi-europe.pdf, accessed 28.08.2013.

19. Hamberger J. (2013), China in Central Europe, Asian Studies, Hungarian Institute of International Affairs.

20. Hanemann T., Rosen DH (2012), China Invests in Europe. Patterns, Impacts and Policy Implications. Rhodium Group, http://rhg.com/wp-content/uploads/2012/06/RHG_ChinaInvestsIn-Europe_June2012, accessed 18.09.2013.

21. Heiduk G., Jiang Y., Krusiewicz M., McCaleb A., "Do

China's OFDI Substitute or Complement Trade: Case Studies of OFDI in Africa and Europe", Heiduk, McCaleb (eds.), *The Role of Openness in China's Post-Crisis Growth Strategy: Implications for the EU*, Warsaw School of Economics Press, 2012, pp. 93 ~ 130.

22. Heiduk g, McCaleb A (2014), Chinese financial engagement in Poland. preliminary study, Institute of World Economics-MTA KRTK, file: ///Users/Macintosh/Downloads/Chinese% 20financial% 20engagement%20in%20Poland%20 (1), accessed 15.06.2014.

23. Hyun JH, "How Different are Emerging Multinationals' Views of Economic Integration in Europe?", *A Case Study of Korean Automobile Manufacturers' Strategic Reactions*, European Planning Studies, Vol. 16, No. 6, 2008, pp. 745 ~ 760.

24. Jimborean R., Kelber A. (2011), Foreign direct investment drivers and growth in Central and Eastern Europe in the immediate aftermath of the global financial and economic crisis, http://www.touteconomie.org/conference/index.php/afse/aim/paper/viewFile/398/161, accessed 13.08.2013.

25. Julio P., Alves RP, Tavares J. (2013), Foreign investment and institutional reform: Portugal in European Perspective, Banco de Portugal, http://www.bportugal.pt/en-US/BdP% 20Publications% 20Research/AB201304_e, accessed 28.08.2013.

26. Kalotay K., "New Members in the European Union and Foreign Direct Investment", *Thunderbird International Business Review*, Vol. 48 (4), 2006, pp. 485 ~ 513.

27. Kawai N. (2006), The Nature of Japanese Foreign Direct Investment in Eastern Central Europe, Japan aktuell 5/2006, http://www.giga-hamburg.de/openaccess/japanaktuell/2006_5/giga_jaa_2006_5_kawai, accessed 15.08.2013.

28. Kim JM, Rhe DK, "Trends and Determinants of South Korean Outward Foreign Direct Investment", *The Copenhagen Journal of Asian Studies*, 27 (1), 2009, pp. 126 ~ 154.

29. Kinoshita Y., Campos N., "Why Does FDI Go Where it Goes? New Evidence from the Transition Economies", Williamson Institute Working Paper, No. 573, 2003.

30. Leitao NC, Faustino HC, "Portuguese Foreign Direct Investments Inflows: An Empirical Investigation", *International Research Journal of Finance and Economics*, Issue 38, 2010, pp. 190 ~ 197.

31. McCaleb A., "China Goes Global: Chinese Emerging Multinational Companies", Heiduk, G. and McCaleb A. (eds.), *China's Choices after the Current Economic Crisis: Going Global, Regional, National?*, Warsaw School of Economics Press, 2011, pp. 27 ~ 48.

32. Meyer KE, Nguyen HV, "Foreign investment strategies and sub-national institutions in emerging markets: Evidence from Vietnam", *Journal of Management Studies*, 42 (1), 2005, pp. 63 ~ 93.

33. Peng MW, "Institutional Transitions and Strategic Choices", *Academy of Management Review*, Vol. 28, No. 2, 2003, pp. 275 ~ 296.

34. Resmini, L. (2005), FDI, Industry Location and Regional Development in New Member States and Candidate Countries: A Policy Perspective, Workpackage, No. 4, The Impact of European Integration and Enlargement on Regional Structural Change and Cohesion, EURECO, 5th Framework Programme, European Commission.

35. Rosen DH, Hanemann T., "China's direct investment in advanced economies: the cases of Europe and the United States", *China Economist*, Vol. 8, No. 5, 2013, pp. 65 ~ 79.

36. Szunomár á, Völgyi K., Matura T., "Chinese investments and financial engagement in Hungary", Working Paper, No. 208,

2014, Institute of World Economics-MTA KRTK.

37. Tihanyi L., Devinney TM, Pedersen T., *Institutional Theory in International Business and Management*, Emerald Group Publishing, 2012.

38. UNCTAD-United Nations Conference on Trade and Development, World Investment Report, New York: United Nations, 2012.

39. UNCTAD-United Nations Conference on Trade and Development, World Investment Report, New York: United Nations, 2013.

40. Wang B.,"A Misread official data: The true pattern of Chinese ODI", *International Economic Review* 2013, pp. 61 ~ 74.

41. Wišniewski PA (2012), Aktywnoŝĉw Polsce przedsi? biorstw pochodzących z Chin (Activity of Chinese companies in Poland). Zeszyty Naukowe 34, Kolegium Gospodarki światowej, SGH, Warszawa.

42. Woon LJ, "Asian FDI in Central and Eastern Europe and its impact on the host countries", *Asia Europe Journal* 1, 2003, pp. 349 ~ 369.

43. Yang XH, Lim YT, Sakurai Y., Seo SY, "Internationalization of Chinese and Korean Firms", *Thunderbird International Business Review*, Vol. 51, No. 1, 2009.

44. Zhang Y, Duysters G., Filippov S., "Chinese firms entering Europe Internationalization through acquisitions and strategic alliances", *Journal of Science and Technology Policy in China*, Vol. 3 No. 2, 2012, pp. 102 ~ 123.